大国通史丛书

总主编 钱乘旦

日本通史

A History of Japan

王新生 主编

【第四卷】

近世卷

唐利国 编著

江苏人民出版社

图书在版编目(CIP)数据

日本通史.第四卷,近世卷/唐利国编著.—南京:
江苏人民出版社,2023.5
(大国通史丛书)
ISBN 978-7-214-27605-6

Ⅰ.①日… Ⅱ.①唐… Ⅲ.①日本-历史 Ⅳ.
①K313.0

中国版本图书馆 CIP 数据核字(2022)第 192201 号

书　　　名　日本通史　第四卷　近世卷
主　　　编　王新生
编　　　著　唐利国
策　　　划　王保顶
责 任 编 辑　赵　婺
装 帧 设 计　刘葶葶
责 任 监 制　王　娟
出 版 发 行　江苏人民出版社
地　　　址　南京市湖南路 1 号 A 楼,邮编:210009
照　　　排　江苏凤凰制版有限公司
印　　　刷　江苏凤凰新华印务集团有限公司
开　　　本　652 毫米×960 毫米　1/16
印　　　张　193　插页 24
字　　　数　2 566 千字
版　　　次　2023 年 5 月第 1 版
印　　　次　2023 年 5 月第 1 次印刷
标 准 书 号　ISBN 978-7-214-27605-6
定　　　价　880.00 元(全 6 卷)

(江苏人民出版社图书凡印装错误可向承印厂调换)

目　录

第一章 安土桃山时代

第一节 16世纪后期的世界和日本

一、日本走向统一的国际背景

战国时代末期,强有力的战国大名开始积极谋求日本全国的统一。织田信长(1534—1582)和丰臣秀吉(1537—1598,一说1536—1598)先后基本掌握日本中央政权的时期,被称为安土桃山时代。一般认为安土桃山时代开始于1573年织田信长废掉室町幕府末代将军足利义昭,或者1568年织田信长带兵进入京都;结束于1600年德川家康在关原之战中获胜,或者1603年德川家康在江户开设幕府。另外,日本美术史上一般把直到1615年丰臣氏灭亡的时期,都称为"安土桃山时代"。从安土桃山时代到1868年(庆应四年,明治元年)江户时代结束,是日本历史上的近世时期。

织田信长的居城曾被置于近江的安土城(今滋贺县近江八幡市安土町下丰浦)。丰臣秀吉晚年在京都伏山筑城居住,名为伏见城;其城址日后曾种植桃树,后世亦称伏见城为桃山城或伏见桃山城。因此,安土桃山时代又称织丰时代。在这一历史时期,日本从战国时代的分裂局面再度走向统一,逐步建立独具特色的幕藩制国家。与此同时,日本也逐渐完成了从中世社会向近世社会的过渡。按照日本近世史研究名家朝尾直弘的见解,兵农分离制度、石高制和锁国制度,构成了日本近世社会的三大要素。关于这些制度的具体内容,下文会有具体介绍。

如果脱离对国际背景的观察,无法正确理解日本国内的统一进程。日本是在西方重商主义国家向东亚发展的过程中走向统一的。这一世界历史背景对日本的统一进程产生了深远影响。随着 16 世纪西方势力进入东亚,日本正是各国在东亚展开激烈竞争的过程中,逐步发展出本国意识。也正是与此国际趋势相对应,近世日本逐渐建立起专制权力比较强大的封建体制、即所谓"幕藩制度"。

在欧洲所谓大航海的时代,葡萄牙和西班牙围绕着殖民和贸易的利益展开了激烈的争夺。15 世纪末,葡萄牙人发现了绕过好望角到达印度的航路。1494 年,葡萄牙和西班牙两国签订所谓托尔德西里亚斯条约,以通过大西洋正中的子午线把地球分为两半,作为各自的势力范围,其中日本被划入葡萄牙的势力范围。纵观整个 16 世纪,欧洲人不断扩展进行航海贸易的活动范围。

1510 年,葡萄牙人占领印度的果阿进行殖民,作为开展东方贸易的据点。又进一步占领了马来半岛的要地马六甲,从而得以进入南海。1516 年占领了中国南方的海港澳门,并曾企图进一步向远东地区发展。开展国际贸易和经营殖民地带来了巨额财富,当时正在欧洲兴起的绝对主义王权纷纷采取重商主义政策,巩固自身的经济基础。

16 世纪的日本在对外关系方面也处于比较积极开放的时期。自 15 世纪初以来,以日明勘合贸易为中心构成了日本对外关系的基本框架。1404 年明朝永乐皇帝派遣使节将勘合符带到日本。室町幕府足利义满被明朝皇帝册封为日本国王,对明进行朝贡。四代将军足利义持的时候一度和明朝断交,六代将军足利义教又恢复和明朝的交往,一直持续到 16 世纪中期。贸易由幕府主导,具体事务被交给五山的僧人管理,但实际上从事贸易的是大寺院、守护和商人,幕府只是向其征收贡纳。15 世纪后半期,守护大名细川氏和大内氏从幕府手中篡夺了日本对外贸易的主导权。细川氏和大内氏分别主要通过堺(今大阪府堺市)与博多(今福冈县福冈市)的商人来组织船队赴明,赚取经济利益。堺和博多作为日本的国际贸易都市逐渐繁荣起来。应仁之乱以后,细川氏和大内氏围绕着贸易利益展开激烈争夺,矛盾日益激化。1523年双方在宁波发生激烈冲突。大内氏在争斗中占了上风,逐步垄断对明贸易。勘合贸易一直持续到大内氏在日本国内的战乱中于天文年间(1532—1555)败亡。

东亚地区商品流通的需要依然存在,勘合贸易停止之后,东亚海上兴起了具有武装走私贸易集团性质的倭寇。倭寇原指骚扰掳掠中国、朝鲜沿海的日本人,但是自15世纪中叶以来,进行走私贸易的中国人也加入其中。出生于安徽歙县的王直(?—1559),本是盐商,曾以广东附近为根据地,从事南洋方面的走私活动。后来他来到日本,盘踞在平户(今长崎县北部)、五岛(今长崎县长崎市西北海上的五岛列岛)一带,组织大规模船队开展走私贸易,获利甚巨,成为著名的倭寇首领。

16世纪后半期,倭寇的活动对中国东南沿海造成很大的骚扰和破坏,招致明政府的严厉镇压。王直死于征倭总督胡宗宪之手,东亚海上的倭寇被清除。葡萄牙人在发现新航路之后,曾经尝试与中国通商,在与明朝交涉失败之后,便与倭寇进行交易。在明政府清剿倭寇的时候,葡萄牙人予以协助,得到明政府的认可,在1557年被允许在澳门居住,中葡贸易也随之展开。

早在1543年前后,葡萄牙人漂流到日本的种子岛,这被普遍认为是西方人初次来到日本。当时的东西方海上交通主要控制在葡萄牙人手中,来到日本的西洋船只也多数来自葡萄牙。日本的领主和商人原本以倭寇为媒介进行走私贸易,获得所需物资并赚取利益,但是,在倭寇被剿灭之后,便转而谋求以葡萄牙人的贸易活动为媒介来满足日本方面所需。葡萄牙人为了贸易,也为了传播基督教,积极发展对日关系。葡萄牙国王约翰三世(1502—1557)委托出身西班牙贵族的传教士方济格(1506—1552)在东方展开传教活动。方济格是最早来到日本的耶稣会士,他主张开展对日贸易,认为这样可以有效地促进基督教的传播。1549 年,方济格在鹿儿岛登陆,见到了统治当地的大名岛津贵久(1514—1571)。

日本人也积极参与东南亚贸易,频繁驾船造访东南亚各地。有的日本移民逐渐在东南亚定居。在中国的台湾、澳门等地,也有日本人从事贸易活动,甚至移民定居。1570 年,西班牙人占领菲律宾的马尼拉时,发现当地有二十个日本移民。1578 年,北条氏与进入日本相模国港口三崎的西洋船只进行交易。1582 年,在马尼拉北部嘉牙鄢河口建立城砦的日本人,与西班牙士兵发生了军事冲突。

16 世纪后半期,在东亚海域形成了以中国—葡萄牙—日本三者为关节点的贸易往来,其中主要是葡萄牙的船只成为中日贸易的媒介。葡萄牙的商船把银、油、葡萄酒等从印度的果阿运到中国澳门,通过交易换得中国商品,主要是生丝、绢织品以及金、铅、鹿皮等等。他们再顺着夏季季风将这些中国商品运到日本,换取大量白银。到秋冬之际,再顺着季风返航,到澳门用白银购买中国的生丝、绢织品等,以便运到日本再次出售。1545 年,葡萄牙的商船来到了日本的丰后。1548 年,葡萄牙船只顺着九州沿岸,北上至下关海峡。1550 年,葡萄牙人乘船来到当时中日交通要地平户。此后直到到 1561 年,葡萄牙船只每年都来到这里展开交易。由于平户的领主松浦隆信对基督教非常冷淡,从 1570 年起,贸易活动转移到大村氏领地内的长崎进行。

在上述中葡日三角贸易之中,最重要的商品有两个,一个是从中国输入日本的生丝,一个是从日本输入中国的白银。日本白银的生产得到了有益的刺激。从朝鲜传入日本的新式精炼技术灰吹法,于 1533 年在石见的银矿山开始得到运用,并且很快就传播到日本各地。随着技术的提高和但马(今兵库县)的生野银矿山等新矿山的不断开发,日本的白银产量有了长足的进步,在缺乏其他有力的国际贸易商品的情况下,成为日本极其重要的对外输出商品,在亚洲各地流通。日本作为东亚最大的白银产地的地位,从 16 世纪后半期持续到 17 世纪。欧洲人非常重视日本的白银生产，荷兰东印度公司的亚洲贸易便使用白银作为清算手段。

日本在主要依赖白银交换来自中国的生丝的同时，也引入了生丝和绢织品的相关生产技术，缫丝机和能够织出花纹的织机等逐渐得到运用。在本地化生产的努力下，日本出现了很多开展独立经营的丝织业者，虽然多数采取家族经营的模式，规模并不太大。当时还形成了非常有名的京都丝织业者集团，即大舍人织手座，这是一种由数十个家族经营体结成的同业行会。西阵织和博多织等各具特色的丝织产品逐渐形成相当的品牌效力。家族性经营体的特色是主要把家族成员作为劳动力，便于管理，额外支出的成本也比较低，也有一些会使用雇用劳动者。

当时日本开展对外贸易的主要窗口是所谓自由城市堺和博多，这两个城市基本实施自治，迅速发展为繁荣一时的工商业城市。据估计，当时堺市的人口大概有三到四万之多，虽然和拥有十万人口的京都比起来，规模不算太大，但是，京都是传统权力中心所在，虽然手工业和商业非常发达，但它并不是自然形成的商业都市。公家、寺社和武家等强大的贵族势力生活在这里，构成了强大的向心性的消费层，同时也限制着经济的自由发育。与此相对，堺却在相当长的时间里是由町人进行自治的自由城市，从事国际贸易的商人积蓄了强大的经济力量。堺市的商人从事贸易活动的身影甚至出现在遥远的东南亚。当时的独立国家、中国的藩属国琉球王国，也正值所谓"大航海时代"，其商船在东亚海域的活动积极，出现了前所未有的高潮。明朝政府的海禁政策也未能限制逐利的商人们从事走私贸易。东亚海上贸易盛况空前，是倭寇时代之后从未有过的情景。当地人也初次见到了葡萄牙和西班牙的单层甲板大帆船。这种大船不但非常坚固，还装有火炮，武力强大，更有传教士随乘，万里踏海而来，给东亚带来了新的历史要素。

战国大名一方面彼此进行着你死我活的激烈竞争，一方面也积极地探索各种结盟关系。作为相互独立的地方权力，其外交政策不仅针对日本列岛上的各种势力，也涉及来自日本列岛之外的国际势力。国际贸易带来的经济收益如何在各个大名之间进行分配，成为影响战国大名相对实力的一个重要因素。战国大名一般都采取积极政策,扶植和促进自家势力范围内的工商业的发展,为发展军事实力打造经济基础,此即所谓富国强兵政策。战国大名大多积极推行所谓"乐市乐座"的政策,扩大市场自由,限制行会垄断,吸引工商业者到自己的势力范围内寻求发展。有条件的大名便会积极发展对外贸易,彼此激烈竞争,甚至不惜为此而兵戎相见。

东亚地区形成的这种新型贸易关系对日本的重大影响之一便是将火绳枪传入日本。欧洲在15世纪中叶发明了有火绳式发火装置的缪斯凯特步枪,采取前装即从枪口装填子弹的方式,但依然是滑膛设计,枪管内没有来福线,亦称火绳枪。1543年,葡萄牙人乘坐王直的船漂流到种子岛(在今鹿儿岛县),将这种缪斯凯特步枪带到日本。这是日本与西方开始直接交往的一个标志性事件。

种子岛岛主时尧从葡萄牙人那里得到了两支火绳枪,认识到其威力之后,便命令家臣模仿制造,并教人传习射击和制造的方法。因此,这种火绳枪被称为种子岛铳。火绳枪一旦传入日本,立即向全国普及。纷争不休的战国大名为了提高自己的军事力量,竞相追求,制枪法和火药制造法迅速扩散传播。当时葡萄牙旅行家平托(Fernad Mendez Pinto)所著《回国记》记载,1556年时日本全国已有30万支步枪。

日本不仅大量进口洋枪,也开始在日本国内进行生产,主要产地有纪州根来、泉州堺、江州国友、丰后府内、长州山口、萨州鹿儿岛、相州小田原等。从织丰到江户时代,制造洋枪的中心是堺、国友、江州日野三个地方。特别是国友受到织田、丰臣两氏及德川幕府的保护,取得了很大发展。

武士长期掌握政权的日本有着锻冶刀具的优良传统,有极高的工艺水平,这是其顺利接受火绳枪的物质和技术基础。当时日本在冶铁技术方面已经有了相当的进步,使用耐火黏土铸造熔炉,使用踏鞴送风加热,以中国地方(本州西部冈山、广岛、山口、岛根和鸟取五县)为中心发展起锻造、冶炼等金属手工业。近江的国友村(在今滋贺县长浜市)的锻冶业者,从足利将军那里得到火枪,进行研究,具备了制造能力,发展成为生产火枪的重要中心。堺本来便既是贸易中心又拥有冶铁业的基础,也很快发展成为制造和贩卖火绳枪的重要基地。此外,杂贺(在今和歌山县和歌山市)、根来(在今和歌山县)等地也开始大量生产贩卖火绳枪,提供给战国大名们,从根本上改变了日本的战争形式。

日本人的制枪技术逐渐发展,脱离了模仿阶段。天文年间(1532—1555)之后,日本人将火绳枪进行了改造,使其更适合日本人使用。缩小口径,减少长度,枪身更轻便,整体也更便于野战。逼火用的扳机采用所谓外记派的机关,扳机制作变得更容易。日本学者杉本勋认为,在天正至庆长年间,日本人终于制造出一种优良步枪,质量并不逊色于欧洲来的进口货。稻富一梦是天正至宽永年间的炮术名家,著有《炮术传书》(庆长年间,1596—1615)一书,其中详细记载了发火法、火药法等。

火绳枪的传入极大地影响了日本争霸和统一战争的形式和进程。1550 年,火绳枪已经开始在京都的一次战斗中发挥作用。1562 年,在和泉久米田之战中,根来的铁炮队即火绳枪队非常活跃。1563 年,毛利氏进攻出云国尼子氏的白鹿城,毛利军战死 45 人,据统计其中有 33 人是丧于火绳枪下。火绳枪作为重要的新式武器,改变了日本武士固有的战术和军制。作为近代武器,洋枪的普及发挥了传统弓箭所无法比拟的威力。织田信长在 1575 年的长筱之战中,成功地将 3000 支火绳枪组成的部队运用于实战,他配以马防栅即防马栏,采取梯队轮流射击的形式,击溃了武田胜赖(1546—1582)率领的传统的日本骑兵部队。这是一次划时代的战役,初次充分显示了火绳枪的威力。从此日本武士的战斗方式发生了根本的变革,由以骑兵为主转变为以步兵为主,诞生了以洋枪为主要武器的步兵集团战术。大量动员士兵的军事需要促进了当时已经逐渐开始的兵农分离进程。兵农分离正是日本近世封建制度所不同于中世封建制度的基本特质。武将领主们更加重视对军队的节制,强调战争的组织化和纪律性。军事理念的变化也相应地影响到大名们的政治统治方式,促使其不断追求加强集权。

由于各国大名均组成步兵火枪队用于战争,不但促进了对铁铠甲、南蛮的铁甲胄和装甲舰等防御装备的需要,也导致城堡的建筑技术和建筑形式发生了相应的变化,从山地上建筑的山城为主,转变为到平地上建筑平城,发展出绕以高墙、深壕,还有便于安全瞄准的射击孔的巨大城堡。城堡不仅是战国大名政权的军事中心,也是其政治统治的中心和权威的象征。

虽然制枪技术进步,产量大幅提高,但是当时生产力水平仍然比较低下,因此制造洋枪的费用非常高昂,能够装备洋枪队的只不过是少数特别有势力的大名。在这种情况下,火绳枪的传入和运用进一步扩大了领主之间军事力量的差距,促进了战国群雄之间的优胜劣汰,加速了日本的统一进程。堺等制造和贩卖枪炮的都市在军事和政治上的重要性大大增强。接近甚至控制这些城市的大名,尤其是控制了原本是自由城市的堺的织田信长,比较容易得到大量的新式武器,强化了自身在争霸战争中的相对优势。

二、基督教的传入和南蛮文化

在上述国际背景和国内条件之下,基督教以及以基督教为中心的南蛮文化传入日本,在许多方面产生了影响。最早到达东方的西方人主要是一方面从事国际贸易,一方面积极传播天主教的葡萄牙人和西班牙人。在战国时代的天文十八年(1549),耶稣会士圣方济各·沙忽略(Francisco de Xavier,1506—1552)来到鹿儿岛,开始在日本传播耶稣会的教义。耶稣会反对宗教改革,是天主教派中倾向于保守的势力。沙忽略出生于西班牙地区的纳瓦拉王国,也是耶稣会的创始人之一。后来,罗马教皇为表彰撒忽略的品德和贡献,赠予其"圣人"的称号。

1542 年,沙忽略接受葡萄牙约翰王三世的派遣,来到葡萄牙在东方的殖民地果阿作传教士。1547 年,他在马六甲遇到了原日本萨摩藩武士弥次郎。弥次郎因杀人犯罪而逃亡到此地。当初他逃到在山川港停靠的葡萄牙船上避难,皈依了基督教。弥次郎在果阿学习耶稣会的教义和葡萄牙语,日后成了沙忽略在日本传教的得力助手。1549 年,沙忽略到达日本的鹿儿岛,得到领主岛津贵久的许可,开始进行传教。他在鹿儿岛活动了一年之后,传教活动被禁止,便去了平户,还去过京都,最后又回到平户。他在山口拜见了大内义隆,又受大友义镇之邀而去了府内。沙忽略在去印度传教之前,在日本停留不过两年多,但是他在日本期间所创建的布道团却持续百年之久。日本和西方文化传统有着巨大差异,沙忽略感到传播基督教并非易事,但是他强调日本人虽然是异教徒,却有着能够接受基督教徒的潜在倾向,所以建议派遣有能力的耶稣会士到日本传教。他的建议对基督教在日本的传播产生了深远的影响。

佛教从大陆传入日本的时候,与中国本来的教派并无特别的关系,主要是日本上层精英为了满足自己的政治需要或精神需要,主动地接受了佛教,然后又逐渐自上而下地在日本传播开来。而基督教传入的方式与佛教完全相反,并不是日本人主动地接受基督教,而是欧洲的天主教徒主动来到日本传教。包括 1549 年来到日本的沙勿略,耶稣会向日本派遣了共有 290 名传教士,直到 1639 年德川幕府下令驱逐所有传教士以及支持传教士的葡萄牙人。

西方传教士们带着强烈的使命感,主要是对日本普通民众宣传基督教义。由于武士政权一开始并不介意甚至支持基督教的传播,而久为战乱所苦的日本民众也有强大的心理需要,因此基督教在很短的时间内就在日本得到大量信徒的皈依。当然,有的时候是领主皈依基督教后就命令领民都接受基督教,这种信徒对基督教教义很难有多少理解。

有日本学者强调,当时在西方推行殖民主义的世界历史大背景下,耶稣会传教士们赴日传教,不仅具有宗教意义,也不可避免地象征着日本所将要面临的殖民主义威胁。沙忽略在给本国耶稣会的信中,除了讨论传教,也表达了贸易和殖民的愿望。他认为作为异教徒的日本人的灵魂是属于恶魔的,应该将其拯救,使之归属罗马教皇。无论其动机如何,其对日本人的文化歧视表露无遗。关于发往日本的船只应该携带什么货物以及携带多少利润最高,他在信中也详加说明。他还认为,应该使日本人成为葡萄牙与西班牙国王的忠实臣民。这是为了给耶稣会的海外传教活动争取世俗政权的支持，但无论如何，耶稣会作为葡萄牙国王海外扩张活动的探路先锋，难免存在与日本产生领土冲突的倾向。比如长崎成为教会领地一事，教会也可能只是出于保证教会财源和活动地盘的动机而接受了大村氏的捐献，但由于教会身后站着葡萄牙王权，这也意味着长崎有成为葡萄牙的殖民地的危险。据此，有日本学者认为，这一典型事件，标志着天主教会与日本当地的封建领主可能结成利益同盟，而天主教会自身也有成为在日本的殖民地领主的可能性，故而也存在着与日本其他封建领主产生利益冲突的可能性。

日本上层武士领主们对基督教的态度最初是比较开放的，这一方面是因为作为军事政权对统治人们的思想不是特别关心，另外一个重要动机是为了同西方国家进行交易以便获取所需物资和经济利益。尤其是西日本地区的战国大名态度更加积极，西方人的传教活动不但得到允许，更有一些大名也接受洗礼，皈依天主教，甚至要求自己统治下的民众也都成为天主教教徒。第一个皈依基督教的日本大名是肥前的大村纯忠，永禄五年（1562）接受了洗礼。当然，他收获的不只是信仰，也获得了原本在松浦领内进行的海外贸易。之后，北九州其他某些大名以此为由而对他展开军事打击，但是他依然坚持了自己的基督教信仰，其领地内的基督教徒的人数也不断增加。大村纯忠之外，丰后国的大友宗麟、肥前国的有马晴信、摄津国的高山右近等大名也皈依了天主教。他们常常被称为切支丹大名。天正八年（1580），大村纯忠把其领有的长崎港以及长崎附近的茂木地区，都捐献给了耶稣会，使之成为教会的领地。大友、大村和有马三人为了向罗马教皇表达敬意，还在 1582 年派出了少年代表团访问罗马。

战国时代的长期动乱使得民众充满对和平生活的渴望，现世的苦难促使越来越多的人选择加入教会。天文年间（1532—1555），山口建立教堂，信众多达两千人。府内的信徒在弘治元年（1555）达到 1500 人。与九州相比，京畿地方基督教的传播要迟至永禄二年（1559）加斯帕·维莱拉（GasparVilela）进京。加斯帕·维莱拉会见三好长庆之后，得到了传教许可。更晚一些时间来到京都的是路易斯·弗洛伊斯（Luis Frois），他与加斯帕·维莱拉一起拜见了将军足利义辉。传教活动一度似乎很顺利，但是战国变乱不定的局势使之成为泡影，松永久秀杀死了足利将军，传教活动被禁止，传教士们被迫离开了京都。直到织田信长进京之后，天主教才真正在京畿地区传播开来。

织田信长对天主教加以积极利用，到 1582 年他死去时，日本的天主教徒据说已经有 15 万人。日本各地建立了 3200 多所教堂。基督教在日本人中间迅速获得信仰，尤其是在西日本地区信者众多。据估计，在 1605 年的高峰期，日本有 75 万基督教徒。但并不令人意外的是，天主教作为来自西方的精神文化，其在日本传播的程度无法与火绳枪、眼镜、钟表等具有实用价值的物质文化相比。缺乏一神教传统以及超越性信仰的日本人，对于基督教也像传统上对神道教、佛教等那样，热衷于追求巫术效果等现世利益。武士们把十字架作为战场上的护身符来佩戴，民众为了祈祷治病而饮下圣水。大村纯忠之所以会把长崎捐献给教会，为了减轻龙造寺氏的军事威胁也是一个很大的诱因。大村为免资敌，把长崎捐给教会，反而更有利于获得贸易利益。

尽管由于传统精神的影响，不宜高估基督教信仰带给日本人的精神变革的程度，但是，反映在当时日本的统治者眼中的是非常危险的局面。基督教信徒们信仰唯一绝对的上帝，以传教士为中心团结在一起，具有强大的精神力量，对日本当时正在形成中的封建秩序而言是一种异质的要素。织田信长当初尚面临传统佛教势力的抵抗，承认天主教有助于对抗佛教的势力，但是丰臣秀吉在基本完成全国统一之后，便开始采取禁教政策。德川幕府也继承了这一政策。宽永十六年（1639），三代将军德川家光发布锁国令，拒绝葡萄牙船只来日本，严厉镇压天主教徒。尽管如此，仍然有大批信徒无惧于残酷刑罚，从容赴死殉教。由于政治权力对宗教信仰的严酷镇压，部分教众的信仰纯粹性反而得以充分彰显。

幕藩体制是建立在俗世权力对宗教权威的优势地位之上的。战国时代以来,天皇权威、神国思想以及佛教的精神力量都日渐衰落,新的天道思想还仍然处于探索和形成过程中。基督教恰恰在这个节点传入,作为一种以拯救个人灵魂为根本目的的宗教,给日本人带来了很多精神层面上的新观念。唯一的创世神和主宰神的观念、人类灵魂不灭说、原罪观念以及耶稣死于为人类赎罪的观念等等,包括基督教宣扬的一夫一妻制的观念,在日本都是前所未有的新思想。其中最重要的是基督教对超越现世的、唯一绝对的至高神的信仰,给信奉多神教、泛神教的日本人以巨大的冲击。以唯一绝对的至高神为最高价值的话,那么无论君臣父子,还是贫富贵贱、男女老幼,人与人都是平等的。既然人人平等,那么人们就应该相互爱护,而且爱也应该完全平等。"要像爱自己一样爱你的邻人。"这是天主教伦理的第一教义。这种普遍主义的人人平等观念和博爱观念,否定了儒学主张的有差等的爱,与封建身份等级观念有着无法否定的矛盾。当然,天主教只是在宗教信仰的范围内主张人类平等,对于现实社会中的身份等级秩序反而将其神圣化,称其为神的旨意。天主教本质是保守的,只要信仰天主,日本传统的封建道德其实也不会被否定。

　　尽管日本传统的思维习惯有着强大的惯性和局限性,基督教的传入依然在一定程度上带来了某种突破,激发了与传统政治思想不同的新的政治精神,尤其是相对独立于政治权力的自主精神,这在日本历史上是非常鲜见的。传统的神道教与天皇崇拜密切相关。佛教本来便是在古代王权主导下传入日本并发展起来的,日本的佛教有着强烈的镇护国家的传统,即所谓王法佛法相依,而且保留了强大的巫术性要素。基督教的上帝却是超越于现世之外的,具有普遍性价值的绝对权威,完全不同于日本的传统权威的世俗性和特殊性。天主教主张天主是创造与主宰天地万物的唯一的神,除此之外,别无其他神明。当时在日本出版的基督教教义问答书《基督教教理》现存有 1592 年版的罗马字本和日文本,还有 1608 年在长崎出版的罗马字本和日文本。其中特别强调唯一的天主,高于万物,应深为敬奉。无论君主还是父母,都是神所创造,君主和父母的权威，应低于对天主的信仰。

天主教强调人与人平等，关爱邻人，所以建立了各种具有平等色彩的集会与组织，共同参与宗教活动，在日常生活方面也相互帮助。当时日本有所谓"间苗"的习俗，即杀死或者抛弃无力养育的婴儿。当时的日本人并无广泛有效的避孕措施，"间苗"是一种为适应低下的生产力而控制人口的习惯做法。传教士认为这是不人道的，积极收养弃婴。在教会的宗教集会以及其他集会上，妇女和儿童坐着，男人却站在后面。天主教还特别重视一夫一妻制，主张男女双方的贞操，这也是自古以来日本未曾有的观念。德川幕府的政治顾问林罗山（1583—1657）立足于儒学，排斥天主教，认为天主教否定上下秩序、宣传一夫一妻是蛊惑人心。这些被攻击的主张，却正是天主教吸引日本信徒的特色思想。世俗政权的严酷迫害未能改变真正的信仰者。信徒的殉教行为，反而为其思想赋予了特别的魅力。

1587 年，丰臣秀吉远征九州的时候发现在九州部分大名中外国传教士有着很强的影响力，还吃惊地发现长崎成了教会的领地。据说他在博多军中时，曾经命令天主教大名有马氏找美女服侍，但是被选中的女人信奉天主教，认为贞操重于一切，勇敢地拒绝了丰臣秀吉。对天主信仰使得弱女子都敢于拒绝日本全国的最高统治者，据说，这超乎了丰臣秀吉的想象。这一极具象征意义的事件，显示了以基督教为精神支柱的人们对抗政治权力的可能性。丰臣秀吉应该也是从中感受到了基督教思想的政治危险性，这种恐惧可能成了他对基督教从利用转向禁止的一个重要契机。江户时代著名的岛原天草起义进一步显示了基督教信仰与民众乃至下级武士相结合，可能给武士领主政权带来怎样的威胁。对基督教的禁止成为幕藩制度下推行所谓"锁国"政策的重要契机。

基督教的传入极大地影响了日本思想史以及政治史的发展。这一来自西方的宗教教义形成于一神教的基础之上，未必符合近世日本封建统治秩序的需要。但在当时的日本却有着利于基督教传播的精神土壤。基督教的传入为日本人带来了新的信仰，提供了新的选择。基督教传入日本不到半个世纪,逐步掌握国家权力的统治者不再对其加以利用,而是从当初的容忍乃至接受转向禁止。主要凭借武力和武威掌握全国政权的武士领主,其实非常缺乏统治的正当性,潜在的权威竞争对手的存在,促使其采取严酷的手段厉行镇压。德川幕府建立身份证明制度、厉行思想检阅、奖励告密行为,采用各种酷刑虐杀不肯妥协的基督教徒。很多不肯放弃信仰的教徒成为殉教者,到 17 世纪中叶以后,德川政权治下的日本基本上消灭了基督教。近世日本禁止基督教的彻底和成功,据说在世界历史上也是屈指可数的案例。日本武士政权以无数鲜血,宣告了统治权力的胜利。

葡萄牙人给日本带来了以火绳枪为代表的物质文化、以中世纪基督教为中心的精神文化,还有大量的新技术、新宗教、新艺术形式以及新的艺术题材和表现手法等,这些在当时被日本人称为"南蛮文化",因为当时葡萄牙人被日本人称为"南蛮人",来自西洋的各种物品则被称为"南蛮物"。南蛮物是来自异国他乡的珍奇特产,更是能够激发对上帝的信仰的东西,甚至被认为是护身符。南蛮斗笠常常被认为可以保佑武将,南蛮衣和南蛮铁也有同样的效果。直到宽永锁国之前,大约一百年间,南蛮文化不断流入日本。葡萄牙人,西班牙人,然后是荷兰人和英国人。另外,丰臣秀吉出兵侵略朝鲜,甚至计划征服吕宋,在某种意义上也可以说是反映了当时日本人的某种扭曲的国际开放性。驾驶朱印船从事南洋贸易,往南洋移民,也同样显示了近世初期日本人对外部世界的关心。

当时西方近代性文化蓬勃发展,南蛮文化并非什么先进文化。耶稣会传教士反对十五、十六世纪席卷欧洲的文艺复兴运动,热衷于南欧封建文化传统,其所带到日本的文化自然也不过如此。当时葡萄牙、西班牙、荷兰和英国等欧洲殖民主义国家在世界各地彼此争斗,单纯就其对日本的影响力而言,以葡、西两国为中心的南欧系统文化反而远过于荷、英两国。日本学者津津乐道的是英国人威廉·亚当斯(William Adams,日文名三浦按针)曾为德川家康所用,带给日本数学、天体观测、海岸测量和炮术等西洋知识。其实,当时日本并没有系统学习荷、英两国的知识。

基督教是南蛮文化的核心，为了更好地传教，传教士的主力耶稣会积极引入各种新知识。在医疗、慈善、学校、科学、文学、美术、技艺等各个方面，基督教都给日本带来了各种新鲜要素。但是这些知识等的传入，未必考虑日本的真正需要，也缺乏系统性，往往只是传教士根据自身能力和偏好而做出的选择。无论是洋枪制造等军事技术，还是造船、航海、矿山等生产技术，以及世界地理知识、衣食住行相关的各种生活文化等，都是附属于贸易和传教活动的。为了吸引日本人信仰基督教，耶稣会乐于从事文化教育事业，向日本展示某些西方科技成就。这种宗教性教育活动前后持续了四分之一个世纪。在九州、京畿等地都有耶稣会设立的神学院或修道院，如学林、修业所、习练所等。愿意来接受欧洲式的宗教教育的学生主要是武士或富裕町人子弟。耶稣会传教士在其报告中说，就学于学林的日本人掌握新知识的速度很快，而且有很多人都热心地服务于基督教的传道活动。这些教育设施随着天主教遭禁而基本荒废了，但是仍有有马和长崎两处的学林坚持到庆长年间（1596—1615）。

此类机构的主要教学内容自然是欧洲中世纪神学，同时传授葡萄牙语、拉丁语、语言学、哲学、修辞学、逻辑学、法律学、数学、天文学等，也涉及音乐、绘画、雕刻等艺术。为了论证基督教教义的真理性，耶稣会在教学内容上甚至也很重视自然科学，因为他们认为了解自然规律能够从中感受上帝的意志。

为了出版天主教相关书籍，耶稣会将活字印刷术带到了日本。丰臣秀吉侵略朝鲜半岛的时候，也从朝鲜带回了活字印刷术。从葡萄牙传入则是另外一条路径。天正十八年（1590），巴利尼亚诺带领遣欧使节返回日本的时候，带来了活字印刷机。在16、17世纪之交的20年间，加津佐、天草、长崎、京都等地印刷了大量天主教相关书籍，即所谓"耶稣会版"，有日文和罗马字两种文字。禁教之后，与天主教相关的书籍也被禁毁，存世已不足30种。在宗教书籍之外，当时也出版了一些语言学和文学书籍,包括《伊索寓言》和《平家物语》等,其罗马字版本所使用的天主教式罗马字标音法非常忠实严密,受到学界重视。

当时的天主教语言学包括日语、葡萄牙语、拉丁语三个方面的内容,虽然其本意是服务于传教,但是也对语言学本身进行了比较科学的研究,还编纂了系统的文典和辞书。在日外国传教士,特别是耶稣会士,对日语进行了长达数十年之的系统研究。代表性成果有汉字辞典《落叶集》(庆长三年)、《日葡辞典》(庆长八年)、《日本文典》(庆长十三年)等。这些成果代表了近代之前日本语言学研究的最高水平,至今仍是非常重要的学术资料。为了便于日本信徒学习拉丁语,出版了《拉丁文典》(文禄三年)和《拉葡日对译辞典》(文禄四年)。

耶稣会开办的学校也介绍哲学、逻辑学、法律学等,以作为教会神学体系的学术基础,并为传播基督教提供所需理论根据。例如,日本现存天主教版图书中最古老的《圣人传》(天正十九年)对哲学这一概念进行了平易近人的介绍。耶稣会在日传教士不干斋巴鼻庵(Fucan Fabian,1565—1621)在庆长十年(1605)写作《妙贞问答》,不但概括介绍了西洋哲学,还立足于天主教,激烈批判神、儒、佛等日本固有宗教。其著作中提到了"第一物质"、"形相"、"植物灵魂"、"感性的动物灵魂"、"理性的人类灵魂"等范畴,以阐述其世界观。当时欧洲正是文艺复兴的时期,近代哲学逐渐兴起,巴鼻庵的书中却采用了相对更保守的经院哲学。只是,与理气、阴阳、五行等东方哲学的范畴不同,重视区分存在与思维、物质与精神、自然与人等概念。因此,《妙贞问答》在东西方思想关系史或日本思想史研究中都曾经受到极高的评价。

具有农耕传统的日本人,为了满足生产和生活的需要,很重视天体运行和气象变化的相关知识。沙忽略(F. Xavier)等传教士便努力传播南蛮系统的天文学知识,间接吸引日本人对西方宗教的关心。教会学校也传授相关内容,但是出于其宗教立场,仍坚持属于欧洲中世纪托勒密的天动说,反对16世纪中叶以后哥白尼和伽利略等的地动说。日本人一直以来信奉儒教的阴阳五行说和佛教的须弥山说,天文历学发展缓慢。南蛮文化提供了一种崭新的宇宙观,对东方传统的天文宇宙观造成了一定的冲击。庆长十一年(1606)林罗山在京都拜访了不干斋巴鼻庵,见到了地球仪、天球仪、三棱镜、凸面镜等,但是他认为这不过是欺骗庸人的东西。他还与不干斋巴鼻庵讨论物理和教理,就天圆地方说和大地球形说展开了激烈的辩论。林罗山认为不干斋巴鼻庵"终不知物皆有上下之理",并在《罗山文集》中感叹:"彼以地中为下,作成地形图,其惑岂不悲乎?"另外,据说在京都由意大利人耶稣会士斯比诺拉(Carlo Spinola)在庆长十六年(1611)开办了一所数学天文学学院,传授天文历算知识。

虽然有《元和航海记》等文献留存,但是目前看不到日本锁国前留下过有系统的天文学业绩。不过,天主教系统的天文历算,通过"改宗神父"泽野忠庵(C. Ferreira)、林吉左卫门和小林谦贞的传承,在锁国之后依然保存下来,汇入了在长崎发展起来的天文学。天主教徒还曾经使用"罗马教会历",最初为犹留斯阳历,1585 年前后起为格雷戈里新阳历,记载了星期以及其他节日。有两种天主教历,一种是教会历的日语译本即所谓基本历;一种是年度历,把阳历的日子换算成了阴历。现存的历和年报表明,虽然天主教徒受到迫害,教会历却依然能够使用。

战国时代末期的日本对外接触比较频繁,日本人也以各种形式走向海外,关于世界地理的知识逐渐丰富起来。日本人传统上有着所谓三国世界观,即大致限于中国、日本、天竺三国。欧洲则发展出来了奥尔提留斯(A. Ortelius)的椭圆形图法、麦卡托(C. Mercator)的投影法等制作地图的科学方法,渐渐能够绘出比较正确的世界地图和海图,并且传到了日本,丰富了日本人的世界地理知识,扩大了日本人的眼界。丰臣秀吉、德川家康等也有意愿了解世界情势,非常重视这些地图。曾任德川家康外交顾问的威廉·亚当斯带来了关于世界地理和海外情势的知识。耶稣会士利玛窦在中国出版的《山海舆地图》(1584 年)和《坤舆万国全图》(1602 年)也传入日本,带来了日本人世界地理观念的改变,直接影响到近世日本世界地图的绘制和世界地理书籍的编写。日本人认识到在中国和印度之外，还存在同样有着发达文明的西洋。据说织田信长、丰臣秀吉、德川家康都曾经看到地球仪或世界地图，知道日本在世界上所处的位置。随着地理知识的增加，日本人的世界观发生了相当程度的变化。

日本人对于日本地理的了解也在加深。随天正使节团来到日本的葡萄牙人蒙泰罗（I. Mouteiro）在 1590—1591 年曾经用观象仪测定了西日本的纬度，从根本上改变了行基图以来的传统日本地图。意大利人耶稣会士斯比诺拉也曾根据月食的纬度做过实测。安吉利斯（G. Angelis）在 1615 年和 1618 年两次测量了虾夷地，认识到它是个岛屿。如今现存十几种所谓"南蛮地图屏风"，描摹了庆长至宽永年间新出现的世界地图、日本地图以及航海图等。这反映了日本人世界地理知识、天文知识的扩大，以及对新知识的巨大兴趣。

外科医术也是天主教会带来的一门重要的科学知识。在战争不断的乱世，外伤治疗技术受到广泛的欢迎，特别是刀创枪伤等的治疗，对于武士来说非常需要。外科医术在帮助耶稣会收揽民心方面非常有效，举办医疗慈善事业也符合教会的理想形象。修道士阿尔梅达（Luis Almeida）率先用个人财产创办了孤儿院。弘治三年（1557），在丰后府内开设综合医院，包括内科、外科、麻风病科和儿科等。由于颇具疗效而迅速吸引了大批患者前来就医，据说甚至京畿、关东方面也有人前来求医。因为医生人数有限，于是又顺理成章地开始了临床医学传授，培养急需的助手。耶稣会总会一度决定禁止会士从事医学传授和医疗活动，所以在 16 世纪末虽然传教依然盛行，南蛮医学却不进反退。但是，以救治麻风病患者的慈善活动为中心，在京都、大阪等地也建立了医院，医疗活动仍在继续。即使在禁止天主教之后，南蛮系统的外科仍然保持了自己的传统，毕竟治病救人是非常切实的需要。元和五年（1619）山本玄仙所著《万外集要》是目前能够看到的最早的南蛮系统的医书。改宗神父泽野忠庵最终奠定了南蛮系医学传统的基础，留下了著作《南蛮派外科秘传书》。其门下的半田顺庵、杉本忠惠和西玄甫等亦各自有所创见。杉本忠惠和西玄甫还成为幕府侍医。尽管如此,南蛮医学并不是当时最先进、最科学的医学,其治疗方法非常简陋,不过是针对疮伤和创伤贴贴膏药,或者做些非常简单的手术。其病理学说也不过是沿袭罗马皇帝的侍医盖伦(Galen,拉丁文为 Galenus,约 129—199 年)以来的"四元液说"而已。其实,文艺复兴时期欧洲医学水平取得了长足的进步,维萨留斯(A. Vesalius)的《人体构造》(1543)意味着近代解剖学的形成,哈维(W. Harvey)的《心脏及血液的运动》(1628)完成了从观念生理学到实证生理学的转变。

毕竟,南蛮文化的传入只是附属于贸易和传教活动的副产品,虽然对于当时的日本来说,这些新奇的军事技术和产业技术等等都是具有相当先进性的近代物质文明成果,但是这些主要来自当时在欧洲已经落后的葡、西两国。这两个国家都是伊比利亚半岛的专制主义国家,耶稣会也是固守保守倾向很强的罗马天主教信仰,其带到日本的各种知识,并不是欧洲最先进的产物。虽然耶稣会的文化活动也不可能完全避免文艺复兴的影响,但是其本质上仍然属于中世纪的东西。坚持南欧封建文化传统立场的耶稣会对于文艺复兴之后欧洲文化的近代性发展,采取的是对抗态度。因此,在日本流传的南蛮系统的学术文化,都有着西方中世纪文化的浓厚气息。

尽管如此,以平等、博爱、人道主义为理想的基督教精神,文艺复兴以来以人为中心的智力传统,所最终孕育的近代文明,对于封建日本而言,依然有着非常重要的意义,给日本的思想文化、政治社会带来了新鲜的刺激。与此同时,日本国内的生产力和商品经济也有着巨大的进步,在此基础上展开的封建统一政治体制的确立过程也是日本历史上的一次重大变革,在此背景下进入日本的南蛮学,对于日本的历史发展起到了不容忽视的积极推进作用。洋枪等各种实用技术很快就得到了织田信长、丰臣秀吉、德川家康等的积极运用,在很大程度上促进了日本的统一进程。不但如此,有学者认为,新型知识分子也从中受到刺激,促进了现实主义、客观主义乃至合理主义精神的觉醒。著名的日本政治思想史家丸山真男尤其高度评价战国末期基督教的传入为有着强大的特殊主义传统的日本人的精神世界,一度注入了具有超越性的普遍主义理想。

南蛮文化也使得许多西方因素渐渐渗入日本人的日常生活,显见的例子有帽子、西式裤子、雨衣、床铺、椅子、眼镜、钟表、烟草等等。其中有些东西在进入江户时代以后就逐渐消失了,但是大多数即使在日本锁国之后也依然保留下来了。今天的日语中依然保留了大量来自葡萄牙语的单词,如サラサ(saraca、印花布)、パン(pan、面包)、ラシャ(rasya、呢绒)、ビロード(birodo、天鹅绒)等。这正是南蛮文化在日本文化中留下的痕迹。很多葡萄牙外来语已经完全变成了日语。在服饰方面,用以指称斗篷、汗衫、裙裤、线衣、纽扣的名词都来自葡萄牙语;纺织品方面有呢绒、天鹅绒、锦缎、细棉布、印花布;器具方面有玻璃、酒杯、长颈瓶;食物类的有棒糖、糖豆、蛋糕、泡泡糖、圆点心、面包、油豆腐;其他还有纸牌、肥皂、香烟等等。表达这些具体物品的词汇,是随着这些东西一起传入日本而形成的,由于这些东西已经广泛普及,所以这些用语是超越身份差别而流通,一直被使用到今天。据信日语中来自当时葡萄牙语的外来语单词仅沿用至今的就有4000余个。

日本人基督教徒为了奉行宗教仪式而渐渐接受了阳历和星期等,形成了新的时间观念。油画、铜版画等西洋绘画也介绍到日本,因为基督教的教堂和信徒的家里都需要悬挂圣画,供作礼拜用和装饰用。起初是从欧洲直接输入,后来传教士们便开始在日本信徒中传授绘制油画的技艺。宗教绘画之外,也有非宗教性质的绘画。基督教信徒在集会时也演奏西洋音乐,表演宗教戏剧。还于1578年完成了和洋折中的三层建筑即南蛮寺。

这些新的文化形式虽然仅仅局限于社会的一隅,但毕竟体现了日本人与西方文化进行多方位接触的事实。随着锁国制度的不断强化,基督教渐渐消灭,南蛮文化也随之烟消云散,仅留下一些烟草、眼镜之类的吉光片羽。关于南蛮文化给日本留下的影响,学者之间评价不一。著名马克思主义史学家家永三郎就认为南蛮文化最终被从日本文化中清除了出去,与西洋文化多姿多彩的交流宛如大梦一场,无果而终。的确,从最终结果上来看,南蛮文化的传入并未能够在日本历史上发挥太大的作用。来自南欧的中世纪宗教文化,与日后在江户时代逐渐发展起来的兰学,在内容上也并不相同。后者与日本的近代科技文化有着直接的联系。因此,不宜对南蛮文化对日本历史发展进程的实际影响有过高的评价。当然,虽然有学者认为南蛮学对日本的知识发展并没产生多少实质性的影响,但是也有学者认为实行锁国以后,在迫害下潜伏的天主教并没有很快绝迹,而且即使实行《禁书令》那样的野蛮法令,对民生有利的南蛮科学技术系统仍顽强地生存下来。南蛮文化为在元禄前后民力提高的浪潮中兴起的"实学"之形成提供了有力的素材,为第二次西方文化——"兰学"的开展创造了条件。其实,南蛮文化对日本最重要的影响,并不在于其具体内容,家永三郎也认为,尽管只是一时而已,由于向世界开放门户而导致日本人视野的扩大,这是这个时代的最大收获。而且,天正十三年(1585),大村、有马、大友等九州三位大名派遣少年使节访问罗马法皇,带去了描绘安土城风光的狩野派绘画作为礼物。这是日本人第一次踏上欧洲的土地,也表明了日本和西方文化的接触,并不完全只是单向流入。

三、畿内近国先进地区的社会经济

战国时代社会生产力的提高,尤其是农业生产力的发展和农业经营主体的变化,超出了庄园制和守护领国制的制约,工商业等社会分工也日益深化,形成了战国大名的领国经济。到 16 世纪后半期至 17 世纪初,织田信长、丰臣秀吉等斩断了战国时代的国人领主阶层的支配,推行兵农分离政策,将工商业者移居到都市,并通过检地来掌握农民的生产力,致力于把经济发展的成果控制在自己手中。

大体来说,室町时代商品流通的特点是速水融等学者所主张的一种"向心性流通",即以从地方庄园向京都、奈良等中央城市输送产品为主。京都、奈良等重要的古代都市,在进入中世纪后仍有很多公家贵族以及寺院神社的庄园领主在此居住。为了满足他们的需要,发展了高度的手工业,商业、金融业也有显著发展。不仅仅是年贡品,粮食、原料、初级加工品等各种商品也同样从地方庄园向处于中心地位的这两个城市流入。进入室町时代后,幕府设在京都,常驻武士人数大大增加,工商业者也逐利而来。日明和日朝贸易也取得了长足的发展。15 世纪末的京都人口已达 15 万—18 万,其中工商业者约 10 万人。尤其是高级丝织品、金属加工、工艺美术等部门发展极为迅速,以京都为中心的畿内地区的工业生产建立了无可替代的优势地位。

随着社会经济条件的不同,各个地区的城镇分布有疏有密,但三斋市、六斋市等定期集市在全国各地以城镇为据点而成立,尤其是在经济发达的畿内、尾张等地区,工商业者与农民在市场上进行频繁的交易。15 世纪末至 16 世纪,畿内地区遍布很多小城市,例如大津、坂本、枚方、富田林、富林、贝琢、伊丹、池田、芥川、西宫等等,其周围都形成了拥有一定辐射半径的市场圈;尾张地区也有大约 20 个城镇,间隔大约 5 公里左右。

16 世纪京都的手工业有了很大的发展,产品质量提高,产量增加,且形成了自己的地域性特色,其代表性产品有以进口生丝即唐丝为原料的高级丝织品,武器等战争器械以及种类繁多的工艺品,以及金银铜矿山的开发和金银铜的精炼和加工等。宽永十五年(1638)松江重赖做成俳句书《毛吹草》,其中记载了全日本 68 个藩国的 1807 种特产。研究者认为此书能够反映出 16 世纪日本各地商品生产的大体状况,因为这些产品并不是在进入 17 世纪后才出现的。《毛吹草》所记载的各种产品以手工业品为主,其中四成都是出自畿内的京都、奈良、大阪和堺等地。畿内手工业的优势地位非常明显,尤其是生产了大部分的高级针织品、军械和工艺品。其他一般性的手工业制品的产地则遍布日本各地。

丝和棉作为日本人日常生活离不开的两大纤维制品,是非常重要的商品作物。日本古代本是畿内以西地区以养蚕制丝以及丝织品的生产闻名,但是在《毛吹草》中,畿内以西地区的蚕丝业已经销声匿迹。16 世纪末到 17 世纪初,生丝、丝织物产区大致完成了自西向东的转移。到江户时代,近畿以东的山丘地区成为生丝、丝织品的主要产地。

15世纪末16世纪初，棉布传入日本，迅速取代了传统的纤维衣料。到江户时代，棉花和棉制品的产地主要在畿内以东以及九州地区的筑前、丰前、丰后、肥前、肥后等五个藩。东日本的三河、远江、骏河、甲斐、武藏、安房、伊势、尾张、美浓等藩，以及筑前、丰前、丰后、江、骏河、安房等藩，依然是棉花、棉织品的重要产地。但在江户时代作为棉花、棉织品的主要产地可以与畿内媲美的濑户内沿岸地区，当时还没有发展起来。

生产历史悠久的金、银、铜等的产量在16世纪后半期开始急剧提高，这得益于当时对金银铜矿山的迅速开发。16和17世纪之交的五十年间，是日本金、银、铜生产最为繁盛的时期。在此基础上，对外贸易也繁荣起来。江户时代之所以能够确立金、银、铜构成的"三币制度"，离开当时金、银、铜产量的迅速提高是不可想象的。根据《毛吹草》的记载，日本许多地方的金、银、铜生产非常活跃：松前、陆奥和佐渡等藩是金的重要产地；出羽、佐渡、飞弹、但马、长门、石见等藩是银的重要产地；下野、飞弹和长门三藩则以铜的出产著称。而京都、大阪则以金银铜的精炼加工著名，各地原料源源不断地运送而至。

16世纪的日本展开了显著的城市化进程，商品生产和流通也同步获得了长足的发展，棉花和棉织品、生丝和丝织品产量的提高、生产的集中和产地的转移所带来的生产结构的变化，尤其是金、银、铜产量的迅速提高，为城市化和商品经济的发展提供了必要的支撑。织田信长和丰臣秀吉之所以最终能够从畿内近国出发，走上统一全国之路，无疑也在很大程度上受益于这一先进地区为其提供的实现统一的经济基础。当然，与此同时，畿内近国地区的社会经济构造也在很大程度上制约和影响了织丰政权的发展模式。

到了中世末期，畿内及其周边地区的商品交换和货币流通显著活跃，逐渐形成市场，吸引着逐利而来的商人，积极开展各种经营活动，包括土地买卖以及农村金融。虽然旧的统治权力依然存在，许多商人、手工业者和农民也在尽可能地摆脱旧有束缚，发挥自己的力量。胁田晴子、网野善彦等学者的研究表明，中世的都市与古代的都市已经有了本质区别，不再是公家贵族聚居地，而是工商业者汇集的地方，反映了社会分工的进展。

总之,战国时代生产力的发展加强了日本民众的经济、社会和政治力量,尤其是活跃在京都、堺等重要城市里的工商业者,掌握了相当大的经济力量和社会影响力。京都本来是古代发展起来的王朝政治中心城市,公家、寺社等大的庄园领主世世代代居住在这里。在王朝末期的室町时代,新兴武士集团初次登上中央政治的舞台,在京都建立幕府作为政权所在地,发展成为新的领主集团。作为日本长期的政治中心,京都也成为全国的文化中心以及经济中心。15、16 世纪,又逐渐发展为工商业者聚集的城市,繁荣之极。16 世纪末,京都的町人们结成了自治集团,即所谓町众。一部分住在北区的上京,一部分住在南区的下京,其下各自分为四五个"组","组"下为"町"。所谓町,就是指商业街,小商人和手工业者经营和居住的地方叫町屋,分布在街道的两侧。这些工商业者的组织有时候能够获得一定的自治权,自行维持秩序和解决纠纷,只要完成规定的赋税义务等,政府便不会直接介入其内部事务。

工商业者为了维护自己的利益,在向统治政权争取一定政治独立性的同时,也积极向领主集团展开经济斗争。工商业者经营中所使用的土地往往并不拥有所有权,需要向其拥有者即领主或地主支付地租即所谓地子钱。工商经济的发展使得建筑用地成为重要经济资源,公家和寺社领主通过掌握建筑用地的控制权,逐步演变为收取地租的地主。16 世纪逐渐展开的拒交地子钱的运动,促进了町人自治组织的建立和发展。在町人自我组织的起步过程中,日莲宗即法华宗的信仰和组织形式,起到了很大的作用。日莲宗在京都的町人中间有着很广泛的渗透,在和净土宗等佛教其他宗派的宗教纷争过程中,发展了自己的势力,在一定时期内甚至获得了包括警察权在内的一些自治权,也支持了町众抵制向地主交地租的斗争。

另一方面,随着经济的发展,工商业经济和资本主义萌芽和农业经济之间的分化也会带来新的矛盾,町人的自治组织也成为与土一揆、德政一揆等农民自治组织发生利益冲突时的行动基础。与此同时,町人内部也逐渐开始出现贫富分化。有的入不敷出,被迫卖掉房屋成为租客即所谓"借家人";有的则不断积累财富,购买房屋成为不动产持有人即所谓"家持"。从 16 世纪开始的这种在城市中的贫富分化的历史进程,要到 18 世纪才基本完成。

当然,武家领主在强化自身政治权力的同时,也致力于将社会经济发展所带来的利益留在自己手中,不断加强对民众的控制。总之,町人自治的政治主体性,既有反对王朝势力残余和新兴武士政权的政治控制和经济榨取的一面,同时也有与农民的经济诉求相对抗的一面。

手工业者原本对公家贵族以及大寺社等"权门"有着人身依附的关系,或者受到地方政府即"国衙"的控制而不得自由。"座"是手工业者建立的同业组织,为庄园领主或官方机构提供劳动和产品。随着商品经济的发展,手工业产品逐渐成为在市场上出售的商品,农产品也越来越多地作为商品而流通。15 世纪以后,手工业者逐渐发展为以商品化的生产和销售为主,在人身和生产上独立于庄园领主,相应地,"座"也逐渐转变为排他性生产销售的垄断性经营组织。特定的座会在一定范围内独占特定的商品。还出现了像京都的四府驾舆丁座那样下辖数个座的复杂组织。

转变为经营组织之后,座的内部结构的组织原理也不再是以前那种平等合作,而是逐渐分化为不同的阶层,技术水平和经营能力的差距导致了座员地位的升降。座员资格即"株",被视为一种财产性的特权。生产销售的权力也不再被认为是座全体共有的,而是变成不同的特权即"职"。不仅座内部地位比较高、能力比较强的人,即使并不属于座的有钱人,也可以购买这种特权以积聚座的经营收益,形成了介于座与领主之间的中间阶层,经济结构更加复杂化了。

第二节　织田信长的统一活动

一、作为战国大名的织田信长

在中世以来经济与文化发展的基础上,日本从 16 世纪中期开始逐步走向新的政治统一。织田信长原本是战国大名之一,但是他逐步发展势力,尤其是在永禄十一年(1568)上洛之后,最终掌握了中央政权,以京都为中心,在很大程度上完成了日本的统一。但最终他没有能够完成统一事业,就在"本能寺之变"中被明治光秀背叛围攻,不得已而自杀身亡。

织田信长不迷信日本古代和中世的权威,其一系列具有变革性的政策,开启了日本近世化的历史进程。自然,作为过渡时期的人物,其各项施政也保留了强烈的中世残余色彩,例如对座的特权予以承认和保护等。

尾张国虽然面积并不大,但是作为最早开始种植棉花的地区,又处在近畿与关东之间的交通要道上,其农业经济与货币经济都比较发达。织田信长的父亲织田信秀原本是尾张国守护代的家臣。天文二十年(1551),信长继承其父信秀的地位,不久便在1555年灭掉守护代,占据了尾张国。他设法赢得领国内国人阶层的拥护,奠定了自己的势力。他推行富国强兵的政策,一方面发展经济,一方面强化军力。为了确保财源和兵源,强化对武士和农民的控制,他在领国内实施"兵农分离"的政策,一部分农民完全脱离农业生产,成为专职战斗的步兵,即所谓"足轻"。他积极采用新式武器——火枪,并创造性地开发了梯队轮流射击的战斗方式,极大地提高了战斗力。

距尾张国不远的远江国大名今川义元势力比较雄厚,是东海地方最大的大名。他本来计划凭借其家族在东海长期积累起来的实力,称霸全国。尾张正位于其西进的必经之路上。今川氏首先迫使三河国的大名德川家康臣服,然后与关东地区的武田信玄、北条氏康结成同盟。永禄三年(1560),今川带兵进京觐见将军,即所谓"上洛",为此而进攻尾张国,初战告捷。但在夜宿桶狭间时,遭到织田信长的偷袭。织田信长以少胜多,今川义元战死。桶狭间战役之后,织田信长解除了今川氏的威胁,并与此前追随今川氏的松平元康(即德川家康)结成同盟。松平元康控制东部地方,而织田信长则全力西进。桶狭间战役的胜利,坚定了织田信长统一日本的信心。他从此开始使用印文为"天下布武"的印章。

一般认为这表明了其统一全国的决心,也有学者持不同观点,认为这里的"天下"主要是指以京都为核心的畿内,织田信长的意图是要以武力控制京都及畿内地区。

1567年,织田信长打败其岳父美浓国的斋藤氏,迫使其降服,将美浓的稻叶山城改为岐阜,把自己的居城从清州迁至此地。正亲町天皇派遣敕使,奖赏其武功,称其为"古今无双之名将",并让他负责收复皇室在浓、尾(美浓、尾张)两国的庄园。织田信长开始认识到利用天皇权威的价值。当时,足利义昭逃离京城,投靠越前朝仓氏,织田信长将其接到了美浓。

将军足利义辉在1546年被三好义继和松永久通合力暗杀。足利义昭希望能够实现足利家的复兴,亦称"天下御再兴"。永禄十一年(1568),织田信长在此名义下,率领军队,和足利义昭一起进入京都("上洛")。本来掌握着京都实权的松永秀久被迫降服。织田信长废掉幕府将军足利义荣,扶植义昭为傀儡将军,将实际权力牢牢地掌握在自己手中。足利义昭任将军之后,建议织田信长接受副将军或管领职等作为褒奖,还提出将五畿内作为信长的知行地。织田信长并未接受,而是要求把堺、草津、大津等重要城市作为自己的直辖地。

从永禄十一年(1568)到天正十年(1582)本能寺之变,织田信长掌握日本中央政权大约15年,即其家臣太田牛一所谓的信长的"天下十五年"。织田信长征服了畿内领主,把臣服的小领主与国人阶层都编为部下,扩大了直辖领地,加强了常备军队。他也致力于剥夺重要的自由城市的自治权。他在1568年命令堺市捐献二万贯铜钱,遭到拒绝后便威胁要攻打烧毁堺市,第二年终于如愿以偿。

在1568年成立的实际是足利义昭和织田信长的联合政权,织田信长名义上承认与足利义昭的君臣关系,奉其为主君。足利义昭的命令(御下知)在形式上代表了室町幕府的最高意志,通过足利义昭指派的幕府奉行人的连署状以及织田信长的朱印状,具体推行各项政策。然而,足利义昭个人的命令其实没有多少实际的强制力,脱离了织田信长的军事力量,这一政权便无法成立。

永禄十三年即元龟元年(1570)正月(本稿近代之前的月日皆为旧历,下同)二十三日发布的文书(五个条条书)进一步明确规定,足利义昭委任织田信长处理天下事务("天下之仪")。信长可以根据自己的判断处置任何人。义昭的御内书必须有信长的副状,之前的义昭的下知都不再具有效力。此后,信长发布的命令中经常出现"天下之为"的用语。接受将军的委任而治理"天下",这构成了织田信长权力正当化的逻辑。

当时日语中"天下"的含义比较模糊。有学者认为信长的"天下"体现了新的统治秩序,有学者认为他是以"天道"思想对抗天皇和将军的权威,或者认为他与"天下"实现了一体化,从而抛弃了日本中世性质的"公仪"。另一方面,也有学者对其历史意义评价比较低,认为这不过体现了其对传统秩序观念的依赖,或认为这是对私权的削弱。还有观点认为,"天下"实际上是指将军统治的领域,织田信长只是取得了将军的权力而已。有学者分析指出,信长所谓"天下"本来是指以京都为中心的五畿内,直到本愿寺势力投降之后,才扩大到日本全国。无论如何,织田信长没有使用一般用来指将军的"公仪",而是使用"天下"这一概念,并进而将自身作为"天下"的代表者即所谓"天下人",这一选择本身有着不可忽视的重大意义,昭示了织田信长开始相对地独立于幕府权力。

织田信长在形式上依然继续保持着对将军和天皇的忠诚。他在永禄十三年即元龟元年(1570)正月二十三日发出文书,要求21国的大名到京都来,理由就是要求他们向幕府和朝廷效忠。他在元龟三年(1572年)9月以"十七条异见书"批判将军足利义昭,其逻辑依据也是义昭没有充分尽到对天皇的义务,作为将军是失职的。元龟四年即天正元年(1573)2月,足利义昭和织田信长双方兵戎相见,在谈判讲和时,强调的是"天下再兴本望",也就是复兴足利幕府的本来愿望。此时距离室町幕府灭亡已经不远,织田信长自我正当化的根据却依然还是"天下",并未否定足利幕府的存在本身。

双方短暂的和平很快被打破。元龟四年即天正元年(1573)七月,足利义昭离开京都,以槙岛城为根据地,再次举兵反对织田信长。信长大军赶走了义昭,室町幕府灭亡。信长强调是义昭放弃了天下,自己取而代之以安定天下。有学者指出,这时信长口中的"天下",其实具体所指的是京都。虽然信长的主张受到了天道思想一定的影响,但是他并没有积极地采用天道思想来阐述自身权力的正当性。和其在统一尾张国时的做法一样,他谨慎地与"革命放伐"的行为保持距离。信长强调自己对义昭是忠诚的,背信弃义的是义昭,其行为不合道理,自然得不到佛天的护佑,所以最终招致身败名裂。信长在表面上保持了室町幕府的基本框架,以此为前提来负责实现"天下静谧"即"国家安治"。他的权力并非来自幕府任命的某种职务,而是来自义昭的委任,从而负责治理"天下"。基于这种权力正当性逻辑,信长将统治据点设在京都就很自然了。

而且,京都还有织田信长可以尝试利用的天皇权威。当时是所谓"下克上"的时代,赤裸裸的实力至上主义风行一时,朝廷的权威本来并不为人所尊重。但是,封建领主割据的局面逐渐走向统一,开始出现能够完全控制地方一国甚至数国的大大名,声名最著的大内义隆、今川义元、毛利元就和上杉谦信等为了加强自己的权力的正当性,不断尝试与天皇接近。他们为了赢得天皇或者公家贵族的支持,乐于向天皇提供举行即位仪式的经费,也经常捐助皇宫的修缮等。

织田信长在1568年进京时,也曾大兴土木,修缮皇宫,还保证每年向天皇奉献156石稻米作为生活费。其经费来源原本计划向京都市的水旱田征收每段一升的税,然后用收来的520石向上京和下京的市民放贷,年利高达30石,利息收入交给天皇。但是,织田信长烧毁了上京,无法再实施这一强制性高利贷计划,于是他向天皇重新奉献领地,贡赋高达300石。天皇对此表示非常感谢,给了信长一个右大臣的称号。在驱逐足利义昭之后,信长再次上洛以利用天皇的权威,促成天皇朝廷改元,年号定为"天正"(1573—1593)。

二、织田信长走向统一之路

驱逐了将军足利义昭之后,织田信长开始独揽大权。他破除室町幕府本来的守护制度,开始重新任免守护和分配领国,分别授予不同以往的地盘和权力,以此确立自身的统治基础。天正元年(1573),桂田长俊被任命为越前国的守护代;天正二年,塙直政被任命为山城国守护;天正三年,塙直政受命兼任大和国守护。

织田信长不断扩张统治范围,积极展开军事进攻。他包围了近江国小谷城的浅井氏。朝仓义景向浅井久政和浅井长政派出援兵,结果败于织田信长之手。信长乘胜追击,攻打越前国。击灭朝仓氏之后,信长回师进攻小谷城,浅井氏灭亡。信长将原来浅井氏领国纳入囊中,命令丰臣秀吉(当时叫羽柴秀吉)成为该地的政治统治者和军事指挥者。

河内国的若江城主三好义继与足立义昭交好,最终自杀,其家老池田教正投靠织田信长,负责管理河内国北半部。天正三年(1575),高屋城主三好康长也投靠了织田信长,受命管理河内国南半部。至此,整个河内国落入织田信长之手,成为其下一步打击本愿寺敌对势力的立足点。为了强化控制力,他在天正八年命令拆除可能成为地方势力据点的城堡,并更换了实际管理各郡的统治代理。

在纪伊国存在一股拥有强大战斗力的地方武装集团,叫杂贺众,主要盘踞在纪伊国西北部。在火枪传入日本之后,杂贺众逐步发展成为非常活跃的雇用兵集团,装备了数千支火枪;同时也从事海运和贸易获利。其中有的势力在织田信长与三好氏的争斗中,站在了信长的对立面。他们与石山本愿寺之间虽然也曾发生过战争,但是在织田信长放逐足利义昭之后,杂贺众多数加入本愿寺阵营对抗信长,曾经在天正四年击败信长的军队,其水军也与毛利氏联手给予信长部下的水军以毁灭性打击。信长为了打败本愿寺,便首先设法对付杂贺众。他获得部分杂贺众的支持之后,于天正五年(1577)派数万大军进攻纪伊国,苦战之后拿下中野城,迫使杂贺众的首领铃木孙一、土桥守重等起誓臣服。但是当信长退兵之后,杂贺众内部反信长势力再次兴兵支持本愿寺,与织田信长多次交战。后来杂贺众内部分裂为支持和反对信长的两派,相互争夺主导权,直到信长死后,依然持续反抗丰臣秀吉加强中央集权、消除地方土豪势力的政策。

天正元年(1573)十一月,织田信长降服了支持本愿寺的松永久秀,任命福富秀胜等为多闻山城的城番,负责对大和国的统治。天正三年,塙直政被任命为大和国守护,负责统率地方武士即国众。次年,织田信长命令筒井顺庆接替战死的塙直政。天正八年,织田信长为了进一步掌控大和国的军事力量,禁止国众在地方上居住,拆毁各地国众的居城,只保留了郡山城;同年还开始实施检地,编制军役赋课台账。筒井氏完全是以对织田信长的效忠为前提而成为大和国的统治者的。

天正三年,明智光秀奉信长之命率军攻打丹波国的守护代内藤氏和国众宇津赖重。在丹波国的舟井和桑田两郡,长冈藤孝掌握了当地武士,他辅助明智光秀平定了丹波国。另外,织田信长本来在天正三年任命一色义道为丹后国守护,一色后来却向信长举起叛旗。明智光秀又在长冈藤孝的辅助下平定了丹后国。天正九年,织田信长命令长冈藤孝负责统治丹后国,在丹后国进行检地,确立了征收赋课和军役的基础。而长冈藤孝原本在山城国的领地则被织田信长收走直接掌握。显然,对织田信长的服从是长冈藤孝拥有丹后国统治权的前提。

桂田长俊在朝仓氏灭亡后成为越前国的实际支配者,任守护代。其部下在天正二年叛乱,在越前国实现自治,直到次年被镇压。织田信长命令柴田胜家负责统治越前国,同时要求他不得在当地非法征收课役,凡事要服从命令。天正四年,柴田发布命令鼓励农民专心务农,不得随意离开土地。天正五年他命令进行检地,确定村民应交的赋税,向家臣分配一定量的土地收益。柴田在越前国的施政也是以对织田信长的效忠为前提的。

北陆地区的名将上杉谦信一度和织田信长建立了同盟关系,后来发生冲突,在天正五年(1577)手取川之战中击败织田信长的大将柴田胜家。次年，由于上杉谦信急逝，其家族内部彼此争斗，实力大为削弱，领地不断收缩。织田信长的部队在天正八年征服加贺国，随后又占领能登国和大半个越中国。天正九年，佐佐成政受命统治越中国，前田利家受命统治能登国四郡，菅屋长赖奉命接收了越前国的前田利家领地。织田信长对部下领地的调整分配，显示了其对家臣的统治权。

另一位与上杉谦信齐名的战国武将武田信玄在元龟四年（1573）死去，其家族的领导权由其子武田胜赖继承。天正二年（1573）武田胜赖率军先后攻占美浓国岩村城和远江国高天神城。天正三年，围攻三河国长筱城的奥平贞昌。奥平贞昌本来是武田氏的家臣，却叛逃归附了德川氏。织田信长率军支援德川氏，双方联军有 3 万多人，是武田氏兵力的大约两倍。织田信长还从长冈藤孝和筒井顺庆等处调来火枪队充实火力，在设乐原决战中用马防栅阻挡武田军的骑兵，命令佐佐成政等用大量火枪轮流射击。武田氏损失惨重，织田信长在长筱之战中取得了压倒性胜利。后世学者多认为长筱之战意味着战争方式的新旧决战，武田氏的骑兵队代表着传统的旧战法，织田信长的火枪队则代表了新型的军队。此战之后，织田信长自信为了平定天下，敌手仅剩本愿寺而已。

武田氏在当时的日本是非常有名望的家族，却在织田信长的打击下于天正十年（1582）灭亡。织田信长的辉煌战绩使得关东地区的局势产生了对其非常有利的变化，北条氏积极向其接近，其余关东地区的大名和国众更是纷纷臣服。织田信长将武田氏的旧领地分配给部下做知行地，同时暂时冻结了关东地区各武士团之间的争斗，基本上在东国建立起统一的秩序。信长在九州地区也命令武士们不可私斗，要服从其统一的指挥，否则便视为自己的敌人。

日本东北各地武士纷纷向织田信长表示臣服，伊达辉宗、大宝寺义兴、远野孙二郎、南部政直等献上鹰、马等，或觐见示好。日本的中国地区的武士团毛利氏也在和织田信长的战争中节节败退。四国地区的土地被分配给织田信长的部下作为知行地。九州的大名大友氏早已臣服，岛津氏也答应支援织田信长对毛利氏的战争。

有学者认为,至此织田信长已经基本上确立了日本统一政权的原型。虽然他并没有真正统一全国,直接控制的地区也依然是畿内及其周边,但日本东部从关东到东北的地区都已经服从他的号令,在日本西部得到不少著名武士团的支持,军事行动也在顺利展开,日本统一的前景已经隐约可见。由于其军事统一和领国统治都主要是依靠其部下及其家臣团承担,因此,有学者认为那些拥有领国的家臣,相对于织田信长其实属于地方自治政权。但是堀新等学者最近的研究认为这些家臣不能算是自立的武士团,其独立性其实受到了织田信长有力的约束,其对领国的统治也是以接受织田信长的委任和命令为前提的。例如著名的武将柴田胜家虽然拥有强大的实力,却唯织田信长马首是瞻,从不违抗他的命令。织田信长的老部下佐久间信盛是尾张佐久间氏的家主,长期作为笔头家老率领织田氏的家臣团,是信长最有实力的家臣之一,在天正八年(1580)织田氏平定石山本愿寺教如的敌对势力之后,突然被信长剥夺了权力,流亡到高野山居住。织田信长权力的绝对性由此可见一斑。

三、织田信长的主要政策

织田信长更多依靠家臣分割领有土地的方式,其直接控制的领地估计尚未能达到日后丰臣秀吉所直接控制的 222 万石之多。信长主要是以尾张、美浓、近江地方为统治中心,控制了近畿和中部地方的大部分土地。像柴田胜家、明智光秀等重要家臣都拥有自己的知行地。作为信长的盟友,德川家康等对自己的领地基本拥有完全的控制权,只是要在政治和军事上支持信长。

战国大名们逐渐开始着手丈量土地,确定土地的纳税额度,确保对土地耕作者的掌握。织田信长在大和、山城、伊势、播磨等地也做过同样的工作,这反映了土地制度的变迁和领主权力的集中。随着统一战争的展开,天正八年(1580),织田信长以天下霸主的名义命令大和国的寺社和世俗领主们在十天之内上报其领地范围、地点、所有权比例等。奈良兴福寺多闻院的僧人在记载此事的日记里,称之为"空前"的事件。织田信长的检地政策,促进了"兵农分离",加强了对军事力量和经济力量的掌握。与此同时,织田信长也整顿了中世以来混乱复杂的升制,称为京升,用以统一量度米谷。

　　战国大名们在推行对领国的一元化统治的同时,也积极建设发展居城周边的城下町,最初主要是为了让脱离土地的武士集中居住,后来更多是为了吸引工商业者前来从事经营活动。随着"兵农分离"进程的展开,越来越多的武士居住在城下町,其生活所需等需要外来工商业者提供服务。中世日本有各种类似同业公会的垄断组织,分别掌握不同的经济特权。战国大名为了让经济发展为自身权力服务,否定了过去的"座"的经营垄断权,发布"乐市令",在城下町的指定区域成立市、座,免除一些税赋和杂役,允许更多人自由经营。商人只要服从管理,就可以根据市场需要自由销售。商人可以长住在城下町,交易时间也不再限于过去定期召开的集市。战国大名为了彼此竞争,乐见城下町经济的繁荣发展。

　　织田信长也认识到商业发展对于确保自身权力是必须的。虽然封建权力的基础是自然经济,有着反对商品经济过度发展的本能,但其政治军事权力的运营和持续也离不开一定的商业发展。因此,织田信长一方面强化对商人的控制,一方面取消妨碍自由流通的各种传统特权,排除各种不利于商品经济发展的障碍,保护城市商人的经济利益,使其成为自己重要的权力基础。他为了促进城下町的商品经营活动,在美浓的加纳、近江的金森、安土等地发布乐市乐座令,设置可以自由经营的市场,免除各种杂役和杂税。往来的商人可以到此自由居住,工商业者的权利受到信长的保护,他还免除了京都以向领主租种土地为生的佃户的地租负担等。

　　当然,致力于集中权力的织田信长,绝对不会允许城市脱离自己的控制。他将堺、大津、草津等经济发达的城市纳为直辖城市,设置代官进行管理。堺是重要的军火供应地,一度成为自由都市成长的代表,最终依然落入织田信长的掌控之中。当时日本商品经济发达的地方仍然主要是京畿一带,在市场上流通的商品也往往是满足战国大名彼此争斗所需的物品,粮食和火枪是其中最重要的部分。堺等都市的经济发展与周围广大的农村是相互脱节的,主要是经营战国大名以及社会上层所需要的军需品和奢侈品。织田信长将这些城市收入囊中,作为其政治军事权力的重要基础,确保其统一战争的顺利进行。日后丰臣秀吉能够统一日本,无疑也是受益于此。

中世日本的币制非常混乱,市场上流通着多种货币,造成经济活动的困扰。织田信长发布"撰钱令",规定了换算成色不同的货币的统一标准,还命令铸造新的金币。信长征服了但马的山名氏之后,掌握了生野银矿,纳入直辖地,派人进行开采和管理,获得丰厚的收入。

中世庄园领主为了收取税金而在自己的势力范围内恣意设置关卡,妨碍了人和物的自由流动,不利于经济发展。织田信长随着其统治范围的扩大,也积极架桥修路,整备交通体系。永禄十一年(1568),信长进入京都之后,他便命令撤销各地关卡。

发展自由市场,整备交通,统一量制,尝试统一币制,这些政策都不能说是织田信长的首创。许多战国大名,如骏河的今川氏、越后的上杉氏等,也曾经不同程度地施行过类似政策。但织田信长逐步向全国推行,促进了市场经济的发展,有利于生产力的提高,也稳固了其统治权力。天正四年(1576),他在近江的安土修筑自己的居城,天守阁高达七层,彰显了其统治的权威。安土城下集中居住着信长的家臣团,以及为其服务的工商业者,是近世最早发展起来的城下町。据说居住人口曾经高达六千,繁荣一时。

织田信长心态开放,积极进取,采取了对基督教比较友好的政策,使得基督教在日发展盛况空前。在某种意义上来说,这也间接地降低了佛教的传统权威。织田信长曾经接见弗洛伊斯(Luis Frois)等,准许在京都和自己的居城安土建基督教堂。当时在日传教士据说有 75 人,皈依基督教的人数迅速增加。天正十年(1582),日本的基督教信徒总数有 15

万,各地建立了200余所大小教堂,还设立了神学校、修道院等。当时,北九州的基督教大名大村纯忠、大友宗麟和有马晴信,共同向罗马教廷派遣年轻的武士作为使节。正副共四人,正使叫伊东满所和千千石弥解留,副使叫中浦寿理安和原丸知野,年龄最小的是13岁,大的是15岁。他们花了三年多的时间,经印度洋绕过好望角到达葡萄牙、西班牙,最后在天正十三年(1585)到达罗马,谒见了教皇格列高利十三世。据说教皇把他们视为日本国王的使节,予以热情的接待。84岁的教皇不久便与世长辞,新教皇西斯特五世继位后也很快再度予以友好的接见。他们还受邀参加了新教皇加冕典礼。梵蒂冈图书馆西斯特大厅的壁画里,描绘了日本使节骑马的形象,身穿教皇所赠西装。天正十八年(1590),他们回到日本。这是最早访问欧洲的日本使节,是日欧文化交流史上的一段佳话。

织田信长不仅是一位能征善战的武将,也是一个头脑灵活、心态开放的政治家,对来自异国的军事技术能够充分吸收。这一特点充分显示在其于长筱之战中对火绳枪的创造性的大规模运用。火绳枪是当时传入日本的海外新文化的代表,长筱之战的战例经常被后人提起。据说,也是他最早给自己的水军配备了装甲。其实,织田信长的创造性不仅体现在对新技术的运用上,他也敏锐地意识到作战方式从骑兵为主的传统向步兵为主转化的趋势,很好地运用了步兵集团冲锋的战术。新的战争形式要求集结和运用更大规模的军队,需要更多的后勤保障和更复杂的管理技术,自然也不可避免地带来了更多的伤亡。为了保证兵源和军费,织田信长也积极地探索更有效的统治和领国经营模式。他以肥沃的尾浓平原作为农业经营的基础,鼓励农业技术的革新。他不但在城下町积极推动自由贸易,也积极发展对外贸易,并对基督教采取宽容的政策。对人力物力资源的开发和掌控,奠定了其军事胜利的基础。织田信长摧毁了日本各地很多封建割据势力,开辟了以后丰臣秀吉、德川家康的统一之路。其武力征服固然有残酷无情的一面,但也顺应了历史发展的趋势,加快了日本统一的进程。其开创的很多政策都为丰臣秀吉、德川家康所继承和进一步发展,终于结束了日本中世以来长期的战乱和分裂状态,构建了适合日本历史和地理条件的可持续的国家治理框架,为近世日本带来了在世界历史上都比较少见的长时间的国内和平状态。

第三节 丰臣秀吉政权

一、丰臣秀吉统一日本

继承织田信长的统一事业的是丰臣秀吉(1536—1598),当时名为羽柴秀吉,出身于尾张国(今爱知县西部)中村(今名古屋),原姓木下。其父木下弥右卫门本是织田信长军的一个步兵。丰臣秀吉追随织田信长,转战各地,屡建功勋,得到了织田信长的赏识,成为近江国长浜城城主。后被命令经略日本的中国地区。在本能寺之变织田信长死后不久,丰臣秀吉成为掌握日本中央政权的所谓"天下人"。

织田信长在本能寺之变中被迫自杀的消息传到丰臣秀吉耳中时,他正在围攻备中的高松城的毛利氏势力。丰臣秀吉迅速与毛利氏和谈,率兵赶回京都,在京都西边的关隘山崎,打败了明智光秀的部队。丰臣秀吉充分利用杀死明智光秀、为织田信长报了仇的地位,积极谋求继承织田信长的权力。他反对柴田胜家等的不同意见,贯彻了自己主张,拥立年仅两岁的幼主三法师。柴田胜家支持织田信长的三子织田信孝,与丰臣秀吉对立。在天正十一年(1583)的"贱之越之战"中,丰臣秀吉军队打败柴田胜家,迫使其自杀。丰臣秀吉很快将畿内近国地区纳入自己的统治,并进一步染指北陆。不久,秀吉废掉三法师,自己正式继承织田信长的地位,前田利家等织田氏的部下转而向秀吉效忠。

天正十一年(1583),丰臣秀吉开始在曾经长期在畿内拥有很大势力的本愿寺的旧址,修建自己统治日本的据点大阪城。大阪城雄伟豪华,面积约两平方公里,每天数万劳力辛苦建造十几年才终于完成。如今人们能够看到的大阪城是德川氏在大阪之战后重新修建的,规模缩小很多。秀吉修建规模巨大的大阪城，让其属下的武士领主集中到城内居住，使其脱离自己的领地。秀吉还强制京都等地的大商人迁到大阪。这一切都象征着秀吉已经在本质上不同于传统的大名领主，而是日本统一权力的拥有者。

丰臣秀吉向北陆发展，德川家康则占据了今川氏和武田氏的领地，将骏河、远江、三河、甲州、信州等五国收入囊中。为了对抗丰臣秀吉，德川家康和织田信长的儿子织田信雄结成联盟。天正十二年（1584）三月，德川家康和织田信雄的联军在小牧山与丰臣秀吉对战。双方均深知对方力量不容小觑，为了保存实力，避免被其他势力渔翁得利，很明智地回避真正的决战。双方经过不断的秘密接触，终于握手言和。德川家康承认丰臣秀吉的领导地位，丰臣秀吉也承认德川家康的特殊地位。

丰臣秀吉解除后顾之忧，1585年征服古代残余势力高野山，完成了织田信长未能完成的任务。纪州的一向一揆也曾长期保持独立地位，但最终败于丰臣秀吉之手。秀吉为了实施长期作战，在战斗部队之外，设立了独立的兵粮补给部队，保证后勤供应。他命令军队修建了据说厚40米、高12米、长8公里的土堤①，引水淹没了一向一揆所困守的城池。从1585年到1586年，丰臣秀吉逐步征服了在小牧、长久手之战中支持德川家康的越中的佐佐成政、四国的长曾我部元亲等势力，以及中国的毛利氏、北陆的上杉氏等。1585年，丰臣秀吉命令畿内近国中央地带的直属家臣团，实施国分、国替。自从山崎之战以来，丰臣秀吉终于奠定了统一日本的军事基础。

与此同步，丰臣秀吉在朝廷所接受的官位也不断上升。诛杀明智光秀之后，他官拜从五位下左近卫少将。天正十三年（1585），升为内大臣。本来，天皇朝廷的关白一职，按照长期以来的惯例，均由藤原家族担任。丰臣秀吉便让自己成为近卫前久的养子，改姓藤原。天正十三年（1585）

---

① 水林彪：『日本通史Ⅱ近世：封建制の再編と日本的社会の成立』，山川出版社、1997年、第116頁。

7月,秀吉任关白。1586年12月,任太政大臣,并被赐姓丰臣。丰臣秀吉借助传统的天皇权威,提高自己的身份地位,确立了对各地大名的稳固优势。在此基础上,他从1587年(天下十五年)到1590年,继续征伐各地尚未臣服的势力,依次征服九州的岛津氏、关东的后北条氏以及奥羽的各个大名,实现了日本的全国统一。

天正十五年(1587),丰臣秀吉进兵九州,首先进攻岛津氏。岛津氏自镰仓时代以来就是守护家,自觉出身高贵,有强烈的家格意识,拒绝服从只是出身于百姓的丰臣秀吉。丰臣秀吉此次出兵九州,动员了25万大军,可以说是轻而易举地就降伏了岛津氏。丰臣秀吉把九州各国分封给各路诸侯。但是,长期以来扎根在土地上的地方领主、土豪阶层,却并不那么容易服从。首先是在以肥后北部为中心的地方,在地领主所领导的一揆纷纷出现,并向丰前、肥前、筑前等地蔓延。九州是日本比较落后的地区,地方领主向来独立地支配着地方村落,连强大的地方大名权力都无法形成,更不愿接受丰臣秀吉政权所推行的彻底的兵农分离政策。但是双方实力悬殊,地方一揆很快就被镇压下去。此外,还从耶稣会手中收回了长崎。

在平定九州的过程中,丰臣秀吉充分利用天皇的权威,为自己的征服战争正名。天正十五年(1587),丰臣秀吉在京都的内野为自己建造了非常豪华的宅邸,叫聚乐第。天正十六年(1588)四月,他在聚乐第迎接前来行幸的后阳成天皇,召集各大名,举行了盛大的仪式。丰臣秀吉向天皇奉献7000余石的土地作为皇室领地("御料地"),并让各大名宣誓不会抢夺"御料地"。诸大名宣誓要世世代代效忠于皇室,服从关白即丰臣秀吉的命令。

丰臣秀吉平定九州之后,便开始策划征服关东。丰臣秀吉本来希望能够避免战争,数次催促北条氏政、北条氏直父子到京都来表示臣服,均被拒绝。天正十八年(1590),丰臣秀吉打着敕命的旗号,将兵锋指向关东地方的豪族北条氏。各地大名奉命出征,进攻小田原的兵力号称有30万。攻击小田原城的时候,德川家康军队约3万人,担任先锋。丰臣秀吉采取了持久作战的方针,包围了北条家族的据点小田原城,断绝其粮道,同时攻打关东其他地方势力,翦除北条氏的羽翼。北条氏坚守小田原城三个月后,终于开城投降。最后剩下的是奥州,然而在攻击小田原的过程中,南奥羽的伊达正宗向丰臣秀吉表示臣服,平定奥州的任务已经非常简单。真正顽强抵抗的依然是地方领主领导的一揆,结局也是被丰臣秀吉的强权所镇压。在本能寺之变八年之后,丰臣秀吉基本完成了织田信长未能实现的统一日本的霸业。文禄二年(1593),丰臣秀吉又使统治北海道南端的松前氏臣服,松前庆广起誓忠于丰臣秀吉,被丰臣秀吉认可为虾夷地的领主。日后,丰臣秀吉辞世,德川家康掌权,他在 1599 年命令松前上交领土地图,并批准其为领主。松前家从此向德川氏效忠,成为与日本各地大名一样的地方大名。

二、丰臣秀吉的主要政策

丰臣秀吉继承并发展了织田信长的各项促进统一的政策。与织田信长不同的是,丰臣秀吉大大扩展了直辖领地,其领地多集中在近畿、信浓与尾张等经济最为发达的地方,而且,垄断着以佐渡、生野、石见金银矿山为首的当时最好的金银矿山,并直辖着京都、大阪、堺、博多、长崎及其他最重要的商业与对外贸易中心城市。堺的小西隆佐、博多的神谷宗湛、长崎的村山等安等富甲于大名的大商人既是秀吉的御用商人,也是他的经济顾问。特别是小西行长的父亲小西隆佐,可以说是秀吉事实上的财政部长。由于有这样的经济基础,丰臣秀吉才得以拥有足以压倒其他大名的直属军队。

丰臣秀吉还采取了各种措施促进商品经济发展,并努力将经济发展的成果控制在自己的手中。他在各地推行乐市制度,推动了城市的繁荣。京都市街在战乱中日趋荒废。丰臣秀吉命人在市街周围修建土墙,划定市区的范围。在征服九州的途中,他还筹划复兴已经化为焦土的博多市,允许自由通商,免除各种杂税。但是,正如堺与京都市民的一部分被丰臣秀吉强制移居于大阪这一典型事件所表明的,自治城市变成了被大名管制的城下町。

当时日本没有统一的计算里程的标准,同样说是一里路,实际距离却因地域不同而各不相同。为了明确表示里的长度,丰臣秀吉命令从备中到名护屋,每隔 36 町(1 町约合 109 米)修建一座土台,确定了统一的里程标准。

丰臣秀吉为促进商业的发展,还设立"金座""银座",铸造称为"天正大判""天正小判"的货币,还用银和铜铸造天正通宝和文禄通宝。他加强对金银矿山的管理和控制,不但直接控制了石见银矿、佐渡金矿等,还对其他诸侯所有的矿山收税。当时日本的金银产量很高,丰臣秀吉积蓄了大量金银。

和织田信长一样,丰臣秀吉也积极促进和统制对外贸易。他命人控制和管理贸易港口。外国船只载运来的物资,要由丰臣秀吉优先采购,剩下的才允许大名与商人购买。日本驶往海外的船只,丰臣秀吉虽未从法律上进行限制,但是在他的晚年却开始实施管制制度,即所有驶往海外的船只都必须持盖有丰臣秀吉字样朱红印章的特许证。

检地,即丈量土地,检地的主要目的是测量土地面积,决定土地等级,作为征收地租的依据。天正十九年(1591),丰臣秀吉将关白一职让给丰臣秀次,自称太阁。但是,习惯上将丰臣秀吉在 1582 年以后推行的检地,称为太阁检地。太阁检地推动日本走向近世化,历史意义极为重大。但是,如池上裕子等学者所指出的那样,丰臣秀吉的检地,与战国大名推行的检地政策有着一定的继承性,这一侧面也不可忽视。

兵农分离开始于织田信长,丰臣秀吉宣布要将其推广到全日本的土地。丰臣秀吉在取得山崎之战胜利后的次日,开始逐渐在其势力范围内进行检地。以后每当获得新领地,或者命令大名转封的时候,都要实施。在其去世的时候,检地基本上推行到了全日本。实际上,很多问题是搞不清楚的,很大程度上是要求主动申报。天正十五年(1587)颁布法令强调,所授予的知行所只是暂时的,将会不断变更其知行所。领地代代相传的传统私有观念被彻底否定。领主对领民的人身支配关系,在理念上遭到禁止。

　　经过一些变化和改进,到 1589 年的时候,检地的方式固定下来。太阁检地成熟期的检地账,可以文禄三年(1594)的摄津国天川村检地账为例①。检地账最上面一行记载着田、畠、屋敷等三种地目(土地种类)。检地账第二行是统计的土地面积。面积统计标准以前是 1 间＝6 尺,1 反＝360 步,太阁检地时的单位面积有所减少,1 间＝6 尺 3 寸,1 反＝300 步。

　　每一份土地,根据其生产能力,确定大致的等级。如检地账第一行所示,天川村的情形是,田、畠各分上中下三等。无论是否种植水稻,所有土地的收获量都换算成米的收获量,即石高。计算收获量的枡,以前随着地域、阶层的不同而各异,现在被统一为京枡。上中下三等田、畠,以米为基准换算出每一反的收获量,以斗计数,称为石盛。检地账第三行的数值,与田地等级相应的米的基准收获量,乘土地面积,得出的结果便是每一块土地的米的基准收获量,即石高。丰臣秀吉命令将收获量的三分之二交给领主,推行年贡米纳制,即以缴纳实物为原则,但是旱地的贡赋许可缴纳货币。"上"田 1 段的平常年景的标准地税额为稻谷 1 石 6 斗(大米为 8 斗)以下,各级依次减 2 斗。

　　在检地账最下面的一行,登记了每一块土地的名请人的名字,这一点涉及对农民阶层的编成。丰臣秀吉既要保证小农的自立,同时也要反对一揆,反对农民、在地领主或下级武士的自治,强化对其直接掌握。他推行一地一作人制,将耕作者的身份固定下来,将其紧紧地束缚在土地上,从而确保年贡的负担者。被登记的人原则上是实际从事耕种的人,目的是使该耕种者直接对领主负责。这样可以排除中间剥削,对直接耕作者有一定的好处。地主出租土地收地租以及以前的庄官和村长使役与剥削一般自耕农的行为也都被禁止了。他将家父长制的大家族改变为单婚小家族为主,从而建立起由领主直接统治与掠夺农民的原则。他

---

① 水林彪:『日本通史Ⅱ近世:封建制の再編と日本的社会の成立』,1997 年、第 120—121 頁。

规定每户农民都要独立，父子与亲属不得作为两个家族同时居住在一起。在"检地册"上被规定为耕作者的人，不能随便离开村子，丧失了职业自由，必须安守农民本分，不能自由买卖或者典押自己的土地。丰臣秀吉的政策就是要把在先进的近畿地方成长起来的典型的封建小自耕农，推广到所有自己掌控的土地上。

丰臣秀吉也重新统一整顿行政区划，把庄、乡、保、里等旧行政区划都废除了，简化为国、郡、村。村高是征收年贡的依据。村意味着小自耕农的生活劳动区域。负责日常管理的是村吏，从村民中选择任命。在不同地区会有庄屋、名主或乙名等不同称呼。大名统一派出地方行政官负责管理村吏和村民。农民如果弃农经商或者用其他方式挣钱谋生，不但要惩罚其本人，同村的全体村民都会受到牵连。

当然，石高制、兵农分离以及身份制等各原则，并不能一举消灭所有的在地土豪或者地方武士即所谓"地侍"。在生产力比较落后的地区，许多地方武士即大地主依然维持家长制大家族，掌握了大量附属性的劳动力。相对独立的小农也往往无法彻底摆脱附属性，遭到他们的剥削。有时候，尽管村子范围广大，在"检地册"上登记的承担贡赋的耕作者却很少，甚至仅有一人，这说明当地大量劳动者其实是依附性的身份。有的地方甚至直接允许不必在检地册上登记所有实际耕作的劳动力，只需要登记负责缴纳实物贡赋和领主课役的所谓"役家百姓"。他们也维持了大家族的形式，掌握着一定的附属劳动力。虽然有各种特殊例外，但是太阁检地的基本原则，是符合当时日本农村经济发展和社会进步的要求的。

在丰臣秀吉逐步统一全国的过程中，领主们或反抗、或服从、或结盟，丰臣秀吉也分别对其采取各种不同的领地政策，或铲除之，或维持之，或更换之。有功者赏，有过者罚。长期追随丰臣的加藤清正、福岛正则、石田三成、小西行长等著名的武将，出身虽然各不相同，但是都为丰臣政权立下了汗马功劳，他们所获得的封地也不断增加。值得信赖的大名或者丰臣氏亲属被配置军事要地，负责监视较为疏远的大名。无法获得信任的大名，经常被找借口消减或者改变领地，迁移到偏远之地。命令大名改变领地也是让其充分感受丰臣秀吉的力量和权威的一种手段。最令丰臣秀吉担心的德川家康，在北条氏灭亡之后，便被命令离开三河、远江、骏河、甲斐和信浓等旧有领地，移居江户。名义上这是赏赐有功之臣，德川氏的领地面积扩大很多，以前领有的五国之地，增加到八国。实际上这是为了让德川家康远离丰臣秀吉的权力中心。

织田信长的检地账中还登记领主，到丰臣秀吉的检地账中就没有了。太阁检地彻底废除了中世以来的庄园制的土地所有制，兵农分离基础上的大名知行制最终确立。每一次政治变动和军事进展，都会带来领主和领地的变动。丰臣家臣每一次转移领地，都是带着部下将士整体迁移，武士团与土地的紧密联系不复存在。与兵农分离体制一起确立的，还有一地一领主的原则。土地所有权和收益权交错重叠、极其复杂的庄园制，直到战国时代依然是主流，即便是织田信长统治时期，也没有从根本上解决这个问题。太阁检地在土地领有权上确立了一块土地属于某一领主的新原则。丰臣氏的家臣掌握了一元化的年贡收纳权，战国时代的在地领主不再直接支配领地，逐步转变为定居于城市的幕藩制领主。

在丰臣秀吉治下，公家领主的性质也在转变，成为幕藩制领主的一部分。在战国时代，公家领主在地方领主（在地领主）、土豪阶层以及农民反抗的威胁之下，陷入了生死存亡的危机。织田信长在掌握权力之后，采取了救助公家阶层的政策。丰臣秀吉继承了这一政策的基本方向，他虽然否定了公家的当知行，但同时也分配给公家相应的领地，保障其收益。

丰臣政权下领主所支配的土地规模，用"石高"来表示，即石高知行制。与战国大名政权下实行的贯高知行制相同的是，用计算土地生产能力的单位，来表示知行地的规模。不同的是，贯高制下表示土地生产能力的单位是钱高，而石高制下是米的产量。

石高知行制是丰臣秀吉政权征发军役的基础。为了促进兵农分离，防止发生一揆，丰臣秀吉推行刀狩令，即收缴武器，禁止农民、僧侣和町人拥有刀、枪、弓箭、火枪等各种武器。最早实施这一措施,是织田信长消灭越前国"一向一揆"之后,领有该国的柴田胜家实施过。天正十三年(1585),丰臣秀吉征服高野山时,在山内就实施刀狩。天正十六年(1588),开始在全国实施。没收来的武器,熔铸为铁钉等,用于修建东山大佛。刀狩令消除了民间潜在的战斗力,强化了封建领主的统治秩序。

1591年,丰臣秀吉发布身份统制令,主要内容有三条,即禁止武家奉公人(包括类似仆人的为主家服务的各级武士)成为百姓町人;禁止百姓放弃耕地;禁止武家收留逃亡的奉公人。其主旨在于确保武家奉公人和年贡,也有为侵略朝鲜做准备的意图。

太阁检地、刀狩令和身份统制令,反映了支配者使战国时代以来随着社会流动性的增强而不断变化的身份固定下来的意志。民众在"下克上"的时代所获得的各种自由权力,随着丰臣秀吉一统天下,从制度上都被剥夺一空。士、农、工、商的身份、职业与居住地的区别被固定下来。农民居住在农村,武士脱离农村居于城下町,由此确立了兵农分离的原则。

天正十五年(1587),丰臣秀吉为攻打九州而来到博多。在得知长崎已经成为教会领地之后,他宣布禁止传播基督教,命令驱逐传教士出境。这是日本最早的禁止基督教的命令。尾藤正英认为:"国家统一受到侵害的危机感是发布该令的主要动机。"[1]另外,庆长元年(1596),西班牙船只圣菲利浦号漂流到四国土佐,西班牙人在当地传播基督教,并说西班牙将会派军队占领日本的土地。这一事件发生之后,丰臣秀吉命令抓捕在日本的传教士,押送到长崎,处以死刑。这就是基督教徒所称的"二十六圣人殉教"。尾藤正英认为:"那不是因为宗教内容,而是因为国政上的原因而发生的事件。"[2]丰臣秀吉虽然开始禁止基督教,但出于经济利益的考虑,依然允许"黑船"贸易,因此在禁止基督教上做得并不彻底。

---

[1] 尾藤正英:《日本文化的历史》,彭曦译,南京:南京大学出版社,2010年,第83—84页。
[2] 尾藤正英:《日本文化的历史》,彭曦译,南京:南京大学出版社,2010年,第84页。

当然,丰臣秀吉禁止基督教的重要目的之一也是为了进行思想上的统治。宗教对他而言,要么是统治的对象,要么是统治的工具。在他的观念里,固然不存在什么信仰自由的权利,但与此同时,他也并不关心具体个人的思想内在,只是要求服从他的统治权威。佛教势力的重镇延历寺、高野山以及本愿寺,被迫放弃自己作为封建领主的权利和地位之后,只要愿意为其统治服务,丰臣秀吉非但不会打击,反而会加以保护。他恢复了延历寺并给予一定的领地,比睿山、高野山也因其支持而得以复兴。反过来,胆敢触犯丰臣秀吉逆鳞的某些佛教宗派则会被无情镇压。1595 年,丰臣秀吉在京都方广寺为其亡父亡母举行法事,命令僧人们无论属于什么宗派,都要参加。然而,僧人日奥根据法华宗不受不施派的原则,拒不参加,结果遭到丰臣秀吉的驱逐,被迫离开京都。丰臣秀吉强调,虽然僧人应该遵守师祖的规定,但是公仪的命令是高于佛法的权威。而天主教认为天主是至高无上的权威,自然也难以见容于丰臣政权,最后被镇压可以说是顺理成章的结局。以下主要根据平石直昭的研究[1],具体介绍其禁止基督教的思想逻辑。

结束九州征讨回到博多的丰臣秀吉,在天正十五年(1587)六月十八、十九连续两天,发布了两份关于基督教的文书。一份是六月十九日的以驱逐外国传教士为主要内容的〈定〉,另一份是六月十八日面向国内应该称之为信仰限制令的〈觉或朱印状〉。在前者即"定"中,其第一条宣称"日本乃神国,由天主教国传来邪法,是不可行的",在第二、三条中陈述了迄今日本国允其布教的理由以及因对方的背叛而不得不将其从日本驱逐的理由。又在第四、五条中说,贸易另当别论,凡不妨碍佛法者,即使是"商人"以外的人也可往来于日本。

根据平石直昭的分析,自第一条至第三条的内容表明,秀吉的主张由两方面组成。一方面即所谓的思想自由竞争、自由市场的观点,据此,"伴天连"即传教士通过正常的传教活动,与其他宗教竞争,凭"其智慧之

---

① 参见平石直昭『日本政治思想史——近世を中心に』,放送大学教育振興会、1997 年、第一章。

法"获得"施舍"是没有问题的。但是,他们与由秀吉分封"国郡"等领地的大名们联合,并利用大名的权力,破坏各领地内的"神社佛阁",这便是破坏"禁令"的违法之事,是绝对不能允许的。丰臣秀吉强调,各"国郡"等领地是秀吉作为"暂时之物"分发给各领主的,并非他们的固有财产。以全国统一为目标的秀吉要切断大名与他们的根据地联系,并想随心所欲地操纵他们,所以严厉禁止各领主在领地内强制推行自己的宗教。

秀吉的这一态度,在同时发布的"觉"中,也是一以贯之的。在"觉"中,严禁因扶持"国郡在所"而接受基督教的"给人"强制让领地内的"寺庵百姓"成为"伴天连门徒"。关于武士,则把上级武士和下级武士分开,上级武士的信仰要得到丰臣秀吉的许可,下级武士则保留了有限度的信仰自由。至于"平民",则凭其意愿可以成为基督教徒。

在"觉"的第六、七、八条中认为,"伴天连门徒"正如曾经的本愿寺教团一样。本愿寺教团曾经通过"净土真宗"的教义结合起来,在大名的领地内建立了自治性的"寺内",不向领主缴纳年贡。在加贺国,还流放了领主富樫并让"一向宗住持"来统治。伊势、长岛、越前、杂贺、大阪本愿寺等地的一向一揆,顽强抵抗织田信长直至最后,曾几度令其陷入危险境地。这给丰臣秀吉留下了深刻的印象。丰臣秀吉不承认脱离权力控制的"寺内"町。至于原本是武士的大名们变成了"伴天连门徒",并强制性地让他们的"家臣们"也改宗,这比以前的本愿寺的"寺内"还要恶劣,因为它不久将成为"天下统一的阻碍",所以更是绝对不能被允许的。

天正十五年的这两份文书表明,比起作为单纯的宗教性共同体,更令丰臣秀吉担心的是,以基督教为纽带把领主与领民联合起来,成为对统一政权的政治性反抗的核心。传教士弗罗伊斯介绍说,在文书发布的第二天,秀吉召集诸大名,并做了说明,在其宗旨说明中很好地表明了这一点。但在另一方面,和当时对本愿寺的态度一样,"平民"成为伴天连门徒是自由的。对武士政权而言,宗教就应该与政治无关,仅仅停留在精神世界。统治者只关心保持政治权力,并没有主动干涉人民精神世界的意愿。

　　丰臣秀吉为了与基督教国家的神圣性相对抗,在禁止基督教的"定"中强调日本是所谓"神国"。日本神国论,自《日本书纪》之时就有类似观念;在中世,蒙古侵袭及南北朝内乱等使得这一观念不断发展。特别著名的是北畠亲房的《神皇正统记》,通过与印度、中国比较,宣称只有日本是由唯一皇统统治的,并强调天照大神的誓言是一个崭新的历史阶段开始的证据,叙述了"神国"的由来。但丰臣秀吉对传统的日本神国论进行了改造,他强调日本是"神国",针对的是"基督教",但不仅仅是放在作为宗教的"基督教"的对立面上,而且是放在"基督教国家"的对立面上。西方的基督教国家被看作是一种以基督教为纽带的政教合一的政体。当时欧洲各国还没有确立政教分离的原则,尤其是旧教国是处在中世纪以来的"基督教国家"理念之下的。因此,基督教被当作国家联合的纽带,传教也被当作国家的一项重要活动。这一"基督教国家"的理念据说是葡印总督介绍给大名大友氏的。丰臣秀吉的日本"神国"观,有着与这种政教合一的"基督教国"相对抗的意味。

　　既然规定日本是神国,就有必要确立与其相应的教义,此即"定"中所强调的"日本国的佛法"。这一点在日后被更加详细地理论化。十年后丰臣秀吉给西属吕宋岛总督的文书中,也强调日本乃"神国",其道为"神道",指出对方也不希望日本人在其国民中传播"神道"、改易风俗,以此拒绝了对方准许基督教传教的要求。另外,在该文书中,与"神国"规定相适宜的"神道"说也较之以前更加体系化了。日月的运行、四季的变化、天气现象、动植物的生长与运动以及人类社会的各种秩序等等,都依据"神理"做了统一的说明。出于与"基督教国家"对抗的需要,丰臣秀吉的日本"神国论"也更加精致化、体系化了。

　　但是,上述理论主要是对外使用的言说。丰臣秀吉并不是要把日本传统的"神道"观念,作为教义灌输给日本民众。在日本国内,秀吉使自己权力正统化的主要战略,是重视通过施行大规模的仪式与祭礼来收揽民心,并通过做关白、太政大臣等来利用传统的天皇权威。晚年的秀吉还想让死后的自己作为"新八幡"即新的战争之神而被祭祀。儒家经典

《礼记》认为,对国家有大功的人,死后应该作为神来祭祀。对皇室而言,"八幡"是应神天皇的化身,石清水八幡宫是与伊势神宫并列的"二所宗庙"之一,享有特别待遇。秀吉谋求成为"新八幡"神,表明他希望在继承传统的同时,进一步把自己提升为神的再现,并使自己与皇室紧密相连,从而让自己永远活在人们的记忆里。丰臣秀吉通过把自己编入日本传统的神佛秩序之中来保持权威,并不打算费力制造新的意识形态言说。

三、丰臣秀吉侵略朝鲜

早在 1585 年,丰臣秀吉在发布畿内近国中央地带的国分、国替令的同一日,就表明了自己征服"唐国"(即中国)的野心。在丰臣秀吉看来,只有不断地发动战争,才能够维持已经创立的兵农分离的军政体制的延续和发展,并解决由其权威薄弱而产生的政权内部的矛盾。因此,在统一日本之后,丰臣秀吉很快就发动了侵略朝鲜的两次战争,即 1592—1596 年的文禄之役和 1597—1598 年的庆长之役,最后以失败告终。

当时西班牙占据了菲律宾群岛,在吕宋岛的马尼拉设立总督府进行统治,日本人称之为吕宋。天正十九年(1591),丰臣秀吉要求吕宋的西班牙总督向日本入贡,声称如不服从将会发兵征伐。西班牙总督则要求参与当时垄断在葡萄牙人手中的对日贸易。丰臣秀吉不过是虚张声势,根本不具备大举远征的能力。丰臣秀吉还要求琉球王国向自己臣服,也未能达到目的。文禄二年(1593),丰臣秀吉还要求台湾入贡,也只是一厢情愿而已。丰臣秀吉有着狂妄的野心,甚至希望当时在印度果阿的葡萄牙人政权归附自己。

统一日本之后,从第二年即 1591 年开始,丰臣秀吉加紧准备侵略大陆。他首先是从外交上开始着手。朝鲜李朝当时是中国明王朝的属国,丰臣秀吉试图通过外交交涉,促使朝鲜归附日本。天正十五年(1587),丰臣秀吉通过对马的宗氏,开始与朝鲜交涉,要求入贡贸易。同时采取措施复兴在战乱中荒废的博多,动员大商人为侵略战争服务。虽然博多的重建进展顺利,但是在外交上寸步难行,谈判未能如愿,因为朝鲜坚持与日本的平等外交。天正二十年（1592），丰臣秀吉下令出兵侵略朝鲜，其最终目标在于借道入明。

根据1592年的阵立书[①]，日本侵略军编制为："朝鲜国先悬之御势"（小西行长、加藤清正、黑田长政、毛利吉成、福岛正则、毛利辉元等所率领的六路军队，共约14万人）、"朝鲜国都表出势之众"（宇喜多秀家、浅野幸长、羽柴秀胜等率领的三路军队，共约6万人）、"船手众"（九龟嘉隆、藤堂高虎等所率领的水军约1万人），此外还有"肥前国名护屋在阵之众"等。丰臣秀吉将日本全部的领主阶级组织成为一支统一的军队。

丰臣秀吉陆军兵分九路，总计158 700人。1952年4月，在釜山登陆的第一和第二路军队，一开始进展顺利，20天后占领了朝鲜的首都汉城。丰臣秀吉得到顺利进军的报告后，做起了大亚洲帝国的迷梦，制定了狂妄的作战计划，幻想亲自渡海攻陷明朝的都城北京，将其作为日本的都城，将天皇迎到北京，献上周围的十个国，再将附近的十个国交给关白丰臣秀次，将朝鲜以及印度附近的土地分封给诸大名，十倍二十倍地增加其知行，自己则坐镇宁波，总揽全局。

占领汉城之后，加藤清正率领的第二路军进一步控制了咸镜道，但是小西行长的第一路军在占领平壤之后则受阻不前。日本侵略军的优势很快丧失。朝鲜水军在李舜臣的领导下，利用作战灵活的龟甲船击败日本水军，日本丧失制海权。朝鲜人民的抵抗在各地蜂起。明朝将领李如松率领援军参战。文禄二年（1593）初，日军从平壤撤退到汉城，又退到釜山。日本转为劣势，被迫开始进行和平谈判。但朝鲜被认为并无决定权，谈判在日明之间进行。日本撤军之后，依然有一部分残留在朝鲜。日本要求割让这一带的土地，明朝拒绝。

庆长元年（1596）六月，明朝遣使日本，封丰臣秀吉为日本国王。庆长二年（1597），丰臣秀吉再度派出15万大军侵略朝鲜。然而其部下士气已经衰落，而且面临粮食供应不足、天气日趋寒冷等威胁，所以第二次

---

① 水林彪：『日本通史Ⅱ近世：封建制の再编と日本の社会の成立』、1997年、第118頁。

出兵并不顺利,战斗比第一次侵朝更加艰苦,也无望得到恩赏,士气低下。虽然加藤清正曾经包围蔚山,岛津义弘也曾取得泗川战役的胜利,水军在海上也初战获胜,但朝鲜重新起用李舜臣后,日本水军大败,陆上之战也因明朝军队与朝鲜军队联合进攻而节节败退。日本侵略军势力最多只控制了朝鲜南部,随即退守沿海地区。庆长三年(1598)八月,丰臣秀吉病死,五大老决定撤兵,十二月日本军队全部撤回博多。丰臣秀吉的侵朝战争,前后七年,最终以其彻底失败而告终。

丰臣秀吉政权代表的是各地大名、土豪的利益,这个阶级最主要的利益关心在于维持并不断扩大自己的领地。继承了织田信长的征服成果的丰臣秀吉,在各大名之间占据了极其优越的地位。在实施全国检地的时候,他所支配的土地,占日本全国总石高的40%。而居于第二位的后北条氏仅占10%强的份额。石高的多少直接决定了兵力的大小,这是丰臣秀吉统一日本的经济基础。

丰臣军团的强大,并不仅仅停留在数量优势,兵农分离制度的实施,也保证了其强大的战斗力。这一点在丰臣秀吉与后北条氏的战斗中,充分地表现出来。后北条氏的军队动员方式,依然以兵粮自办为基本原则,即向后北条氏提供军役的下属,必须自己筹备兵粮等。当然,这一原则也并非绝对,在向特别远的地方出兵的时候,则实行上缴货币,在服役地购买兵粮的制度。与此形成鲜明对比的是,丰臣秀吉的军队将战斗部队与兵粮补给部队完全分开。随着兵农分离制度的展开,丰臣军团放弃了兵粮自办的做法,在各地设置藏入地,是丰臣秀吉直辖的领地,组织化地供应兵粮和马粮。这种高效率的分工体制,保证了丰臣军团可以进行持久作战。

后北条氏向来自恃的小田原笼城作战(即坚守城池的战术),在丰臣军团的持久战面前,遭到了前所未有的失败。过去,上杉氏、武田氏的军队,都曾经在后北条氏的这种战术面前束手无策,在兵粮耗尽之后,不得不撤兵。然而,丰臣秀吉的部队却拥有强大的后勤补给能力,反而耗得困守在小田原城内的后北条氏部队断了粮。当丰臣秀吉的部队驻扎在小田原的时候,日本全国各地的商人蜂拥而至,源源不绝地带来了各地特产,甚至有高丽的珍物、京都和堺的绢布等等。京都周边的妓女甚至也前来建房开业。丰臣秀吉的侧室淀君,及其部下各大名的妻子,据说也都奉命随军,完全不同于骑马武士单兵决斗的传统战争模式。

丰臣统治集团本质上就是一支军队。其职业、其功能就是不断地向外部发动战争,获取新的土地和利益,进行再分配,以维持整个机器的运转。他必须无止境地膨胀,直到遭遇战争失败。如果停止向外膨胀,丰臣政权就失去了存在的理由。另一方面,以战斗为业的武士,为了维持本集团的自我认同,习惯于不断地在本集团之外确认军事敌人的存在。从一个地方武装集团的领导者上升为日本全国统一政权的创立者之后,丰臣秀吉自然而然地在日本之外寻找敌人,发动了对大陆的侵略战争。

丰臣侵略及其失败带来了巨大的历史影响,导致东亚地区国际关系紧张,使日本陷入国际孤立,战败后也最终未能加入以中国为中心的册封体制。这限定了日本此后国家发展的基本框架,使后来的统一政权德川幕府也只能在中华政治圈的边缘谋求本国的国际定位。

第二章　幕藩制国家的成立

第一节　德川家康的文治武功

一、"关原之战"与"元和偃武"

从丰臣秀吉死去，直到宽永九年（1632）德川秀忠死去，是德川氏政权建立的时期，然后经过三代将军德川家光的治世，幕藩体制在日本确立下来。前三代德川将军的施政，学界常称之为"武断政治"。这是为了强调近世初期德川氏将军的统治与以后的所谓"文治政治"相比，具有更为强烈的军政色彩。

德川家康出身于三河国地方，原为松平氏，名松平元康，幼名竹千代。家康幼时，家道中落，曾经在今川氏那里做人质。其名字中的元字便是来源于今川义元。当其独立之后，便改为家康。永禄九年（1567年），经天皇朝廷敕许而改姓德川氏。德川家康也曾自称姓源，意在借助镰仓幕府的开创者源赖朝的权威。后来因为得到朝廷叙任从五位，便改称藤原氏。日后为了强调武家的权威，又恢复了源氏的自称。从其屡屡改名改姓的经历中也可以看出，他出身并非名门望族，在重视血脉的当时，并没有突出的优势。但是，德川家经过长期的经营，也拥有一批世代追随的家臣。德川家康在 1562 年与织田信长结成同盟,1586 年又与丰臣秀吉和谈,但他并没有赢得丰臣秀吉的信任。1590 年,德川家康离开其家族起源的三河地区,被转移到关东。

丰臣秀吉在天正十九年(1591)、文禄元年(1592)左右基本上实现了对日本全国的统治。文禄四年(1595),其养子关白丰臣秀次(1568—1595)被迫自杀。因为丰臣秀吉想让自己亲生的儿子秀赖继承自己的权力和地位。庆长三年(1598),丰臣秀吉设置五大老和五奉行,希望他们能够辅佐年幼的秀赖掌握政权。五大老本来就是强有力的战国大名,由德川家康、前田利家、毛利辉元、宇喜多秀家和小早川隆景担任,后来上杉景胜取代了小早川隆景。五奉行则由前田玄以、浅野长政、增田长盛、石田三成和长束正家担任,是丰臣秀吉提携培养的有力下属。

丰臣秀吉自知死期将至,便命令大名们宣誓效忠于丰臣秀赖。德川家康奉命在伏见城主政,前田利家奉命在大阪城辅佐秀赖。丰臣秀吉死后,五大老和五奉行一起掌握了丰臣氏的政权,合议命令撤回侵略朝鲜的军队。此后丰臣氏旧臣分成所谓文治和武断两派,彼此争权夺利。石田三成和小西行长属于擅长政权运营的文治派,而加藤清正、福岛正则是武断派的代表人物。所谓五大老五奉行体制并不是可靠的统治制度,尤其是五大老都是雄踞一方的战国大名,拥有相当强的独立性。德川家康作为当时势力最大的大名,不甘心久居之下,不断破坏合议政治,扩大手中的权力。前田利家死后,德川家康的地位更加突出。

德川家康受制于丰臣氏和德川氏之间的主从关系,贸然推翻主君取而代之的话,不符合当时通行的道义,具有一定的风险。他为人谨慎坚韧,处心积虑地寻找各种机会,不断设法破坏丰臣氏的力量。丰臣氏旧臣之间文治派和武断派的分裂,恰好给了德川家康纵横捭阖的绝佳机会。他作为战功卓著的武将,与好勇斗狠的武断派颇有共同语言,获得了其中大多数成员的支持。石田三成等五奉行与上杉、毛利等大老联合,对抗德川家康的势力。双方矛盾无法调和,最终爆发了 1600 年的关原之战。

各地大名纷纷选边站队，拥护德川家康的大名被称为东军，而西军则以石田三成为核心结成。德川家康命令上杉景胜上洛，上杉景胜拒不服从。德川家康设法获得丰臣秀赖的命令，带兵进攻上杉景胜。石田三成以为有机可乘，便主动向德川家康举兵。德川家康回师向西，与西军展开决战。小早川秀秋突然背叛石田三成，导致西军乱了阵脚。德川家康获得了战争的胜利，杀死了被视为罪魁祸首的石田三成。支持石田三成的毛利氏和上杉氏等大名的领地遭到削减，合计被减封的石高超过了200万石，更有不少大名被剥夺了全部领地，西军大名被剥夺总石高近500万石。德川家康原本就是当时领地最多的大名，战胜后又获得了对手的大量领地，石高总数从240万石增加到300万石，大约占当时全国总量的六分之一。德川家康的亲属、部下和支持者也论功行赏，各有所得。

德川家康挟战胜之威肆意调换大名领地，德川氏亲族以及谱代被安排到战略要地，维护德川氏的安全。而不被信任的外样大名则被尽量派到偏远之地。丰臣氏也在劫难逃，丰臣秀赖的领地被大量削减，仅剩摄津、河内、和泉三地的65万石。大阪城被保留作为丰臣秀赖的居城，但是其他原本属于丰臣秀吉的城市和矿山都落入德川家康之手。至此，德川家康基本掌握了对日本的统治权，成为继织田信长和丰臣秀吉之后的新一代的所谓"天下人"，即掌握日本这个"天下"的最高权力的人。

德川家康没有像丰臣秀吉那样积极利用天皇和公家的权威，而是刻意强调对日本武家传统的继承，和对武士们最崇拜、开创独立武士政权的英雄源赖朝的追慕。尽管源赖朝作为日本第一个成为征夷大将军的武士，其实权威来源也并不能完全与天皇切割。实际上，家康自身也有必要利用天皇权威，庆长八年（1603年），德川家康在伏见城接受后阳城天皇敕使传达的朝廷宣旨，成为征夷大将军。德川家康不但颁布法令要求高野山、比叡山等大寺社要专心修行，也针对公家颁布法令，显示了新权威的优势地位。德川幕府成立之后，逐步承担起治理全日本的功能，针对不同的大名，发布奉书，要求其遵守幕府政令。东北与北陆地区的外样大名也一样要执行幕府的政策。在京都一带没有大名,幕府便设立国奉行进行治理。幕府发布的涉及全国性事务的政令,无论是幕领还是私领,都具有同样的效力。

战国时代流行"下克上"以及强者统治日本乃是得天命的观念,德川家康对曾经的主君丰臣氏取而代之,在一定程度上也符合当时的这种天道观念。然而,这种观念是一把双刃剑,固然能够正当化德川家康统治权的正当性,同时也可能被新的挑战者所利用。为了斩断这种循环,德川家康成为将军两年之后,便于庆长十年(1605)让三子秀忠接替自己成为将军。其意图非常明显,是向全日本宣示将军这一职位乃是德川家世袭之物。庆长十二年(1607)德川家康迁居骏府城,被称为"大御所"(即前将军),继续掌握实权,直到元和二年(1616年)辞世。庆长十四年(1609年),骏府的年寄众本多正纯奉命向秋田藩主佐竹义宣发布命令,要求其在藩内禁止用灰吹法炼银。这一事实显示了"大御所"的权威依然是通行于日本全境的。

德川秀忠在江户做将军,也有自己的一套统治班底和一定的政治权力。这种双头政治对于培养继任者、确保权力顺利交接,是有利的。虽然德川家康谋求让德川家旧主丰臣秀赖与作为征夷大将军的德川秀忠会面以求削弱主从关系历史影响的计划未能如愿以偿,但是他在庆长十六年(1611),以后水尾天皇即位为由,让毛利氏、前田氏等实力大名前来二条城,宣誓遵守将军德川秀忠的法令,有力地强化了德川氏的权威。次年,上杉氏等数十位大名也同样宣誓,承认了德川秀忠作为主君的地位。当然,此时的德川氏还未能建立对大名们的绝对优势,所以并非单向命令而是采取了大名起誓的形式①。

丰臣秀赖依然保持了超然的地位,虽然他并无实力挑战德川氏,但他对一些反德川的势力仍然有吸引力。为德川氏长期掌权着想,丰臣氏一日不亡,德川家康一日难安。他用各种方式不断削弱和刺激丰臣氏。

---

① 参见小仓宗「近世の法」、『岩波講座 日本歴史 第 12 卷 近世 3』、岩波書店、2014 年。

他声称为了超度丰臣秀吉，让丰臣氏出资恢复大寺社。在方广寺将要完工的时候，德川家康借口梵钟铭文中"国家安康"的文辞，将"家康"二字分开，意在诅咒自己将会被腰斩，而"君臣丰乐"的字句则暗示以丰臣氏为君，命令延期举行开眼供养，故意刁难丰臣秀赖并拒绝接受其解释。

庆长十九年（1614）双方终于爆发战争，德川家康率领各地大名，以二十万兵力围攻大阪城，日本史称"大阪冬之阵"。尽管丰臣秀赖势单力薄，只有一些浪人武士前来助战，没有得到任何有力大名的支持，但大阪城是当年丰臣秀吉所修建的居城，高大坚固，易守难攻。德川家康久攻不下，便假意言和。丰臣氏一方心存侥幸，接受德川家康提出的退兵条件，同意推倒大阪城的外城，填平护城河。德川家康在部下填平外濠之后，突然下令将内濠也一起填平。庆长二十年（1615）双方再次开战，德川家康彻底击败丰臣氏，日本史称"大阪夏之阵"。丰臣秀赖自杀，德川家康斩草除根，将丰臣氏灭族。德川家康获胜后，请天皇朝廷将年号改为"元和"，以庆祝胜利。日本后世所谓"元和偃武"，意在赞美此后日本在德川氏的统治下进入长期的和平状态。

德川家康取得大阪夏之阵的胜利之后，借助军事上的威望，开始逐步建立起统治日本全国的政治框架。他颁布各种法令建立自己的权威，削弱潜在的威胁。他在庆长二十年六月颁布《一国一城令》，命令大名在一国之地只能保留一座城，其余的都要拆掉。又在庆长二十年（1615）七月颁布《武家诸法度》和《禁中并公家诸法度》，这是管理武公家以及天皇家族的法令。除此之外，还颁布了管理寺院的法令。

《武家诸法度》以德川秀忠的名义发布，是将军对大名单方面的命令，不可不服从，显示了将军家的权威。法度要求武家要致力于"文武弓马之道"，不可以保护和雇佣违法乱纪的叛乱分子，不可以建设新的城堡，不可以随意私自修葺旧的城堡，服饰要遵守具体的规格，成为藩主要具备相应的资质。其中最著名的是"参觐交代"制度，大名们必须定期来江户，觐见将军，随行仪仗队等人员数量都有明确的规格。上一代将军死后，新继任的将军将重新发布《武家诸法度》，并对有关规定进行必要的修改。另外，宽永十二年(1635)，幕府发布了《诸士法度》，规定德川氏直属的旗本和御家人等的行为规范和忠诚义务。内容与《武家诸法度》差不多，但《诸士法度》是主君对家臣颁布的法令，而将军对大名并没有这么绝对的权威。第五代将军德川纲吉的时候所发布的《武家诸法度》，合并《武家诸法度》与《诸士法度》，显示将军与大名也被认为是主君与家臣的关系。德川纲吉还增添了禁止大名的家臣殉死的条文，这一方面是受到儒家仁的观念的影响，同时也意味着削弱了大名的家臣对主君的依附关系。

对于德川家康来说，治理的重中之重是确保德川家族控制全日本的大名。为了维持德川幕府的长期稳定，家康很早就开始加强对各地大名的控制。在关原之战后，他在奖赏和惩罚的过程中，仔细考虑了如何配置不同的大名。他让被认为对德川家更忠诚的谱代大名以及德川氏亲藩居住在畿内、关东以及东海道等要地，以确保对全国主要地区的控制。将可能威胁德川权力的外样大名移至边缘地带，如奥羽、中国、九州和四国。按实力和关系交错排列，相互牵制，确保统治权力的稳定。这是幕府统治大名的一项重要政策，并由未来的幕府将军继承。幕府经常找各种理由让大名改变封地，不仅是为了防止大名彼此勾结，而且是为了防止大名与其领地关系过分密切。大名们各自率领着家臣团，根据幕府的指示从一个地方到另一个地方居住，这与亲自统治土地和人民的战国大名有着根本的不同。

在关原之战中反对幕府的大名被削减了封地。违反幕府法律的行为也可能导致封地被减少。总之，幕府因种种原因缩小大名的领土，甚至剥夺犯错误的大名之身为大名的资格。幕府不允许垂死的大名收养儿子，没有继承人的大名于是就被断绝家系。即使是功勋卓著的谱代大名，也可能遭到没收封地、剥夺大名身份的惩罚。例如，大久保忠邻和本多正纯就是这样的结局，甚至德川家的亲藩也可能有同样的遭遇，福井藩主松平忠直是德川家康的孙子，德川忠长是德川家光的弟弟，也被剥夺了身份。被废掉的外样大名就更多了，如会津的蒲生忠乡、冈山的小早川秀秋、广岛的福岛正则，还有熊本的加藤忠广等。

战争时期，大名要为幕府将军服军役，这是其核心职责。和平时期，大名的义务是帮助幕府完成各种土木工程，向幕府奉献建筑所需的各种材料。江户和骏府等城堡都是由大名帮助修建的，幕府可以借此消耗大名的财力。事实上，当丰臣秀吉逼迫德川家康搬到江户时，当地甚至没有一条像样的街道，海水时常灌到城内，据说在浅草一带都能采集到紫菜。家康命人整顿江户近海的街道，填平低洼湿地，修建了相当完善的供水和排水设施。当年在东海地区便追随德川家康的一批商人也来到江户，负责管理和经营城下町。家康在 1603 年成为幕府将军后，立即开始对江户进行扩建。他调动全国各地的大名，完成了庞大的土木工程，开拓修建了 300 条新的街道，建成了有五层天守阁的将军居城。大名们忍受了很沉重的负担，无人敢于反抗。幕府的势力越来越强大。当然，幕府对大名也并没有仅仅依赖高压政策，也经常采取一些比较温和的策略。赐姓松平是拉近关系的重要手段。政治联姻更是非常频繁。幕府以硬实力为基础，以软实力为辅助，制服了桀骜不驯的战国大名，成功地实现了两个半世纪之久的国内和平，基本没有大名军事反抗将军的权威，直到幕末动乱再起。

对于天皇这一日本的传统权威，德川家康自然是充分利用，以显示幕府统治的正当性。家康让大名们受封各种朝廷的官位，提高了武家统治的权威，同时也加强了自身对大名的控制。这也有助于明确大名之间的等级格差，并将其正当化。尾张和纪伊的大名是从二位权大纳言，岛津和伊达家是四位权中将。另一方面，家康又担心朝廷成为敌对的力量，想方设法地加以限制。元和元年（1615），在颁布《武家诸法度》之后，德川家康马上又以与德川秀忠以及前关白二条昭实连署的形式，发布《禁中并公家诸法度》。这是德川幕府管理天皇和公家贵族的法令，一直到幕末都有效力。法令第一条便规定天皇的主要任务是研习"技艺与学问"，一般认为这一条规定意味着天皇要远离政治权力。关于朝臣的等级、摄政关白的任命，以及改元等事务，都做出了详细的规定。对其加以限制的同时,德川家康也保证皇室和贵族的一定经济来源。

在经济方面,德川家康的主要政策是建立德川家稳固的统治基础,其核心是将军家的直辖领地。近世初期将军家的直辖领已经至少有230万石,日后逐渐增加到400万石,分布在日本各地。幕府任命代官管理各地农政,确保地租的收缴。幕府把一部分交通要地也划为直辖领。大米是地租的主要形式。为了将大米运到江户,幕府开辟东环、西环航路,逐步形成了以此为中心的全国性的运输体系。

地租收入之外,幕府将主要矿山都收入囊中,积蓄了大量的金银,超过了曾经以豪奢著称的丰臣秀吉。铸币权也归幕府统一掌握,1601年设立分别负责铸造金币和银币的"金座""银座"。江户幕府早期货币被称为庆长金银。所谓庆长金,由三种金币构成:大判是十两,小判是一两,还有"一分判"是四分之一两。所谓庆长银则由丁银和豆板银两种银币构成。当时的银币都是称量货币。统一的货币意味着国家的统一。另外,幕府不允许大名进行对外贸易,独享外贸之利益。幕府的御用商人在京都、长崎等地积极开展商贸活动,为幕府带来了巨大的收益。

德川家康知道,马上得天下不能马上治天下,为了加强意识形态统治,他首先关注到基督教问题。一般认为家康本人重视的是海外贸易带来的物质和利益,对基督教本来并不在意,只是对在日本不断发展的基督教背后的政治势力并不放心。英国与荷兰等新教国家想要取代葡萄牙和西班牙等旧教国家与日本做生意,故意向幕府诋毁天主教传教士有不轨之心。近世日本固有的佛教和不断发展的儒学也都对基督教持有反对立场。代表人物如家康所宠信的僧人崇传、朱子学者林罗山。崇传属于临济宗,曾经住在南禅寺的金地院,所以也称金地院崇传,受到幕府重用,有"黑衣宰相"之称。他还是后水尾天皇之师,被授予本光国师的称号。他之所以能够如此位高权重,首先是因为他很有学问,另外也颇有治事之才,主要负责法令起草和外交文书管理。京都出身的林罗山(1583—1657)曾侍从家康、秀忠、家忠三代将军,深受信赖。他原名为忠信胜,罗山是他的号,僧名为道春。他在18岁的时候开始学习朱子学,很快便可以给人讲解《论语集注》。但他同样不是因为思想立场，而是因为有学问而受到幕府的重用，主要职责也是参与起草各种法令和处理外交文书。林罗山信奉朱子学，于宽永七年（1630）在江户上野忍冈开设家塾，名为弘文院。他开创了日本的圣堂，热衷于传播儒学。林家的后人世代担任幕府的儒官。林罗山本人也留下了大量著述，有《宽永诸家系图传》和《本朝通鉴》等历史书，也有《大学抄》《大学解》《论语解》等儒学著作。

江户幕府开始发布禁教令的契机是冈本大八事件，即在庆长十四年（1609 年）到庆长十七年（1612）之间发生的信奉基督教的大名有马晴信和幕臣冈本大八的受贿事件。1612 年幕府发布了最早的禁止基督教的法令。本来只是禁止在京都以及江户、骏府等幕府的直辖地传教，还命令摧毁教堂。有马晴信是日本最后一位基督教大名，最终因冈本大八事件而被幕府命令切腹。基督教徒原胤信（1587—1623）是德川家的旗本，拒绝服从幕府要求旗本放弃基督教的命令，逃亡到岩槻藩，庆长十九年（1614）被捕。德川家康命令在其额头烙上十字印，施以酷刑并将其流放。元和九年（1623），原胤信在江户与其他 47 名传教士一起被游街示众，之后死于火刑。

庆长十八年（1613），幕府命令在全国实施禁教令。同年，以德川秀忠的名义发布《伴天连追放之文》，这是日后幕府禁止基督教政策的主要法律依据。该文书是由崇传在家康的指示下执笔，加盖将军秀忠的红印，通告全国大名。

在丰臣秀吉掌权时，也主张所谓日本"神国"论，但那只是对外宣称如此，并没有在国内尝试利用政治权力，向日本民众推行某一种特定的意识形态①。然而，到了德川家康掌握权力之后，逐渐发生改变。最初德川幕府并没有严格限制基督教，耶稣会之外的传教士也陆续来日，日本

① 以下内容参见平石直昭『日本政治思想史—近世を中心に』，放送大学教育振興会、1997 年、第一章。

的基督教信徒在 17 世纪初期还一度增加很多。家康真正重视的是海外贸易的巨大利益,但是与此同时他也和丰臣秀吉一样,对基督教抱有戒心,尤其是他逐渐认识到基督教的第一教义便是强调上帝是世间唯一绝对的权威,对君父的忠诚远在对上帝的忠诚之下。

崇传起草的这份文书对于了解德川政权的意识形态构想有着特别重要的意义,因为一般的禁令只是简单表明禁止事项,这份文书却还进一步论述了幕府之所以必须禁止基督教的思想根据。其政治背景之一是,当时住在大阪的丰臣秀赖与信奉基督教的武士关系密切,德川氏有必要表明禁止基督教的正当性。而在德川氏内部,以本多正信为首的家康近侍和以大久保忠邻为首的秀忠的谱代阶层,两者之间也存在矛盾。

这一文书在思想上具有强烈的折中性。崇传虽然是禅宗的僧人,却出于政治需要,没有一味强调禅宗思想。他广泛参考当时各种文献和各种主张,在承认日本国内既有信仰形态的多样性的基础上,尽量构建一套能够让信仰各不相同的日本人都能够接受的理论。这显然是在有意识地去说服国内民众,以求能够与基督教信仰相抗衡。与丰臣秀吉在宣布限制基督教传教的根据时直接强调"日本是神国"不同,崇传起草的禁教令则首先从儒家有关"天地人三才"的说法出发展开论述,然后再强调"日本本为神国"。该文书的开头部分提出了不同于基督教的创世主宰神耶和华创造人类的观点,参照《易经》中"阴阳不测之为神"的命题,强调说人的诞生乃是"阴阳之所感",并且主张人的身体及其全部功用不能片刻离开"神",实际上"神非求于他,只愿人人具足,个个圆满。此即神之本质"。这意味着神是内在于人身体之中的,这种观点与当时吉田神道非常类似,而且与古代中国形成的人体即小宇宙的观点也是相通的。与幕府掌权者保持密切联系的儒者们的神道学说,往往会坚持这种小宇宙身体观,例如林罗山(1583—1657)及山崎暗斋(1618—1682)等都是如此。崇传在文书的末尾再一次将儒家的"孝"与神道的"敬神"折中在一起,他借用了《孝经》中"身体发肤,受之父母,不敢毁伤,孝之始也"的主张,同时强调保全身体就是"敬神",因为神本来就是内在于人的身体之中的。这一点也构成了崇传对基督教殉教伦理的反对。①

在折中儒学和神道以主张日本是神国的基础上，崇传又强调"日本也可说是佛国"，其主张颇类于《善邻国宝记》的序言。他立足于日本传统的本地垂迹说，认为日本的"神"是"佛"在日本的化身。然后，崇传又主张日本自古以来就在神的帮助下学习了从中国传来的儒教和佛教。这种"佛教东渐"观与吉田神道的教义基本一致。崇传的文书中明显有着佛教、儒教、神道教"三教合一"的倾向，努力动员日本固有的各种思想体系一起与基督教对抗。

崇传还强调禁止基督教是德川氏因受命于天而来的政治责任，没有诉诸天皇的传统权威："受命于天，在日为主，执掌国权，已有数年。"崇传批判基督教国的恶行在于宣扬邪教，蛊惑日本人，欲改日本国号而据日本为己有。他还特别批判基督教重视来世，赞美赴死殉教。他认为本来社会秩序的维持靠的是君主赏善刑恶，其最大的刑罚便是剥夺生命，但是基督教解除了人们对死亡的恐惧，威胁到社会秩序的维系。崇传在京都亲眼看到过殉教的场景，留下了非常深刻的印象。在这种情况下，他认为幕府"执掌号令，若不禁止基督教，反受天谴"。这份文书以天命思想来说明德川氏统治权力的正当性，在幕府的正式文书中是个特例。考虑到当时丰臣氏政权余威尚在，德川家康为了与其对抗，需要提高自身掌握政权的威信，而战国时代以来流行的强者得天命的思想，无疑是非常有利的。

日本学者尾藤正英把德川家康所建立的国家体制，称之为"作为

---

① 平石直昭认为：在此表明的是抗衡基督教国之"政教"的"神国"（即日本国）的"政教"，换句话说就是教化一般士民阶层的基本原则。幕府权力经常被称为是"脱离意识形态的权力"。但不要忘记的是，幕府一方面强行镇压基督教，另一方面又通过这种"孝"与"敬神"相结合的形式，酝酿着灌输于民的理念。在此可以看出德川政权与丰臣政权有着根本的不同。而德川幕府之所以特别重视儒教，原因之一便在于儒教可以为其提供能与欧洲基督教国家的政教合一体制相抗衡的具有整体性的思想体系，而日本古代和中世以来未能形成可以承担这一功能的思想资源（参见平石直昭『日本政治思想史—近世を中心に』、放送大学教育振興会、1997 年、第一章）。

'役'的体系"的近世国家。①　天正十八年(1590)丰臣秀吉统一日本的政权,在构成原理上与战国大名政权的本质是一致的。通过检地来实现兵农分离,以此保证自身的经济基础和军事力量。同时也积极利用天皇的传统权威来强化自身的权力。丰臣秀吉虽然是日本实际上的统治者,但他仍然以担任关白、太政大臣等朝廷最高官职的形式掌权,并未明确树立独立于朝廷的政权。德川家康在打赢关原之战、逐步确立对日本全国的统治之际,则特意将自己的权力追溯到镰仓、室町时代以来的武家传统,以就任征夷大将军的形式,掌握日本最高统治权。德川家康与丰臣秀吉相比而言已经基本上确立了独立于天皇的权力。然而,尽管朝廷对将军的任命权其实只是一个形式,但是这毕竟在观念上强化了将军也是一种奉仕于朝廷的类似于"役"的职能。德川家康作为统治全日本的国家权力,当时被称为"公仪"。这一用语本来是战国时代对大名的称呼,为了加以区别,当时习惯上用"大公仪"来称呼德川幕府。虽然可以认为德川家统治了日本全国,但实际上战国时代以来的封建割据体制并没有被彻底打破,江户时代的 260 多个大名依然都拥有一定的独立性。只是,大名应听从幕府的命令,哪怕是被要求减少或者替换领地,甚至是被没收领地,都不应该反抗。近世日本大名作为封建领主的独立性实际上与观念上都并不充分。他们奉命从一个地方移居到另一个地方的时候,农民和工商业者都留在原地,只有家臣团跟着一起转移。他们对幕府的义务是负责管理好幕府交给的领地,有些类似于地方官僚。所以也有学者认为近世日本并非真正意义上的封建割据体制,而大名身份性地位同样也有着一种类似于"役"的功能性。

　　近世日本社会身份主要有武士、农民和町人三个等级,习惯上称为"士农工商",这是来自中国古汉语的说法,而不是近世日本官方用语。很多日本学者认为,近世这种等级制的特殊之处在于其划分标准是功能性的"职业"。实际上,现在一般日本学者认为近世日本的"家族"本质上

———————————

① 参见尾藤正英:《日本文化的历史》,彭曦译,南京:南京大学出版社,2010 年,第九章。

不是身份性的，而是以经营不同的"家业"为目的的功能性组织。这种以职业为标准划分的社会等级，不同于那种完全以血统来划分的等级身份制。日本还保留了男女双系制的家族观念，广泛接受以上门女婿改姓作为养子来继承家业，没有血缘关系并不会成为继承家业的障碍。家族的家业继承原则是单独继承，不能分割继承，这是为了保证家业的延续性。另一方面，因为一般只有长子可以继承家业，其余的孩子就必须外出挣钱谋生，也有助于促进经济和社会的发展。没有机会继承家业的人，可能有机会通过成为别家的养子而继承一份家业。在身份制观念的影响下，武士家族一般还是在同一级别的武士家族中寻找养子作为继承人。但是，也有武士之子成为町人甚至农民家庭的养子，还有庶民之子成为武士家庭的养子，这些现象都反映了近世日本的社会流动性。当然，也不可以因为强调职业在划分社会等级中的作用，就忽视了近世日本毕竟是身份制社会。高等身份歧视低等身份是社会通念。一般来说，只有武士身份才可以称姓和带刀。除非立下大功而被特别许可，庶民是不可以称姓和带刀的。这是统治阶级的特权。

尽管存在身份差别，尾藤正英等学者还是认为："江户幕府以及大名等政治组织是以与村以及城镇的自治组织相同的原理构成的。"①他们认为这种共通性同样体现在近世日本社会的"役"的体系中。武士在战争时期有义务承担兵役，农民承担的则是劳役。武士在和平时期有义务负责治安和行政统治等，这种义务也被称为"役"。将军作为地位最高的武士，一般称为"职"，除此之外都被称为"役"。"役"是一种义务，义务承担者便是"役人"。

这个被全社会组织起来的"役"的体系的原型，最早是军队组织。把军队组织扩大到国家统治的近世日本的兵学书中说道，武士、百姓、町人应该完成各自的"役"。兵学者北条氏长和山鹿素行，读《太平记》的参考书《太平记秘传理尽钞》，都是如此。"役"的体系以军队的组织原理为原

---

① 尾藤正英：《日本文化的历史》，彭曦译，南京：南京大学出版社，2010 年，第 82 页。

型,这意味着随时准备以武力对抗像天主教那样的外来敌人,排除不能担任"役"的无用者,根据绝对服从的"军法"来保持上下阶层的秩序。这些理念以"御威光""武威"这样的名目作为贯穿到幕末的近世国家的统治原则①。

德川家康作为东照大权现留下的《东照宫御遗训》,具有神圣性的权威,强调了一种国家有机体的观念:国家就像一只鸟,从大将到百姓、町人,所有日本人构成一个有机体。各种身份的人都是构成这个有机体的不可缺少的要素,从而也都有其无可替代的某种价值。身份高贵的武士也好,身份低下的庶民即农工商"三民"也好,都是国家的"役人",都能够因其"有用性"而得到某种肯定。

二、德川家康的对外政策

在对外关系方面,德川家康本来有意回到中华帝国的册封体制之内。自战国末期以来,到达日本的欧洲势力的构成在 17 世纪发生了很大的变化。葡萄牙自 16 世纪末以来,占据日本海上贸易的中心。17 世纪初,西班牙、荷兰、英国等其他欧洲势力也开始相继着手展开对日贸易。欧洲大陆上的国家彼此竞争,争战不断,为了获取外部资源的支撑,自然在亚洲也进行复杂的合作或对抗。与此同时,17 世纪日本面临着其周边国际形势中最大变化因素,即中国由明到清的王朝更替。反映在崇奉中华文化的周边国家眼中,这是非常严重的事态,即所谓"华夷变态"。中国内部的政权更替,影响溢出到整个东亚世界。此外,据守台湾的郑成功家族的海上势力,心念明朝,对抗清朝,延续 30 余年。日本与亚洲各国的外交关系,在很大程度上受制于中国态势的影响②。

---

① 前田勉「儒学・国学・洋学」,『岩波講座 日本歴史 第 12 巻 近世 3』,岩波書店、2014 年。前田该论文后经改动后,由刘莹译成中文发表于《儒家典籍与思想研究(第二十辑)》(北京大学出版社,2020 年)。本书编写之际,得刘莹同意参考其翻译初稿。

② 本节相关论述主要参考木村直樹「近世の対外関係」,『岩波講座 日本歴史 第 11 巻 近世 2』,岩波書店、2014 年。

德川家康取得关原之战的胜利，就任征夷大将军，成为日本名副其实的统治者之后，如何重新构筑日本对外关系以及如何控制日本的国际贸易的课题便提上了其政治日程。来自中国和西方的影响，使得致力于摸索构建幕藩制日本对外关系的德川家康，面临非常复杂流动的局面。与此同时，丰臣秀吉侵略朝鲜的负面遗产，也是家康无法回避的重要问题。日本虽然未能加入以中国为中心的册封体系[①]，但德川家康和德川秀忠在外交文书中自称"日本国王源某"，依然使用了东亚世界传统的国家元首称号"国王"，这是比中国的"皇帝"低一等的权威。1600 年初，家康对各地王侯等递交外交书信，对外宣示日本国内已经平定，自己成为日本新的统治者。为了谋求国际社会对日本新政权的承认，德川家康展开了积极的外交行动。

为了得到国际社会的承认，德川家康所首先面临的最大的外交课题是日本侵略朝鲜之后如何收拾事态。这是指与李氏朝鲜的关系，以及与朝鲜的宗主国、在朝鲜战场上与日本实际对峙的明朝的关系，如何使这两个关系稳定下来。关于和朝鲜的外交，德川家康在庆长十一年（1606）命令对马藩重新进行外交协商。在家康下达命令之前，由于重新开启日朝贸易关系到对马藩的存续，对马藩已经独立遣返了侵略朝鲜战争期间被带到日本的俘虏。最初对马藩派出的使者没有得到回访，和朝鲜的关系处于相当于战时的紧张状态。但是庆长七年朝鲜方面的使者来到对马，确认关原之战后日本政治状况的变化。在庆长九年来到对马的使节当中，有一位僧侣名为惟政，他在第二年以一名民间僧侣的身份在伏见谒见了家康。这样，逐步具备了重启日朝关系的条件。

但是，朝鲜为重启日朝关系，在庆长十一年春天提出的两个条件成为大问题。第一个问题是引渡在侵略朝鲜时破坏朝鲜王族陵墓的犯人。这一点，对马藩的解决办法是准备了假的犯人引渡到朝鲜。第二个问题是要求家康首先发出国书。根据当时亚洲的惯例，普遍的理解是战争当

[①] 参见陈文寿：《近世初期日本与华夷秩序研究》，香港社会科学出版社，2002 年。

中失败的一方通过递交国书来表达恭顺。但日本方面认为,既然家康并未亲自出兵,那么他就没有理由递交国书,与此同时,也没有理由让朝鲜方面先发书信。

最终对马藩想出了一个办法,就是伪造一封家康名义的国书,先递交给朝鲜。对此,朝鲜虽然意识到了国书是伪造的可能性很高,但还是在庆长十二年第一次派出了通信使。这次派遣的使节的正式称谓是"回答兼刷还使",由此可知,其目的有两方面,其一是带来对伪造国书的回信,其二是促成在日本国内的朝鲜俘虏们回国。但是,如果这一回复直接提交给幕府,那么对马藩伪造外交文书的行为就会暴露。当时家康已经把将军职位让给了秀忠,后者对外是名义上的统治者。因此,对马藩最终在向秀忠呈上朝鲜方面的国书之前不久,再次替换成伪造的国书,避免了危机。通过交换国书,外交渠道的重启得以实现。接下来在庆长十四年,朝鲜和对马藩之间交换条约,约定在釜山浦重新设立因侵略朝鲜的战争而中断了的倭馆,以及一年之中对马可以派出使者的次数和人数,还有贸易船的数量等,由此而明确了关于具体的日朝关系的规定。此后虽然对贸易方法、派遣使者的方法等进行过修改,但直到幕末的日朝关系的基本框架此时都已完成。

在日中关系方面,德川幕府为了重启对明外交,即尝试经由琉球与明朝进行间接接触,也尝试与中国明王朝官府直接接触。庆长七年(1602)有琉球人漂流到奥州仙台藩领土内,幕府命令萨摩岛津氏予以保护,并于第二年送回琉球。幕府希望以此为契机通过琉球重启对明外交,但是琉球由于国内的政治对立拒绝帮忙,幕府未能成功。另一方面,自中世以来,萨摩藩一直努力加强对琉球的影响,而且由于岛津家内部争夺作为家督的主导权,当时的藩主岛津家久企图通过侵略琉球来提高藩内的凝聚力。因此庆长十一年,岛津家久进京,向家康求得侵略琉球的许可,十四年三月萨摩藩的军队开始进攻琉球,四月占领了王府所在的首里城,五月自琉球王尚宁以下,琉球王府的首脑人物都被强行带到了萨摩。

尚宁于庆长十五年分别在骏府和江户拜谒了家康和秀忠,得到回国的许可,那时收到了岛津氏的《掟十五条》,要求琉球接受萨摩藩的监督。接下来琉球在家康的授意之下,为重启日明交涉,向北京派遣了使者。明王朝已经得到来自琉球的消息,得知萨摩藩侵略琉球。当接受幕府意向的使者被派来后,明朝拒绝和日本进行交涉。不仅如此,明王朝还在庆长十七年把琉球朝贡贸易的次数,由此前的 2 年 1 次削减为 10 年 1 次。经由琉球的外交交涉实质上已经断绝。

在尝试经由琉球的方法的同一时期,幕府也在摸索与明王朝直接交涉。琉球王尚宁谒见家康是在庆长十五年,同一年曾经是江户幕府年寄的本多正纯给福建总督发了书信,书信中有家康的花押,采用的是外交文书的形式(《异国日记》)。在这封书信当中,请求明王朝发给勘合,由此可知家康构想中的对明关系,是以中世以来的日中关系的做法为原型的。但同时也要求只接受持有日方颁发的渡航许可状(朱印状)的船舶到日本,日本学者一般认为家康的方针不是谋求加入以中国为中心的传统册封关系,而是希望站在相对对等立场上的外交体制。无论如何,家康未能确立起与明朝的关系。

对于国际贸易,德川家康一向比较重视。17 世纪初日本对外贸易的基本框架,是由葡萄牙船自葡萄牙在中国大陆的据点——澳门向日本输入生丝,相应地自长崎出口日本产的银。当时在日本,从盔甲到衣服的制作都需要大量的生丝,然而本国产的生丝非常之少。另一方面,明王朝自 1581 年后在全国推行一条鞭法,其基础是用银纳税的税制,但基本上没有中国出产的银,依赖海外的进口,因此对日明双方来说这种贸易都是必需的。当时葡萄牙几乎全面掌握银和生丝的主要贩卖途径。家康为了削弱葡萄牙的贸易地位,主要采取了三种手段。第一是与更多的对象保有贸易关系,第二是重新制定有利于日本一方的贸易制度,第三是通过朱印船贸易由日本直接在海外找到可以采购生丝等的地方。

家康奖励贸易的政策使得幕府初期与西方的交流出现了前所未有的盛况。当时在欧洲,由于新旧两派教徒的对立,各国之间斗争十分激烈。荷兰摆脱了曾在欧洲显赫一时的旧教国西班牙而宣告独立,英国打败了西班牙的无敌舰队,荷兰和英国的势力逐渐取代了西班牙而发展起来。这种情况也立即反映到东方贸易上来。英国在1600年,荷兰在1602年,分别成立了东印度公司,以国家力量为背书,推行有组织的贸易政策,侵占葡萄牙和西班牙的殖民地,企图夺取商权。由于家康也希望通商,十分符合需要,所以在新到日本的欧洲船中,开始出现有荷兰船和英国船。

最先来到日本的荷兰船是庆长五年(1600)漂泊到丰后的利飞号,家康接见了船员,直接向他们探询海外的情况,并挽留他们充当外交顾问,其中最受家康信任的是英国水手长威廉·亚当斯(William Adams)。他在三浦半岛被授予领地后,改名为三浦按针。他在江户城中的住宅所在的街,也被称为按针町。这艘船的船长回国时,家康让他转达日本想要与之开展贸易的意图。荷兰也想要开展对东方的贸易,曾几次派遣舰队前来。庆长十四年(1609),有两艘荷兰船来到平户,其使节拜见家康,并递交了国书。家康给予了对国书的回信和许可贸易的朱印状。荷兰于是在平户建立商馆,作为对日贸易基地,频繁的通商往来由此开始。

三浦按针写信建议开展对日贸易,英国于庆长十八年(1613)派船来到平户,船长约翰·赛利斯(John Sairis)晋见家康并递交了国书。家康也对其国书做了答复并发给朱印状,许可贸易。英国也和荷兰一样在平户开设商馆。英、荷两国在对抗西班牙、葡萄牙等国时有着共同的利害关系,所以两国经常在海上拦截葡萄牙商船,掠夺其货物,还开辟新市场,收购中国产的生丝和丝织品等对日贸易商品。但是,日后双方又变为贸易上的敌人,荷兰渐渐占了优势,双方在南洋的冲突,有时也波及平户。最后英国商馆因竞争失败而被东印度公司下令关闭,元和九年(1613)末,馆长等人离开了日本,英国于是暂时停止了对日贸易。

家康虽然开始与英、荷两个新兴国家进行贸易,但对葡萄牙和西班牙两国,也一样表示友好。葡萄牙一直垄断着日本对中国的贸易,其商船每年从澳门驶进长崎港。葡萄牙船在长崎被有马晴信烧毁后,贸易一度中断,但由于葡萄牙方面的努力,使事件得以顺利解决,家康又颁发了恢复贸易的朱印状,葡萄牙继续从事获利颇丰的对日贸易。

丰臣秀吉时曾与西班牙断绝国交,家康时,在从吕宋来到日本的圣方济各派教士的斡旋下,请求航行于吕宋和墨西哥之间的西班牙商船在浦贺港停泊,并请他们协助发展银矿开采事业。不过,吕宋方面提出要保护在日传教士、限制日本到吕宋争夺贸易利益的船只数量等条件,致使谈判并不顺利。恰逢吕宋的代理总督皮贝洛(Don Rodorigo de Vivero)遇到海难,难船漂流到上总。家康会见了他,表示要与西班牙开展友好通商,并准备了船只把他送往其目的地墨西哥。京都商人田中胜介等二十多人也同船前往,他们可能是最早横渡太平洋的日本人。总督遵照本国政府的训令,拒绝了家康的要求,但他们打算到传说中的日本近海的金银岛去探险,于是派出了富有探险经验的皮捷卡伊诺(Sebastian Vizcaino)等人作为使节前来日本,拜见了家康,得以测量日本沿岸和修造船只。后来荷兰人报告西班牙的野心,于是家康不再对他们表示友好。这时东北的实力人物伊达政宗也企图开展奥州与墨西哥之间的直接贸易,在来自吕宋的方济各派教士路易斯·索泰洛(Luis Sotelo)的建议下,政宗于庆长十八年(1613)派家臣支仓六石右卫门为使节,得见西班牙国王和罗马教皇,据说曾要求派遣传教士和开展通商贸易。元和六年(1620)他们回到日本时,日本国内已发布了禁教令。

家康热心地奖励通商,促进了与各国之间的积极交往。同时日本船只也频繁地航行海外。在中国沿海,很早就有倭寇出没其间,到16世纪以后,他们的活动范围又扩展到南方。1570年(元龟元年),西班牙船队首次到达马尼拉时,当地有20名日本人和40名中国人。1582年(天正十年),在吕宋岛北端的卡加延附近,西班牙舰队曾与12艘日本船只和600余名日本人交战。正是在这种背景下,秀吉要求吕宋前来进贡。通商也十分活跃,朱印船制度于文禄初年(1592)制定。"朱印状"是指交给商船携带记载有航行目的地等的证明文件,证明持有它的船只不是海盗船。在庆长九年(1604)到元和二年(1616),幕府发出的朱印状194张,从元和三年(1617)到宽永十二年(1635)发出 159 张,在 32 年间总共发出 353 张朱印状。朱印船的目的地包括从台湾、澎湖岛到爪哇、婆罗洲、摩鹿加群岛、马来半岛一带,尤其是去安南、吕宋、暹罗等地较多。船主中既有岛津、松浦、有马、加藤、细川等各地大名派的人,也有京都的角仓了意、大阪的末吉孙左卫门、堺市的纳屋助左卫门、长崎的荒木宗太郎等商人。输入的商品以生丝和丝织品为主,其次是鹿皮、鲛皮、苏木、毛织品、砂糖等;输出的商品有铜、铁、硫黄、扇子和描金画等。丝织品是中国的特产,当时由于明朝厉行海禁,停止勘合贸易,无法直接输入。可是随着日本国内生活水平的提高,需求却越来越大,于是日本的朱印船便从搞走私的中国商人或第三国商人处收购,获利甚巨。当时英荷两国不但造船技术、航海技术先进,而且有强大的资本和海军,日本只能凭借有利的地理位置和产量丰富的白银与之竞争。

关于英国,由于最初漂流到日本的威廉・亚当姆斯(William Adams,即三浦按针)得到了家康的重用,所以庆长十八年约翰・赛里斯(John Saris)率领船队来到平户,开设商馆,由理查德・考克斯担任第一任馆长。但是,他们最想向日本推销的英国产毛织物,销售情况不佳。另外,英国东印度公司17世纪初期并未在亚洲建立起自己的流通网,来确保采购到日本所需要的中国产生丝和丝织物,以及东南亚产的药品等。而且公司在17世纪初期的经营方式,是自本国派遣贸易船队,每次航行前进行集资,每次回国后进行细算复核,不是以长期利润为目标。到德川秀忠政权时期,商馆被迫撤离。

家康于庆长十年(1605)向马来半岛帕塔尼的荷兰商馆颁发了朱印状。作为回应,荷兰东印度公司于1609年(庆长十四年)自费尔赫夫指挥的舰队当中派出了分遣队驶往日本。该分遣队到达平户后,其代表前往骏府,向家康递交了荷兰总督毛里茨的国书,日荷关系正式开始。荷兰与英国一样,在平户松浦氏的庇护下,在平户设立商馆。荷兰同样尚不能顺利采购到当时对日贸易中所必需的中国产生丝等商品,交易规模很小。但是,由于在亚洲本公司商馆之间的交易网络比英国发达等原因，能够向日本出口印度产棉花、果酱，以及鹿皮、苏木（用于提炼染料）等产品，自日本进口大米等粮食、刀剑等武器以及火药，还得到了家康的允许，可以雇佣日本人作为士兵和船夫，并将他们带往国外。特别是1610 年代，在西班牙与荷兰争夺香料产地摩鹿加群岛的激烈争夺中，日本可以说是充当了荷兰一方的补给根据地。

德川家康政权制定了对日本比较有利的对外贸易制度。庆长九年，对葡萄牙船运来的生丝采用了丝割符制度。幕府的意图是，通过这一制度，在行使先物买权来确保所需生丝的同时，还能由日方主导制定生丝的价格。还有一个目的，就是开始建立稳定的供需关系。但是，在葡萄牙方面对丝割符制度不满这一背景之下，庆长十四年发生了岛原藩主有马晴信火攻葡萄牙船圣母号的事件。由于这一事件，有两年时间葡萄牙船没有再来日本，而且事件前后近 5 年时间也断绝了贸易关系。之后在庆长十七年重启贸易的时候，幕府命令葡萄牙船只必须集中驶往幕府直接管辖的长崎，把它们置于更有力的监督之下。这一命令也可以认为是有这样的意义，即在幕府直辖地对贸易货物的进出口进行监督的同时，在冈本大八事件即与家康身边的天主教徒败露相关的行贿受贿事件之后，谋求强化天主教禁令的政策，尤其是防止传教士潜入的对策。葡萄牙船集中在长崎，随之而来的是庆长十七年对幕府所有领地发布了天主教禁令。

德川家康还有意识地通过朱印船贸易，在海外积极开展物资采购。这一贸易的特征是要求目的地的当地政权，保障持有幕府颁发的朱印状的船只的安全。而且来到日本的外国船只，凭幕府颁发的朱印状，幕府保障其在日本沿岸的安全，认可其进行自由贸易。但是，对在当地以日本人町等形式聚居的日本人，采取由当地政权予以统治的属地主义。

但是，由于日本人通过朱印船制度在亚洲的积极发展，在当地的摩擦也增加了。前文所说的圣母号事件，就起因于朱印船停泊在澳门时的纠纷。除此之外，还有 1607 年（庆长十二年）日本人在马尼拉的暴动等。日本人在当地拥有政治方面或经济方面的实力，其结果就是日本人在海外卷入各种事件的风险增加,下一任的统治者秀忠也面临着同样的问题。

朱印船的航行目的地遍布整个东南亚,特别是向已经形成日本人町的地方派遣的朱印船更多。另外,由于与华侨聚居的地方有很多重合,可以看出幕府的意图是在不能直接与中国进行贸易的情况下,在东南亚各地与华侨商人进行第三地贸易。

德川家康主观上并不是希望构筑一个平等的外交体制。在当时日本人的理解中,外国各国是为"答礼"而来的。例如庆长十四年(1609)二月,肥前岛原藩主有马晴信,收到幕府年寄本多正纯按照德川家康的意旨(内意)发来的奉书,其中写到暹罗和柬埔寨的船只到访日本是为了"向日本致谢",表明当时政权中心是这样一种认识(《有马家代代墨付写》)。但这并非来航日本的当事者们的意识。外国各国来日本是对将军"答礼",这是幕府和大名们的意识。日本国内的政权中枢有华夷意识,但现实中国内外并不承认它是一种体制。到了1610年代,家康和秀忠署名的书简会发送到国外的国主、国王级别,而对陪臣(臣下之臣)级别就已经不再发送。这里也包含着某种向世界展示将军权威的意图,但这一意图对方未必明了。但自秀忠亲政的元和年间之后,开始更为明确地选择对象。

如此,德川幕府外交贸易体制在西日本的三个"窗口"即对马、长崎、萨摩,终于建立起来,而作为日本北方"窗口"的松前、虾夷地也已经基本得以解决。庆长九年德川家康给松前庆广的黑印状,追认了丰臣政权以来松前氏对虾夷地交易的独占权。但是,由于并未禁止阿伊努人到本州岛直接进行交易,所以松前氏对虾夷地交易的垄断并不彻底。正保年间初期,还可以看到阿伊努人来到南部藩的领地。

1616年,德川家康被任命为太政大臣,并于当年病逝。其实德川氏的统治权已经基本确立,家康生前的遗愿得以顺利实现,被天皇谥以神号,称"东照大权现"。死去便即封神,第一个做到这一点的日本人是丰臣秀吉,即"丰国大明神"。秀吉在死后成神来保佑子孙的愿望,很快便破灭了,其后嗣被德川家康杀光,其神号也被天皇朝廷应家康的要求而取消。德川家康却心想事成,在死后成为"东照大权现",又称"东照神君"或"神祖"等,成为德川幕府统治日本 200 多年的神性权威之源。

第二节　"锁国"制度的确立

一、"武断政治"的延续

德川家康以武威为前提建立德川氏对日本全国的统治,二代将军德川秀忠、三代将军德川家光延续初代以来"武断政治"的传统,逐步建立了比较稳定的幕藩制统治秩序。德川秀忠在 1605 年之后就担任了将军职务,但是实权依然在德川家康手中。1616 年德川家康去世,德川秀忠才正式掌握权力。1623 年,德川秀忠模仿家康,把将军职让给长子家光,自己作为"大御所"居住在江户城,继续掌握政权。这种二元政治延续到 1632 年秀忠辞世。德川家康开创的这种权力继承方式,很好地发挥了培养继承人的作用,对于德川政权的稳定化,发挥了重要的作用。

德川秀忠继续加强对地方大名以及朝廷寺社的控制,在 1615 年颁布了《武家诸法度》《禁中并公家诸法度》以及《诸宗诸本山诸法度》。他以各种理由废掉了 39 个大名,强化了德川家康的禁教政策,宁可牺牲外贸收益,也要禁止英国、荷兰在平户、长崎以外开展贸易,最终导致英国选择关闭在日本的商馆。

德川家光在 1632 年掌握政权之后,没有再采取二元政治的方式,而是担任将军直至 1651 年病逝。家光统治的时期,被认为是幕府制国家得以最终确立的时期。家光命令林罗山负责修订增补《武家诸法度》,重新予以颁布。参觐交代制度进一步强化,规定外样大名也必须承担此义务。大名们将妻子留在江户作为人质,以此向将军表示忠诚。以前的将军对大名比较尊重,有时甚至亲自迎接外样大名。家光之后不再有此行为,将军的权威性得到进一步的强调。大名们按规定需要一年在江户居住,一年在本藩居住,每年四月的时候轮替。来回交通费用,自然由大名们自己负担。大名们必须按照规定,维持符合各自身份的大名行列即随行的仪仗队等。这对大名而言,名义上是彰显其身份地位的机会,同时也导致了沉重的财政负担。为让大名进行参觐交代,幕府下令整理全国通往江户的交通,非常有利于日本国内人与物的流动,为日本全国统一市场的发育提供了良好的基础设施。大名及其随行人员在往返途中的消费需求,也为商品经济的发展提供了极好的刺激。各地武士聚集在江户,不但能够享受到日本最高级别的文化,也得以彼此交流,有助于共同意识的成长。

家康和秀忠的治下,战国时代以来武家重视侧近政治的传统依然存在,三河时代以来的德川氏家臣中的门阀往往受到重用。所谓下克上的风气也依然有着浓厚的残留,比较强大的大名保留着一定的独立性。人们心中对于乱世是否真的已经结束还缺乏信心,有种不知何时最高权力者又会更迭的潜在预期。家光为了强化将军权力,致力于整备官僚制度,重视谱代大名,完善监察机关。为了防止权力集中,推行合议制、月番制。德川家光还派遣巡视使监察西国诸大名,加强对日本全国的统治权。家光比秀忠时期更加严酷地迫害基督教徒,1624 至 1641 年,颁布了一系列所谓"锁国"的法令。1636 到 1637 年,残酷镇压了基督教徒为中心的岛原之乱。1649 年颁布《庆安御触书》,加强对农民的统治,进行非常细密的管理。在家光的治下,德川政权作为日本新的中央权力最终得以稳定,曾经被认为能够与德川家平起平坐的大名,成为完全效忠于德川氏的家臣。一般武士都脱离土地,离开农村,到城市集中居住,靠主君发放的知行米来生活消费,处于离开主君就失去收入来源的状态,丧失了对主君的独立性。

家光还进一步推动了神化德川家康的进程,以强化德川家独立于天皇朝廷之外的神性权威。祭祀德川家康的东照社进行了大规模重建,琉球和朝鲜的使节也前来参拜。德川家康被奉为"东照大权现",不仅是德川氏的守护神,也被认为是日本国家的守护神。1645 年,东照社被朝廷升格为东照宫,与伊势神宫和石清水八幡宫并列。朝廷也于次年开始,每年都往日光东照宫派遣例币使。对东照大权现的信仰也逐渐渗透到一般市民阶层,非常有利于幕府对一般民众的统治。人们不但追求现世利益,也渴望死后平安,这种宗教性的欲求,不仅能够在寺社系统中得到满足,现在也能够由德川氏神祖予以满足。德川家的政治权力由此而披上了一层宗教性的外衣,实在是一种巧妙之极的设计。幕藩制国家确立了新的身份秩序,为了减少对天皇家权威的依赖,突出德川家自己对日本民众的权威,东照宫的功能是无可替代的①。

1634 年,家光命令老中负责大名、寺社、幕领、代官等相关工作,六人众负责旗本等相关工作。他将老中的权力进行分割,寺社奉行负责关于寺社等相关事务,勘定头负责管理幕领、代官等相关事务。他还推行月番制,以避免权力固化。1638 年,老中负责统一管理寺社奉行、江户町奉行、大目付、勘定头与上方郡代、大阪町奉行、骏府町奉行、堺政所等。各大名也颁布了管理藩内武士和民众的法令,采用类似幕府各种法度的原则进行统治。长州藩等外样大名也同样如此。德川幕府的统治体系源于三河时代以来的传统,只是将其进一步扩张到日本全国范围,原则上是把战争时期的组织方式直接运用于和平时期的统治,而一旦发生战争,日常统治机构可以直接变为军事机构。

德川幕府的官职体系比较简单素朴,立法、司法和行政三权尚未分化。其中最重要的是一名大老、四名老中和四名若年寄。大老并非常设职务,只是在必要时负责率领幕阁。老中是常设职务,全面主持幕府事务,以合议的形式决定重要政策,每月轮流负责具体执行。若年寄在老中之下,负责管理幕臣。德川幕府的监察机构特别发达,有四到五名"大目付"负责监察各地大名,直接受老中领导,另有十六名"目付"由若年寄领导,负责监察幕臣。老中之下设有三奉行,即寺社奉行、江户奉行和勘

---

① 参见苅部直、片冈龙编:《日本思想史入门》,郭连友等译,北京:外语教学与研究出版社 2012年,第 96—99 页。

定奉行，分别负责管理寺社、江户和幕府财政。主要由三奉行以及其他相关官员组成的评定所，是德川幕府的最高司法机构，负责审理裁决重大案件。此外，在地方上的重要官职有：负责监视天皇以及西国大名的京都所司代，负责管理骏府和大阪的城代等。京都和大阪作为幕府直辖的城市，也设有奉行。幕府领地还设有郡代或代官，负责各地的行政管理和法律诉讼等。幕府最重要的官职如老中、若年寄、奉行、所司代、城代等，由最受幕府信任的谱代大名担任，旗本担任较为低级的官职，外样大名禁止参与幕府统治事务。

江户时代俗称三百大名，其实在 17 世纪末有 240 个藩，有的大藩逐渐分化出小藩，到 19 世纪初期共有 255 个藩。大名在各藩的统治机构，虽然名称和具体安排往往各有特色，但是基本原则与德川幕府是一致的，只是相应的缩小版本。也分别设置了负责管理家臣团、管理大名直辖地，以及负责财政、军事等不同任务的官职。各藩的谱代家臣垄断家老、年寄等核心职位。各藩的武士和幕臣一样，失去直接管理土地和劳动力的权力，靠领取稻米作为俸禄生活，在大名的城下町集中居住。即使拥有俸禄地的少数高等武士，也只是形式上的领有，并不直接统治其俸禄地上生活的民众。

在幕藩体制下，将军是全日本最大的领主，以此为经济基础确立对天皇家、公家、寺社以及各大名的最高统治权。但在某种程度上，德川家是作为诸多同位者之中"权势最大的一个"而存在，并未能够截然高出一等。但是，在将军和大名之下的武士阶层基本上脱离土地，组成家臣团，完全依附于将军或大名的权力而存在。对农民和工商业者的管理，另有将军和大名政权委派的民政官员负责。幕藩体制采取各种精心设计的制度维护将军的权力和领主阶层对民众的统治，加强监视，鼓励告密，严格执行连坐制度，异常关心秩序的稳定和存续。这一滴水不漏的统治体制在日本历史上是史无前例的①。

---

① 参见井上清：《日本历史》，闫伯纬译，北京：人民出版社 2013 年，第 173 页。

　　在兵农分离的基础上,借用中国传统上所谓"士农工商"的说法,确立了四民身份制。士与其他三民之间在身份地位上判若云泥:前者是统治阶级,后者是被统治阶级。士即武士,是享有各种政治经济特权的统治者,尤其是垄断了合法的暴力,以此超经济强制为前提,享受农民缴纳的实物地租,即所谓年贡。与此同时,作为统治精英,武士也承担起作为道德楷模、安全警察和提供公共服务的责任。四民身份制的等级差别和职能划分的原理是近世日本社会最根本的人际关系原理。模仿武士阶层内部的主从关系,庶民阶层中也有嫡系和旁系的差别,町人中有主人也有雇工,农村有地主也有佃户,城里人有房东和租户,不同的身份拥有不同的权利地位,同时也意味着不同的社会责任和不同的行为规范。近世日本的幕藩体制以农业和自然经济为基础,所以会不断强调"以农为本",所谓"本百姓"便是指直接的土地耕作者。但是,这一体系的存续同时也离不开商品经济。尤其是兵农分离的原则,使得完全脱离农业和土地的武士,必须依靠商品交换才能够生活。幕府推行的参觐交代制度等也离不开工商业者的服务,否则根本无法维持。

二、禁教与"锁国"

　　1616年德川家康去世,德川秀忠主导下的幕府对外政策,与家康时期有着根本的转变。德川家康尝试回复对明关系的努力没有取得成功,德川秀忠也依然受挫,最终逐渐确立所谓锁国制度。目前学界质疑锁国制度的观点比较有力。关于近世日本对外关系体制形成了所谓"四个窗口"的说法,指幕府以长崎为中心,同时保留了包括松前、对马、萨摩在内的四个窗口。日本学者荒野泰典认为,负责管理这些对外交往窗口的大名,一方面是延续了中世以来的传统权利和职能,另一方面也被纳入幕藩国家体制之中,成为重要的一环。尽管在政治上被排除在朝贡体制之外,日本和中国之间经济关系的基本结构并未改变,依然要用白银换取中国的生丝等制品。以下主要参考前注木村直树的研究成果,介绍二代、三代将军的对外政策。

　　秀忠政权下对外政策的方向性,在家康去世 4 个月后的元和二年 8 月 8 日送往各大名处的年寄奉书中得到如实的体现。该奉书的主要内容是要求彻底禁止天主教,但同时也要求不仅信奉天主教的葡萄牙和西班牙,包括信奉新教的英国、荷兰,也只允许他们在长崎和平户进行交易。由此可以看出,在天主教禁令政策的延长线上,还加强了对外国船只的管理。贸易管理体制强化的重要表现之一是宽永八年(1631)对中国船只运来的生丝采用丝割符制度。

　　秀忠政权对外政策的主要特征并不是贸易总量缩小了,而是体现于对与国外的交往方向上具有更多的限定性。秀忠政权时期发出的外交文书,与家康时期相比大幅减少,而且没有建立新的外交关系,原来的关系也逐渐缩小。相应的,以将军秀忠的名义发出的国书也减少了。外交文书的数量,以及以将军自身名义发出的国书都减少了,这也意味着,不再能够看到以在外交文书中体现的神国观为基调的华夷意识的表露。秀忠政权时期显现出来的国际问题,主要是在日本近海爆发的纠纷以及日本人在海外卷入的纠纷。当时有两个重要事件对日本的对外关系产生了巨大的影响。一个是女真族在中国东北的活动,另一个是在日本周边欧洲势力之间的对立激化。

　　秀忠时代是女真族在中国大陆非常活跃的时期,他们不久后建立了清王朝。1616 年努尔哈赤统一了女真部,自立为可汗,建立后金,开始进攻明王朝。1619 年明和朝鲜的联合军队,在萨尔浒战役中被后金打败,很多朝鲜军队的官兵投降后金。另一方面朝鲜在 1623 年爆发了武装政变,提出反后金外交政策的仁祖即位。对此,后金在 1627 年进攻朝鲜,朝鲜被迫和谈。幕府要求对马确认朝鲜的情况。对马于宽永六年(1629)派出了以对马以酊庵的外交僧侣规伯玄方为正使的使节。这是在日本近世史上鲜有的一次,破例前往汉城,打探朝鲜的情况。对马藩还在未得到幕府许可的情况下,向朝鲜出口武器。

　　秀忠政权时期也是此前来到日本的欧洲势力间冲突激化的时期。英国与荷兰在 1618 年前后,围绕摩鹿加群岛的摩擦尖锐起来,发生了作为战利品的英国船只被拖到平户的事件。其后荷兰东印度公司与英国东印度公司在欧洲本土于1619年签订协定，划定了在摩鹿加群岛的势力范围。当时荷兰、英国两家东印度公司未能开拓出由中国进口生丝的稳定路线，而葡萄牙仍然担任着日本主要的生丝供应者的角色，荷英两国协议的结果是，他们以平户为据点组成联合舰队，把由澳门驶向日本的葡萄牙船只和驶向日本的中国船只作为目标，不断进行劫掠。葡萄牙船只为与之对抗，把原来的大型帆船换成便捷的小型船只，并通过增加船只的入港数来维持贸易量。

元和六年（1620）发生了平山常陈事件。荷兰、英国的舰队捕获了由马尼拉驶出的贸易商人平山常陈的船，向幕府告发其帮助葡萄牙传教士进入日本。秀忠政权于元和七年，考虑到荷兰、英国舰队的活动，颁布命令禁止向海外武器输出，以及在日本近海的海盗行为。其结果是，英国东印度公司由于无法提高对日贸易当中的利润，于元和九年主动关闭了商馆。

1624年荷兰在台湾南部建热兰遮城。1626年西班牙在台湾北部，现在的基隆、淡水相继修建了要塞。由于航线的关系，由国外驶向日本的船只和由日本驶往东南亚的船只，其中大多数会航行到这些要塞附近，给船只的安全带来了很大的影响。其结果是1628年在台湾发生了台湾事件，长崎的商人末次平藏的朱印船船长滨田弥兵卫，因为交易上的纠纷，在当地拘禁了台湾长官诺依兹，并把他的儿子们作为人质强行带到日本。此后日荷关系断绝，直至1632年。通过平山常陈事件和台湾事件可以清楚地知道，即使是持有将军朱印状的船只，也会在海外被卷入冲突。由于和西班牙断交，1628年在泰国大城府还发生了高木作右卫门派出的朱印船被西班牙船击沉的事件。

在国外的日本人不断卷入各种当地的纠纷。1623年在摩鹿加群岛荷兰攻陷英国的安汶岛事件当中，日本的雇佣兵也卷入很深。此外，在暹罗的山田长政，因为当地政权内部的权力斗争，于1630年被毒死，随之而来发生了1632年大城府的日本人村遭火攻的事件。这与日本人在当地居住地规模的扩大有关,随着势力的增长,自然也容易参与到各种纠纷争斗之中。

日本和西班牙的正式关系自元和元年(1615)以来一直处于断绝状态。元和九年,西班牙使节来到日本萨摩,但被秀忠政权拒绝。宽永二年,西班牙的私人贸易船遭到驱逐。但在宽永七年和九年,朱印船还曾经到达西班牙统治下的吕宋岛。

在国际形势不稳定的情况下,秀忠政权必须制定政策以便回避海外纠纷,不堕将军威望。元和年间以将军的名义发出的国书,发出数量、对象国数量都比家康时期显著减少。在宽永八年,幕府设立奉书船制度,以家康以来的朱印状再加上老中奉书为条件,限制从日本派遣出去的船只。

从实施这种奉书船制度之前开始,驶向亚洲的朱印船的航行目的地和航行次数整体上就已经减少了,集中驶往特定地区的倾向非常显著。从家康去世第二年的元和三年(1617)开始,到禁止日本人出海的宽永十二年(1635),在这19年间共派出朱印船161次,其目的地只有7处,分别是高砂(台湾)、东京(安南王国首都越南北部)、交趾支那(交趾、越南南部)、占婆(占城、越南中部)、柬埔寨、暹罗(泰国)、吕宋(菲律宾),其中驶往占婆只有一次,其他6处少的20次,多的不到40次,大概可以说是定期驶往特定地区。

家康时代自庆长九年(1604)到元和二年(1616)的13年间共有195次,年平均15次,目的地也有19处,其差异非常明显。由此可知秀忠政权时期朱印船贸易是更受限制的。

在日本北方也可以看到日本对外政策方面的变化。元和四年松前公广对到访松前的耶稣会教士安杰利斯说"松前不是日本"(安杰利斯《北方探险记》),允许其布道。这表明松前氏自身也认为松前在某种程度上是位于日本之外。但由于禁止天主教的政策的渗透,松前也逐渐被包含在日本本土国策之内,日本的国内统治贯彻到了松前。

宽永九年(1632)正月德川秀忠去世,三代将军德川家光亲自掌握了政权。家光在对外政策方面，最初是继承了秀忠的路线，以强化贸易管理体制为基调，但也逐渐对近世日本的对外关系进行了新的调整。秀忠去世前不久，丝割符制度不仅适用于葡萄牙船只，也适用于中国船只。但是秀忠政权时期未能实现要求中国船只集中驶向长崎的命令，终于在宽永十二年得以实行。

长崎奉行竹中重义滥用职权，钻奉书船制度的空子，派发伪造的奉书。家光政权初，肥后的加藤忠广被改易。负责接收肥后的幕府官员，在九州当地收集各种信息的过程中，发现了竹中的问题。他这一行为的暴露，迫使幕府从根本上重新认识奉书船制度。处罚了竹中之后，幕府自江户派遣旗本到长崎，监督贸易外交。从这一派遣和幕府发布的唐船集中令可以看出一种方向性，政府权力向九州渗透，九州大名基于中世以来的传统，一直保持独立分散的外交、贸易的做法被逐渐废止。

宽永十二年，幕府禁止在国外的日本人回国，十三年驱逐日本与欧洲的混血儿及其家人离开日本。宽永十一年开始建造出岛，十三年把葡萄牙人隔离在此。这些政策都具有防止日本人接触天主教的意图。但在另一方面，日本依赖葡萄牙船只经由澳门采购中国产生丝的贸易结构，并没有发生改变。

迫使家光政权从根本上改变对外政策的是岛原天草一揆。岛原天草一揆爆发于宽永十四年（1637）10 月，估计有 3 万 7 千余人在原城固守，到第二年 2 月底陷落，镇压一共花费了 4 个多月，动用的幕府军队人数保守估计也超过了 12 万人。经过这样一件事，家光政权自宽永十五年之后，强化了国内的天主教禁止政策。要贯彻这一禁教方针，就必须考虑是否允许与天主教关系密切的葡萄牙船只驶入的问题。由于幕府认为岛原天草一揆的军队当初期待葡萄牙援军自长崎来支援，所以认为断绝同葡萄牙的往来从禁止天主教的观点出发是一项必要的措施。但是，一旦把葡萄牙船只驱离，那么依赖澳门供给的生丝进口，就必须找到替代者来维持，因此幕府踌躇不决。在宽永十六年春天，荷兰商馆的馆长到江户来拜见将军，承诺荷兰船只可以筹办到葡萄牙船只能够供应的数量,于是幕府最终决定驱离葡萄牙船只,派遣上使太田资宗到长崎向葡萄牙进行通报。

很多在澳门的葡萄牙人,在经济利润上依赖对日贸易,为了寻求得以和日本重新通商,他们在宽永十七年派遣了使节团。虽然前一年接到通告,但葡萄牙使节团还是驶入了港口。家光政权认为此事非常严重,派出了上使加加爪忠澄和野野山正纲,采取了强硬的手段,把葡萄牙使节团的成员,除一部分之外,都在长崎处以极刑。由于担心遭到葡萄牙报复,所以幕府命令各地大名,特别是领地内有沿海地区的大名戒备外国船只的到来。

事实上,虽然没有遭到葡萄牙船只的报复性攻击,但宽永十九年在萨摩甑岛,宽永二十年在筑前大岛,都有自吕宋岛出发的传教士相继尝试秘密进入日本而遭到逮捕。另外宽永二十年在奥州南部藩领山田浦还发生了一个事件,荷兰东印度公司的船只进港,在当地被误以为是天主教势力而遭到逮捕。正保元年(1644)在萨摩藩领七岛也有荷兰船员遭到误抓,这体现出在未能确认船只国籍和到来目的的时候,应对外国船只的困难。

因为葡萄牙遭到驱逐,在出岛出现了空置房屋,宽永十八年荷兰商馆自平户迁到这里,平户藩结束了自战国以来对欧洲贸易的窗口作用,幕府确立起在长崎管理与荷兰东印度公司以及中国船只贸易的体制。幕府所担心的贸易问题,尤其是生丝问题,在长崎驱逐葡萄牙船只以后,生丝的贸易量由荷兰船只和中国船只补足。此外幕府还希望通过对马和琉球,来确保全日本生丝的需要。

正保四年(1647)葡萄牙以和西班牙的合并在1640年已经解体为由,再次派来使节团。江户幕府已经通过荷兰东印度公司提供的信息,事先估计到葡萄牙船会来,于实际到来之前的正保二年2月12日的老中奉书中指示了各地大名在外国船只到来之时的基本方针。在该奉书中,幕府推断葡萄牙船到日本来,并非为了报复,因此稳健的应对为第一选择。幕府的目的是防止对那些未必是敌对势力的船只进行错误的攻击。当时九州各地的大名向长崎输送了相当数量的军队,认为可能发生战斗。但是葡萄牙船在和平氛围中驶离了长崎。通过这一事件,与葡萄牙之间的紧张关系得到解决。在琉球,自宽永十八年(1641)以来,萨摩藩的武士就驻屯在八重山诸岛,庆安元年(1648)解除了驻屯。

所谓近世日本的"锁国令",包括一系列的命令。1616年,幕府在命令禁止天主教的同时,规定外国船只能进入平户与长崎,中国船不受此限制。1623年禁止日本船驶往菲律宾,也禁止西班牙船从菲律宾来日本。1631年,规定驶往外国的朱印船还必须持有老中的奉书。1633年,禁止日本船外航,除非有老中的奉书。同时宣布,在外国居住超过5年的日本人,因为可能已经成为天主教徒,禁止回国。1635年,规定所有日本船和日本人都不许出国,所有出国的日本人不许再回国,违禁者处死,终于完成了所谓"锁国"制度。幕府在长崎建设了一个人工岛,叫"出岛",葡萄牙人限定在此居住,日本人只有一些商人、医生和妓女允许进入。

幕府推行寺请制,要求四民都必须与某个寺院建立施主与檀家的关系,需要的时候,由寺院出具证明,证明某人不是天主教徒。幕府还推行"踏绘",强迫人们踩踏耶稣基督或者圣母的绘像,以证明自己不是天主教徒,先是在长崎施行,1635年后推广到全国范围。

幕府禁教手段极其暴虐,数十万坚持天主教信仰的日本人被残酷地杀死。九州深受天主教渗透,甚至有信仰天主教的大名。岛原有不肯弃教的人被官员命令用竹锯把头锯掉。天草岛也曾经是天主教大名的领地,迫害也极为残酷。1637年(宽永十四年),岛原和天草发生暴动,37000人参加,还有一些浪人也加入。起义者无处可逃,也无援军,最终弹尽粮绝,全部战死,或者城陷后被杀。幕府军队不论妇幼老弱,尽数杀死。

经此战乱,幕府愈发恐惧天主教和日本民众的结合,严密搜捕天主教徒,施以极刑。幕府将寺院作为户口管理和思想监视的末端行政机构,规定所有的日本人都必须将宗教信仰,以及出生、死亡、结婚、迁移等个人信息，申报到寺院，由寺院负责登记制作"宗旨人别账"。佛教得到幕府政治权力的大力扶持，同时也积极配合，虽然从思想上丧失了创造性，却也成为某种意义上的日本国民宗教，广泛渗透于民间社会。熊泽蕃山(1619—1691)认为："由寺院证明不是天主教徒，这使不义无道之僧跋扈，佛法之实已亡。"①

　　幕府在岛原之乱之后，于1639年(宽永十六年)禁止葡萄牙人来日，在西方国家中，只允许荷兰人从事对日贸易。荷兰人日后也被迁移到出岛集中居住和管理。幕府还限制荷兰和中国船只来日的数量与贸易额度。到1688年(元禄元年)，中国人也被要求与一般日本人隔离开来，不再能够自由接触，要在长崎市郊建造的所谓"唐人屋敷"中集中居住。外国书籍进口也遭到禁止，只允许医药与航海相关的书籍流入日本。这一切都是以禁止基督教的名义进行的。荷兰与中国都不是天主教国家，被认为较少传入思想污染的风险，只是从事贸易，获得利益，同时满足幕府对生丝等海外产品的需要。这两个国家即近世日本所谓"通商之国"。与此相对，朝鲜和琉球被称为"通信之国"，两地国王在将军更迭之际，都会派遣使节前来祝贺。虽然对马藩与朝鲜有贸易往来，但是那被认为与幕府无关。此外还存在萨摩藩通过琉球国进行的海外走私贸易。

　　幕府也要求各地大名执行幕府的禁教政策，与之相伴随的历史现象是幕府权力向各藩内部的渗透。元和二年(1616)德川秀忠命令加贺藩对基督教严加取缔，当时还是以将军与大名的主从关系为根据，个别发布奉书传达幕府政策，大名自行决定如何执行。岛原之乱后，幕府向全国各地大名发布统一的命令，要求奖励举报揭发传教士和天主教徒。对于在江户参勤的大名，由老中召集其家老统一传达命令；旗本由六人众负责传达。各藩接到幕府法令，直接在自己的领地上发布，不再另行颁布法令。万治二年(1659)，德川家纲命令老中召集各大名家臣口头传达强化禁教的要求，并直接发放统一的文书。

---

① 转引自井上清：《日本历史》，闫伯纬译，北京：人民出版社，2013年，第185页。

第三节　"文治政治"的确立

一、从四代家纲(1651—1680)到五代纲吉(1680—1709)

经过前三代将军的努力,幕藩体制终于确立下来。第四代将军德川家纲(1651—1680)时期采取了一系列新的统治政策,开启了所谓从江户前期的武断主义政治向文治主义政治的转变。幕府不再那么依赖武力和强权来统制大名,显示了幕藩制度的稳定化。从第四到第七代将军,即十七世纪后半期到十八世纪前期,德川政权逐步展开文治政治。幕府提倡文教文治,奖励学问。各藩也以此为指导确立藩政:促进小农的自立;整备藩政的机构;提倡儒教的教化主义。儒学以朱子学为主,阳明学也传入日本。水户藩德川光国在朱舜水的帮助下开始编撰《大日本史》。随着交通整备,商业和城市不断发展,农业也获得长足的进步,农民开始不断分化。

庆安四年(1651),德川家纲就任第四代将军,年方11岁的他无力行使权力,即位之初就发生了庆安事件。但在保科正之等重臣的辅佐下,逐步度过政治危机而安定下来,统治制度也更加完备了。

家纲政权之所以特别强调家族制度,与家纲年少继位关系很大,他不可能凭借个人能力树立统治权威,其统治的合法性在于德川家的血脉。于是,在家纲治下,政治形式发生了新的变化,主从关系从个人与个人的关系转变为家族与家族的关系。将军在很大程度上被视为名义上的权威,谱代门阀在其之下以合议的形式来运营幕政。与政治形式上的变化相适应,新的政治理念也形成了,以儒家的基本原则来强调所谓"家""家中"的意识。

承应元年(1652),德川家纲命令御三家和谱代大名井伊直孝都常驻江户,以辅佐政事,第二年酒井忠清被任命为连署。酒井忠清逐渐成为家纲时期幕府政治的核心,有"下马将军"之称,作为谱代势力的代表,辅佐年幼的将军,掌握实际政治权力。门阀谱代势力占据了幕政中枢,政策上对谱代势力大为优待。谱代势力在掌握老中和若年寄等关键职务的基础上,又在宽文二年(1662)侵夺了年寄众的执掌。幕政大事和大名相关的事务由老中处理,幕政小事和旗本相关的事务由若年寄负责,进一步强化了谱代阶层以合议的形式来掌握幕政的体制。

幕府重视谱代大名作为"家族"的忠诚,反映了社会意识关注点从个人向家族的移动。中世以来,对于武士而言,家族(日语汉字写作"家",假名为"いえ",发音为"ie")就具有特别重要的地位。但是,在社会变化剧烈的战国时代直到江户前期,对个人的重视比较突出。武士个人的军事政治能力是关注的重点。作为一个主君也很难仅凭其血统而保持地位,必须具有一定的军事政治才干才能够服众。为人臣子的武士也不能单纯依赖谱代关系,想要被重用就必须具有一定的军事或者政治上的才干。家光统治的时期,从长期追随的谱代家臣中选拔亲卫队的番士,有时还会要求通过武艺比试来决定人选。但是,随着和平秩序的长期持续,家族意识越来越得到强调。家纲时期亲卫队番士的选拔,已经形成了由家族出身自动决定谁能入选的制度。

从这一时期开始,谱代主导的政治对家格的重视日益加强。万治二年(1659)规定,与个人能力和意愿无关,父亲或者兄弟的地位直接决定武士入番所在的组。同年又规定了供职于幕府的谱代大名在进入江户城之后可以获得的座席位次,以后又规定了所有大名的座次,以此鲜明的形式来显示大名在家格上的差别。

幕府文治主义的表现之一是放松了对大名的压制。德川家纲统治时期大名被改易或转封的数量比前三代将军减少很多,这也同样体现了家纲政权对家族的重视。1651年,家纲政权放松了对于收养末期养子的限制。以前的将军基本不会允许濒死的大名临时收养养子作为继承人。这一政策显示了家纲政权对优先保证家族存续的认可。

1663年,家纲带领大名们参拜日光神社,同时发布了改订《武家诸法度》二十一条,增加禁止基督教的条文,还特别强调:"如有不孝之辈,当治其罪。"同时发布的《诸士法度》也要求武士"不可荒废家业,须勤勉"。同时宣布禁止殉死。关系密切的从者在主君死后自杀殉死的风俗,是战国时代以来的武士作为战斗者的特有惯习。但是随着主从关系从个人之间的感情,逐渐转化为家族之间的效忠关系,殉死失去了其发生时期的社会条件。无故伤害性命的做法被认为有伤天和,遭到了幕府以儒家思想为支撑的否定。这些政策上的变化都体现了家纲政权要把儒学观念作为统治伦理的意向。1664年,家纲向所有大名都授予了领知宛行状。1665年,家纲还发布了要求全部寺院与僧侣都遵守的统一的诸宗寺院法度,以及要求全部神社与神职人员都要遵守的统一的诸社祢宜神主法度。

这一时期各藩涌现出多位以好学著称的"明君",他们都是尊奉儒家道德,推行"仁政"。他们强调以忠诚之心侍奉将军,承认领地的获得乃是将军的恩赐,管理好自己的领地和领民,确保秩序安定,是对将军的义务,也是在需要时为将军服军役的基础。以此为前提,大名努力在藩内整备统治机构,强化自身权力和权威。大名家臣的俸禄多数都以藏米知行制取代了地方知行制。家臣与以前的知行地完全脱离关系,只是领取大名发放的俸禄米生活。大名派代官去管理领内的全部土地和人民。工商业者也被集中到城下町居住或至少纳入统一的管理体制。

可以说,到四代将军统治时期,幕藩体制得以最终稳定下来。幕府或者大名的家臣团都不再可能像战国时代那样依靠军事实力发展自己的家族。三代将军家光曾经去京都觐见天皇,四代开始直到幕末乱世重来,德川将军长期不曾上洛。江户政权对天皇权威的依赖大大减少了。新的时代形成了新的价值标准,家族是最优先的价值,最重要的事情是确保自己的身份地位,以谋求家族的安宁和繁荣。这不仅是将军之家臣的核心考量,也是各个大名家的核心关切之所在。

德川官僚制与家格制度的密切结合,导致家族意识的强化和家格的固化。这种价值观从武士阶层渗透到社会全体。著名的日本政治思想史家丸山真男曾如此描述德川日本社会的特点:出身和家世等要素"在其社会关系中承担着决定性的功能,而且这些要素无论哪一种都带有不会因为人们的实际行为而改变的意味。……一般来说,当时的人们不会认为,大名和武士是通过为农民和商人提供某种服务而获得对他们的统治权。通行的观念是,因为他们是大名,是武士,基于这种身份'属性',而理所当然地——天然地——进行统治。所谓世代追随的臣从、特权行会、某种技艺流派的宗家的当代家主等等,都符合此种意义上的'是'之价值,而不会被认为是基于某种具体的贡献或服务才得以证明的价值"①。在这里,以家族为核心的身份意识是决定个人价值以及行为规范的首要因素:"一个人是大名,或者是名主,这种身份就自然地决定了其应该如何行动的规范。因此,在这种社会当中,为了使人际交往顺利展开,第一要件就是能从外表来识别对方是什么人,即其究竟是武士,是农民,还是工商业者。这是因为,如果不能通过服装、装饰、用语等,一眼便明了对方的身份,就不知道该以怎样的礼节来与对方相处。"②

1680 年,将军家纲去世,他没有孩子,其弟德川纲吉继任新的将军。五代将军纲吉统治的时期(1680—1709),幕府体制又发生了新的演变。元禄文化标志着幕藩制社会繁荣的巅峰,同时也孕育了体制的危机。纲吉政权的统治形式中最重要的一点是侧用人政治发达。纲吉不是长子,没有宗家继承权,他曾经离开本家,到上州馆林藩成为大名。只是因为其兄家纲没有孩子,于是以家纲养子的身份,成为新的将军。重回德川家的纲吉带来了其做馆林藩主时期所培养的一批亲信家臣,让他们作为自己的近习而成为幕臣。这些人成为纲吉重要的统治班底,进入幕阁后成为维护纲吉独裁权力的政治理想。负责沟通将军和幕阁意志的侧用人,前有牧野成贞,后有柳泽吉保,尤其是后者因其特殊的位置而掌握了巨大的权力。1684 年在江户城内发生的大老堀田正俊被刺事件,成为将军住所与老中工作场所拉开距离的契机,老中面见将军的次数变少了,

① 丸山真男『日本の思想』、岩波書店、1961 年、第 158～159 頁。
② 丸山真男『日本の思想』、岩波書店、1961 年、第 159～160 頁。

负责沟通联络的御用人的权力增大了。纲吉的近习阶层发展成为与一直以来的谱代门阀相对抗的势力,其实两者在政治原理上都体现了忠诚优先于能力的原则。

随着幕藩体制的稳定,从第五代将军开始,德川幕府施政的重点从大名统治转变为领国经营,包括天领、谱代大名和旗本领等。纲吉政权领国经营的特点是强化将军作为公仪的权力,弱化家臣团的权力;整顿天领代官,取消其包税特权。尤其是谱代家臣团受到很大的压制,被以各种理由大量减封甚至改易,自恃有长期追随的功劳的谱代门阀被冷遇,家纲时代大权在握的大老酒井忠清被免职。德川权力原有的将军家与谱代大名联合执政的色彩减退了,其作为专制王权的一面增强了。纲吉为了掌握超越谱代门阀的将军绝对权力,拔擢得到信赖的宠臣以强化独裁政治,如堀田正俊奉命掌管财政和民政,成为纲吉统治初期的权力核心。堀田正俊出身为将军臣下堀田家,在拥立纲吉做将军的过程中厥功甚伟,得到了纲吉的深厚信赖,而酒井忠清则为了维护谱代门阀的权势,在家纲死去之后,主张迎立皇家子嗣作为宫将军,最后被新将军免职也不令人意外。

1688 年(元禄元年),纲吉设立侧用人制度,以确保实行将军亲政。侧用人不属于幕府政治体系中正式的权力机构,其权势依赖于将军的个人信任,没有制度保障,缺乏权力基础,恰好可以任将军予取予求。其代表者是纲吉统治初期的另外一个宠臣,叫牧野成贞,他在纲吉还是馆林藩主的时候,就已经深受重用。但他出身低微,没有资格担任最高级别的官职老中和大老。纲吉新设官职侧用人,其役高,官位等于老中,就是为了让宠臣有机会担任实质上的最高职务,压过谱代门阀阶层。牧野成贞从一介藩士得以成为大名,在天和元年(1681)成为侧用人。纲吉统治后期最有名的侧用人叫柳泽吉保,也是从馆林藩藩士荣升大名,有 15 万石领地,作为侧用人,高于老中。纲吉用人不拘一格,还从下级幕臣,甚至外样大名中选择和提拔自己认为值得信赖的人,巩固自己的统治权力。前者如喜多见重政,从俸禄大约 1000 石的下级武士,升格为 2 万石的大名,担任侧用人。后者如外样大名锅岛元武也受到纲吉赏识和提拔。

纲吉也重视文治,对儒教和佛教都非常感兴趣。他在这方面非常舍得花钱,下令建造了宽永寺。元禄三年(1690),任命林信笃担任大学头,将朱子学定官学,开设昌平簧,还修建汤岛圣堂,并让林家私塾迁到汤岛。天和三年(1683)纲吉发布了更新的《武家诸法度》,第一条就是"励文武忠孝,正礼义"。而前代五次发布武家诸法度,其第一条均强调文武并重。如1615年《武家诸法度》第一条:"应专心于文武弓马之道。""左文右武,古之法也,不可不兼备矣。弓马者,武家之要枢也,兵号为凶器,不得已而用之。治不忘乱,何不勤励修炼乎?"纲吉此后还多次立法推动从"弓马之道"向"礼义"的转变,往往被视为幕府从武断政治向文治政治转换的重要标志。然而需要注意的是,纲吉的文治并非对"武"的放弃,而是在暴力统治的基础之上,以实定法规定伦理要求,这其实意味着权力对私人领域的干涉加深了。无论如何,儒学观念被确认为政治统治的理念,将军和大名的主从关系被表述为"忠"。家的观念也扎下根来。纲吉的《武家诸法度》明确许可收养末期养子来保证家业的存续,明文禁止殉死。

发生于元禄十四年(1701)的赤穗事件,在日本特别有名,事件发生的过程和后续的各方反应,非常集中地体现了当时社会上对武士伦理的认知。不知何故,赤穗藩主浅野长矩在江户城松之廊下拔刀砍伤了负责幕府典礼仪式的吉良义央,随后被幕府判罚切腹,浅野家领地被没收。浅野家遗臣46人(一说47人),以家老大石良雄为首,在元禄十五年12月袭击吉良家宅邸,杀死吉良义央。他们行动的名义是为死去的主君复仇,事后向幕府自首,被命令切腹。当时,切腹是一种名誉刑,保全了其作为武士的尊严。这一事件特别充分地显示了江户武士的伦理感觉。当时日本社会围绕此事产生了热烈的讨论和激烈的争论,荻生徂徕等学者坚持认为赤穗浪士的行为是用自己的私意破坏公法的不正当行为,也有人如《叶隐》的作者山本常朝认为赤穗浪士不应该拖了很久才去复仇,而且复仇成功之后应该主动剖腹,去向幕府自首是心存侥幸的行为,暗中希望能够得到幕府的原谅。但是,当时主要社会舆论是同情赤穗义士的,著名儒学者室鸠巢就赞美这是忠义行为,不仅不应该惩罚,而且应该褒奖。幕府命令犯禁的武士剖腹,就是考虑到了社会上的这种情绪,而且后来取消了撤销赤穗藩的决定,也是对浅野家武士的一种褒奖。18世纪中期的净琉璃作品《假名手本忠臣藏》,充分肯定了赤穗武士们的行为,长期受到日本人的欢迎。幕末的吉田松阴就认为事件的主角充分体现了山鹿素行关于武士道的教导:"赤穗遗臣复亡君仇之始末处置,见之可知大石良雄从先师(指山鹿素行)所得。"①

实际上,赤穗事件也集中体现了幕藩体制下对武士的道德要求和律法规定之间的矛盾。虽然人们往往认为这是武士社会推崇的"仇讨(即复仇)"行为,但是并非吉良杀了浅野,而是幕府命令浅野自杀,如果要复仇的话,对象应该是幕府而不是吉良义央。而且,虽然不清楚起因,至少是浅野先动手攻击吉良。浅野是因为在殿中拔刀违背了法律规定才被命切腹自尽的。田原嗣郎通过对赤穗事件以及因此而引发的论争的研究,提出了"'御家'的思想"对"'仁政'的思想"的分析框架,细致地刻画了江户时代武士生存方式和伦理中的矛盾性和复杂性②。石井紫郎以赤穗事件为素材分析了近世"公的义理"和"私的义理"的关系以及敌讨、喧哗两成败法等具体问题③。学者们倾向于认为赤穗浪士的行动其实体现了当时社会一般公认的原则即"喧哗两成败"。所谓"喧哗两成败",就是冲突双方都应该受到惩罚,这并不是幕府法律,而是当时人们的通行理念,源于中世末期的武士自治生活中形成的惯例。武士团内部强调和,反对冲突,所以会对生事双方都追究责任,从而平息纠纷。浅野家的武

① 『吉田松陰全集(第三卷)』,97页。
② 可参考其著书『赤穗四十六士論:幕藩制の精神構造』(东京,吉川弘文馆,1978),以及校仓书房・历史科学协议会编『歷史評論』617号(2001年9月)特集所收其「赤穗事件論争の軌跡」。
③ 参见石井紫郎:「近世の国制における"武家"と"武士"」,见石井紫郎编:『日本思想大系27近世武家思想』,东京,岩波书店,1974。

士杀死吉良义央的动机就是要把纠纷彻底解决,不能接受自己的主君死亡而对方安然无恙。这可以理解为幕府基于法令的判决与武家社会惯习之间产生龃龉,意味着"公共性"的事务和"个人"的事务的分裂。①

纲吉政权对道德的提倡,对礼仪的重视,也表现为社会统制的强化。1682 年的法令规定:"励忠孝,睦夫妇兄弟诸亲类,加怜悯至召使者。若有不孝不忠者,可为重罪。"武士政权对忠孝道德的重视,不但表现为对思想教化的重视,更表现为对言论、出版的统制,以及惩罚的强化。犯上作乱杀死自己的主人,即便自杀,尸体也要施以桀刑,并且将其父母、兄弟和子女一律斩首示众。批判幕府政治固然绝不允许,描写男女情爱的"春本"的作者也会被流放或处死。纲吉的"仁政"还受到佛教的很大影响,1685 年发布《生类怜悯令》,禁止杀生。据说是因为纲吉没有孩子,侧近僧人隆光说这是他前世杀生遭到的报应。纲吉因为自己属狗,对狗便格外关心,先是表示将军出行,不必特别驱逐狗,后来就要求对所有生物都必须怜悯,甚至破坏庄稼乃至威胁人命的野猪、狼等害兽也不能伤害。他不仅命人收留照料大量野狗,还以死刑惩罚丢弃和伤害狗的人,以至于得到一个"犬公方"(即"狗将军")的外号。纲吉建立的个人独裁权力,是其可以如此肆意妄为、无人能够反对的体制保证,直到 1709 年纲吉死后,其荒唐法令才得以废除。

二、新井白石与"正德之治"

德川纲吉为了获得继承人而推行如此严苛扰民的法令,却直到宝永六年(1709)死去也未能如愿以偿,只能把兄长的儿子纲丰收作养子,改名家宣。第六代将军德川家宣(1709—1712 年在职)来自甲府德川家,延续了纲吉时期的侧用人政治,侧用人间部诠房和儒学者新井白石受到将军重用。新井白石(1657—1725),名君美,号为白石。新井白石祖父曾经是个无主君的浪人。白石曾师从木下顺庵(1621—1698),才学出众,

---

① 尾藤正英:《日本文化的历史》,彭曦译,南京:南京大学出版社,2010 年,第 93—94 页。

是甲斐国大名德川纲丰治下的藩儒,1709 年成为幕臣。他主要任务之一是为将军讲解汉籍,备从顾问,虽然地位不高,但是深受将军信赖。所以,能够参与幕府政治,只是需要侧用人间部诠房代为传递意见。新井白石和间部诠房合作无间,前者凭借丰富的学识提出各种政策,后者凭借自己的身份地位大力支持。家宣 46 岁成为将军,不过几年便死去,1712 年,其子家继年仅四岁便成为第七代将军,新井白石和间部诠房继续掌握政治主导权。1716 年,家继又死去,继任的八代将军德川吉宗年富力强,白石等旧幕臣遭到斥退。无论如何,新井白石的际遇可以说反映了门阀制度在慢慢趋于动摇的趋势,某些将军对独裁权力的追求,制度稳定化带来的官僚制的发展,为有才干且运气不错的人提供了更多出人头地的机会。① 从 1709 到 1716 年,新井白石发挥了较大主导力,重视儒教仁政理念,强调文治,史称"正德之治"。

　　新井白石对德川纲吉时期的政策做了很多改变。特别是在纲吉死去之后,马上废除《生类怜悯令》,并赦免了根据此法令被定罪的人。此前实质上禁止民众直接到江户控诉代官,在白石的建议下,则要求巡见使积极受理百姓直诉,体现了儒家的德治主义。与此同时,也强调对民众自上而下的教化和统制,禁止出售"不轨之新书",命令"不得擅立誓约,结党营私"。白石在经济方面的政策主要是发行正德金银。在纲吉治下的勘定奉行荻原重秀实施降低成色的货币改铸,以求改善幕府的财政状况。白石认为这种政策会导致物价上涨,经济混乱,更重要的是,他认为这种政策在道德上是有问题的,违背了诚信的原则,破坏幕府的信用。白石多次建议之后,家宣终于罢免了荻原重秀,恢复良币,平抑物价。白石的初衷是好的,体现了儒家不与民争利、藏富于民的政治理想。白石主张为政从俭,削减工程和漕运等方面的支出;还在勘定所增设监督职位,惩治官员的腐败行为。然而,随着幕藩制社会生产力的提高,商品经济的发展趋势是无法逆转的,白石的政策并没有能够取得改善幕府

---

① 以下相关介绍主要参考新井白石:《折焚柴记》,周一良译,北京:北京大学出版社,1998 年。

财政和降低物价的效果,反而招人怨恨,加剧了他和间部诠房的孤立。

新井白石还认为对外贸易会导致金银的流失从而削弱国家财力,于是在 1715 年制定《海舶互市新令》限制长崎贸易,即正德长崎新令。规定中国船每年最多 30 艘,最高贸易额为 6000 贯目白银,荷兰船两艘为限,贸易总额 3000 贯目白银为限。对中国船颁发许可证,无证禁止贸易。由此,德川幕府以长崎为窗口,建立了锁国条件下的对外贸易制度。长崎之外,幕府还允许对马藩同朝鲜国王间进行进贡贸易,让其负责处理日本与朝鲜的外交事务。虾夷的阿伊努人当时并不在幕府行政管辖之下,松前藩通过垄断与阿伊努人的贸易而谋利,并开始奴役阿伊努人从事渔业生产,出口海产品,还捕捞青鱼用作制作肥料的原料。据说本州的商人资本也参与其中。有学者认为,幕藩制日本对阿伊努人的奴役显示了类似殖民统治的某些特点①。

新井白石也崇奉儒学,积极整顿内政外交上的礼制,显示了可视化的礼来维护幕藩制职分秩序的意图,但是其过度的理想主义甚至表现为极端形式主义。他写作了《武家官位装束考》,显示了构建日本武家独自的礼制的意愿。他研究涉及朝幕关系的礼仪,修改《武家诸法度》,废除继承权的皇子皇女出家的惯习,还推动增设闲院宫亲王。朝鲜国书曾经称日本的征夷大将军为日本国王,宽永(1624—1643)年间改为日本国大君。白石发现朝鲜王子之嫡子的称号是大君,有贬低日本的"将军"之嫌;而且,大君二字也可以表示天皇,虽然读音不同,毕竟难免产生混乱。因此,他建议恢复日本国王的称号,并认为这样可以显示日本天皇的地位高于朝鲜国王。他还削减了接待朝鲜通信使的规格,规定新的礼仪,并亲自反驳朝鲜通信使的抗议。白石对天皇的尊重,一方面反映了儒家君臣观念的影响,另一方面也反映了德川政权面对天皇权威时更加自信了。白石著有《读史余论》,考察日本历史发展演变的趋势,以儒家有德

---

① 吉田伸之:《成熟的江户》,熊远报等译,北京:北京大学出版社,2011 年,第 8 页。

者为天子的原理,来论证天皇的政治权力被将军所取代,不但具有历史
必然性,也有政治合法性。

第四节　秩序确立期的文化

一、艺术和科学

桃山文化是指安土桃山时代(1568—1598)的文化,这一名称主要用
于美术史领域。在文化史上,一般把 17 世纪前半期包括在内,直到宽永
年间的江户时代初期,大约 80 年间的文化统一称为桃山文化。此时的
日本还没有进入"锁国"时代,统治者们取消了垄断商业特权的行会,允
许日本国内自由贸易,鼓励对外贸易,整理了货币,促进了商品流通。其
政策的重要支持者便是在堺、博多等地经营海外贸易的大商人。

家永三郎认为,在桃山时代"依然流动着前代以来的自由奔放的风
气,在国际上也积极与世界各国交流通商,勇于进取的气运依然强烈,在
文化的世界里也充分呈现出锁国以后所看不到的,泼辣豪放的特色"①。
这一时代真正属于町人的文化还不成熟,桃山文化的主要承担者是成为
新的统治者的武将们,以及为之服务的豪商们。"他们那种不拘常规、阔
达豪放的精神得到了忠实的反映。在这一时代的文化中,充满了强大的
力度感,不同于高雅却纤弱的古代贵族文化,也不同于烂熟但颓废,格局
狭小的江户町人文化。"②

尾藤正英认为桃山文化有三点特色:第一,实用的、功能性的事物产
生了新的美。例如作为军事防御设施的城堡,成为日本特有的美术性建
筑之一。第二是行动性。例如姬路城"迷宫般的建筑物配置"以及"由桂
离宫、修学院离宫所代表的环游式庭院构造","不是静止的观赏对象。"
"是一种在行动中体现出来的美。"第三是社交性。其代表是城中的"书

①　家永三郎『日本文化史』、岩波書店、1982 年、第二版、第 163 頁。
②　家永三郎『日本文化史』、岩波書店、1982 年、第二版、第 164 頁。

院建筑"御殿,特别是其中用来接待客人的"对面所"。"不仅如此,用拉门以及墙壁隔开,用金碧辉煌的华丽的屏风画装饰的大多不是个人的居室,而是用来谈话以及举行社交仪式等的场所。可以说过去时代的会所的传统在那里得到了继承。"[1]

坂本太郎则认为,桃山文化作为转折期的文化,由于排除了因袭,当然具有自由清新的特点,但这一时代文化的新鲜感的前提主要有三点:其一是没有受过旧文化影响和拘束的地方下级武士成了天下的霸主。他们为了夸耀其权势,勒令人民服从,就想在赤裸裸的朴素人性上显示自己的优越性。其二是由于城市的发达、商人的兴起、金银产量的增加等经济发展的结果,使财富,特别是象征财力的金银,成为人们追求和崇尚的对象。其三是开始同西洋交往,不同的文化在物质与精神两个方面大量流入日本。前两种原因相互结合,在这一时代的建筑、绘画等方面,表现为金碧辉煌的豪华美和显露出暴发户的情调。而后者则表现为丰富了人民生活,其中混进了带有新文化因素的各种外来文化。

城郭建筑是桃山文化最重要的代表。武士最初分散在农村居住,其军事上的防守设施主要是用于收纳和发射箭矢的橹,以及一圈比较浅的壕沟。如果需要长期战争,就固守于在山势险峻之处修建的城。大名领国制下的大名,开始在平地上建城,具有半永久的性质。大名的家臣和商人住在城的周围,形成城下町。随着经济的发展和大名权力的强化,修建的城越来越高大,挖掘的壕沟越来越宽、越来越深,城墙用石头砌成,配以坚固高大的城门和橹,尤其是逐渐在城的中心之地开始修建高达三五层的天守阁。日本主要是受大陆传来的佛教的影响,采用多层建筑的形式修建塔和山门等。天守阁据说是日本独有的一种多层建筑。"日本古代贵族自傲于其作为统治者的高贵身份,同时拜倒在自己建立的佛寺的高塔之下,在无限者面前,痛切地感受到现世的政治权力是多么的渺小。不惮于纵火焚烧比睿山和根来寺的,封建社会确立期的武将

---

[1] 尾藤正英:《日本文化的历史》,彭曦译,南京:南京大学出版社,2010,第85页。

们，通过修建高大雄伟的天守阁，炫耀展示自己的力量，从中感受到巨大的喜悦。"①天守阁为代表的城取代曾经作为主流的佛教建筑，反映出宗教精神的衰落。最大的城堡建筑是织田信长建造的安土城，丰臣秀吉建造大阪、伏见二城。安土城的天守阁据说高达七层。但是很少有早期的日本城堡建筑仍然存在。著名的名古屋城天守阁在二战中毁于大火。幸运的是姬路城（也叫白鹭城）得以保存至今。

　　城内有着武将居住的豪华住处，采用的是书院造的建筑形式。透雕、浮雕、整雕等各种雕刻以及绘画发展成为独特的建筑装饰，创意大胆自由，色彩绚烂艳丽。尤其是绘画，作为障子和墙壁的装饰，极尽金碧辉煌，反映了新兴武士的审美趣味。桃山文化的代表性画家狩野永德及其养子狩野山乐，形成了狩野派的风格特点，把绚丽的色彩和强劲的线条完美地结合在一起，特别适合武将官邸的建筑装饰。狩野派原本诞生于15世纪中叶将大和绘的色彩与水墨画的构图相结合的尝试，但是直到桃山文化时期才终于成熟，其泼辣大胆的画风获得了崭新的活力。狩野永德的名作《桧图屏风》，在巨大的屏风上浓墨重彩地描绘遒劲粗壮的树干。据说是长谷川等伯与久藏父子在智积院的障子上所作的绘画，以枫树为中心呈现了萩叶和鸡冠花的绚美。这些当时日本最高水平的画作，以不同于以往的大和绘和水墨画的全新感觉，传递着花树之美。日本绘画一般倾向于纤细优雅的描绘，然而桃山文化中的画作则在日本美术史中凸显了独特的风格，其构图空前宏伟。这些画作代表了那个时代的艺术特色，构图雄伟，色彩绚丽，在金色的背景下，全图描绘大幅花鸟和人物。狩野元信的学生海北友松也同样以壁画著称。狩野元信的孙子狩野永德更是作为狩野派的继承人而进一步将其发扬光大。他为织田信长、丰臣秀吉等所用，在安土城、大阪城以及聚乐第等著名建筑的墙壁和障子上，用自己的画笔，将日本壁画推向新的高度。狩野派画家在江户时代成为德川家的御用画师之后，虽然因为受到掌权者的保护而享有尊

---

① 家永三郎『日本文化史』、岩波书店、1982年、第二版、第165頁。

崇的地位,却逐渐变得故步自封、因循守旧,失去了桃山文化豪放不羁的审美趣味。

江户时代前期比较重要的画家首推俵屋宗达,他一方面在与京都公家的交往中继承了日本古代贵族的艺术传统,一方面向擅长工艺美术的本阿弥光悦学习装饰性艺术的表现手法,最终形成了自己独特的风格。他主要取材于日本古代物语、绘卷等,同时却用装饰主义的表现手法,延续了桃山文化的豪放气质。《源氏物语屏风》赋予典雅的大和绘以新的美感,是其最具代表性的作品。

战国时代以来的武将以及豪商的实际生活中充满了争斗和谋略,作为一种心理补偿,在文化活动中往往追求静寂之趣味。前文提到的长谷川等伯其实更着力于水墨画,其名作《松林图屏风》中,淡淡的松林默然静立于朦胧烟雨之中,代表了这一方向上的审美追求。当时茶道大行其道也反映了这种风气。中世以来的茶道在近世初期本来应该算是一种落后于时代的东西,但是其对淡泊静闲寂的崇尚,却恰好满足了偏爱豪奢壮丽的武将在纷纭俗世中的另外一种精神寄托。日本历史学家坂本太郎认为,这表明当时追求新文化的武士政治精英其实难以抗拒旧文化传统的强大魅力。茶道其实算不上真正的古代文化传统,但它贴近日常生活,对于缺乏文化底蕴的武士阶层来说,已经是非常高雅和权威的东西。虽然茶道对朴素和闲寂的追求其实与武士的真实生活相去甚远,但是其中蕴含的高贵性,吸引了热衷展示自身权威的武士们,花费巨资修建茶室,举办茶会炫耀珍奇贵重的茶具等,成为高级武士绝佳的身份象征。尽管免不了种种世俗情念,举办茶会也的确成为一种很好的社交方式,在逼仄的小小茶室中感受茶道的意味,也是武士暂时避开现实的一种安慰。千利休是堺的町人,被认为是将日本茶道体系化的集大成者。丰臣秀吉曾经对他表现出极大的赏识和信赖。丰臣秀吉打造著名的黄金茶室炫耀财力,却又向往清幽枯寂的侘茶趣味,其看似矛盾的行为很好地体现了桃山文化精神中既要追求奢华,又要感受孤寂的矛盾性格。

就像狩野派绘画在江户时代逐渐丧失活力一样,近世日本的茶道也随着家元制度的形成逐渐流于对形式的片面追求。但是茶室建筑却很好地保留了固有的氛围。山崎妙喜庵的茶室"待庵",面积仅有两叠,外观非常简单素朴,宛如农家草屋,却在细节修饰上极尽匠心,力图在狭窄的建筑中表现出广阔的空间。据说这是千利休最喜爱的一间茶室。有观点认为,桃山时代建筑作品令人目眩神迷的华丽风格、繁复夸张的装饰手法,在祭祀德川家康的日光东照宫发展到极点,幸有体现了实用性和纯粹性的茶室建筑,成为一种平衡力量,使得日本建筑发展避免了整体性的退化。另外,著名的文化遗产桂离宫,继承了书院造的建筑形式,也同样体现了对装饰性趣味的彻底摒弃,致力于功能性的满足和结构美的呈现。主导桂离宫修建的是智仁、智忠两代亲王,很大程度上体现了日本古代贵族的文化趣味。和前述俵屋宗达的绘画相似,都体现了日本贵族文化最后一抹流风余韵,辉煌一代,终成绝响。古代日本贵族文化毕竟无法适应江户的时代精神,不能成为新的文化创造的起点。①

　　日本缺乏独创性的科学文化,但是近世初期在内外因素的刺激下,在科学知识方面也取得了一定的发展,其中最有特色的当推"和算"。算盘在明代从中国传入日本,为长期处于空白的日本数学的发展提供了重要的工具,从战国时代前后到江户初期,出现了《除法书》《尘劫记》等多种数学书。② 战国时代社会的发展变化诞生了数学兴起的社会环境,对数学的军事需要等促进了数学的进步。不但规模越来越大的军队的组织和运用需要数学,大名开始在平地上修建巨大的城堡之后,建筑面积的测算和土木工程的施工都对测量和计算提出了新的要求。战争中坑道的掘进、水攻的运用、枪弹设计距离的计算等,也对数学产生了新的需要。民政相关的城市和城下町、港口的建设,以及水利工程、矿山开采等的需要也推动了数学的发展。检地过程中对田地面积的测算、大米收成的估算,也需要用到数学。经商的人统计商品数量、计算利润等,也需要

① 家永三郎『日本文化史』、岩波書店、1982 年、第二版、第 172 頁。
② 杉本勋编:《日本科学史》,郑彭年译,商务印书馆,1999 年,第 133—134 页。

数学。据说德川家康曾经向三浦按针学习初级代数和几何。①

元代朱世杰所著《算学启蒙》、明代程大位所著《算法统宗》相继传入日本，算盘的使用越来越普及。日本人也开始了数学著作的撰写，1622年出版的《除法书》据信是现存最早的一部，作者毛利重能是京都人，号称除法"日本第一"。1627年出版的《尘劫记》，作者是吉田光由，是《算法统宗》的日本改编版本。该书重视解决日常生活中的实际问题，通俗易懂，有图有文，非常适合日本民众的需要，十分普及，据说各种版本有三百余种。

近世初期日本的造船术和航海术因为西方造船术和航海术的传入而有很大提高。为了满足实施朱印船制度的需要，能够进行远洋航行的大型船只必不可少。德川家康的时候还比较重视对外贸易，三浦按针奉命建造了两艘双桅帆船，一个是80吨，一个是120吨，后者可以用于横渡太平洋。1613年，日本遣欧使节支仓常长乘坐斯库那型帆船成功横渡了太平洋。德川家光的时候锁国制度的确立，以及禁止建造大船的命令的发布，打断了近世日本造船术的发展。在航海术方面，日本船只当时也有能力在南洋上航行，西方地理知识和航海技术的传入促进了日本航海术的发展。朱印船所用的海图基本上是抄袭自葡萄牙人。池田好运1618年完成的《元和航海记》是一部航海技术的入门读物，可能也是翻译的葡萄牙语书籍。

二、秩序正当化的思想

近世日本科学精神的发展受到了不可避免的挫折，但是政治思想方面却得到了成果丰富的发展，这与幕藩制社会重视长治久安超过发展进步的价值取向是相互适应的。近世初期思想界的主流是颇具日本特色

---

① 杉本勋编：《日本科学史》，郑彭年译，商务印书馆，1999年，第135页。

的"天道"观念。①

天道观念在日本自古以来就是存在的。可以认为,日本的"天道"观主要由继承中国古代天谴说的一面和以天命使政权交替正统化的一面组成。《日本书纪》和《续日本纪》中可见前者之例,《东鉴》中可见后者之例。北畠亲房的《神皇正统记》中,易姓革命说与"神之本誓"、"时之灾难"、佛教"果报"观念等一道,被作为说明历史变化的原理使用。继承了这种传统观念,日本战国时期的"天道"被当时的人们作为解释武将和公家、寺社等统治势力乱人眼目之兴废事态时的重要依据。若从其被使用的语境出发进行判断,主要有这样几种含义:下逆上的叛乱是违反"天道"的,因此最终必然会失败;武勇等人之努力会有"天之感应";将自身正在经历的巨大历史转变理解为"天命循环";对于自己难以接受的事件的发生,认为"此乃天道,无可奈何"。另外,当时的天道思想也包含著名的太田牛一(1527—1610)所阐述的天道思想,即将"神佛的加护"和英雄的"御威光"等"天道"以外的重要原因,也作为历史的说明原理而采用。这里残留着中世的观念,认为各路神佛对人世都有一定的影响力。

但是,到了近世初期,多种多样的天道思想逐渐表现出一种新的道德化和理性化的倾向,逐渐否定以咒术招来现实利益的观念。与此同时,认为各路神佛从属天道,或者将神与天道并列,但却倾向于认为神道是天照大神的教诲。近世初期的理学家小濑甫庵(1564—1640)的看法代表了当时最流行的天道思想。他在提及前田利家火烧石动山天平寺时,就认为"代代之秘法、调伏之护魔、本尊之神力,但遇实理其形自现",又说:"身世显赫之武士其武运长久之战功求诸神佛、赖念珠神力之事成何体统。"他主张"背理则背天",是否合乎天意会决定人的命运,而依赖神佛之力的咒术全部是无效的。而且,正是因为织田信长没有遭受佞僧的欺骗,所以寺院法力从那时开始衰落。诸国守护如果遵守"实理",就

---

① 本书对于近世初期天命思想流行情况的介绍主要依据平石直昭『日本政治思想史—近世を中心に』,放送大学教育振兴会、1997 年、第二章。

会实现国家安泰。总之"现世万事皆赖自身之勤，不可过度仰仗佛力"。近世初期日本天道思想的渊源来自中国古代的天谴说和"天道福善祸淫"说，也体现了认为唯有正直才是神道之原理的中世日本伊势神道的观点，认为正直者会是有福的。当时已经传入日本的朱子学也发挥了不少的影响。

近世初期的天道思想回应了解决近世国家形成阶段所产生的各种思想性的问题的需要，例如有必要明示新的掌权者进行统治的目的、理念及其正当化根据；也有必要论证世袭身份制的合理性，以便人民乐于被纳入身份制的社会体制之内；尤其急需的是一种能够与基督教相对抗的统一的世界观。于是，当时的天道思想一方面继承了朱子学的许多概念，同时主张天道才是宇宙的主宰者，据此与基督教中的上帝观念相对抗。教士巴鼻庵 1605 年所著《妙贞问答》所主张的上帝的性质，与《心学五伦书》开头所论之"天道"，两者明显是相互对应的。天道与上帝的不同在于，天道不是上帝那种从虚无中创造万有的人格神，但天道在整个体系中占有类似上帝的绝对性位置。天道被认为是"天地间之主人"，无形故不得见，是一种形而上的实体，掌管着四季循环等自然秩序。天道的本体是"诚"，宿于人心而成"明德"。与此同时，五伦五常之社会秩序与天道秩序也是相对应的。《心学五伦书》的天道论具有贯通自然、社会、人类精神三者的连续性，作为统一说明宇宙整体的观念体系，与基督教神学堪相匹敌。巴鼻庵的儒教批判并不成功。

近世初期的天道观也揭举"施慈悲于万民"的政治目的，认为这体现了天道欲使万物富足繁荣的本心。生于战国乱世的人们自然想知道，为什么曾经有过长久的治世，而眼前所见却往往是不过一代、两代，便家道败落的事实？当时的天道观认为，天为了实现长治久安，会将有能力实现这一目的的人定为"天下之主"，这是受到了儒教天命思想的影响。《心学五伦书》主张神儒一致："日本之神道，正我心，怜万民，极意为广发慈悲。尧舜之道之极意亦在于此。唐土所谓儒道，日本所谓神道，名异而心为一。"这里是认为，儒教的尧舜之道与神道的天照大神的正直之教,两者本质上是一致的。神武天皇遵守天照大神的教导,所以天皇家代代子孙的治世得以长存。与此相对,《本佐录》则形成了明确的儒教一元论的主张。其所理解的天道具有超越神佛的主宰性:"天道者,非神非佛,天地间之主,而无其形。"而天道作为统治原则的是"尧舜之道"。神武天皇的问题是虽然在佛法没有传到日本之前,遵守尧舜之道,从而使天皇家得以治理日本二千年,代代传天下于子孙,但后来却将佛法融合尧舜之道,命名为神道,以治理日本。然而,"所谓道,依一天道而起,因融合佛法,道次第衰落,失天下"。总之,《本佐录》是希望让神道被儒道吸收,或使其从属于儒道。坚持儒教一元主义的《本佐录》,自然也否定了作为治国之策的"老庄之学"和"兵家之学"。

在近世初期世袭身份制的形成期,天道观念也发挥了将民众纳入体制的意识形态作用。当时,佛教思想对天道的解释依然有很大的影响。例如,铃木正三(1579—1655)主张:"夫农人乃生来担此养育天授之世界之重任者。故全心全意以己之神事天之道,所思毫不为己,所奉皆为天道,事农业而产五谷,祭佛陀而敬神明,不但救万民之生,亦助虫类之命,此为农人之大愿也。于播种之时称念佛名,于收割之日弃绝他想,果如此事农,则田地亦为净土,五谷亦为洁品,所食之人以因此而去烦恼。"[1]他将农业作为一种职业而称之为"佛行",用宗教价值来强化勤劳的伦理。但在另一方面,铃木正三也强调农民生而从事农业是天的意志,借助天道观念来使其正当化,以满足幕藩制度对身份职业固定化的需要。

近世初期日本的士民道德,根据《本佐录》的描述,是混乱不堪的:"视心为无物,天道亦无,后世亦无。""弑主亦在所不惜,志在必得。今日本之人心皆如此。"这是战国时代下克上风气的余波。为了警告与教化这些只要有机会无论做什么恶事也要得到富贵与权力的日本人,建立新的秩序,"天道福善祸淫"说以其功利性和道德性兼具的特征,成首选之

---

[1] 参见山本七平:《日本资本主义精神》,莘景石译,北京:生活·读书·新知三联书店,1995年,第116—117页。

理论。小濑甫庵 1612 年刊行的《童蒙先习》、中江藤树 1647 年刊行的《鉴草》,以及其他当时刊行的很多读物中,都体现了这一思想,即强调人的善行得天感应可获吉福,这也意味着各人必须对自己的命运负起自己的责任。但是当时这类源于儒家基本原理的主张,往往都尚未摆脱佛教的影响,带有佛教因果报应的色彩。

有学者主张,世俗主义在近世日本迅速蔓延,中世以来强烈的佛教信仰有迅速退化的倾向。与此同时,也有学者主张佛教在近世发展成为日本人的"国民宗教",因为佛教当时已经广泛地渗透到日本民众之中。这两种现象看似矛盾,其实可以说是分别反映了同一问题的不同侧面。在歌舞伎和人形净琉璃为代表的新的戏剧品类中,的确很少看到非常明确的宗教色彩,但这并不意味着人们对宗教的否定。其实,当时人们对死者的供奉等宗教性的需求已经制度性地、日常性地由寺庙、神社等予以满足。新的佛教思想本身也具有越来越强烈的士民道德教化和意识形态言说的色彩。著名的僧人铃木正三(1579—1655)本是德川家的武士,他放下屠刀,立地成佛,于 42 岁时皈依曹洞宗。前面提到他主张"农业即佛行",其实,他认为无论身份是武士还是农民或町人,只要按照各自的身份各尽其职便是"佛行"。其所著《万民德用》中写道:"若无铁匠、木匠等诸工匠,世界不可调达其所用;若无武士,世不可治;若无农人,则世界无食物;若无商人,则世界不自由。"这种认为职业活动本身就具有宗教价值的想法,大概体现了生活在江户时代的日本人的一般想法。

三、朱子学与幕藩制

日本近世儒学的展开,始于藤原惺窝及其弟子林罗山。1605 年,德川家康招徕京都的儒者藤原惺窝(1561—1619)到幕府任职,惺窝无意于仕途,便将门下弟子林罗山(1583—1657)引荐给家康。林罗山的博闻强记深得家康赏识。1608 年,25 岁的林罗山奉命落发,以僧人的身份正式出仕幕府。这一历史事件经常被看作德川幕府重视儒学尤其是朱子学的标志。

实际上,在近代日本很早就形成了把朱子学看作是幕府的官方学问或者是幕藩制意识形态的观点。井上哲次郎在日俄战争之后不久，出版《日本朱子学派之哲学》，高度评价朱子学道："德川氏三百年间，成为我国的教育主旨，并在国民道德的发展上产生了极大的影响。"二战以后，尤其是在日本学术界广泛流传着朱子学等于幕府官方学问的通说。日本政治思想史的大家丸山真男的《日本政治思想史研究》（1952 年）中提到了把朱子学作为近世初期幕府官方教学的主张，认为具有自然法思想的朱子学和幕藩体制的政治制度有相互适应的特点。其巨大的学术影响力也强化了这一通说。曾有日本学者指出："关于日本近世儒教，日本战后思想史家作为一般理解而广泛共有的是丸山真男的观点。他描画了这样的构图：德川国家体制以儒教特别是朱子学为意识形态而成立，但是被伊藤仁斋、荻生徂徕等的古学所否定，其流脉进一步由国学所推进，到达近代。"①

丸山真男的主要研究工作可以分为前后两个时期。前述《日本政治思想史研究》收录了他二战期间写作的三篇论文，分别发表于 1940、1941、1944 年，是其前期研究成果的代表。丸山 1967 年度的"日本政治思想史"讲义则可以作为其后期研究的代表，讲义内容即《丸山真男讲义录》（第七册）（东京大学出版会，1998 年初版）。一般认为最早对丸山真男所代表的通说展开批判的是尾藤正英，其代表作是《日本封建思想史研究》（青木书店，1961 年）。其批判的起点是：朱子学并没有在真正意义上导入日本。这一主张被尾藤溯源至津田左右吉："儒家的道德教会，古往今来，不曾支配我国民的道德生活。……作为知识而学习，包含儒家之教在内的中国文化，对于推进作为整体的我国民的文化及其道德，无疑有某种助力，但是，道德本身是基于我国民独自的生活、独自的历史而独自地形成、独自地发展而来的。故其与儒教的教说及中国人的道德，全然相异。"②津田的观点可以总结为：第一，儒学对日本有影响；第二，儒

---

① 黒住真「徳川儒教と明治におけるその再編」、黒住真『近世日本社会と儒教』、東京株式会社ぺりかん社、2003 年、第 166 頁。

② 参见尾藤正英『日本封建思想史研究』、青木書店、1961 年初版、1966 年三版、第 24—25 頁。

学的影响并未改变日本国民道德之独立性。但是尾藤正英并未讨论第一点，只是强调第二点。其最后结论是："朱子学的自然法思想，并未真正被江户时代的日本社会所接受。"①其原因在于中日社会制度等的不同。

且不论尾藤正英的批判是否成立，至少目前有一种常见的观点是丸山真男在战后反省并且修正了自己早期的观点。然而，必须注意的是，丸山真男的修正并不像经常被误解的那样是完全放弃早期观点，实际上他是进一步完善了自己早期的观点。丸山真男认为：进入江户时代之后，儒学和幕藩体制的相互适应性决定了，"尽管近世儒教以及儒者的功能有其限度，但是，近世儒教依然是体制意识形态，其中最具持续性的意识形态毕竟是朱子学。"②只是，他进一步区分了作为学问的儒学与作为意识形态的儒学。也承认就江户时代全体而言，不能说是权力把作为学说的朱子学通过强权予以正统化了。

正如丸山真男所指出的那样，在江户时代，无论多少，在文化与教养的世界里相互关联的人们，把儒学的范畴作为主要的概念框架来构成世界像，在这个意义上，儒学尤其是朱子学的确是构成了幕藩体制的意识形态。同时，毕竟朱子学产生的宋代中国和近世日本社会有着巨大的时间和空间上的间隔，尤其是中国存在科举制度，儒学知识可以成为立身出仕的重要条件和保证，而在作为家职国家的近世日本，并不存在根据学问选择人才的科举制度，那么儒学作为学问的意义究竟是什么呢？③

近世国家的人们在严格的上下阶层秩序的基础之上，承担着各种各样的"役"。尾藤正英把以完成各种各样的"役"为义务的社会规定为"役"的体系，并且举出荻生徂徕的万人"役人"论作为其思想性的表现。

① 尾藤正英『日本封建思想史研究』、青木書店、1961年初版、1966年三版、"前言"第6页。
② 丸山真男『丸山真男講義録（第七冊）日本政治思想史1967』、東京大学出版会、1998年、第184页。
③ 以下论述主要参考平石直昭、渡边浩尤其是前田勉的相关研究成果（前田勉「儒学・国学・洋学」、『岩波講座 日本歴史 第12卷 近世3』、岩波書店、2014年）。

根据徂徕的观点，"世界之总体由士农工商之四民而立，此古之圣人之御立"，"人是至脆之物，分分散散别无长物，满世界之人尽为人君之民，为助其父母之役人"。

在"役"的体系中，"役"应当以士农工商的"职分"，进一步，以家的"家职""家业"这样的形式来分担。"天下分为士农工商四民，各尽其职，整顿其家以继子孙之业"。"士农工商"各司其职，经营家之家职，以此来承担国家之一机能，石井紫郎把这样的国家称为家职国家。这里寻求的是业绩主义与身份主义的平衡。近世的家是以经营"家职""家业"为目标的经营机构，因此，为使其永续，一方面适当的能力和业绩是必要的，另一方面为使家职自身世代相续，血统也受到重视。有日本学者比较乐观地认为："一般而言，在近世日本所谓业绩主义、能力主义与身份主义并存，取得了微妙的平衡。"①

无论如何，在家职国家近世日本之中，学问有着独特的意义，学者亦占据着一定的社会地位。这首先是因为对于近世日本的人们而言，必须具有一定的读写能力。近世日本是个文书主义的国家，为了很好地完成"家职"，读写是必须的。武士固然如此，百姓与町人也同样如此。但是，对于超出读写能力之外的学问的追求，被认为不过是一种业余爱好，只有在不妨碍承担家职的前提下才会被容忍。比如在鸿池家的家训中，依据《论语》的"泛爱众而亲仁，行有余力，则以学文"而训诫"有家业之余力则鼓励学文，学问有修身齐家之用，然一旦偏向学问，家业就会逐渐懈怠"。学问只是在家业之余暇才可以从事的艺能之类而已。对于"余力学文"的这种理解方式，广泛地渗透到从武士到百姓之中。

本来，学者被定位为在家职国家之中担任处理文字的"读物"之"役"者。即便是在以战斗为目的的军队之中，学者也担当着不可或缺的一部分。北条流兵学之祖北条氏长在军队组织之一的"备"中，把"儒者"列为作为非武装者的"需召入诸役之外阵中者"的诸"役人"中的第一个，即所

---

① 前田勉「儒学・国学・洋学」、『岩波講座　日本歴史　第 12 巻　近世 3』、岩波書店、2014 年。

谓:"儒者、医者、内科、外科、木匠、锻冶、开矿……"但是,儒者之役在军队及其扩大"国家"之一部分中重要性也不过如此。因此,作为心系天下国家的儒者,与中国的读书人即官僚亦即士大夫相比,不得不经常感受到自身社会地位的低下。朱子学原理主义者佐藤直方也曾慨叹,儒者不过是与其他多数的艺能者一样被认知的,"予年来有叹,以学问为一艺的儒者与医者、佛者、天文者、军法者、歌道者、俳谐者、阴阳师、棋者之类皆同,不过是糊口之一职"。在江户时代,不仅儒者,加上"者"之一字就是对艺能的蔑视。平田笃胤曾对江户的庶民说,"总之所谓学者,被写作或称为'者'之一字,因与常人相异,可以说被视为畸人"。

尽管受到周遭的白眼,做学问之人,也有着与之相对抗的强烈意志。他们是想通过学问留名,有着旺盛的名誉心的个人。不愿"与草木同朽"是他们的口头禅,显示了拒绝凡庸的一生的意志。贝原益轩写了数量众多的平易的规诫书,也就是益轩十训,其中教导道,"若不学圣人之道,不行道,此世活着之时便同禽兽,没有生的价值,死后便与草木同朽,无歆羡之佳名可留,无传于后世"。朱子学者室鸠巢也说过,"凡生而为人、以学为志之际,若生之时无益,死后亦无可传闻之事,与草木同朽,则殊为可惜"。作为"人"而留名不仅是儒者,亦是国学者、洋学者共通的愿望。在着手毕生的大著《古事记传》之前,本居宣长在"题述怀"一文中吐露道,"与无心之木草鸟兽同列,无所事事度日,仅为活着,徒然无益,若苔下之枯叶"。继宣长《古道论》之后的平田笃胤也说道:"大丈夫生于极好的御代之世,生活连西戎国人也自愧不如,若为饭袋而朽,不过是糊口罢了。然立坚实之志,当先专于学道,不言而喻。"接下来 18 世纪后半,前野良泽和杉田玄白通过兰书移译和研究西洋学术的学问,革新兰学来"创业",他们也有着意气轩昂的志向。从良泽与玄白二人取名的大规玄泽,对于兰学入门者,训诫道:"实际上,吾人沐浴泰平之恩泽,得以鼓腹欣抃,丰衣美食,与草木同朽,丈夫所耻。"又引用荷兰的劝学警戒之语道:人们为了活着而吃,不是为了吃而活着。

拒绝凡庸之生,在世中留下些许生存过的痕迹,这是玄泽促使立志兰学之人发奋的话语。这种作为"人"的求名之志,在向民间普及农业技术的宫崎安贞,或者大藏永常那里也是共通的精神。前田勉认为,不愿"与草木同朽"这句话显示了对学问的追求是个人拒绝在家职国家中被埋没的抗争途径。在江户时代,知识的习得或者学问的达成与社会地位之间的关系并没有制度性的保障,尽管如此,依然有很多人立志于学问的理由是,学问会给予这些有着强烈自我意识的人们以生存的意义。

朱子学是近世日本最重要的学问,也是日本儒学的出发点,如今一般被学界认为反映了一种不完全受身份制局限的个人主义精神,即强调每个人必须在道德上完善自我。朱子是指 12 世纪南宋的朱熹,其学问基础是从北宋到南宋即 10 世纪后半叶之后发展而来的宋学。与持续到唐代的贵族政治不同,宋代一般庶民也可以通过科举考试成为高级官吏,朱子学在此时代背景下形成了某种平等主义观念。

近世的日本是身份制社会,人们分为武士、农民、商人等上下等级,但在传统的共同体社会中培养的平等意识也并未随着幕藩体制的确立而消失,这构成了日本接受朱子学的基础。

朱子学传入日本在很大程度上促进了近世日本人个性的自觉。朱子学"学以至圣"的口号明确显示其对道德上的完满人格的不懈追求。朱子学可以说就是以圣人为目标的思想体系。克服"人欲之私",变化混浊的气质,恢复善的本性即"本然之性",就可以成为圣人。这种可能性,世人皆有。这是因为人生下来即被赋予了"天理"。长崎的町人学者西川如见说道,"毕竟人在根本之处没有尊卑之理,随着成长才有所知。全城很多下贱者之子,从小精心打扮风流高雅,亦可以达到欺骗众人的风姿风俗。何况在人本心之上,岂有贵贱之差别?"无"贵贱之差别",谁都可以成为圣人,即便是普通的俗人也可以成为圣人的,因此,在等级森严的身份阶层秩序中生存的人是心存感激而为学的。据说中江藤树 11 岁时,读到《大学》"自天子以至于庶人,一是皆以修身为本"这一句,"叹息道,学以至圣。为生民而遗此经,何其幸哉。感动不已泪湿衣襟。自此怀抱成为圣贤之志",于是开始学习朱子学。

　　朱子学一方面批判否定五伦的佛教的出世性,从人的本性即"天理"出发为上下身份秩序找到了根据,但也要求作为臣,作为子,要以天理为原则有所当为。他们拒绝与草木同朽的凡庸的人生,主张任何人都应当立志成为道德的忠臣和孝子。在这里有着某种强烈的个人意识。暗斋学派的原理主义者佐藤直方讲道:"学者若不信自己的理,就没有根本。相信圣贤虽善,不及相信我之理。应该看看曾子、子夏。程子曰:信人而不信理。相信、倚靠神道之神明,大本已失。人有尊于己者,天理也,其尊无二。我心之外无可以依赖之力。"后来室鸠巢说:"三代之圣人,把我立于天下之中,天下惟我独在,谁也不可左右我志。后世之贤人,以此我立于万人之外,即便是千万人,也应只知有我。既然如此,寻所谓我在之处,一念未生之时,本然未发之本体即是。君子存养此心,则天地由我而位,万物由我而育,鬼神由我而感应。凡是皆应由我。"承担"天地""万物",相信普遍的"自己的理",断言"我心之外无可以依赖之力","凡是皆应由我之事",前田勉高度评价在这里有的是已经自立的"我"。①

　　当然,这样的"我"并不能简单地确立。在朱子学中,"凡人,不知何时有何心",须一边直视自己之心可能犯错误,一边确信自己内在地具备了天赋予的善的本性,于是可以具备凭借自己的力量救济自己的能力,要求理性的学问的格物究理与内省修养的居敬。"人一能之己百之,人十能之己千之",要求与常人相比更多的努力。这种努力的姿态,佐藤直方用"吐血的程度"来表现。直方否定中世神秘的神道的祈祷与佛教的念佛等"非常容易的宗教","用吐血般的精力"来努力成为"贤人君子"以至于"圣人"。他们有着读书与修养的困苦终有回报的信念。在这个世间,贯穿着如"天道福善祸淫"的善因善果、恶因恶果的原理。贝原益轩认为,"天道福人之善,祸人之恶,这是根据人的行为的善恶,由天报以福禄之理。此为天道常理,不可怀疑"。否定佛教三世因果和轮回转生说的朱子学者,相信善行必有回报,将仅有一次的人生堵在了学问之上,

① 前田勉「儒学・国学・洋学」、『岩波講座 日本歴史 第 12 巻 近世 3』、岩波書店、2014 年。

"人之身难得二次,不要虚度此生"。

不但幕府积极提倡儒学,在近世日本一般人中间,在 17 世纪,儒学也得到了普及。例如,活跃于 17 世纪前半期的中江藤树(1608—1648)原本是四国的大洲藩的武士。他回到故乡近江的小川村,从 27 岁到 41 岁专心治学,形成了自身独特的学问。他批判林罗山是"能说会道的鹦鹉"。那是说林罗山虽然是知识渊博的学者,但缺乏独创性,在实际生活中也没有将儒学精神加以运用,只不过是在口头上模仿。

中江藤树提倡"时处位"论。他认为人应有正确的行动方式,人并不是只要按照既定的礼法来行动就行了,自己的心态才是基本,只要心态纯正,那么自己就能够根据时候、场合、地位来判断怎样行动才符合道德规范。可以说,这是一种认为枯守礼法无用的想法。不仅中江藤树,在近世的日本,一般来说人们所接受的不是儒学的礼法方面,而是精神方面。毕竟,中国文人的礼仪与日本武士的实际生活有着相当的龃龉。也就是说,那是作为心的教义被接受,因此谁都可以学习。以上主要依据前田勉的研究,介绍了被困在身份制社会之中的人们,也有着某种积极进取的精神追求。实际上,尾藤正英也指出:"将精神从礼法中分割开来,那是儒学在日本普及时的特色。"①

---

① 尾藤正英:《日本文化的历史》,彭曦译,南京:南京大学出版社,2010 年,第 96 页。

第三章 近世前期的恢复和发展

第一节 近世前期的农业与农村

一、农业的发展与"村"的成立

丰臣秀吉于 1586 年(天正十四年)宣布自己将负责仲裁大名之间的纠纷,禁止私斗,这就是著名的"惣无事令"。他还在日本进行所谓统一的检地,其实经常没有真正进行实地测量,只是建立了统一的标准来衡量土地的生产能力,这是为了方便征收地租,为此还统一了度量衡。田地分为上中下三级来确定应有的收成,以大米产量计算,旱田和宅地等的生产能力也换算成相应的大米产量,以村为单位征收地租。这一基本原则在江户时代依然沿袭。根据日本经济史专家中村哲的推测,实际产量在 17 世纪初约为 1937 万石,此后一直增加,明治初年是 4681 万石。德川幕府虽然在庆长、宽文、延宝、文禄年间多次进行检地,但是在近世中期以后便实质上停止了重新检地。大河下游的冲积平原被广泛开垦,新增加的土地会追加进行检地,但是土地生产力即使提高了,也会按照之前检地时确定的额度征收地租。这使得农民可以通过提高产量来增加自己到手的收入,从而刺激了生产力的提高。随着剩余产品的增加,引发了日本学者所谓的"勤勉革命"。

此外，战国时代以来随着河流下游土地得到开垦，水利也不断发展。估计近世日本耕地面积在享保、延享（1730 年）前后约有 298 万町，而太阁检地时约为 206 万町。[1] 还从中国引入一种早稻叫印度赤米，即所谓"大唐米"，不但生长期短，产量高，还能够更好地抵抗旱涝灾害。18 世纪以后又出现旱田取代水田的趋势，两季稻作普及，肥效高的晚稻比早稻更受生产者欢迎。

肥料的产量和消费量也逐渐增加。用干沙丁鱼、鲱鱼渣生产的鱼肥，用大豆以及芝麻、棉籽等生产的豆饼，可以从商人手中购买，被称为金肥。自产的肥料逐渐被商品化的肥料取代，一方面能够更好地提高产量，一方面也增加了农户经营中的资金投入。商人为农民提供购买肥料的资金，但是要求农民以预期收获作为担保。这促进了农村金融的发展，但是也增加了农户的债务负担和金融风险。

和平时期土地产量的增加，伴随着农业经营户数的增加，更多农户获得经济独立。虽然土地可能依然属于名主，但是经营单位有分化变小的趋势，即日本学者所谓"小农自立"。中世庄园制下大规模的农业经营方式终于被小农家庭独立经营的模式所取代。研究表明，近世日本牛马等大牲口的数量减少，这意味着人力投入增加，大型农具也被小型农具取代。新开发的农具最有名的是所谓备前锹，有两到五根齿，齿与手柄的夹角设计得比较大，适合日本土质，便于深耕作业，于元禄年间（1668—1704 年）在日本全国普及开来。铁锹、铁铲取代牛马拉的犁，显示近世日本农民的劳动强度其实是增大了。

近世初期日本的人口数字据推测应该在 1200 万到 1800 万之间。人口增加导致木材和燃料等的需求扩大，山林树木遭到破坏性砍伐，导致水土流失和洪涝灾害。1666 年，幕府发布命令，禁止诸国过度砍伐树木，要求补种树苗，还限制在河滩开发新田。新田开发在 17 世纪还比较

---

[1] 浜野洁等：《日本经济史：1600—2000》，彭曦等译，南京：南京大学出版社，2010 年，第 5 页。

多，到 18 世纪就比较少了。

　　近世日本农业技术的发展导致了农书的兴盛，这种农业技术书籍的编撰出版，很有利于新的农业技术的传播和普及。日本最早的农书是《清良记》，作者松浦宗案，宽永年间（1624—1643 年）成书。这部书是伊予宇和岛豪族土居清长的传记，但其第七卷记述了大量农业技术知识。宫崎安贞模仿中国的农书，完成《农业全书》，在 1697 年（元禄十年）刊行，详细记述了蔬菜种植、肥料使用等非常实用的知识。《田舍往来》《农业往来》等儿童学习读物，也记述了大量农业基础知识。

　　近世一般征收用大米缴纳的实物地租，但是用货币缴纳地租的情况也很多。领主参考市场价格事先规定地租的价格。广岛藩留下了较为完整的米价资料，从 17 世纪初期一直持续到幕末，定期调查米价，决定地租征收的额度。17 世纪前半，大阪的米价比广岛等地方上的米价要贵很多，各地米价并不统一。随着运输的改善，交易量的增加，不同地域之间米价渐趋平均化。到 17 世纪中期以后，大阪的米价逐渐成为全国性的标准米价。不同地区之间的米价差别变小了，价格波动趋势也相当一致。[1]

　　酒和陶瓷逐渐发展成为全国性的商品。稻米产量的提高和质量的改善是酿酒业发展的基础，陶瓷业的发展也受益于酿酒业的繁荣。大阪附近的伊丹等地条件得天独厚，发展出繁荣的酿酒业。尾张和濑户的陶瓷业本来便有着悠久的传统，肥前的有田利用丰臣秀吉侵略朝鲜的时候掳掠的技工，逐渐发展出很有名气的"有田烧"。此外还有肥前的唐津烧、京都的清水烧，都是著名的陶瓷工艺品。

　　1643 年幕府发布《田畑永代买卖之禁令》，认为土地在理念上是属于将军所有，禁止农民随意买卖。这显示了幕府希望促进小农自立的农政原则，是丰臣秀吉以来鼓励本百姓发展的政策的延续，因为本百姓是地

---

[1] 宫本又郎、上村雅洋：《德川经济的循环构造》，速水融、宫本又郎编：《日本经济史 1 经济社会的成立——17—18 世纪》，厉以平等译，北京：生活·读书·新知三联书店，1997 年，271—324 页。

租的主要来源。1649年幕府发布著名的《庆安御触书》,也显示了同样的原则。御触书还指导农业生产,规定农民的生活细节,显示了幕府权力对农民的严密管理和深度干涉。村是农民的自治单位,也是幕府的管理单位。幕府任命庄屋(名主)、年寄(组头)和百姓代(惣代)负责管理村子,收缴年贡,即所谓村方三役。数个村子构成一个组,由大年寄管理。领主派遣代官(郡奉行)来管理大年寄。对于村的内部事务,幕府允许一定的自治,村役人召集会议商量决定有关生产、生活的各种事务。村民内部也有不同等级。本百姓拥有自己的土地,登录在检地账上,可以参加村的自治管理。没有自己的耕地的佃农叫水吞百姓,无权参与村内自治。

　　所谓"村"(日语发音为mura)在中世向近世转变的时期,不论是从领主,还是从地域社会,都开始被作为全国性地政治、社会体制的基础单位而被认知,逐渐被正式承认为村请的主体、自治与自立的组织。然而,在村落内部小经营渐渐增强势力,"家"逐渐形成,村落作为支撑小经营的维持与发展的共同体的性质也增强了。这就是近世村落的基本性质。这样的村落先行成立,然后在此基础上小经营的安定性逐渐提高,这一状况是使小经营的百姓家族采取了"家"(ie)这一固有形态的原因之一。由于可供开垦的新耕地的剩余逐渐减少,村落与村民都需要"家"的稳定和长久持续。

　　关于近世日本的"村"(mura)的成立,学术界有着丰富的研究成果。佐佐木润之介将17世纪"村"的成立过程,理解为"小农"即封建自营小农的全面形成,小农原理向全社会渗透。伴随着小农的自立,中世以来的家父长制的复合家族经营农民(土豪),在经营形态上从名田地主向自耕地主转换。然后,通过小农经营的相互联结,村落成为相互补充再生产的封闭性地缘团体,同时也成为领主支配小农的行政单位。而且,因为被不断自立的小农的日常性及非日常性的斗争所迫,幕藩领主在17世纪中叶开始将农政方向从小农自立政策转向小农维持政策。在佐佐木的小农自立论的基础上,深谷克己展开了"百姓成立"论。所谓"百姓成立"，是象征性地表示近世领主与百姓关系的词，也是表示统治者与被统治者共有某种近世政治文化。深谷认为日本战后近世史研究最大的成果就是明确了小农的广泛存在，"百姓成立"论与小农自立论是不可分割的。但是，"百姓成立"论在很多问题上和"小农自立"论有着不同的看法。"百姓成立"论不再一味从支配与被支配的对抗关系的角度来认识历史。与小农这种经济史的概念相比，"百姓成立"论重视的是"御百姓意识"这种主体意识。"百姓成立"论并不认为从中世向近世的转变意味着百姓受到压抑、地位变得低下，其实近世百姓的公法性地位是上升了；而且，百姓也并非专一于农耕，而是一种将农耕与其他副业组合起来的经营主体。佐佐木与深谷两人的研究，塑造了日本近世村落史研究的框架。此外，朝尾直弘、水本邦彦以中世、近世转变期史料丰富的畿内近国为对象，描绘了转变期的村落景象。本书相关内容主要依据渡边尚志的研究进行介绍。[1]

　　日本的村落并不是仅由小经营构成的，在其中还存在着有着独自立场及利害的中间层（上层百姓）。作为中世、近世转变期的中间层的"土豪"，尽管在中世、近世转变期中，发挥着支撑村民们生活生产的主导性作用，但伴随着小经营的安定化（稳定化）渐渐地成为被村落包摄、规制的存在。尽管土豪已经被小经营与村落规制，是相对弱势的存在，但是在17世纪后半左右，小经营与村落的管理性在变得更强的阶段以后的中间层，同土豪相比，则可以称为"豪农"。也就是说中世、近世转变期既是村落作为社会体制基础单位逐渐被全社会性地认知的时期，也是小经营安定化（稳定化）不断推进的时期；与之后时期相比较，照应出小经营相对的不稳定性，中间层（土豪）在村落发挥的机能与作用还相对较大的时期。

　　经过16世纪饥馑、灾害、战乱不断的时代，到17世纪后半期左右，这些不幸终于暂时告一段落。和平年代的百姓们终于有可能把生产力

[1] 渡边尚志「近世の村」、『岩波講座 日本歴史 第14巻 近世5』、岩波書店、2014年。

发展的成果抓在自己手中。小经营逐渐安定化，小百姓的家广泛成立。这个结果使得村落的中间层更深地受到小经营动向的影响，从土豪向豪农发生质变。日本近世是以村落为社会体制基础单位的时期；也是小百姓的家广泛成立，依靠村落来维持、提高生活水平，完成生产目的的时期。同时，豪农受到村落的限制，但也在村落、地域发挥着固有作用。如此，从中世、近世转变期延续下来的近世这一时期，拥有作为"立足于家与村的社会"固有的时代性特质。纵观日本全国，大体如此，但在其内部也存在着较大的地域差距。尽管在战国期的近江国，村落将村民固定化，开始成为村民归属的决定者——谁是村落成员由村落来决定——但是在列岛各地也展开着不同的状况。

在战国期，尽管实行村请的村落相继成立，但由于饥馑、灾害、战乱的影响，与土地结成安定性关系的小百姓的家尚未普遍成立，村落的社会构造是流动的且不安定的，这样的地域还广泛存在。当时的百姓，通过移居到别的村庄来企图获得移居地的经营权，耕地反反复复荒芜化和再开发，逐渐得到了固定的耕作者而稳定下来。

例如，武藏国榛泽郡荒川乡（近世叫作荒川村）由叫作荒川与只泽的两个集落组成。在 16 世纪，一个叫持田四郎左卫门的人从村外移居到了荒川，在主导荒川百姓的同时也推进着乡内的土地开垦。持田以战国大名北条氏的印判状（开垦命令书）作为后盾，一起推进着旅馆及新宅基的设置等的开发，在开发进展的同时也站到了乡内社会秩序的顶点。当时的乡村对于外部的人来说是开放的。开发的进展带来了旧集落的扩张，以及作为未垦地开发据点的新集落的形成。这些集落形态的变化，进而也给旧有的村落社会秩序带来了较大的变化。

近世初期，开发也仍继续，在这个过程中通过分割继承诞生了众多新的家庭，逐渐形成了同族组织（一家）及地缘组织（郭）。与此同时，荒川村转换为了小百姓也能参加到村落运营中的体制。

像荒川乡这样，从其他地方来的移居者，得到北条氏的印判状和一直以来居住在乡村的有实力的人的协助，不断推进开发这种情况，在北条氏的邻国里是被广泛认可的。经过这种过程，不论是景观上，还是社会构造上，近世村落逐渐整备其形态。

展示近世的村民是如何认识自己村落的是村绘图。在多数村绘图中，都描绘有集落、田地，以及周围的山野。在它们中间，河流、水渠及道路纵横交错，还有寺院、神社，也有描绘乡村仓库或布告场的。

这些各个要素的配置对于各村庄是有个性的，而且家家屋檐相连、密集分布的近畿地区和家家户户分散开来的关东地区，在集落景观上也有地域性的特征。

在村绘图中明确地画出了村界（与其他村庄的分界线）。村落是拥有一定的领域，统一地管理存在于其中的自然性、人工性各种资源、各种要素的主体。领域性是村落的重要属性。

宅基地是百姓作为社会成员（一家）的指标即资格要件，具有其特有的重要性。在骏河国安倍郡、有渡郡，无论发生什么事，都不承认宅基地因抵押而引起的所有权转移。

尽管村落的田地是各家所有，但在这种基础上，存在着这样一种观念，即"村落的耕地是每家每户之物的同时，也是村落全体之物"。基于这种共有的观念，村落对各片耕地的所有关系进行管理、统括。这是为了防止因各家各户随意地出卖土地或恣意地利用土地，而给村落全体的农业生产环境带来不好的影响。

村落为了防止村民们因失去所有地而没落，采取了各种各样的手段，其中之一就有无限期索还抵押地的惯行。根据这一惯行，虽然将土地作为抵押来借款，纵使还款期限已过没有还钱，即使土地被抵押没收，之后只要返还了本金（不需支付利息），任何时候都可以将土地索取回来。这是与领主法不同的村落独特的惯行，村落根据这一惯行，保证了即使是暂时失去土地的村民，在事后也能索取回土地的可能性。

村落进行的共同所有与利用，在山野河海上，表现出更加明确的形式。关于山野的共同利用，此前作为入会论已经有了众多的研究积累，近年从"公共性"这一视角来看又聚集了新的目光。

所谓公共性,指的是大家共同所有、利用、管理的资源,和利用、管理这些资源的制度。在近世,山野河海的入会利用就相当于它。尽管维护、管理公共性的主体是单个村落或多个村落(地域社会),但领主、国家的动向也会对公共性的存在样态产生影响。

公共性具有封闭性与排他性,大多对能够利用资源的有资格者以及利用数量设定了一定的限制。但是,关于这种排他性,对于作出这是一部分人对自然资源的垄断这种消极的评价,是应该慎重的。为了能够长期地持续利用有限的资源,不得不在适当范围内对利用者进行管理。

公共性,并不是将自然保护作为第一要义的目的而产生的。即使公共性对自然保护发挥了作用,但这终究只是结果,而并非目的。村民们为了永续地进行山野河海中的生产活动的努力,在结果上同自然保护与资源保全连结了起来。

而且,公共性并不是从最初就和谐地形成的,而是在为了克服追求特有利益的家族间、村落间的矛盾和对立当中构筑起来的东西。拥有者将追求私利作为本来属性的人类之间,为了使良好的社会关系得以持续,而抑制私利,编织出来的制度便是公共性。

在近世,全国各地大多山野,经百姓之手进行着烧山、采伐树木,草山、柴山(生长低矮木材的山)的状态被人为性地保留下来。这是因为为了得到田地的肥料和牛马的饲料,草山、柴山是不可欠缺的。这种自然改造也常常带来草山、柴山的砂山、秃山化以及山野的水土保持能力的下降,也成为引起泥石流灾害的原因。

近世绝不是实现了理想性地自然保护的时代,百姓们的生产以往常常带来过度开发。人与自然的平衡,以及围绕自然的人类相互间的关系,近世的百姓们一边在错误中摸索前进,一边探索着可持续的公共性的存在方式。

关于村绘图中描绘的各种人工设施,也能看到很浓的村落共同财产性质的色彩。乡村仓库及水渠正是这样的东西,神社也是护佑全体村民的镇守。关于寺院,尽管并不是村落里所有家庭都是同一个寺庙的檀家,但村中的寺庙在寺檀关系之外,也以多样的形式、侧面,支撑着村民们的生活。其中之一就有着作为寻求保护、救济的村民们的驱入寺的机能。寺院的住持,作为宗教性的指导者之外,更是作为调整村内人际关系的角色,作为教育者(寺子屋教师)、知识分子,对于村落是不可缺少的存在。

如上所述,具有一定的领域,对其内部的人与自然物、人工物进行整体性地统括的组织体,这便是村落的固有特质。这也是之所以近世村落被称为村落共同体。但是,村落共同体的领域并不总是和实行村请制的村落的领域一致的。而且,村落共同体的各技能,也是和在其领域内外存在的多样的各种集团相互补充的。

村官与村落的各种组织也逐渐完善。在作为村请制的单位的村中,会从百姓身份当中,设置名主(庄屋、肝煎)、组头、百姓代等村官。

统括全部村落运营的名主,被要求熟练于文书行政、文书管理。相模国高座郡间宿村名主庄右卫门在元文四年(1739 年)的日记显示,其一年内处理文书的日数为 120 天,处理的文书有 216 件。即大约每三天就要处理一次文书,要说文书数的话,每 1.5 天就要处理一件文书。

名主被要求具备的资质,不仅仅是行政能力。武藏国橘树郡生麦村的名主关口藤右卫门(1764—1849)关于自己让长子学医的目的就说道,为了自己与家人之外,加上在没有医生的生麦村,这样做能够获得周围人的尊敬。光是做名主还不够,还需要学医,如果能有医术的心得,作为名主就能更方便地驱使村民们。

对于名主,天气的观察与预知的能力是必要的,必须能够预知、判断天气及收成,以对村落的农业生产进行恰当的指导。因此,在名主的日记中,多详细记载了每一天的天气情况。这样,名主就被要求具有各种各样的知识与能力。

在村内外,存在五人组、近所、亲类、同族团、讲、仲间等多样的各种团体,通过各自特有的机能与作用,支撑着村民们的生活。没有嵌入村落框架内的组织也大量存在。

五人组，在武藏国琦玉郡被叫做"五根手指"，和亲属一样，在各种事情上相互帮助。在但马国出石郡，五人组被认为是在亲属之上，应加深亲睦的组织。在越后国刈羽郡，认为在吉凶之时，五人组是次于亲属，有着相互帮助的义务（丰前国宇佐郡也相同），在年贡未纳者出现的时候，有着按着第一亲属、第二五人组、第三全村一起的顺序帮助代交的习惯。在丰前国下毛郡，未交年贡时，按照第一五人组、第二亲属、第三全村一起的顺序，对它们课以代交年贡的义务。

百姓经营的特质在于其复合性。百姓将主要谷物、杂粮谷物生产和棉花、菜种等经济作物的栽培，以及养蚕等组合起来，在劳动集约性的方向上提高土地利用率，使得农业生产得以发展。另外，奉公、外出打工（兼业）、零售、职人工作等也是重要的收入来源。在百姓经营中，适逢生产年龄的家族构成成员，只要没有特别的残障，通常是所有人都会从事某种生产活动。全员劳动是原则。

在近世后期，村内的土地所有规模的差距向着扩大的方向进展。但是，放弃土地的百姓也会租佃土地，脱离农业的家庭较少。其次，商业性农业及农村工业的发展（农村的市场经济化）在抑止农村层的农村无产者化的方向上起着作用。市场经济化反而抑制了脱农化。可以说，多样就业（劳动）形态的组合使小百姓的家庭经营变得强韧。

在天保时期（1830—1844）的荻藩（长州藩），制作了有详细记录领地内各村调查记录的"防长风土注进案"。根据其记载，家庭总数中农家占全体的八成，但另一方面，农作物占全部产值的比例仅为六成。可见，当时已经进行着相当程度的工业化了，而且这一工业化是由农村牵引的。

关于百姓经营的复合性的性质，在民俗学领域，是以复合生业（营生）论的形式来讨论的。所谓复合生业论，指的是将生产者的生计活动理解为在各种生业技术的选择性复合之上得以成立的，希望以人或家为中心来综合性地阐明多彩的生计维持方法的方法论。在水田稻作农村，尽管水稻种植占据了基干性的位置，但在此基础上，也会进行在水田的复种（水稻收割后），稻田田埂上的大豆、小豆的栽培，水田捕鱼以及动植物采集等多样的生业(营生活动)。

接受复合生业论的提出,丰富地描述近世百姓生活多样性的研究层出不穷。作为其中一例,如下举出存在于下野国南部的越名沼以及和沼泽相邻的越名村。

由于越名沼的周边低湿地较多,是水害频发地带,因此百姓们下了功夫,栽培耐湿性优良的大唐米(红米)。

在沼泽里,进行着多样的渔业,也从中采获用作肥料和食用的藻、菱。而且,也进行以飞来沼泽的候鸟为对象的狩猎。再者,在岸边的干潟生长的葭、真菰被用于房顶铺装或编织草席,也是喂马的干草。

在流淌过越名村南边的佐野川(秋山川),有河岸场,村民们或为船夫,或从事着装卸船运货物的工作。在村里,也有造船匠。此外,村民们以干潟的葭和真菰作为饲料来饲养马匹,在得到厩肥的同时,也用马来从事搬运积聚在河岸的货物的工作。

元文四年(1739),在提出对越名沼进行填埋以进行新田开发这一计划的时候,越名村就以"沼,百姓身命所系,仰其度日者也"为由反对,使得计划中止。尽管沼泽在惠泽的同时也有威胁,但百姓们对新田开发的企图决然反对,明确地显示出与沼泽共生的姿态。比起扩大若干的耕地,他们选择了继续在沼泽经营多样的生业。

从这一实态看来,农村、山村、渔村这种将村落区分开、将它们各自特殊化为农业、林业、渔业的村落,这种思考方式并不正确。不管在哪种村庄,居民都复合性地经营着多样的生业(营生活动)。

尽管近世也被称为以人力农具为中心的"锹的时代",但对于小百姓来说,为了农耕、搬运以及生产厩肥,牛马也是必要的存在。在畿内的多数村庄,从近世初期开始,牛组(耕牛的共同利用组织)就存在了。牛组由数家百姓所构成,由于牛是共同所有,节减了购入、饲养牛上所耗经费,实现了合理性经营。牛组是依靠自身力量无法拥有牛的零细百姓所结成的相互扶助组织。

百姓间相互的牛马借用在各地也广泛存在。在信浓国佐久郡,如果借用马一天，作为代价，需要提供两天的人力，这是当地的惯例。在羽前国置赐郡也有同样的惯例。

在加贺国石川郡的平原地区和山地地区的村庄百姓之间，也有借用马匹的习惯。在农忙时期，平原地区的村庄利用马来农耕，在农闲时期会将马无偿地借用给山地地区的村庄。这样的话，平原地区马的拥有者就因此能够节约农闲时喂马的饲料，而山地地区没有马匹的百姓，可以趁农闲时获得作为肥料的马粪。反过来，也有山地地区的马的拥有者，在农忙时将自己拥有的马出借给平原地区村庄。通过这些方式，小百姓也能够利用牛马。

二、"家"内的生活

构成百姓的"家"的人们究竟是如何生活在一起的呢？首先介绍一下近世的百姓家庭中的性别秩序。在中世、近世转变期，此前不能进行自立性经营的旁系血亲以及下人、名子、被官等从属农民都独立了，跨入作为村落的正式构成成员的生活历程的可能性扩大了。与此相伴，下层的女性也可以成为一家的主妇，产下子孙，死后被子孙永久祭祀，这提高了这些女性的生存欲望。

但是，另一方面也存在对不能够进入这种主流生活的人，遭到社会歧视。而且，也存在将不孕的原因单方面地归结到女性一方，并以此为理由强制要求离婚的情况。

在中世、近世转变期，小百姓家庭作为所有主体、经营主体的确立也导致了所有、经营实权被男性家长占有。作为其结果，在近世百姓的家庭中，家庭的财富与权力、权威大多是属于男性的。

男性家长负责管理家庭以及作为家业的农业劳动，而且也参与到从粮食、衣料的生产，厨房劳动，到育儿、照顾老年人的活动中。但是这并非意味着男女平等的实现，而是基于男性家长必须通晓家内全盘各种事务的需要而已。在男性的指挥、监督下，实际担任大多家务的是女性。

在小百姓的家庭，实行以夫妇为中心的劳动。尽管在近世后期伴随着纤维产业的发达,女性劳动的重要性增加了,但是这与女性的所有主体化、经营主体化没有必然的联系。

此外,作为村落及国家正式构成成员的百姓身份,严格地限定于男性家长,原则上女性不能成为百姓身份集团的主体。女性基本不能够参加到村落的公务性、政治性领域中。

但是,到近世后期,开始出现性别秩序的变化。在江户近郊武藏国荏原郡下丸子村,天保时期(1830—1844)之后,伴随着村落社会的变化,对于家庭的延续变得更加需要努力,女性家长因此而承担起了包括过渡交给男性之前的中间继承人在内的重要角色。村落变得并不一定被束缚在男性优先的继承原则中。

在武藏国入间郡赤尾村,宝历时期(1751—1764)之前,女性继承人不过是中间过渡而已。到了安永时期(1772—1781)之后,产生了即使家人当中存在成年男子,女性继承人仍长期担任家长的事例。在确定了成年男子的人品及能力等后,才会将家督让与他。这种情况下的女性继承人就已经不完全是中间过渡的角色了。到天保时期以后,女性继承人进一步增加,女性传给女性继承的事例也出现了。在这个阶段,与贫富无关,不管在什么样的家庭,女性继承都有可能出现。

女性继承人即女性家长成为年贡及各种徭役的纳入责任人,也成为金钱借贷、抵押契约等经济行为的主体。而且,也参与到村政中,出席村寄合会议并发言等。她们作为村社会的一员,承担着和男性家长相同的作用。这样,农村社会的性别秩序也渐渐发生变化。

这种变化的背景是男性继承人的减少。为了追求更好的收入和生活而流出到城市等村外,或因沉迷于赌博而被赶出家门,或因饥馑而死亡,各种各样的原因使得男性继承变得困难的家庭增加了。这是农村社会的危机。

女性继承人的增加就是在男性继承人的减少、人才不足这种危机性状况下,村落为使家庭实实在在地存续下去,维持村内的家庭数量,而采取的对应之策。即使改变性别秩序,也希望能够守护家与村。

但是，存在这样一种倾向，即女性家长在下层百姓家中比较多，这些家庭的女性家长在困难的经营状况下，背负着很重的责任与负担。因此，以亲属与五人组为代表的村民们，会通过各种各样的形式来援助女性家长。

明治二十一至二十二年（1888—1889），到过日本的美国女性埃利斯·培根基于自身的观察，认为农民女性的生活比起上流阶级的妇女们来说更为充实、幸福。因为她们自己就是生活食粮的辛勤劳动者，赚取家庭收入中的重要部分，她们的意见会被接纳，也会被致以敬意。农民及商人的妻子，比起天皇的妻子，更加接近于丈夫的地位。实际上，不论性别，在夫妇当中性格更强的一方来支配家庭。

上述这些是从近世继承而来的现实女性的一面。在中下层百姓中，男女间的不平等性相对地比较弱。下面接着介绍一下村落中的儿童的生活情况。近世是百姓的儿童观念发生巨大转变的时代。以 17 世纪为界，百姓对儿童的对待方式，从之前的不关心，一百八十度地转变为了对孩子的保护。其背景是人们世界观的变化，从一切委托给神佛的"全凭天道"的生存方式，转变为重视人的主体性的"全靠人"的生存方式。而且，百姓层之间，家也一般性地成立了，有必要好好教育将会承担起下一代家庭的孩子，这种观念扩散开来，也是转变的背景。

儿童观的变化，在村落中作为生育仪式的变化而表现出来。对给新生儿取名字的第七夜的重视，显示出将新生儿视为一个独立的人格，迎接到家庭与村落当中的意识的形成。紧随其后的一百天的初食以及一岁生日、首次过节、七五三等这些到近世后普及起来的各种生育和成长仪式，都表现出大人们对孩子强烈的关心与爱意。

近世育儿是为了将自己孩子培养成家庭出色的继承人，因而主要着眼于牢固地延续家业。并不会让孩子自由地做想做的事情，并在将来沿着希望的道路前进。育儿的最终目标是家族的延续与繁荣。这里也体现出了对于百姓而言，家的重要性。

孩子达到一定的年龄后，就要上习字所（习字塾、寺子屋）去接受教育。但是，近世的教育并不只是在习字所习得读写能力而已。在家、儿童组、青年组、女儿合宿等以年龄、性别组合起来的各种集团当中，掌握社会生活的规则也是重要的教育内容。这是在村落中的社会教育。在近世的村落，个人教育与社会教育、文字教育与非文字教育交织在一起，将孩童逐渐培育为合格的村民。

但是，关于青年组，也有必要留意到其存在将村中女童作为所有物品而置于支配下的权力体的一方面。村落的性别秩序也贯彻到了青年组织中。

对于年幼者不得已成为户主的家庭，村落会给予帮助。在这种情况下，大多会由亲属当中有人望者来担任其监护人。

在陆前国远田郡，在亲属中没有适当人选时，将会从五人组中选择监护人。如果即使这样也不能找到合适的人，那么村官就成为监护人。在越中国砺波郡，也能看到在没有适当人选时，由村官来担任监护人的事例。

在但马国出石郡，能够看到这样的事例，在幼年的户主长大之前，将家中的财产管理委任给与其共同居住的前户主的弟弟即幼年户主的叔父。这种情况，前户主的弟弟在小户主长大后，被分与财产然后分家另立，是被认可的。这样，对于家族的维持与继承而言，二子、三子也是重要的预备战斗力，分家的可能性也是存在的。

在近世后期习字所普及开来，庶民的教育水准得到提高，因此有人认为这一点使得明治以后的近代化得以顺利进行，但是实际情况要更复杂。

明治十四年（1881），在长野县北安云郡常盘村，根据以 882 名成年男子为对象进行的调查，按照读写能力，将当时的常盘村村民们分为了三类：不能读写的人；具备基本读写能力的人，即能够写自己住址及姓名，能够记录每天出纳账簿程度的人；拥有较高读写能力的人即至少能够阅读普通文书的人。

能够读写的人比例在 1850 年代是 65%，在 1870 年代是 76%。另一方面,具有较高读写能力的人,其比例在 1850 年代是 7％,在 1870 年代也不过 8％。若再加上女性,这些比例则会更低。识字能力的判定标准不同,识字率的数值会产生出较大的差异。

稍晚于常盘村的调查,在鹿儿岛、冈山、滋贺三个县,以 6 岁以上的男女为对象,进行了对不能读写自己名字的人的调查。不识字率在各县都是女性高于男性 20—50％,男女差异很大。地域差异更大,滋贺县的女性甚至比鹿儿岛县的男性识字率还要高。各县内部也在各个地域存在着差异。

可以认为,以上调查结果很大程度上反映出了近世后期的实态。从这来看,在考虑近世庶民的读写能力时,应该注意到其内部的地域差异、男女差异、阶层差异,认识到教育水准的非均质化是近世的特质。

尽管这样,由于习字所的普及,百姓的文化水准确实上升了,学习俳谐、书道、绘画、茶道等的人增加了,这是事实。

在武藏国比企郡川岛领的各村庄,习字所的开设急剧增加。各个习字所在教授基础性的读写之外,还有汉学、和歌、武术等特色教育,来回应地域居民多样的教育需求。在教育环境充实起来的过程中,父母选择习字所的动向也产生了。

在习字所获得了较高教养的村落指导者阶层(村官阶层)形成了各种各样的文化圈子,在村庄及地域内外进行交流的同时,也加深了同武士、僧侣、神职人员与江户町人们的文化交流。在他们之中,有不少人或到江户去游学并积极吸收知识,或从经济上支持从江户来到各村游历的文人们。

他们通过植树,在地域内创造出了赏樱的著名景点,甚至叫来江户的文人,以其为题材,出版汉诗集、和歌集等,从川岛领向江户和其他地域进行文化性的宣传。村落社会与城市之间双向性的交流也就诞生了。

幕末的村落社会已经不再只是单方面模仿、接受江户发散出来的文化。百姓们也逐渐成长为积极地将地域文化向城市或其他地域宣传、推广的主体。

在近世的百姓层中,孩童成大后,在某个时间点,一般长子将会继承家督,成为家长。二子、三子,通过分家或者成为养子,也可能成为家长。女性在结婚后成为主妇。家督继承之时,成为新的家长的人通常会改名为这家家长代代袭用的"通名",一并继承从父辈祖辈传下来的印章,这被认为是非常隆重的仪式。

结婚对于家族的存续来说是不可欠缺的活动。而且,由于家族的安定存续是村落存续的重要前提,因此村民们对结婚的承认是必要的。

在越后国鱼沼郡,结婚当天,新郎的近亲要陪从新娘的父母,去轮流拜访新郎的亲属、五人组、名主、组头以及村内有分量的重要家族。在第二天或两三天后,新娘会由新郎的近亲陪同着,依次拜访上述人家以及镇守神社、檀那寺。在一两年后,夫妇和丈夫的双亲一起前往妻子的娘家,依次拜访女方娘家的亲戚、所在村庄的名主、组头还有邻近的人家等。

在伊势国安浓郡,结婚之后若不向亲属、五人组、村官披露介绍,则夫妇关系不会被认可。在骏河国安倍郡与有渡郡、信浓国更级郡等也是同样的。在下总国香取郡,婚宴座席上名主、组头的出现是必要的。

这样,近世婚姻自然是当事人之间、结婚家庭之间的问题,但不仅如此,向村落社会的披露并得到承认也被认为是必要的。

另外,结婚后将要生产育儿的女性,通过叫作子安讲、观音讲、地藏讲等的妻子间的交流组织,来学习关于育儿的知识。

结婚后产生的夫妇吵架或父子母子吵架在家内不能解决时,村落社会会介入并帮助解决。在骏河国骏东郡山之尻村,首先邻居与五人组会进行仲裁。在这里不能解决时,村官(有时亲属也会加入)将加入其中,即使这样仍不能解决,那就在惣百姓寄合会议上共同协议对策。另外,作为与世俗人际关系保持距离的寺庙住持,及同样处于第三者立场的邻村村官等级中的有实力者,也会致力于事态的打开和人际关系的修复。为了维持、回复村落社会中的良好人际关系,有多重渠道可以选择。而且,在民间这一层面无论如何也解决不了的时候,就要诉诸作为山之尻村领主的小田原藩的官方裁决。

父子母子间纷争之时，父母不能仅凭一己之念断绝与亲生孩子的血缘关系，也不能中止同养子的养父母关系。不仅如此，如果是父母犯有过错的话，根据村庄的决定，父母有时也会被强制地要求隐居。这是因为作为一家之主的父母，对村庄负有使家庭安宁地存续的责任。

对于婿养子断绝养父母关系，五人组、近邻以及村官会施加管理。村庄需要防止作为家庭后继者的婿养子随意解除养父母关系，得不到村庄承认，关系解除就不能成立。

从日本全国来看，亲权、家长权并不是绝对的。在远江国敷知郡、骏河国志太郡和益头郡、下总国香取郡等地，尽管断绝父子关系、断绝亲属关系首先是属于父兄的权限，但是要除籍时有必要在亲属、五人组共同协议的基础上，并得到领主的许可。

在日向国宫崎郡和儿汤郡，有扰乱村落生活行为的家长，按照村官的权限，有时会被要求隐居。男性家长也受到家族与村落规范的约束。

在山城国爱宕郡和葛野郡、骏河国安倍郡和有渡郡，有着称为"逐出村落"的现象，即根据村庄独立的判断来驱逐放荡者。另外在相模国足柄郡、丹波国桑田郡，即使在领主不许可断绝关系与除籍的情况下，根据村落独立的判断，也会将品行不端者赶出家庭及村庄。

但是，在这个人改过后，品行改善之时，大多也能得到许可返回村庄。在隐岐国稳地郡，被父母逐出家门的孩子，会被亲属或朋友收留，帮助其改过新生。

这样，对于因品德败坏而被断绝父子关系、断绝亲属关系，参与其中的自不用说有这一家的父兄，另外也有亲属、五人组及村官们。断绝父子关系、断绝亲属关系，通常不能由家族内部单独进行。在断绝父子关系、断绝亲属关系时，虽然说原则上要得到领主的许可，但其中也有由村庄独立实施断绝关系的情况。而且，即使暂时被逐出家门，也残留着以改过自新为条件可以重回村庄的可能性，因此也有亲属、朋友积极地支援其改过自新。

结婚一段时候后没有自己的儿子，就要收养养子。为了家族的继承，包括非血亲在内的养父子关系很常见。

在相模国足柄郡，养子进入养父母家后，养父会带着养子，挨家挨户地拜访村内所有住户。这称为"披露"，即使养子的转籍手续办好了，但还没进行"披露"，村民们也不会和养子进行交往。

这样，不论是养父子关系的确立还是解除，都需要得到村落与地域社会的承认。

作为家长，迎来老年后，接下来就是继承的问题了。

在信浓国小县郡，患病的家长会制成写有继承人名字的遗言状，并由庄屋、组头在这上面署名盖章。没有制成遗言状的情况下，庄屋、组头、亲属、五人组的人会根据老人的口头所述来写成遗言状。临终时写成、仅有当事人署名盖章的遗言状，其效力并不被承认。

在信浓国高井郡，关于家业继承与遗产分配，也是在家长还在世时，向亲属、庄屋、组头传达意向，将其内容记载下来，并由庄屋、组头盖章。即使在继承时，也要求得到村落社会的承认。

近世日本人平均寿命逐渐延长，高龄者的照顾与看护的需要不断增大。因疾病或衰老而有照顾、看护需要的高龄者，基本上是在家由家人照顾。家长作为家人的中心，有着赡养父母及祖父母的责任，有必要熟知关于为尽赡养之责的具体方法。而且，尽管是夫妇一起照顾，但由于长期持续的照顾，生活有时也会受到压迫。

为了缓和这种困难，村落和地域社会也会助一臂之力。村官及富裕的百姓，会针对因有高龄者而陷入贫困的家庭，进行经济援助。一般的村民们也会进行力所能及的援助，帮忙准备饭食或洗衣。此外，对于独身的高龄者，亲属及村民们也会帮助照顾，帮他寻找养子。通过收养养子，在确保了赡养主体的同时，也实现了家族的继承。

村民也在得到家人、亲属、五人组等人的照顾的情况下迎来死亡。在羽后国秋田郡，葬礼的时候，村内的所有住户每家出一个人手来"帮工"，共同完成葬礼的准备与进行。在葬礼当天，村里每家每户都要在自己门前放好两束艾蒿，"帮工"的人会把艾蒿收集起来作为火葬时的柴火。

在若狭国远敷郡，葬送之时，不仅亲属，村庄全体住户一起参加。在丰前国企救郡，埋葬之时，村中的人有必须帮忙的义务。

在村庄中，五到数十户，多者为六十到七十户，他们有时结成组合、讲等组织，帮助遗族，承担葬礼全部的实务，全国都能看到类似例子。而且也能广泛地看到五人组的成员为葬礼尽力。

三、村民的经营

村落为了自身的存续进行着多种多样的努力。为了保有适当规模的居民人口，通过各种各样的形式来控制村内的家庭数量。首先，会对分家进行管理。在近世，由于家广泛成立，长子单独继承逐渐成为主流。这是为了防止家产的缩小而实行的家族继承战略，村落也会管理分割继承与分家创出。

在山城国爱宕郡和葛野郡，子弟分家之时，只有家长自己这一代期间购得的田地会分与诸子，但是祖先传下来的土地只能由本家的后继者来继承，这是通例。

在远江国敷知郡，有称为"七分三分"的规定，即分给新成立的分家的动产、不动产以家产总体的十分之三为上限。超过这个比例时，亲属、五人组等可以提出异议。而且，由于在村庄里百姓的家数是已经决定了的，因此不能自由地另立分家。因此通常是等到有家庭后继无人之时再分家。在安房国安房郡和平郡、上总国望陀郡、下总国印幡郡、下野国都贺郡、陆奥国会津郡、佐渡国杂太郡、丹后国加佐郡等地，按照惯例，都不认可以继承后继无人之家以外的形式创出分家。

但是，像伊予国温泉郡、丰前国企救郡那样，也有欢迎家数增加的地域。无论哪一个地方，村落都是在考虑人口与耕地、自然资源的平衡的基础上，来控制家数的。

村民离开村子或者接受新的村民也有着一定的规则。百姓举家移居到其他町村,只有在确定了愿意接受其旧址的继承人的情况下才会被认可,这是当时的通例。自由移居不被认可的原因是会给村请年贡的交纳带来麻烦,所以希望避免村庄百姓户数的减少,也会担心造成转出者所有耕地的荒废等。为此,必须确保一定的百姓户数。

转出、转入都比较自由的村庄也有,两项都被管理的村庄也有,仅管理其中一项的村庄也有。

在骏河国安倍郡和有渡郡,由于耕地有所不足,因此移居其他村庄是自由的,但从其他村庄转入则不认可。飞驒国大野郡也同样如此。

相反,在尾张国爱知郡、三河国额田郡,惧怕家数减少,禁止未经确定继承人就转出,而另一方面则欢迎从其他村庄转入,甚至对转入者免除佃租,使其耕种田地。

关于转出,以确保继承人为条件而得以认可是一般性的,相反关于转入,通过继承无后之家而被承认的情况较多。也有经过一定时间,鉴定了本人的人品之后,才正式认可其转入的村庄。无论哪种村庄,对于转出转入,亲属、五人组自不用说,村官及村民们的承认是必要的。村落要考虑家数与耕地、自然资源间的平衡,来管理转入、转出。

当村里有人失踪的时候,失踪者的遗留财产如田地、宅基地、钱粮等,一般由其留下的家人来继承。全家失踪的情况,则由亲属来代管财产。没有亲属时,则由村官来代为管理,将失踪者除籍后,再确定适当的继承人,并将遗留财产交给这个继承人。

在相模国足柄郡,遗留财产由亲属、五人组的人管理。失踪者没有亲属的情况,五人组的人来寻找愿意继承失踪者宅基地的人,让失踪者的家不至断绝。

在陆前国远田郡,遗留财产由亲属管理,没有亲属的话由五人组的人管理。失踪家长的后继者还年幼的情况,亲属及五人组会商量,从他们之中确定监护人。因为经济性事务而使家族存续面对困难时,亲属及五人组的人会把留下的家人接过去,等到孩子长大能够继承家庭为止,这是通例。

在出云国岛根郡也是首先由家人继承遗留财产,没有家人时由亲属或五人组的人管理。剩下的家人中有高龄者或小孩时,由亲属及五人组来照顾。仅靠亲属及五人组不能完全照顾时,村内有实力的人会援助钱粮。

这样,可以广泛看到,失踪者遗留财产的管理以及留下家人的抚养,由亲属、五人组、村官、村民们分担、合作应对。并且,选择监护人或继承者,不让失踪者的家名断绝,也是以亲属为代表的村民们的重要作用。在河内国志纪郡、信浓国佐久郡、备前国上道郡、筑后国御井郡等地,村庄会负责遗留家人的抚养,而不是只托付给亲属或五人组。

村落会给予生活困难的村民以种种经济性援助,甚至也会给予破产者重建经营的机会,避免让由于经济破绽而带来的家名断绝或完全离村。对于短暂失踪的个人或家庭,也留有回到村庄重新开始的余地。但是,在现实中,也有这些机能失灵,破产者被村庄驱逐出去的情况。村落社会在社会性接济与村民的自我责任之间摇摆不定。

因债台高筑而无法维持经营的百姓,卖出财产,分配给债权人们,以冲抵偿还负债。亲属或五人组的人负责与债权人交涉谈判。有时村官也会介入。进行分散的百姓,仍可留在村中,但是会被其他村民视为低人一等。

在骏河国志太郡和益头郡,失去家财的人不缴年贡,村庄共同为其代缴。他们大多会在村庄附近河岸建小屋并居住在此,通过做日雇短工来谋生。如果重振经营后回到村庄居住,在还没有偿还村庄代缴的金钱之前,不能参加村官的选举等,在村内的权力受到限制。

在相模国镰仓郡,有时亲属及五人组的人也会尽力帮助负债破产的。这时只有宅基地会留在名下,这是考虑到让其在之后能比较容易地重建经营。

在相模国足柄郡也是,为了使村庄家数不减少破产者的宅基地会留下。在伊豆国田方郡、常陆国新治郡、远江国佐野郡、骏河国安倍郡和有渡郡也是如此,这是为了让之后能够确定继承者,不致使家名断绝。

在丰后国日田郡五马市村,独身者——尤其是女性及高龄者——除非迎入新的家人(养子等),否则将会变得生活困难。对于独身者,尽管亲属、五人组、有实力的百姓,以及村组的人们会给予援助,但是当超过援助界限时,独身者就要返回老家,自己的家就断绝了。是否断绝,不只由当事人,而且要基于以庄屋为代表的惣百姓的意向来做出判断。剩下的耕地等家产由村组的人们来维持和管理。其后,村组内有实力的百姓会进行分家,通过让分家继承的遗产来防止家数的减少。

即使无法避免破产或家庭断绝,无论如何,只要能避免家数减少,整个村落也会全力想办法,这一点是共通的。

村落难免面临灾害,在灾后复兴和备荒储蓄方面,村也发挥应有的力量。灾害发生时,大庄屋和名主等地域的有实力者对受灾者的救济发挥较大的作用。他们会救济本村的村民,甚至会负责邻近村庄以及素昧平生的乞丐们的救济。他们的超越村庄的人际网络,例如与场镇商人平时的交易关系,可以保证购入粮食等,在救济活动中会发挥出力量。

一般的百姓们也并不仅仅是单纯接受地域有实力者及领主的救济。百姓们通过将个人的绵薄微弱力量集结到村中,来进行补充。整个村庄合力以复兴为目标,村庄共同体对灾害复兴发挥了巨大的力量。

众多的百姓拼命保护居住习惯了的土地,致力于本地的复兴。作为确立起家的百姓的一般心情,要离开祖先代代继承下来的土地与村庄是难以忍受的。

尽管自然灾害会袭击所有人,但对于经济性的弱者以及妇女儿童,则会带来更为严重的打击。在这种情况下,平日里潜在性存在的社会矛盾也会表面化,比如出借人和借款人的矛盾,地主与佃农的矛盾,领主与百姓的矛盾等等。同时,为解决这些矛盾也是要努力的。关于佃租的减免率,可以看到像村庄设定统一的基准那样,村庄在缓和对立上发挥了作用。百姓们通过村庄团结起来的同时,也借助超越村庄的亲属等的联系,来克服危难。尽管也蕴藏着矛盾与对立,但百姓们依托着村落与地域社会的共同努力,选择了永续家族的道路。

　　遭遇大规模灾害的人们，利用既有的知识来对灾害的原因进行思考，对前所未有的大规模灾害给出可能的解释，为今后提供教训，通过这样的努力以期获得安心。

　　灾害是上天对为政不德者所降下的处罚，这种思想叫作"天谴论"。在近世，这经常被作为政治批判的理论使用。但是，在天明三年（1783）的浅间山火山爆发时，可以看到比起天谴论，更多的人主张这是对世间人们奢侈的告诫，所以上天才使火山爆发。相同的理论在 19 世纪灾害时也经常被用到。随着民间经济社会的充实和生活水准的提高，从批判作为与之不相适合的奢侈的立场出发来解释灾害的言论扩散开来。可以说这是天谴论的意义转变。

　　在此之外，上野国吾妻郡岩井村的百姓田中好松，立足于天保饥馑的经验，为了在饥馑时不出现没有粮食的穷困者，主张没收富裕者的田地，将之重新分配给小百姓。灾害的经历，也触发着百姓们各种各样的思考。

　　为减轻灾害受害，日常的防备就很关键，在近世尤其重视粮食的储备。在近世中后期，领主更少进行直接救济，维持百姓经营的责任就被转嫁到了村落内部的相互扶助。这种动向在享保时期（1716—1736）明确化了。接着在宽正时期（1789—1801）以后，村落的谷物储存大多采取了由村庄一侧来组织并自主管理储存谷物，由领主来对其进行监督的形式。这就提高了地域社会的自治性危机管理能力。

　　在下总国相马郡拥有所领的土浦藩，对于在天明饥馑时没有采取有效的救济对策，抱有危机感，于是在天明六年（1786）开始制定备荒储蓄制度。这是由藩与百姓双方共同提供谷物来积累的。藩通过提供部分备荒用谷物来为这一制度赋予信用的同时，统括这一制度运营的全体。百姓一侧则由惣百姓按照均分来提供谷物，并且承担这个制度实质性的运营。有时，在收到小百姓提出借用备荒谷物的请求时，根据村官的个人判断，无需得到藩的许可，就能将谷物贷出。通过这一制度，这些村庄安然地度过了天保饥馑。

土浦藩领的事例可以评价为是从灾害发生时的应急对策的更进一步发展，是近世性危机管理体制的形成。在这里，尽管生存的保障被制度化了，但是武士和百姓在根据不同身份区别来各自提供谷物这一点上，是能看到近世日本社会的特征的。二者提供的谷物，即使被保管在同一场所，也是被明确区分开来的。藩这一侧提供谷物，是放在实现救济与仁政的位置上的，但现实中，无论是提供谷物的数量，还是制度的运用，村落的力量都是不可欠缺的。

但是，以百姓为主体的备荒储蓄，对于百姓而言，也存在强制储蓄、增加负担的侧面。在武藏国多摩郡的武藏野新田地带，天保饥馑时，作为实施救济主体的村落的重要性更高了。富裕者及村庄对村内穷困者的广泛地实施直接救济，领主对此也在后面积极地推动。另外，由于名主、村官还负有调集救济村外穷困者钱粮的责任，也有因这个原因而使得经营恶化的人。

如上，从村落对村领域内人与自然、资源间平衡的维持、调整机能，包括作为紧急对策的灾害复兴与备荒储蓄政策，可以看出日本近世村落的特质。村落通过家的维持来保障村民们的生存，村民们也在依托于家的同时支撑着村落。村与家相互补充，人们依托于村与家来经营生活。家与家之间相互竞争也相互帮助，而且在争斗的同时也从中创造出了新的规则。而且，亲属、五人组、讲等多样的组织，多重性地叠加起来，生活保障的结构就变得更加坚实了。村中工业、商业及金融的发展也为小经营助力。

当然，村落并不是田园牧歌式的乌托邦。在村落中，存在着身份、家格、男女、长幼、经济实力等带来的各种差异，也会在村民间产生进退两难的对立。背井离乡者与断绝之家也不断出现。不被村与家所支持的人们也存在。而且，村落历经近世也不是一成不变的。在经济社会化进一步进展的19世纪，整体性的生活水准在提高的同时，每个家庭经济上的沉浮变动的频率也变高了，可以看到新的质的差距扩大。百姓的就业形态进一步多样化，城市化了的村庄渐渐增多。但是，以上所述近世村落基本存在方式，即使在市场经济发达的19世纪的畿内，在不断变化的同时也得到了维持。

在 19 世纪中叶之前的畿内村庄可以看到相当成熟的金融活动,大量的资金进入到金融市场,无担保的贷款也广泛地推行。但是,从河内国丹南郡冈村的豪农冈田家的例子来看,这里的金融惯行也是有弹性的,即使归还期限到了也不能归还本金和利息时,借款人可暂且只返还利息,本金的偿还则后延。据此,借款人自然得到帮助,出借人这一侧也总能按时收取到利息,通过长期利滚利地积累,甚至能够收回相当于本金的金额。因此,出借人一方也不会按照最初签订契约的条件强迫偿还,会酌情变更、缓和适当的偿还条件,在事实上确保利息收入的同时,也会耐心地等待本金的偿还。这种融通性的情况,是和近代不同的在近世的特征性产物。可以看到在近世性的惯行之下的地域金融的成熟,其中豪农支撑着各个村庄的成立。

在冈田家,无担保借贷较多。用其他村庄的土地作担保,即使因为不能收回贷款金额将这块土地收入囊中,由于村庄对村外地主的抵抗,地主经营并不能顺畅地进行。在 19 世纪前半期的畿内,尽管村落的领域管理能力在倾向上是变弱,但也不断支撑着村民的经营。而且,小经营也很强韧地存续着。在岗村,冈田家是村内最大的地主,他们家的佃农当中,有长期持续租佃的安定佃农,另一方面也存在大量仅短期租种土地,与租佃土地间联系稀薄的佃农。但是,后一种佃农兼营着租佃农业和其他的生业以维持生计,并未从农业中完全游离出去。他们参考家庭构成以及农产品价格的波动等各种要素,不定期地选择租种土地,维持着小经营。百姓们对经济社会的展开进行着主体性的且富有弹性的应对。

第二节　近世前期交通的整备

一、交通体系的整备

江户时代的日本虽然对外奉行锁国政策,但国内的水陆交通却迅速整备发展起来,其背景是德川幕府推行的有关政策,其中兵农分离政策促进了城下町等都市建设的兴盛,而参觐代交制则要求大名大体每隔一年就必须去江户居住。这些政策极大地推动了以江户和大阪为中心进行商品物资输送的国内海运的发展。近世日本的国内海运与作为支线的河川交通紧密相连,同时与陆上交通相互协调发展,具有集权化和二元化的特征。20世纪80年代以来,日本学者对日本交通史的研究便逐渐超越物与物流,而进一步将问题拓展至人与信息的往来和传播,除旅行与名胜研究之外,还不断推进关于旅游地形成的研究。以下主要参考深井甚三的研究成果等,介绍近世日本陆上和水上交通体系的发展情况。[1]

在近世日本交通体系的确立过程中,特别值得关注的是海运方面回船赁积体制的成立过程,以及陆运方面的役负担,尤其是宿驿传马制度的确立。另外,虽然不准出国,但近世后期包含女性在内的町人和农民也普遍开始旅行,以五街道为中心的街道和其宿驿一片繁华之貌。

早在天正十六年(1588),丰臣政权就曾经颁布海贼停止令,在谋求国内海上交通安全的同时控制海盗集团。德川政权也掌握着濑户内、南海区域有势力的集团,即盐饱、纪伊、伊势的水军,并于庆长九年(1604)在船奉行之下设置江户船手一职,整备江户湾的海运。元和二年(1616)设置作为西日本海运机构据点的大阪船手,且进一步将盐饱船方置于控制之下。

关于普通回船的管理,幕府先是抑制海运的发展,从统制大名的立场出发颁布了著名的"大船禁止策",尤其对于谋求壮大水军势力的西国大名,幕府于庆长十四年九月没收了他们五百石以上的大船。宽永十二年(1635)的武家诸法度中也明确禁止五百石以上的大船,但回米及其他货物需要大量运输,因此从领主经济状况出发,最终于宽永十五年五月允许建造商船类的大船,并修改了有碍回船发展的相关规定。此外,对

---

[1] 深井甚三「水運と陸運」,『岩波講座 日本歴史 第12巻 近世3』、岩波書店、2014年。

于回船尤其重要的失事处理问题,幕府于宽永十三年八月制定了遇难船只救助等规定,并在其后对此进行了调整。

关于海上统制,幕府设置了监视异国船只等的沿岸防御设施,即瞭望番所。原本,为监视领内诸港进出港口的回船和海上交通,沿海各藩设置了港口番所、海口番所,以及这种辅助性的瞭望番所,而幕府于宽永十六年(1639)彻底禁止葡萄牙船只来航,翌年要求西国主要大名设置这种瞭望番所以监视异国船只的动向。这种瞭望番所在西国以外的藩内也有设置,所谓锁国制之下的近世,正是通过各藩设置的瞭望番所而建立起沿岸防御框架。

陆上交通连接了全国的城下町与江户,并建立了可以通往京都和大阪的街道交通网。在近世海运以江户和大阪为轴心拓展开来以后,近世交通形成了二元化的交通运输体系。掌管这种交通的德川政权作为统一政权,致力于推动国内交通、公共交通向安全、畅通的方向发展。宽永十二年(1635)的武家诸法度中命令诸大名整治街道、桥梁、渡船,并下令废撤幕府承认的关所之外的私设关所。此外,幕府于万治二年(1659)七月成立了道中奉行,管理对东海道、中山道、奥州街道、甲州道中、日光道中等五街道,除附属于五街道的部分街道由勘定奉行管理,其余委托各街道沿线的各藩对其进行维护。近世的街道交通中虽然实行了二元化管理,但幕府作为最终统治者手握交通领域核心权限的现实是不容置疑的。

德川政权于关原之战胜利后实行了五街道的宿驿传马制。各藩为控制领内的政治与经济,也整治了领内的宿驿制,并整修了桥梁和渡船。由此,日本全国主要道路的交通状况都得到了改善,所有旅人的车马往来都不会感到不便。有观点认为近世全国的街道都是属于政府的。上述交通组织是为便于大名等上层的使用,即作为领主用的组织得以完善,但同时也发挥作为政府交通组织的机能,供朝鲜、琉球使节,以及朝廷使节所使用。而从其维护保存的角度出发,则有必要供町人和农民使用,这也发挥了公共交通组织的作用。

交通组织从近世初期开始最先使用于朝廷的往来,在这种使用之中特别重要的问题是街道沿线的宿驿居民须无偿提供人马。而近世初期的大名领内,也须按照藩所发放的指定使用宿驿人马的朱印状、青印状无偿提供人马。然而,频繁的无偿提供成为宿驿的负担,因此在宽永时期(1624—1644)整顿宿驿制时,便限制了各藩的无偿使用。

在德川政权的宿驿传马制中,关于幕府役人和大名等的使用,后期允许其以普通费用半数金额的"预定赁钱"使用宿驿人马,而持有将军的朱印状或老中们发放的证文时,宿驿才会无偿提供人马。使用朱印状的除公家以及有势力的寺院僧人外,还包括上洛、参拜日光社等将军本人的使用需要。也就是说,朱印状首先是为将军及武家之外的公家、大寺社等统治阶级上层的人们提供的,其次则供于朝廷、伊势、日光等国家重要机关或寺社举行仪式或典礼相关的国家必要事务之时,第三供于幕府治理国家的相关用途及偏远藩国的城代和番众,第四供于幕府的御用物品。老中发放的证文则是针对幕府御用的物品发行其对应的证文,而其中也有为盗贼捕头与诸国囚犯、赃物,以及渡往部分寺院的船只所发行的证文。如上所述,朱印状与主要由老中发放的证文是提供给将军与公家等部分统治阶级上层或国家使用的,且用于幕府本身。

老中证文中包括提供给特定寺院特别限定于渡船的证文。朱印状与老中的证文不仅能够用于宿驿人马,还能无偿使用渡船。但在幕府和藩配备的船长与渡船之处,武家是可以免费使用的。在会津藩、加贺藩以及九州柳川藩等地,藩均会于主要街道处保证渡船的畅通,武家可以无偿使用。而其他街道处的私人渡船,普通武士也须支付使用费。利根川七里渡的享保十四年(1729)备忘录中记载"渡船以百姓之资所造",因此武家须提出"舟赁申请",为政府御用之时,方可无偿使用。

这样的体系使得武家的所有人在往来于国内主要街道之时都可免交渡船费,且在五街道的宿驿,藩中上层武士还可行使"预定赁钱"的特权无偿使用人马。这种特权自然照顾不到町人和百姓阶层,但这些国内主要街道之上的宿驿所提供的人马和住宿,以及渡船的使用之便等公共交通服务,使得安全的货物运输和人员往来等基础设施得以完善。

但是,信长以来实行的政策虽然禁止在街道上设置私关,也不征收通关费,但幕府为防止大名的妻儿逃跑,于江户周边设置了关所,以抓捕从江户逃亡的人,并监视运入江户的武器,仍然发挥了有效的机能。大阪夏之阵翌年的元和二年八月,从在利根川等内陆水系的定船场配置关所,到在定船场西侧的江户附近街道沿线上修筑关所等,由此,近世日本的关所体系于宽永八年建成,成立了以江户为中心的关所网。不过,关所虽然抓捕伤人者、可疑者、逃亡者,但对于普通町人和农民的移动管制并没有那么严格。另一方面,各藩还在领地边界设置口留番所,管理藩境人员物资的流入流出。与征收通关费的私关不同,口留番所是受到承认的。也就是说,幕府在采取军事行动或全国性管理之时如有需要,是可以有效利用这种番所的。

总之,近世的陆上交通体系在追求公共交通通畅与安全的使用之际,还通过关所与相关设施构建框架。在虾夷地区,于幕府直辖时代的宽政十一年(1799)建立了旅宿所,还在其内预备了驿马。

二、内河与沿海运输的发展

在特产物生产开始兴起的近世中后期之前,近世水运的发展是以运送年贡米等领主商品为中心的,以此为轴成立了水运体系。然而,由于中世以来的水运已无法跟上时代发展,因此不仅需要推进河道改修、运河开凿、凑町整备等基础设施的完善,领主还必须保证回船并整顿其运输机构。此外,丰臣政权出兵朝鲜,德川政权建设城郭等活动都需要物资的输送,以西国大名为首的诸大名也在扩展水军势力的同时成立运输物资的回船机构。

即使在德川政权阶段,也不是所有大名都拥有能够应对临时、紧急的大量运输任务的回船。德川政权命令福冈藩向江户城、名古屋城、大阪城运送石垣,因此其只得临时大量制造船只以应对任务。藩的水军也是通过领内渔村居民的役赋编成的,福冈藩曾于元和九年(1623)确认委托与船手头的水手数量和船只数量。在广岛藩,庆长五年(1600)福岛氏在领内实施水主役屋制,其后藩主浅野氏也同指定随身的水军一起,指定了征收水手的渔村。诸大名必须在自身统一政权的所在地从事经营,他们与家臣住处所需的食材和其他物资的运输,以及在贩卖年贡米时的回米运输都是必不可少的。因此在海运发达程度偏低的地区,藩就必须依靠自己建造回船或承包给商人。太平洋一侧东北地区的南部藩,就是从庆长末年前后向江户运送回米开始建造自己的回船,并从领内渔村征召税收,但最后还是承包给商人进行运输。

在紧随濑户内拓展海运北部地区,文禄年间修建伏见城所需的材料在秋田与佐贺间运输,这种运输主要通过越前与若狭的回船。在日本海一侧的藩内,作为北国海运重要据点的凑町、敦贺、小滨等地被称为早期豪商的回船主,即回船问屋的豪商也会承运这些回米,但他们并不从贩卖年贡米本身获利。

近世初期还处于残留着中世形式区域海运网的阶段。修建伏见城所使用的木材经由北国海运输送到敦贺卸货,再经过马力和琵琶湖的水运从大津送往伏见。中世后期,东部与伊势湾的海上交通兴盛起来。然而,此处存在熊野滩等险要之地,连接大阪湾的远距离水运网还并未形成,据推测这项尝试是曾经大兴土木的丰臣政权所进行的。庆长二年(1597),丰臣的奉行人用船将修建大阪城所需要的伊奈的木材运送至大阪。这件事虽是事实,但却是个例,未必能因此便说连接濑户内海运与东国海运的大阪到伊势间航路已经开通了。此外,德川政权的庆长十二年,曾将修建骏府城所需要的材料经由北国海运之窗敦贺送往伊势湾。即便是利用了连接北国海运与东国海运之间远距离运输的新通道,也无法证明这种方法在其后延续了下来。无论如何,在初期阶段,中世以来的区域海运网仍占主要地位,跨区域的远距离航路曾被使用过,但只能将之视为个例。

东部的太平洋沿岸航行困难。虽然南部藩直营的回米船可以直接去往江户,但因存在鹿岛滩这样的险滩,从那珂凑向内陆运送回米仍然是主流。然而,庆长十四年铫子河口的土木工程改善了从这里进入潮来的路线,由此便可通过内陆水系向江户运输了。

中世以来,在北国海运这种区域海域网之中的小区域内,也有中小型回船小范围活动着。例如,在以出产金矿而繁荣的佐渡,除越前外,越中等邻国的小回船在初期也很活跃。因此在元和时期(1615—1624),还有很多来自越中伏木凑的商船在与佐度之间的区域内活动。

需要贩售年贡米的藩虽然需要高价售米的市场,但即使能够通过海运去往远距离地区贩米,在此时期还没有能够保证安全并高价售出大米的市场。初期的年贡米贩卖主要面向领地之内以及临近的矿山。因此北部各藩利用北国海运经由敦贺、小滨向大阪贩米的方式也不是在初期确立的。越后的新发田藩与村上藩等积极向大都市贩米是宽永后期以后的事情,利用北国海运经过敦贺贩米的活动才开始积极起来。此外,很早就与濑户内海运相连的福冈藩等地,在庆长、元和时期(1594—1624)就向大阪贩米。然而,大阪市场并不是那么稳定,也有可能贩卖不出。而且,那时使用的回船也不依赖于博多的早期豪商,而是由藩主导得以确保。

如此,在宽永时期的敦贺,藏宿的重要性提高,敦贺、小滨等地的早期豪商开始向藏宿经营者或町役人转变。于是,除此藏宿之外,敦贺被称为"卖问屋"的回船问屋开始发展起来。

正保四年(1647)幕府制作国家行政地图,其上标记了诸藩之间的海路和陆路,由此幕府得以掌握全国的海运网。海运网自然覆盖于诸国的沿岸,连接了除虾夷之外日本周围的海路。若将周边区域间的海路称为小环线,那么这就与支撑地域间往来、连接远距离地域的大环线航路,以双重格局形成了全国海运网,支撑全国市场。

与大范围运输相对应,领内的年贡米征收与运输机构也得到了完善。加贺藩越中国于庆安、明历(1648—1658)时期实施改作法,并以向领外运输物资的伏木凑为核心实行了年贡米输出的凑町重整。其下层的中小凑并未设置回船问屋,只有船员旅馆。不过,其腹地的商品生产非常繁荣，出入于此进行运输的回船也增多并兴盛起来。

这种多层次的全国海运网，是以向江户、大阪两个重要市场运输物资为基础而存在的。在农民商品经济大规模发展之前的时期，失去海外贸易的回船，其重要活动就是米的运输。靠近濑户内，位于博多湾的中世以来十分活跃的筑前地区下浦的回船，因向江户藩邸输送年贡米而得以于明历时期（1655—1658）进出于江户。不过，其在之后又因此承担了向东北地区等各地贩米的工作，元禄、享保时期（1688—1736）拥有承载一千二百石至一千五百石货物的船，由此可见其隆盛之态。这种繁荣活动的背景，除了他们自前代以来的活力之外，还同进出江户承担江户贩售业务的当地回船商筑前屋这样熟练的海商不无关系。筑前屋于享保五年（1720）使得原本承包给盐饱海运的幕领米运输工作转变为竞争方式。于是，这些回船之中就出现了从大阪去往日本海，承载着幕领米以东环线输入江户的航行方式。不过这样的航行属于例外情况，沿同一航线长期运输年贡米的方式不仅安全，而且经营状况稳定。

全国海运网的中心众所周知包含东环航路（宽文十一年）与西环航线（宽文十二年），这是宽文年间（1661—1673）为将东北、北陆的幕领米安全且平价地输入江户，由河村瑞贤领幕府之命整备航运体系，从而开拓出来的。这与街道或河道的船运整备不同，需要确定停靠地，保证回船的航行顺利且安全，其次回米船要将货物输入凑町并进行通关核查，此外需完善部分港口以及在志摩国的鸟羽设置篝火，最后还要委托当时拥有最先进回船技术的盐饱等濑户内回船进行巡回贩米活动。另外必须注意的问题是要与阿武隈船和最上川的川船运输体系联合进行调整完善。

由此开始由东环航路向江户直送幕领米。但是，藩的回米船在这个时期并不是一起直达江户的。直达江户这一方式的普遍化是在17世纪末至18世纪初，与其背景相关的是各藩的江户回米方式，从多次支付承包费用的承包方式转变为赁积方式。此外，东环线于正德四年（1714）还开辟了自日本海一侧跨越津轻海峡，途经三陆冲的航路。不过，从津轻藩的青森去往江户的回米活动从宽永以来就开始进行了。

西环线航路的日本海沿岸地区,前期是经由敦贺、小滨与大城市的市场相连接的。然而,沿岸地区各藩削减了途经敦贺、小滨的陆路与湖上运输经费,为了充实财政,于宽永时期开始探索直达大阪的航道。加贺藩于宽永十五年(1638)尝试实施大阪回米,正保四年(1647)开始定期进行大阪回米。除了必须进行的航路安全确认,还需选择停靠地和能够停留于大阪的回船问屋,宽文时期之后,幕领米的回米船同各藩的回米船都选择通往大阪的西环线航路展开航行。弘前藩使用盐饱等回船技术高超的大城市与周边的船只,而向大阪的回米也很容易确保这些回船的使用。

西环线航路是从大阪出发经由南海航路驶往江户的。对于江户高档商品的强烈需求使得跨越熊野滩的险关去往江户的回船很早就出现了。元和时期的堺商人雇佣济州日高或是富田浦的回船,宽永元年(1624)以后,大阪的回船商以江户积船问屋为起点开创了菱垣回船。熟悉纪州航路的当地回船开辟了南海航路。正保时期京都酒为主的杂物运输,开始由大阪回船问屋通过摄津传法船运往江户。其后的宽文元年以后,在大阪和传法也成立了酒积问屋,专门从事酒类运输的传法的船问屋也开始使用称为“小早”的回船,此后在兵库和西宫也开始运用这种方式。

江户、大阪间也成立了承担商品物资运输的赁积回船。这是远距离航路的大环线,但并不是临时而是长期的航路,其成立是以定期航行为特征的。原本依赖于大阪回船问屋的货主商人没有结成货主联盟,因此他们的活动并不是由货主决定的。但是,为了提高大阪与江户之间商品输送量并维持运输机构稳定,同时为了防止灾难多发与船长丢弃货物实行诈骗的状况,元禄七年(1694),由向大阪等上方地区购买商品的江户采购商结成了十组问屋,从属于回船问屋,并确认灾难造成的货物损失由船主与货主共同承担。然而,多次对菱垣回船处理不当的酒问屋于享保十五年(1730)退出十组问屋,启用酒类货物专用的樽回船,由于能在短时间内完成江户输送,抢夺了菱垣回船的客源,两方对立不断深化。

　　为输送待售的年贡米等储藏货物,其所需的水运体系是由幕府或各藩所整备的,河川水运的情况也是一样。因此在东北其他河川舟运落后的领域,领主们不仅要测定河岸,对于诸如在南部藩的北上川或弘前藩的岩木川之类的河道,他们还要保证川船的使用。

　　河川舟运比海运更容易受到藩的限制,在某些河道,保证川船的使用且独占通航活动是受到认可的。在起于信浓川和会津,流向新潟的阿贺野川之上,就有长冈藩组织的长冈船道与会津藩组织的津川船道进行着独占性的通航活动。

　　在发达的畿内地区,从中世时期起淀川的河川活动就十分活跃,商运货物输送也兴盛不衰,其上的淀船本是享有特权的,进入近世之后却受到幕府的限制,河川的自由航行未再展开。在当时的舟运体制之下,淀川的航行由过书奉行管理,因此这种被称为过书船的船只享有航行特权,而且只有茶船与上荷船可以在大阪市内活动。此外还有像加古川这样由豪农支配舟座的航路,舟座进行舟运管理和役银征收是由姬路藩认可的。这种情况是河道经由改修而得以通航的。

　　即使在前述东北地区,如最上川这样很早就有町人、农民从事川船活动的河道,回米等领主物资运输是由凑町酒田与大石田河岸的町舟来承担的。关于町舟的航运,酒田于庆安年间(1648—1652)受到了限制,到大石田为止的航路将由酒田舟与大石田舟分上下片运送,而上游只能通过特定的大石田河岸转运货物,舟运体制就此形成。然而元禄以后,在大石田上游的上乡区域从事特产生产运输活动的小商船逐渐活跃起来,船只不再经过上流大石田转运货物,而是采取了直航的形式,而后于享保八年(1723),幕府承认了酒田、清水河岸的船只在上游的活动,大石田受到了限制。

　　关于信浓川的河口港新潟,史料记载"元禄十年由各方运往新潟的藏米与各色杂粮大量囤积",藏米等达到十九万六千俵,而乡下商人装卸的商品货物则达到八十三万三千五百俵。在元禄、享保时期,这种以装载商货为主的新兴川船的运输方式在全国各地都开始兴盛起来。这也对原来以运输领主御用回米为主的河岸场和船主产生了严重影响。

此外,与特定河岸的转运船不同,有些河道由于冬季枯水期可能形成浅滩,因此也被用来转运货物。利根川除上游以外,在取手宿附近的小堀、松户地区之间需要进行货物转运,小堀河岸的问屋为此提供舻船。另外有些区域,如果河岸间的陆上运输方式更加快捷且没有运输费用的问题,那么也可以使用马力输送。由此,可以认为是商品经济的发展催生出了这种以交替方式运输的新型河岸。在利根川,通往江户川的分流的境河岸与这两条河道之间的地域上,可以看到这类新河岸与新河道的发展。

川船通常专职进行赁积运输。而且,在元禄、享保年间之前,他们主要负责领主米的运输。因此,只凭川船运输,河岸问屋和船主们的收益是十分有限的。他们为了扩大自己的船队,需要大量经费雇用船长、水手,若是仅仅经营赁积的舟运活动,船主很难得到足够的利润。相对的,对于海上交通中随处可见的商卖船来说,如果船主经常蒙受损失的话,他们便可以获得更多的利益。但是,川船之中却几乎见不到这类商卖船。并且对于回船的商卖船来说,买积船上如果有雇用船长,他们便可以得到更大的载货权,这可以让他们获得更大的自主权。在北前船那样的买积船上,船长们可以获得被称为"帆待"的权力,以个人名义进行买卖。

大石田的荷问屋船主二藤部家族,与其雇佣的水手之间直到幕末还保留着质物奉公人这种古老的劳动关系。通常认为这是由于操船技术的传承、劳动市场的狭小等问题所导致的。不过,为使川船溯流而上,水手们要进行拉纤等重体力劳动,这可能也是一个非常重要的原因。船主的利润为此受到了很大限制。广岛太田川在贞享、元禄年间(1684—1704)的收入调查显示,向上游输送货物的运费不经船主,由船长和水手们平分。此外在三河的丰川,鹈饲舟受文化三年(1806)的法规所限,其后的登荷运费将归船长和水手所有。也正因此,除经营河岸问屋之外,由于腹地内的特产物商品、特需品的买卖活动,以及金融活动得以展开,当地居民们又多了一条致富的新路。

回船经营的发展本来是从买积方式向专门运输他人货物的赁积方式转变的,然而到了近世后期,由于使用买积方式的北前船在虾夷地区至近畿的广大范围内活跃,这种转变显露出了反向发展的趋势。但是必须注意的是,北前船也逐渐开始采用赁积的方式进行运输,而且,即使是在由东西两个环线上进行幕领米运输的海运与负责各藩年贡米运输的海运所支撑的尚在确立期的海运体系之中,全国海运体系也是以赁积船体制为支柱成立的。河川上虽然存在运送自家货物的船只,石仔河川流域内以买积形式从事商卖船活动的川船活动几乎没有。通常的川船都是在河岸问屋的分派之下领取运费从事赁积活动。考虑到这一点,必须要说在近世水运之中赁积船的存在是相当重要的。

但是在区域海运之中,中小回船在小范围内的活动之中更多采用买积船的举措。福冈藩的领内回船分为诸国回船与商卖船。诸国回船是指依赖于回米从事赁积输送的回船。商卖船与此相比规模较小,就将这种船作为商卖船从事买积船的活动。不过,在包含邻国在内的区域海运之中活动的中小回船也在船长的客户与朋友的委托之下承接运输业务,因此自然也不忘从事赁积活动。但是,我们无法得知中小回船是否专业从事赁积业务并在特定的海港间定期输送。

赁积回船的代表是菱垣回船与樽回船。此外在日本海一侧还有荷所船。荷所船是宽文年间(1661—1673)进出虾夷地区的近江商人运输他们的商品货物时所租用的回船。这些都是越前河野浦或加贺桥立的船。

管理诸回船的凑町代表的回船业者,即回船问屋和船宿。无法应对大量回船的凑町主要以船宿展开经营。凑町的回船问屋承担诸国回船销货并为船长提供住宿,控制凑町的经济。

根据延宝七年的大阪地方志《难波内情》与正德四年(1714)的大阪问屋调查,可以知道元禄时代的大阪回船问屋是以被称为"国问屋"的问

屋为中心,分国管理诸国的回船。国问屋是以销出回船商品获取佣金的荷请问屋。除此之外还有大阪回船问屋、江户大环线樽船问屋、堺大阪长崎回船荷物积问屋等。大阪回船问屋是指菱垣回船问屋,江户大环线樽船问屋是指运输酒樽的积荷问屋。此外,由堺大阪的丝割符商人向长崎运送物资的回船即堺大阪长崎回船荷物问屋。在此时期的大阪,专门承接年贡米等储藏货物之外的他人货物运输的积荷问屋与积问屋之中,除从事江户运输的菱垣回船问屋与江户大环线樽船问屋之外,就只有因运输长崎贸易货物而出现在大阪的堺大阪长崎回船荷物积问屋了。然而在水运体系确立的元禄、享保时期,海上运输并未像河川一样限制航路,专门在特定区间内定期运输储藏货物之外的积荷问屋也出现于大阪。

大阪、江户之间定期的大宗商品流通开始后,管理菱垣回船问屋,并掌握自有船与雇用船的是为减轻海难事故损失而由江户进货商成立的十组问屋,以及由大阪的江户积问屋联盟成立的二十四组问屋。他们也是在那时确定了海难的货物损失由船主一同承担。虽有文献指出这种共同承担海损的方式早就通过回船法令传入了,但货主的十组问屋比菱垣回船问屋更具优势,在切实实施共同承担遇难船只海损方面具有重大意义。

在日本海一侧,元禄七年(1794)自越中鱼津往越后寺泊用越后今町船以赁积方式输送鲥鱼时失事,史料中记载"当地并无责任分散之法"。其后的文政十年(1827),越后梶敷屋的千石船从大阪出发运输赁积货物时在出云崎失事,其时在货物销售之后并未采取由船主和货主双方分担的责任分散方式。因此我们可以得知在某些区域并未采取共同承担海损的方式。

这种专门承担由大阪至北方的商务赁积运输的北国积荷问屋是在中期以后出现的。其后不久的天保时期,作为积荷问屋的日高屋与室屋即使在新潟打湿了货物,也并未采取货物分担的海损处理方式。因此,越后的货主联盟与新潟的荷请问屋联盟就接受了承诺共承海损的大阪大谷屋作为新潟、大阪间垄断性的积荷问屋，但由于海难事故频发，很快又换回了原来的积荷问屋。即使是针对日本海一侧展开运输，作为代表性积荷问屋的他们，亦并未因海难多发的风险存在而积极实施共同承担海损的责任分散。

此外，中后期赁积输送的问题是，中马输送中实行的敷金积方式也用在了海运之中。以押金作为事故发生之际的补偿，发挥了确保货主资金的作用。可以明了的是，在大宗货物运输的海运之中，即使是后期的藏米与木材运输也支付了大量押金。但其中的问题在于，由于高价运输品需要大额押金，因此不具有资金承担能力的回船也就无法进行赁积输送了。

近世街道虽然得以完善，但海路的安全性并未发生根本的改变，以水运输送的人数是极为有限的。如果必须到他国去，就必须用到船。然而，锁国制下禁止日本人坐船去往海外。因此国内旅行虽然以街道旅行为主，但也会用到部分海运，且河川舟运也会使用于一些可能的地方。

在回船的使用中，由于九州、四国的大名以及中国地方的部分大名可以利用濑户内海，因此可以驶向大阪与播磨的室津。除了大名的参觐交代之外，除经特别委托乘坐的便船以外都不是长距离的大环线回船使用。并非大环线，而是小环线所对应的短距离间的旅客使用回船更多。具有代表性的包括参拜伊势神宫和金毗罗等寺社的回船使用。在濑户内的凑町之中很早就发展起来的尾道，元禄时代有众多町人参拜金毗罗，还有部分町人参拜伊势神宫。根据町年寄的记录"元禄五壬申年志账"中记载的参拜金毗罗的情景，有一百一十六人乘船经两三日前去参拜，其中有三十九名女性。此外，去往伊势神宫的人们也搭乘径直去往大阪的船只，曾有男性二十七人、女性六人花费一两个月前去参拜。这种回船使用在濑户内其他地区也可以看到。参拜金毗罗的回船利用使得大阪、丸龟间的金毗罗船与西国巡礼和伊势参拜可以连接起来，取得了很大发展。但是，这是延享元年（1744）大阪的多田屋新右卫门获得琴平金光院的许可之后才开始的。

参拜伊势神宫的过程中需要使用回船跨越伊势湾。元禄三年的《东海道分间绘图》中存有从东海道吉田宿到伊势,也就是驶向大港的回船使用记录,此处的海路除本地人之外,还有来自他国的伊势参宫者使用。因此可以得知回船的使用从很早就开始了,元禄年间关于其利用的纷争也在同周边的村落之间屡屡发生。《东海道分间绘图》还记载了吉田与江尻间、江尻与沼津间的回船使用状况。

由于河川舟运比海运安全,因此更多为人使用。具有代表性的是因院政时期的贵族进行熊野参拜而进行的淀川舟运。淀川在近世也被广泛使用,其中还包括夜船航行。这是通过连接伏见与大阪的八轩屋之间等地段的三拾石船进行的,其间在枚方,食船以夜船为对象展开兴盛的商卖活动。

夜船出现于长距离间且使用较多的河川之上,利根川主河道上的境与江户之间也能看到。这种便船从延享三年的记录中可以得知,安永四年(1775)总计六千四百二十二人使用,在元禄、享保时期的使用数量也有相当规模。即使在这之后数年,途中仍能发现饮食船的活动。

在这种舟运使用中,除非是一开始就有此打算,否则就不会在中途下船,也不会去往名胜古迹。但是,上下船的河岸场附近的船宿相当兴隆,而且途中也有船只面向乘客进行售卖。

三、宿驿传马制度的完善

陆上交通体系的支柱,是为直接负责幕藩领主往来而设立的交通组织。这种宿驿传马制由幕府和各藩在主要街道上设立,其途经的街道、桥梁及渡船都加以完善。当然,使用传马的人还需要休息住宿的设施,这样的设施却并不是幕府和各藩设立的。

近世的宿驿传马制脱胎于战国时代东国大名在领地中施行的宿驿传马制。中世以来,虽然存在因宿驿本身的繁荣而发展成为以宿驿作为中心的小镇,很多却是因为修建城下町、新建与改建街道之类的工程而修建的新兴小镇。调用都市、商圈中的居民做传马役,宿继的驿制就此形成。在发达地区和宿驿传马制盛行的原为东国大名领地的地区,前代以来的交通业者们自然而然地承担起了相应的工作。为了填补他们的不足，镇内的土地所有者们会提供自己拥有的马匹承担传马役。在主要街道上，其中的传马屋所有者拥有不需缴纳土地税的特权，并且为使马力运输工作的现金收入更加合理，宿驿的公定运输费用将由幕府负责确定。

丰臣政权除京都至大阪区间以外，在向朝鲜出兵之际，还在两地与肥前名护屋之间的继马、继飞脚整顿了宿驿制度。德川政权在庆长五年（1600）打赢关原合战之后，立刻就在东海道、中山道等重要街道上实施宿驿制度。此外，一里塚的建设于庆长九年（1604）开展，这一工程确定了一里的距离，后来也成为全国范围内主要街道的运费基准。庆长六年正月，在进行宿继传马活动的东海道宿场中，又发放传马证书任命了三十六名传马役，并为他们免除了土地税。庆长七年，为中山道发放了传马证书，中山道的宿驿制度似乎在这一年正式开展起来。奥州道中也于庆长七年被发放了传马证书，但对于城下町之外的宿场所征赋课却并不明了。

即便是在五街道中使用幕府役人最多的东海道，每个宿驿所征用的传马役也都于宽永十五年（1638）达到了 100 匹。由于宿驿的人和马被大量使用，承担了传马役的宿驿逐渐无力应对这种重担。附属于东海道的美浓路在尾张藩领内，包括宽永十一年家光上洛在内，将军们上洛都屡屡经过此路，为了应对美浓路等领内宿驿需使用大量人马的情况，于宽永十二年决定建立辅助宿驿的助马村。幕府也于宽永十四年规定，东海岛的宿驿村或町相邻的村落须"助马"，即提供马匹。提供助马可以按照公定租金收取运费，但须为应对御用出行事务做准备，因此这项工作带有徭役的性质，他们被免除了相当于助马高程度的高役。这样一来，宽永年间的东海道上确立了由提供助马的村镇支撑起来的宿驿制度。此外，宿驿传马制原本还可以用来为幕府输送公用文书，所以幕府御用飞脚的工作也由宿驿负责。

宽永年间还确立了大名的参勤交代制度，由此大名或者幕府有势力的役人的住宿问题,自然也很早就由各个宿驿内最有势力的家族负责解决。有观点认为,在东海道上设置供应此种住宿的本阵,是在宽永十年到十一年前半之间。乡绅的住宅或宽敞的客栈开始供同行的大名臣下使用,这种旅馆后来被称作肋本阵。其他的拥有房屋的住民将与他们一同,负责家臣们的住宿。最初,需要进行大范围往来的商人以及巡礼活动所使用的旅馆位于各地的凑町和驿站。近世设立的驿站由于需要负责传马而获得了开办市集的权利,以在这种市集上做生意的人以及过路进行商业、宗教、巡礼活动的旅人们为对象的商人旅馆、香客旅馆也开始出现了。在这种住宿中选择提供餐饮的旅笼,被战国时期于永禄六年(1563)前往东北旅行的僧人们和于文禄二年(1593)从九州前往江户旅行的水户的佐竹氏家臣记载了下来。此外,在日光道中的大沢町,大名的宿泊不断增加,宽永末期出现了"几乎所有旅笼都客满"的记载,因此连参勤的大名家臣也开始使用旅笼,五街道上使用旅笼的普及化最晚就是在宽永时期。

主要街道的交通于宽永以后逐渐增加,宽文、延宝时期(1661—1681)的东海道以及中山道、日光街道,都将为幕府宿驿提供助马的村子指定为定助村。进入元禄时代,公用的御用交通进一步增加,幕府为通过助乡保证宿驿的人马,于元禄七年(1694)断然实行了诸项改革,这项制度将临近的村子编入助乡之中,其中包括与宿驿不属同一管辖范围的村子。这是一项幕府为保证宿驿而侵害个别领主权利的改革,为使问屋方便从不同管辖范围的其他村子征集人马,幕府还向各宿发放了登记助乡村与助乡高的助乡账。东海道的品川与冈崎间被定为定助乡,其他宿驿与木曾以外的中山道及美浓路为大助乡,奥州街道于元禄九年也被定为大助乡。由此幕府将助乡统一起来,并向各宿发放助乡账。

但是,五街道上对宿驿人马的使用不减反增,宿驿、助乡的负担也随之增加,到了家宣当政的正德年间(1711—1716),白石主持了对五街道的宿驿制度进行改革的尝试。首先,他们撤销了旅馆手代这一职务,并新设与力、同心帮助道中奉行工作;其次,宝永四年(1707)时被提高了的御定租金,在正德元年得以固定,之后还成为宿驿租金的基准;最后,他们还规定了新的道中筋条目,同时设立了贯目改所,用以取缔非法商品。此外,曾将天和年间朝鲜使者人马役费用和元禄年间东大寺大佛殿建造费用的一部分作为国役征收的幕府,虽然在正德年间为解决宿手代的工资和福利问题开始向全国幕领征收御传马宿用米,但其后获原重秀提出要将助乡延伸至沿路各地农村的国役案,却由于白石的反对而没有能够施行。最终,在这一改革下暂时得到削减的人马利用量又复归如初,幕府方面在吉宗政权期的享保十年(1725)正月,恢复了东海道宿驿中曾因减轻赋税而成为备用人马的五个人和五匹马,到了十月又将东海道上剩余的两类助乡进行了助乡一体化重编,用以谋求大助乡的定助乡化。

于是,在五街道上就确立并完成了这一交通、运输机构,及由定助乡到大助乡的助乡村所构成的宿站助乡制。这并不是为了公共交通的协调化,其目的是将领主御用交通的维持工作交给助乡村承担,此后的宿驿负担被转嫁给助乡村。幕府于东海道安排了新设置的加助乡,而其于中山道增设助乡的意图,在明和元年(1764)引起了涉及很大范围的传马骚动。

藩领的宿驿为幕府传递朱印、征文是必需的工作。然而,也有像广岛藩与福山藩这样特设宿驿专门应对此项业务的情况,而不使用藩内御用传马事务的宿驿。此外,在五街道之外各藩领的旁道,由于人马使用不及五街道,因此其宿驿与助乡制没有必要设为常备体系,而仅在大名通行之际动员起郡规模的广大村落。但是,在中国路与出羽街道等部分旁道之上也有邻近村子被预先指定为助乡的宿驿。而且,藩的领内通信是通过宿驿与村子,领外联络则是利用足轻和中间作为飞脚,但也有纪伊藩、尾张藩、水户藩等藩特别设置了七里飞脚。

其次关于宿泊设施,很多藩在早期就为应对藩主进行领内巡视或鹰狩等活动而设置了府邸或茶屋。其后的德川氏虽然也同样在上洛途中的东海道与美浓路上设置了宿泊设施,但后来从维持负担的层面考虑将其撤销了。在加贺藩,藩主使用的住所被称为御旅屋,也多在元禄、正德时期被撤销。宽文、元禄时期（1688—1716），武家以外参拜寺社的人也在增加。而且，飞脚屋与商人追求货物的安全，因而避开个别旅人所使用的廉价旅馆，转而固定使用旅笼屋的飞脚宿与商人宿。他们的活动在宽文、元禄时期也在蓬勃发展。这样的旅笼屋、茶屋在五街道上增加了。记录具体数字的文献很少，但可以得知中山道信州和田宿处的旅笼屋的增加数量。此地由于位于山脚下，宽永七年（1630）已达二十八家旅笼屋，到元禄十三年（1700）又增加到四十二家。

五街道的宿驿大多有一两名问屋，问屋的房屋成为问屋场，这就发挥了所谓公共驿站的作用。宿驿之中也有自中世后期以来被称为传马问屋、商人道者问屋的人，他们继承了从事商人宿、道者宿的土豪运输业者的家业，通过租马、出租人马进行货物运输而收取佣金的形式获益。到了近世，还出现了担任运输业问屋的有力居民。而直接承担马力输送的业者，则是在近世被称为"宿的传马众"或"分布于宿附近的传马众"的人们。在京都附近或北陆地区他们则被称为马借。

进入江户时期，问屋的利润也增加了，为了维持这种问屋的存续，庆长五年（1600）的关原之战后，东海道三岛宿的问屋去往京都申请问屋朱印状。然而，在为整备宿驿而进行的宿的转移或新建过程中，东海道于宽永十五年（1638）受命承担一百人一百匹的常备人马。御用交通的扩张很大程度上挤占了问屋的工作，问屋的住宿也逐渐役人化。此外，御用交通也同村町役人联系起来，在东海道及其附属街道的美浓路，幕府于宽文五年（1665）区分了问屋给米与肝尖给米。而承担五十人五十匹的中山道，其浦和宿于正德二年（1712）则将庭钱作为问屋场经费使用。

担任传马役的宿驿租马业者的商品输送是有限的，也无法饲养多匹马，但存在助乡的承包马匹业务。特别在助乡扩大的享保时期，田中丘隅的《民间概要》记录了承包远距离间助乡村马匹的宿役人。马借可以承包助马村、助乡村的马，但若增加马与马夫，扩大经营规模，购马费与饲料钱以及雇佣马夫的费用就会成为棘手的问题。此外，元禄时期维持马匹需要耗费大量费用，因此人们不愿意拥有马匹了。

在山间地带从事商品货物运输的信州的中马与会津的中付驽者等专以运输为生的马夫，他们依附于宿驿，通过宿驿进行有偿运输。这种情况最初是依靠手马运输自己的货物而得到准许的。其后，中马等不再买卖自己的货物而是专门为他人运货，这威胁到了宿驿的发展，因此在由特产生产而衍生出的农民商品经济得以发展的宽文时期以后，他们同宿驿屡屡产生纷争。在宽文十三年（1673）三州街道的纷争之中，因为原本是作为副业的买卖，所以幕府从手马活动的商品运输中获得年供而认可其存在，在其后一段时间内中马活动繁荣，纷争不断。而会津的中付驽者于元禄八年（1695）也同宿驿产生过纷争。幕府最终决定公开认可中马业务活动，由此推动了其后中马的发展。

宿驿中还包括休泊业者。大名自身的本阵使用基本都是小旅店，不能期待高额的利润，且旅笼屋也只是为旅客提供住处，收益有限。而被人奚落为追求吃喝的游山玩水之旅才能增加利益。然而，舍得在旅笼费上花钱的旅客于近世后期才出现。宿驿之中还存在提供中马、牛方的牛马宿，但住宿费本身没有什么高额利润。牛马宿向荷继问屋的转变过程中出现了经济能力增强者，但这在宽政时期的甲州道中才出现，是以后的事情了。

宿场自中世以来便与游女关联颇深，业者的收入大幅度提升，但幕府是禁止宿屋以游女招揽生意的。延宝二年（1674）曾禁止过，但是贞享三年（1688）十二月又下令不准饭盛女从事类似游女的活动，由此可以看出饭盛女作为游女营生的状况还在持续。享保三年（1718）十月，饭盛女在江户开了一家二人经营、十里四方的旅笼屋，此后别家都以此为准营业。然而，据《民间省要》记载，经营游女屋的人们会被旅店的住民所回避，在享保时期内无缘成为普通的旅笼屋。这种通过经营而增加财力的旅笼屋作为联盟在宿内发挥重大力量是在近世后期。此外，茶屋的营业收益不高，在宿内没有什么势力。

三都或城下町等城市成立了町飞脚。大阪于延宝七年的町指南《难波雀》《难波鹤》中介绍了江户六日飞脚、京大阪通路鱼荷飞脚、长崎飞脚,元禄九年的《难波丸》又新增了江户飞脚、尾张飞脚、吴服飞脚等相关介绍。如此,除书信、小包裹之外,还出现了运输鱼类与和服的业者。除三都、长崎外,尾张间的飞脚也出现了。他们的核心是江户六日飞脚基础之上的三度飞脚。这是于宽文三年(1663)由三都的商人们协议启动,翌年由二条城与大阪城的城番众授予其营业许可。而作为定飞脚的岛屋于宽文十一年拉起了金飞脚的招牌。此外,生丝等量轻价高的商品运输也有增加。岛屋还于享保、延享时期(1716—1748)将分店开到了福岛及上州的伊势崎、高崎、藤冈。三都间的通信与货币、汇款运输等需求量大,町飞脚无需负担马匹的费用,因而经营负担小。然而,雇用定飞脚的主管人,从其在草津追分捐献的石灯笼来看并不是单纯的奉公人,他们与北前船的船长一样在某种程度上保持独立性。由于飞脚屋并没有耗费成本的马,为了使用宿驿的马匹,他们希望使用绘符(廉价券)或以幕府承认的定飞脚进行特权化运输,除了书信或金银汇款运输,在物资运输方面作为运输业还是受限的。

　　交通机构整备也促进了人口移动,使得除了安全方面存在问题的海路之外的陆路与河川上的旅客移动活跃起来。以行走于全国各地的幕府役人或往来于江户的诸大名及其家臣为首,武家的往来最先活跃起来,特别是参勤交代制使得大名与家臣的往来频繁。各藩都去往大阪设置仓库,且在京都建房售卖藏物或保证御用物资。另外,京都是朝廷与有力寺社的所在地,宽永以后,特别是宽文、延宝时期以后,相关役人来往于两地的公务旅行越发频繁。町人、农民的行商之旅也在这个时期繁盛起来。发展到东国各地的近江商人也出入虾夷地区,富山制药也于元禄时期去往弘前行商。

　　关于参拜寺社之旅,进入近世之后,巡礼旅行、参拜伊势逐渐代替了参拜熊野成为主流,再加上近邻各地著名的寺院和神社,远道而来特别是去参拜伊势两宫的人不断增加。招待神宫参拜者们住宿的是伊势御师,他们的人数在享保九年(1724)达到最多。可以进行长时间旅行的人,自然是那些经济比较充裕的町人。为此,宝永二年(1705),以本无法独立前往伊势参拜的女性和孩子们为中心的中下层民众，为了参拜伊势而开展了独立参拜活动，这一活动演变成了超过三百六十二万人参加的全国性独立参拜。受此影响，全国参拜神宫的热情更加高涨，享保三年（1718）虽为普通年份，参拜神宫的人数也达到了五十万。享保年间之后，在信州上田城下町和东北的守山町，孩子们进行独立参拜的活动成为一种习俗固定了下来，此事可从上田町和守山町的记录中得到证实。此外，对一般寺社的参拜，例如人数仅次于伊势神宫的高野山参拜于贞享到元禄时期开始发展，西国巡礼和金毗罗寺则分别从延宝到元禄年间开始迎来了大量的参拜者。

为保护宿驿而被允许开市的宿场町，在宽文、延宝到元禄时期，旅客的往来也增多，无论是作为流通地域中心还是町场的势力都有增强。准确描绘景观的天和期完成的分间绘图《东海道绘图》与元禄三年出版的修订版《东海道分间绘图》呈现给我们的，除了宿驿，也有村落的住宅群与包括板屋在内的住宅区。

除梅泽之外，南湖、八幡、一宫、汤本、上畑、畑、笹原、一之山、塚原、大滨等地零零散散地分布着茶屋集落。这些宿驿之间的间村、间宿、住宅区的茶屋等在正德五年（1715）六月下令禁止旅笼屋后也开始招揽住宿者。

宿驿、间宿的发展也受益于旅客的增多，而旅客增加以及旅客传播的信息，也为相关出版做出了重要贡献。武家或公家、僧侣等知识人总结的地志与游记被刊行出来，特别是从贞享二年发行的《木曾路乃记》开始，贝原益轩的游记《和州巡览记》《吾妻路之记》《京城胜览》等大量旅行介绍书产生了很大影响。除了"三都"的书店或宿坊、寺社外，当地人也开始刊行旅行介绍的绘图与道中记，以及寺社介绍的印刷图，进一步招揽旅行之人。绘图方面在天河时期（1681—1684），出现了一张包含关东到畿内的印花版《诸国道中大绘图》，而很快又于元禄年间（1688—1704）在金泽的书肆出现了详细记录北陆道的《金泽至伊势大环线之图》。万治二年（1659）发行的书籍目录中收录了高野图、伊势图、日光图、镰仓图,天和目录中也新收录了身延山图、大佛图、延历寺图。在三都出现了介绍各地门前町、古都内的寺社、名胜古迹的都市介绍图。延宝九年(1681)出版了吉野山内之人所制的案内图《新版吉野山名所》,此外镰仓图也于延宝以后在当地发行。从宽文至元禄时期,当地的书店都开始出现一张介绍地方名胜地城市的图纸,通过这种绘图招揽参拜神社及参观名胜古迹的游客。

中山道的《木曾通名所尽》(承应前后)与东海道的《道中记》(明历元年)刊行之后,介绍街道的道中记盛行一时。《道中记》之中不仅包括路程,也加入了名胜古迹,还有极少部分记录了名物。在元禄三年刊行的《东海道分间绘图》的书前说明中清楚记载了名物,还大量收录了宿驿、间村的名物、特产。

寺社参拜者的增加导致寺社门前也出现了茶屋。比睿山下,唐崎神社门前的宿场被称为坂本,由于参拜唐崎神社的人们不断增加,到了元禄期那里茶屋聚集,形成了唐崎町,这被人们认为是唐崎神社后来变为名胜古迹、旅游胜地的起因。另外,元禄五年(1692)大佛修复开眼祭奠之后有所谓名胜案内人的存在。作为临时佣工,他们被小刀铁匠介绍给游客,小刀铁匠们是为了给购入特产小刀的旅客提供优惠条件才为他们介绍案内人的。元禄时期,来到日本的德国人也曾记载了在京都购买各种特产的旅客。

在确立了这样的近世交通体系的元禄、享保时期,至少奈良、京都以及大阪都在向旅客贩卖特产。像奈良这样的古都中,影响力较大的门前町为了应对不断增加的参拜者,不止旅游住宿业,特产的贩卖、生产行业也迅速发展。并且,部分行业出现了景点介绍资料的刊行与贩卖,案内人同他们的中间人也开始出现。往来旅客数量庞大的东海道上也出现了大量名产,由此出现了与特产的生产贩卖相关的工作以及提供特色饮食的茶屋,甚至宿驿之间也出现了茶屋的集落。这样一来,可以认为在这个时代中,即便是侧街之上,只要是旅客往来频繁之处存在著名的寺社或名胜古迹,参拜者、游学者就会在此聚集,也就会有在茶屋中贩卖名物、特产的活动及茶屋集落出现。

近世中后期的商品经济发展,使得物与人的移动频繁起来。从事买积活动的北前船等回船或地区经济圈内的小回船活动开始繁荣,而北前船等也使得从事赁积业务的回船与川船活动活跃起来,使得开展赁积业务的中马等运输业者语町飞脚的活动也兴盛起来。不容忽视的是在此近世运输发展之中赁积运输的迅速发展,其重要性也有所增加。此外,旅客的增加推动了旅笼屋、茶屋及温泉汤宿等的振兴,与物流一同支撑着近世都市的发展。其中在海运方面,曾有捕鲸船等外国船频繁来到日本近海,回船与其接触并进行物物交换。另外,类似萨摩藩这样因负责将军饮食而利用这种特殊关系与琉球进行秘密交易,也使得交通体系的框架发生了动摇。

天保时期的偷渡行为在旅笼屋的引导下日渐增多,这使得陆上交通的框架发生动摇。然而,这些偷渡者们并不是作为核心盘查对象的武家,因此关所役人往往也就放任不管了。而且,作为支撑这种交通体系的根基,五街道的宿驿、助乡制逐渐由于财政的恶化而窘迫不堪,而这些负担又被转嫁于助乡。但是,与水运的繁荣一样,街道上有大量旅客往来,饭盛旅笼屋兴盛,旅笼屋联盟在宿驿内拥有很大势力。近世交通并未以原本住宿业的旅笼屋繁荣为核心发展旅行相关的行业,而成了游女屋即饭盛旅笼屋的兴盛这一畸形状态。然而,街道主路及名胜地的旅笼屋和茶屋,加之名物、特产的生产贩卖及案内人等旅行、观光相关产业广泛发展,也支撑着各地区的经济。

第三节　城市化的发展

一、城区的扩大

近世前期经济发展速度比较快,与之相对,近世中后期的经济增速放缓,尤其是耕地面积增长速度变慢,新田开发和水利工程的数据在18

世纪之后显著减少,但农业生产力得到提高,人均产量和单位面积土地的产出都逐渐增加。根据速水融等经济史学者的研究,日本的人口增长速度在近世中期以后也变慢了,甚至江户、大阪、京都等"三都"以及各地城镇的人口也逐渐持平甚至有所减少。关于日本近世都市社会的研究,在 1970 年代以前,受马克思主义以及近代主义史观的影响,重视其作为流通节点的性质与功能。城下町被认为是封建权力的附庸,尤其喜欢与西欧自治都市做对比,强调日本的城市缺少自由和自治,包括都市下层民众在内的都市民众被认为无法成为变革的主体。1980 年代后对日本近世都市史的研究日益多样化,以下主要依据提供了比较新的通说的日本学者岩渊令治的研究进行介绍。①

　　渡边浩一将近世都市分为两类,一类是在领主之下创造出来的城下町,另一类是存在于城下町之外乡村地域,作为都市性场所的在方町。伊藤毅也阐明了这一多样的近世都市的成立过程。之后,尤其是从 17 世纪后半叶到 18 世纪,在"德川的和平"之下,以全国性的生产力的提高与商品流通的确立为背景,是城市得以扩大其规模并发展的时期。另一方面,在村落中,由于 17 世纪后半叶家的成立与耕地开发达到极限,出现了不能继承土地的人,紧接着随着之后阶层分化的紧张,向都市的人口流入不断进行下去。而且,在城下町,伴随着政治性的集中带来的领主的各种大量需求,也伴随着流通上机能的差异、时间差,各个都市的社会也逐渐变化。

　　在这样的近世都市中,最为普遍性地展开的就是领主居住地的通过政治、经济集中而创造出来的城下町。实际上,京都也通过丰臣秀吉的都市改造及德川幕府的二条城建设被改造了,在近世有着突出的城市规模的"三都"都是拥有城堡的直辖都市。作为前近代日本都市中普遍性的都市类型,吉田伸之提到了与古代都城相并列的近世的城下町。

① 岩淵令治「近世都市社会の展開」、『岩波講座 日本歴史 第 11 巻 近世 2』、岩波書店、2014 年。另外,关于城市内的社会构造,也参考了吉田伸之的研究(《成熟的江户》,熊远报译,北京大学出版社,2011 年等)。

现阶段最为总括性地把握城下町社会构造的,是吉田伸之的分节构造论。吉田认为城下町是以城堡作为中核,由家臣及藩主的直属奉公人居住的武家地和足轻町、寺社地、町人地,以及基于他们各自身份居住的部分社会,在关联的同时且并存的分节性的构造。中世后期开始在武家成长过程中产生出来,经过战国时期织田信长的乐市乐座,以及丰臣秀吉的刀狩令、兵农分离等织丰政权的政策后,他们各自的母体才集中到城下町。此外,与由权力所编成的这种基本性分节构造不同,大约在 18 世纪以后,以巨大的商人为磁极,形成了新的社会,与此相对,也逐渐形成了都市下层社会。这二者共同瓦解着当初形成的分节构造。另外吉田也注意到,建设临街商铺的"表店"阶层集结而成的市场社会,也是一个重要的都市社会单位。

通过动员大名的天下普请,经过宽永十三年(1636)江户城外城河修建,江户城就大体成形了。这一初期的江户,就像"江户图屏风""武州丰岛郡江户庄图"显示的那样,由护城河包围,主要大名的宅邸设在城内,通过填埋日比谷湾等建成的内神田、日本桥、京桥地区等被设定为町人地。

在 17 世纪后半期都市区域扩大了,这一最初的形状也变化了。正如众所周知的那样,荻生徂徕在《政谈》中就说道,江户与乡村的区分消失了,从千住到品川,住家连片。初期江户的町数被认为有 30 个町;在正德三年(1713)加上本所、深川、浅草、小石川、牛入、市谷、四谷、赤坂、麻布的代官所支配的 259 个新町,已经有 933 町;在延享二年(1745)加入了寺社奉行支配的门前町,延享四年达到了 1678 町;之后在天保十四年(1843)更是变为 1719 町。新增加的是,外城河以外以及在深川、本所成立的町,和由向闲置地的扩建及运河填埋等方式对中心部土地高密度利用而成立起来的町。

关于江户的人口,尽管在享保六年(1721)以后的町人地的人口只能断片性地了解到,但据推测大约有五十万人左右。与此相对,尽管不是正确的调查,庆长十五年(1610)前后的人口为大约十五万人,元禄六年

（1693）为约 35 万人。根据这些数字，至少从十七世纪后半期到 18 世纪
初期，就开始了都市的扩大与飞跃性地人口流入与增加。这一人口增长
的原因并不是在 17 世纪前半期都市成立期那种短期性的大规模土木事
业，而在于全国性的生产增长与商品流通经济的发展。江户作为一大消
费市场的同时，也以作为关东、东北地区的中央市场、与京都方面连结的
中转市场来发挥着机能，实现了发展。并且，江户商品流通活跃化，担负
流通的劳动力需求，进而针对他们的消费的生业的成立，也是其重要的
发展背景。江户作为与京都、大阪并列的"三津"之一登上历史舞台，是
贞享、元禄时期（1684—1704）的事情。

　　一直以来，作为江户城在空间上获得扩大的契机，1657 年的明历大
火受到了关注，这场火灾甚至烧毁了江户城天守阁。但实际上，在这次
火灾之前，由于住宅不足，大名在城外获得宅邸的活动便存在了，失去耕
地的百姓也在街头经营买卖起来。从事建筑史研究的金行信辅就阐明
了，即使早在元和到明历时期（1615—1658）拜领屋敷就不足了，大名家
进行着拜领希望地的自律性选定活动。这时非法性的拜领住宅买卖行
为也潜伏存在着，幕府实际上也不得不容忍。自律性地购入、借用作为
闲置住宅的农地、町屋的现象也很多。至少关于向城外的扩张，从早期
开始，针对并不充沛的政府拜领武家住宅的分配体系，就已经存在着拜
领者的活动了。

　　17 世纪后半期开始一直到 18 世纪，向近邻农村的都市区域的扩张，
在名古屋的"町续地"、金泽的地子町等全国的城下町都能够看到。尽管
明历大火成为武家住宅及寺社向城外大规模转移的都市计划的契机，但
如金行信辅所述，实际的都市扩张虽然有地域差距，也是从这之前就发
生了。

　　武家地的展开成为都市扩张动因之一。作为具体的事例如距离日
本桥四公里远的江户北郊的近邻农村驹入村。这个村庄是以四百石的
中等旱地、下等旱地为中心的旱地村庄，南北有日光御成道纵贯，村内也
有中山道分岔街道沿线的村子。宝永四年（1707），麟祥院领的百姓以

"武士住宅、寺领并寺地、町屋等入组,已被屡次征用,土地混杂"为由,恳请检地。

在 27 个町中,离江户最近的片町的起源可以追溯到宽永时期,有十四个町在延宝时期之前就成立了。以后沿着街道向北,町场化持续发展,大体在 18 世纪初停止。町场化的契机伴随着明历大火、天和大火带来的町屋搬迁,伴随着上地带来的耕地丧失,以包括武家、寺社在内的地域居民为对象的买卖的展开,江户府外商人向街道沿线的发展,作为江户与近郊农村物流据点的蔬菜市场的成立,利用街道的旅人、参拜客的增加等。

作为其结果,在驹入村设置了禁止乘骑马匹进入江户府内的下马桩,可以从中看出幕府认识到了从这些地方向内的建筑物密集化。之后,幕府在文政元年(1818)划定江户边界的"江户朱印图"中,驹入村南半部中有三分之一被包含到了町奉行所管辖的黑线范围内。村内已经变成武家地、寺社地、町人地同耕地、百姓住房相混杂。

这样在江户,除了早期形成的丸之内等地的大名宅邸街区及中心部的日本桥、京桥、内神田等地的老街,其余地方在空间上就变为武家地、寺社地、町人地相混杂的状态。尤其是在麻布、四谷、驹入等市镇边上的山手地区,除了街道沿线,在寺社、武家地也有町场产生的情况。由于居住于各藩藩邸的执勤武士的外出次数、时间受到限制,其活动范围基本上是距离藩邸两公里以内。另外,购买物品不仅是他们自己在江户的消费品,还包括经常送回自己藩国,成为藩国生活资材的一部分。中心部的町以外,对于居住在靠近武家地的市场边缘的町的人们而言,武家成为重要的顾客。尤其是大量藩士居住的大名宅邸,在幕末之前各自作为编成地域居民的核心之一而存续着。

二、町的发展

岩渊令治认为,町之于城市而言,相当于乡下的村,是城市里町人的基础组织,它的成立标志着工商业的发展而带来的都市的稠密化,进而生命与财产的保全成为大势所趋。在新创设的城下町,也创出了町。这些町的基本性质大致是与全国都市共通的。

　　町拥有独自的法律与财源,作为共同体相互地保证成员的财产与安全。在江户日本桥北侧的伊势町,每年四月会在浅草叫作藤屋的饭店举办由正式成员出席的会议,进行有关町政、祭礼、信仰的商谈及新加入者的会面等。关于町政,会讨论到与设施及空间管理相关的出资办法和对新加入者的问候金的规定等。并且,也有将这些决定作为町规成文化的情况。在伊势町制成了被认为是汇总这种町规的"町内定账"。另外,寄合的经费由新加入或者换代继承的家主或作为其代理人的管家向町支付的问候金来充当,不足金额则由其他的家主平均分摊。剩下的经费,记入町的"诸事入用账"。这样,町就执行着各自町政的运营,有着独自的法律与财务。

　　町的正式成员是持有町屋的家主。近世的町与村不同,相当于年贡的地子多被免除,不过作为正式成员的家主要向幕府承担无偿劳动。职人聚居的职人町提供职人役,其他的町则负责提供劳动力,比如为将幕府所需的茶从宇治运至江户,伊势町就负担过在三天之内将 21 个茶壶包捆起来并搬运的杂工。日本全国城下町中明确负担过劳动的 40 个都市,据研究须负担城中扫除和疏浚河道及建设工程的帮工,在领地内向村庄的继夫及通过城下时驿马所需的杂工,町中的道路桥梁的清扫与建设杂工,火灾及洪水时的杂工,参觐交代等藩主移动之时的接送人,等等。

　　被认为最早完成条文化的町法是京都冷泉町在天正十三年(1585)正月制定的町式目,以及在天正十六年三月制定的作为其追加事项的式目,二者均是对町屋买卖的规定。在前者当中记录到,町屋的购入者要向町缴纳十分之一的交易金作为礼金,并且要缴纳五十匹的问候金,还要款待酒宴。另外后者中也规定,向武家奉公人及艺能民出售町屋时,将向推荐人课以三十贯文的罚金,在町内家主同意的基础上由卖方出十贯钱作为礼金,在向外租房时要得到町的年寄众的许可,并交两百文的礼金。京都的町法最初规定的是与町屋买卖相关的条例。其后出现的町式目也大多是管理町屋的买卖。这与以农耕为中核,将"与公有及私有森林的用益、菜地的草与土、收成相关的事项"作为中心的村规,有着决定性的差异。町屋的所有,决定其构成成员,在保证其财产的意义上成为町的根本,町住宅买卖的规定是最为重要的规定之一。町住宅买卖及出租的契约,仅有买卖当事者的一致还不能成立,町的承认是不可欠缺的。

　　关于江户,尽管十七世纪前半期的町的景观并不十分清楚,但一般认为家主自身的町屋由店铺与住宅构成,町屋之中面对大街的部分是由从家主到租地乃至于租房的人们的门面所构成的。最晚到 17 世纪后半期,町的住民就不再只是由家主所组成的了,但是在町共同体中,租地或租房者不是正式的成员。

　　幕藩权力,将町和村一样作为支配的单位来利用。在 17 世纪中期,文书会从町奉行所传达给负责与惣町町政相关事务的町年寄,再由各个町的名主或者月行事(由家主或管家每月轮流担任的职务)在町年寄衙门誊抄文书,传达给各家的家主(或者作为管理人的管家),最后再由他们传达给租客。在伊势町的话,在町的记录里也有向町年寄提出的町中连判账的文言的抄件,显示出町文书的传达正是町作为幕府城市支配的基干。此外,户籍管理也是以町为单位来进行的,在伊势町名主管理着户籍簿与管家手印,并且,名主也负责濑户物町、骏河町及其他十个町与中之桥的管理,也单独地承担了道净桥的管理。这种町的基本性质与机能,是与京都、大阪等其他城下町共通的。

　　町的住民构成也发生了变化。作为持有町屋的家主的共同体的町,无论是对于住民,还是对于幕藩权力,都是基本单位,在法制上也是町人地社会的基干。但进入 18 世纪后,町的住民构成发生了大的变化。第一是不仅有自己居住所在的町屋,还囤积多处町屋的人的出现;第二是并非居住在面对町屋街道的部分,而是在其后面部分的租客的出现。

　　町屋囤积是作为在町屋的租房经营,以及资金调达与公共性承包的信用源泉来进行的。结果是町屋的价格上升了。玉井哲雄考察了京桥地区的町的实际买卖价格的推移,指出在 17 世纪价格持续地急剧上升,之后可能受到货币改铸政策的影响,在享保五年(1720)开始到宽延二年(1749)曾暂时下跌,但之后又再次上升,18世纪后半期才安定下来。最晚到17世纪中叶,江户的町屋弱化了身份制性质,商品化性质加强。幕府为应对住房价格高涨的情况,在宝永七年到正德元年(1710—1711)和宽保四年即延享元年(1744)曾两度命各町制成沽券图,图记载有町屋的大小、家主、管家及沽券值即买卖价格。伴随着町住房的价格高涨,幕府的调查也在京都、大阪确认。

实际上,在家主中以持有町屋为本位的是,成为开发对象的土地上的先住民,由大资本承包进行开发的町里取得町屋的人,乃至于以将卖与买连接起来的批发所为必须的收货批发商。与此相对,对于经纪人、零售商以及由经纪人吸收了收货批发商机能的进货批发商而言,必要的是买卖的场所、市场范围,而不是町屋本身。在都市中的多数町屋作为商业上信用的源泉和产生利润的手段用于贷款的担保、町屋经营,成为被买卖的物件。吉田伸之将进行这种町屋囤积的大商人称为"大店",他们具有的特征是拥有自己的町屋并在这里全面展开店铺经营、通过营业面和生活面的两面来发展实力,使町内及近邻地区多样的居民置于其从属之下,通过持有多处町屋并进行町屋经营来与租铺商户对峙,他们是与豪商相并列的社会性权力。

在大街背面的小胡同或陋巷中的出租房屋中的住民,吉田伸之将其分为三层,上层是工钱职人层,中层是零细小商人和短工,最底层是进行工资劳动的日雇及寡妇。目前能够确认的町文书中,承应四年(1655)三月"组仕表棚里棚之者"是这种所谓里店的首次出现。此外,玉井哲雄指出,在沿街道或沿河的町,到享保时期以前,里店就形成了。岩田浩太郎从延宝七年(1679)的游卖令修改发现了作为17世纪后半期里店主要业态之一的货郎担游卖的增加。他认为伴随着都市内各种日常物资流通的增大,就引起了交通货物搬运劳动需求的高涨和短工的专门分化及贩卖。经过18世纪,在江户就滞留下了大量的这种都市下层民众。

他们很快就会转移住所。根据渡边尚志考察,在19世纪日本桥本右町一丁目的町屋(门面三间、里店十六间),从宽政八年到文政二年(1796—1819)的二十四年间,共有租客七十九人居住过,其中大约三分之一的二十三人居住时间不满半年,加上不满一年的人则达到44.3%,加上不满四年的则是70.9%。另一方面,十年以上的居住者有15.3%,十五年以上更是不过5.1%。转居的理由,有十五人是因穷困、房租未付、疾病而被收回房子,有十一人是随意的搬走。而且在明确知道转居地的二十六人中,有二十人是转出到江户市中,有两人是到关东的武藏国熊谷、上野国,有一人是到长崎,有三人是到江户以外,具体去向不明。

这样,町人地的住民就分化为了从门面层发展而来实现了巨大化的大店、在町屋门面做买卖的门面层,以及居住在町屋背里、基本并不开店,而是通过出工、游卖或作为家业的日雇、杂业等来赚钱进而自立生计的里店层。以事实上的出卖劳动力作为供给服务的"日用"层,是作为日用头及旅馆的寄宿人、被商人家雇用一年半载的下人,或者被武家雇用一年半载的奉公人而存在的。"日用"层是无家单身汉,因而移动频繁,如被解雇,也有较高可能性跌落为没有住处的流浪汉。吉田伸之在分析了阶层的基础上,将里店层与"日用"层把握为都市下层民众众、民众世界。

由于大店、里店层的产生,町的构成成员就变化了,各个町在秉持个性的同时,以在居家主为成员的共同体的性质也逐渐变化。以伊势町为例,町屋也作为物件被买卖。在有记录的大约二十年间里,能够看到十六次家主的交代,尤其在宝永三年(1706),寄合一举确认了六人的家主交代。在这样频繁的家主交代中,居住于自己所持有的町屋的在居家主也逐渐减少。例如在宝永三年购入了町屋的冬木小平治住在南茅场町的木材批发店。同一年代际交替了的三谷三九郎住在本革屋町的大型汇兑店,骏河町的三井家在元禄五年(1692)买入的町屋的卖主是在京都的同族的三井三郎右卫门。到明治四年(1871),二十五个宅邸中,家主在居的不过五户,其中有两户还是由同一个在居家主所持有的。

伴随着家主的不在化,各町屋的管理及脚夫、町役的负担就逐渐变为了由作为地主代理人的管家来承担。另外,持有多处町屋的在居家主铃木三右卫门，在包括自己居住的町屋，都设置了管家。在居家主也回避町政，以至于设置管家。据记载，享保七年（1722）的水井调查中，二十九名水井持有者"井主"，由于都是担任月行事，因此不是家主就是管家。在这些"井主"中，可以确认有三井的管家及在居地主铃木的三名管家。而且"井主"中有六人并不是家主，但因为在享保十年向熊野三山进奉的劝化金和家主一样而被特别记载了。另一方面，在有实力的大米批发商成井善三郎及三井之外，判明姓名的家主中，没有一个成为"井主"。因此，可以认为当时担任伊势町町政月行事的多数是管家。17 世纪末以后，江户的町政就逐渐变成由"管家的町中"来负担了。而且，从二十九名"井主"中有六人是酒批发商，六人是酒经纪人可以知道，在管家中经营买卖的人也不少。

家主在购入了相近的多处町屋后，厌倦两处町屋的管理负担，会进行町屋的合并。伊势町家主在宝永三年（1706）、宝永七年是三十二人，从正德元年到正德五年（1711—1715）成为二十九人，正德六年到享保十年（1716—1725）成为三十人。在明治五年（1873）时，町屋变成了二十五笔（区划）。明治时期发行地券之前，町屋在事实上就已经被合并了，而且从元禄、享保时期这种现象就开始了。

合并带来的家主的减少，以家主人数作为基准被赋课的向幕府负担的脚夫就成为问题。而且，在町内的町役负担上，也产生了问题。

在正德三年（1713），为使家主人数不再减少而制定了协定。做出协定是在此三年前的寄合，针对希望合并所持的相互靠近的町屋为一人的家主的请求，町会以"自身番小役较多，存在麻烦"为由不予认可。实际上，这种由于"合并—家主减少—管家减少"而带来的町役、脚夫负担增加的问题，是在此之前就已经发生了的。进而，在正德六年的寄合，鉴于作为买房或者抵押的担保而入手的新的家主肆意减少管家，协定今后尽量不要减少管家。这种情况下，脚夫的负担金钱化了。

与家主减少、管家的町中的成立相并列，值得注目的还有名主的变化与书役的设置。关于伊势町能够确认的最早的名主，是在宽永二十一年(1644)町屋的买卖证书上署名的"伊势善次",被推测为大致是町成立最初的名主。在万治三年(1660)"伊势善六"将町内有实力者所拥有的角屋以 3550 两的价格卖给了铃木三右卫门。从延宝九年(1681)的买卖证书中作为名主的谷村彦市登场来看,可以认为尽管伊势家在伊势町的角町持有町屋并居住于此,但没落后卖掉了町屋,又退让出名主。之后,谷村家在宝永七年(1710)因行为不端,被町奉行所解除了名主一职。町被命令进行后任者的人选,提名邻近的骏河町的堺屋七郎兵卫为候补。但是,因堺屋以曾患疾病为由将名主一职辞退,并没有被任命,最终变成了大传马町名主马入勘解由的支配。作为其结果,伊势町就和大传马町一和二丁目、大传马盐町、通旅笼町、堀留町一和二丁目一起,纳入了马入的支配下。

这里值得注意的是,与町奉行所将名主的选出委托给町相对,伊势町并没有从自己的町里推出候补人。江户的町的名主在享保七年(1722)被编为十七组。吉田伸之注意到一个名主要负责多个町的支配,将他们称为"支配名主",将其成立追溯到元禄时期前半期。吉田提到在元禄时期,通过河渠的填埋而新成立的町,由附近的名主"付支配",另外早已成立的町中个别性存在的名主也急剧减少,有的成为邻近名主的"付支配"。伊势町就是后者的例子。但是,关于没有从町内选出名主,吉田认为这是由于家主的不在化,才使得町内没有候补名主。岩渊令治则认为,在当时的伊势町,也是存在铃木三右卫门、有实力的大米批发商成井善三郎等在居家主的。尽管也有候补名主,但并没有从町内,而是推荐了邻近町的原名主。这可以被视为是家主逐渐忌避町政的倾向。

此外町奉行所在享保六年(1721)九月,将町内事务委任给町代的町以及不是派月行事而是派町代来代替名主的町视为问题,命令他们废止町代,家主与管家要积极地参与到町政中。但是,由于各町对町代的依赖性很强,次年十月,月行事被名主叫来,在以可能低薪聘用"会记"为前提下,询问他们的意见。町召开了"町内家主众中寄合",鉴于町代没有之后会出现"无奈之事"等情况,决定以每年支给五两金的薪水,聘用以前的町代忠助作为书役即会计。

　　岩渊令治认为，"町的名主"的消失与"支配名主"的成立，以及书役的设置也是家主忌避脚夫、町役的结果。这样町的运营，町政就被托付给了被委任的管家，町共同体变成了"管家的町中"，而且名主也变成了对行政很专业的"支配名主"。

　　另外，作为家主的代理人而被设置的管家，也逐渐自立于家主。在正德三年（1713），江户町人在买卖、继承自家宅地或隐居时，向町内的赠送高额礼金的习惯被禁止。管家以町的花销为由向家主索要的过分出资也被视为了问题。而且，在违背家主的吩咐时，原来是家主"参照家臣"来处罚，家主与管家就发生了冲突。

　　随着时间发展，在伊势町被家主命令退职的管家实现了复职。多田文左卫门家，从18世纪初期开始就历代担任管家。元禄、享保时期，担任了铃木三右卫门町屋管家，从宽保三年（1743）起曾短暂退职，之后又担任了铃木三右卫门其他的町屋的管家。这个多田家的当主文左卫门，在文化三年（1806）因其兄长庄助租地欠下高达130两的地租滞纳，而被勒令退职。但文左卫门的五人组的管家、文左卫门的租户、伊势町的管家们请愿的结果，使得文左卫门的复职得以实现。而且尽管在四年后的文化七年再次被勒令退职，五人组及有实力的租户发出了文左卫门的留任请愿，最终也实现了留任。町役的负担与实际居住使得担任这一职位的管家们与租户间的关系变得很密切。

　　产生于家主的町役忌避与不在化的管家，本来应该站在家主的"家臣"这一立场，但通过町内管家之间的结合或受到与租客关系的支撑，逃逸出了家主的支配。

三、"三都"与全国市场

　　17世纪以后，农业的商品经济化逐渐进展。棉花、红花、蓝靛、油菜籽等成为重要的交易商品。三桠、楮树、黄栌以及茶叶等具有地方特色的产物也大受欢迎。葡萄牙人和西班牙人带来的烟叶逐渐突破领主的禁令，被广泛种植以满足不断增长的市场需求。在东海、北陆、奥羽以及关东等地,养蚕业逐渐繁荣,生丝产量成倍增长。从中国进口的生丝逐渐被日本国产的生丝所取代。农民手中的余粮逐渐增加,更多的大米进入商品市场。沙丁鱼、鲱鱼、海带甚至鲸鱼等水产业日渐繁荣,越来越多的海产品也进入市场成为商品。农业经济的商品化促进了农村手工业的发展,生产棉纱、棉布、染料乃至丝绸,以及纸、油和蜡烛等日常用品。经济比较发达的农村部出现了所谓"在乡町"。与主要依附大名的居城而发展起来的城下町不同,这种农村区域的集镇主要是伴随着农业经济的发达而形成的。

当然,在幕藩体制下,城市的经济发展更加显著。城下町之外,还有依附港口发展起来的港町、依附旅馆发展起来的宿场町、依附寺社发展起来的门前町等,都是为了满足各种各样商品化的需要而形成的工商业者聚集的地方。16世纪末到17世纪初的日本,出现了一个据说在世界史上也有数的城建高潮,主要是因为在幕藩体制建立和稳定化的过程中,许多规模较大的外样大名被规模更小但是数量更多的谱代大名所取代,于是相应地增加了领主居城的数量,城下町也随之而起。大名将居城作为通知领国的军事政治中心,也将工商业者集中到城下町,作为掌控经济的中心之地,同时也有意识地限制此外的町的形成和发展,或者将其纳入统一的支配。领主任命町役人负责行政管理和经营事务。能够成为町役人的自然都是各行各业能够得到体制认可的精英人物。领主主要征收作为实物地租的大米,为了满足各种需要,必须将大米作为商品出售,然后再从市场上购买各种商品。这些工作需要有经营才能的人替领主完成。于是,一些御用商人不仅以满足领主需要为前提得到权力认可的对领国内特定商品的垄断经营权,也往往得以独占领国之外的商品交易。为了方便管理,工商业者往往按照不同的业种集中居住,在日本各地留下了至今仍然常见的地名,如鱼町的居民主要从事渔业捕捞及贩卖,大工町的居民主要做木匠活儿,八百屋町的居民主要是贩卖蔬菜等,吴服町则顾名思义是生产和服的人们聚居的地方。

占据了日本全国市场中心地位的,是所谓"三都",即传统工艺中心京都、新发展起来的政治、经济中心江户和传统的港口与技术城市大阪。各个领主的对商品出售和购买的需要，往往都是通过这三大都市完成。尤其是大阪，在近世前期成为全国性市场的中心。领主特许的豪商们在各地港口建立自己的物流系统，替领主们完成出售贡米以及各藩特产的工作，同时也替他们购买各种治理和生活所需的物资。最上层的町人积累的财富远超一般大名，获得巨额财富的豪商们进一步通过借钱给有需要的领主来增强自己的影响力。当然，町人的主体还是各种小商人、工匠、学徒和雇工，以及地位更加低下的行商与短工等等。

各藩也纷纷在大阪建立自己的仓储库房，各地贡米和特产汇聚此处，再出售到各地市场。大阪的工商业经营能力惊人，聚集了大规模的人口，据说在 17 世纪末已经达到 34.5 万人之多。单纯论人口数字虽然尚不如据说算上郊区人口可达 35 万人的京都，但是商业活跃程度已经远远超过主要依赖传统工艺的京都。此外，著名的传统港口堺和近世最主要的外贸港口长崎的人口，也达到 6 万人。

近世日本最大的城市是江户，人口据可靠估计大概在 17 世纪末就增长到 50 万人，其规模大体相当于 18 世纪初的伦敦。只是，江户并没有什么突出的产业，不是靠经济发展自然成长起来的都市，而是作为幕藩体制统治的权力中心而出现的一种畸形的繁荣。兵农分离的原则和参觐交代制度，使得大量不事生产的武士聚集到江户，他们主要依靠领主发放的固定工资即俸禄米生活，需要俸禄换成各种各样的物资，于是为他们服务的各行各业的人员蜂拥而至，形成了一个规模巨大的商品市场。与此相对，大阪、堺以及长崎等商业城市的武士人口只占少数。

从中世以来，日本国内商品流通的基本走向是指向中心的单行道，尤其是以京都、奈良的公家贵族以及寺社领族为主要消费者，不仅是作为地租的粮食，各种原材料和手工制品也主要为中央地带的上层精英所享用。各种批发商从朝廷或大的领主那里获得垄断经营的权力，结成"座"，负责运输和出售相应的商品，获得利润并向朝廷或领主缴纳营业税。近世日本则逐步形成了以"三都"即大阪、江户和京都为中心、在全国范围内循环流通的商品市场。

如前所述，德川幕府修建了五条主要的交通干道，东海道经太平洋沿岸连接起江户和京都，中山道则是通过中部山区将江户与京都连通，日光干道的整备首先是为了便于从江户到日光去参拜供奉德川家康的神社，此外还有连接宇都宫和白河的奥州道、连接江户和甲府的甲州道。并命令沿线村民要按照规定提供所需人力和马匹。幕府修建这些交通干线的初衷自然不是为商品流通服务的，不但设有很多关卡，还故意在大河渡口处不设渡桥，但其对于全国性的人口移动还是有相当大的促进作用的。"三都"在 1663 年设立町飞脚，开展定期邮递的业务，据说从江户到京都，90 个小时便可将邮件送达，加急的话，只需要 60 个小时。由于陆运不便，近海航运逐渐发展起来。有的藩如南部藩将大量贡米经由海运送往江户出售。从大阪经海路运往江户的各种物资更是数量庞大。1627 年，成立了菱垣回船行会。

江户时代在市场上流通的货币包括金币、银币与铜钱，所谓"三货"即指这三种货币。经济的发展推动了对货币的巨大需求，但是自从 16 世纪以来，随着倭寇被清剿以及日宋贸易的减少，流入日本的中国钱币数量骤减。私铸钱币应运而生，但其质量低劣，导致巨大的混乱。不同成色的货币在市场上流通，人们自然不愿接受劣币，只愿接受良币，即所谓"选钱"。近世初期采用石高制，其实反映了货币不足的困境，只能用实物地租替代。所幸在 16 世纪前期，从中国传入"吹灰法"用于石见银山等的开发，日本的白银产量迅速提高，甚至从之前的进口国转变为出口国。便于切割携带的银作为一种称量货币在市场上越来越多地流通。吹灰法也被运用于甲斐、骏河等地的金矿开发。甲斐著名的武士领主武田信玄开始铸造金币，即所谓甲州金。

江户开府之后，德川氏便把全日本的矿山收为直辖，建立起统一的货币制度。1601 年设立了金座、银座和钱座。金币包括大判、小判等。银币包括海参状银和豆瓣银等，按重量来计价，仍然是称量货币。幕府发行的铜钱包括 1606 年的庆长通宝、1617 年的元和通宝等，1 枚是 1

文。另外,来自中国的永乐通宝虽然在 1608 年遭到禁止,其实依然在市场上流通。1636 年宽永通宝发行之后,除了最初两处设在江户和近江的钱座,仙台、冈山、水户等各地又设立了若干处钱座,铸币量不断提高,日本的国产钱才逐渐在全国普及。但是,中国钱基本退出日本市场,要等到元禄年间,足足花费了近百年的时间。三货制度的实施其实反映了近世日本依然残留了中世末期形成的多元货币体系。西日本多产银,因此京都、大阪等地主要使用作为称量货币的银币。东日本多产金,所以关东流行甲州金等金币。而铜钱则作为辅助货币使用。

统一市场的发展带来了全国性的金融信贷活动的发展,虽然幕府规定了三种不同货币之间的交换比率,但是并不能改变市场供需决定货币价格的规律,币值的差异和波动给货币兑换商带来可观的套利空间,从而出现了专营货币兑换的"两替"商人。其中资金雄厚之辈即所谓"本两替"商不仅兑换货币,还积极从事存款放款、票据贴现乃至汇兑等金融业务,为有实力且有需求的工商业者提供金融服务。1660 年成立的行会组织"十人两替",以其财力和地位为基础,承担了维持行业经营秩序的功能。大阪鸿池屋是其中的佼佼者。起家于棉布绸缎业务的江户越后屋,获得幕府的信任,成为御用汇兑商,业务遍及江户、京都、大阪等"三都"之地,在为幕府服务的同时,也获得高额利息,发展成为著名的高利贷金融家族三井组。

虽然有人高度评价日本町人的近代性,其实,必须注意其与生俱来的对权力的寄生性。在基本无法展开正常海外贸易的锁国制度下,为将军以及各藩领主服务以谋求利益是其最主要的业务内容,能够满足幕藩权力的需要是其得以存续的基础,其看似风光的地位完全系之于幕藩权力的意志,由于缺乏财产权的独立性,因此并没有形成转化为工业资本的内在动力和法制保障。町人虽然在年轻时期或者创业时期,一般会强调勤勉节俭等价值观,但在积蓄大量财富之后,往往以竞相豪奢为荣。这种及时行乐思想的背景就是对幕藩权力的寄生性所带来的生活的不确定性,例如,江户豪商石川六兵卫在 1681 年被幕府没收家产,大阪的淀屋在 1705 年遭到查封。只要有必要,幕府总是能够找到足够的理由,比如衣着宴饮超越身份等级等。像近世日本著名小说家井原西鹤所说的那样,人生如梦,世间一切不过是浮云。日语所谓"浮世",一方面感叹世事无常,一方面强调行乐需及时,很好地反映了这种情绪。井原西鹤认为,理想的町人的一生是,年轻时接受长辈教导,成人后靠自己的双手积聚财富,45 岁以后便可以"躺平",尽情享受生活的乐趣。这种自食其力、发家致富的志向,反映了新兴町人阶级昂扬向上的一面,但是勤俭持家并不是一以贯之的终极价值,财务自由之后恣意寻欢作乐,才是生命的最后归宿,这在本质上完全不同于马克斯·韦伯所谓的那种坚持世俗内禁欲生活,以财富的不断增值本身为目的的资本主义精神。

第四节　近世前期的社会与文化

一、儒学与日本社会

大约在日本近世初期出生的一批儒学者,在 17 世纪中叶到 17 世纪末迎来了其思想创造的高峰。其中最著名的有熊泽藩山、山崎闇斋、山鹿素行、伊藤仁斋、中村惕斋、贝原益轩等人。他们基本上年龄相差不大,在思想上也体现了一些相同的偏好。他们都曾经努力学习过朱子学,后来也都更多依靠汉唐时期的儒家经典注疏来形成自己的理解。他们也都越来越重视儒学和日本社会的龃龉之处,被后世日本学者广泛认为是立足于对日本人和日本文化的自觉而援引儒家学说,思考自己所面临的思想问题。以下主要根据平石直昭的研究介绍相关情况。[①]

与天主教信仰禁止的强化相联系,寺请制逐渐普遍化,日本全国各个家庭都被要求成为某个寺院的檀家,借此,佛教得以主宰与人之死有关的作为人生重要阶段的葬礼。这件事保障了佛教寺院和僧侣在幕藩制国家与社会中获得了可靠的地位。同时,这也意味着来自儒者一方的视僧侣等

---

① 参见平石直昭『日本政治思想史——近世を中心に』、放送大学教育振興会、1997 年、第四章。

同于无益游民的批判基本失去了说服力。而且,初期的儒者们所抱持的,让近世日本成为具有儒教性质的礼教国家的构想基本落空了。

松永尺五(1592—1657)是藤原惺窝的门人,属于儒学程朱学派。与林罗山、那波活所、堀杏庵并称为"窝门四天王"。松永尺五在他的著作《彝伦抄》的文末,举出《周礼》《仪礼》《礼记》《(文公)家礼》作为参考文献的同时,关于冠婚葬祭的四礼,写道:"若以儒道行之,人心越发趋于正道",而四民之外的"游手好闲居无定所之人、未尽其责为国家蠹虫之民"将自然而然改之。当时,松永尺五仍考虑冠婚葬祭等生活中重要阶段的重大活动,有可能全面采用儒教的礼仪。然而,随着寺请制的普遍化,这样的前景日益变得不太可能了。

17世纪后半期也出现了池田光政(1609—1682)、保科正之(1611—1673)、德川光圀(1628—1701)等一批所谓"明君"。他们遵从儒教理念以为藩政与幕府的指导,在各自的领地上整顿寺院神社和建设学校。德川光圀是《大日本史》的编纂的倡导者和支持者。保科正之作为德川家光同父异母的弟弟,曾在第四代将军家纲年幼时期担任辅佐,在庆安事件(1651年)的处理和明历大火(1657年)之后的重建中扮演重要角色。他信奉朱子学,招徕山崎闇斋,采用所谓文治主义的政治方针。他废止了战国时期以来的各种酷刑,发布严禁殉死的命令,废止了作为人质的证人制,厉行节俭而不再重修遭遇火灾的江户城天守阁,在自己的领地会津藩实行社仓法。殉死的惯习是日本武士特色传统的一个核心要素,受到武家社会异常的重视,德川家光过世之际尚有两位老中殉死。保科正之修订《武家诸法度》,将殉死禁令列入其中,强制在日本全国执行,其重要根据便是儒家的仁爱观念。

崇传和天海等手握大权的僧侣陆续过世,信奉朱子学的林家的地位相对而言逐渐提高。朱子学为代表的儒学在日本不断渗透,日本的思想家们随着学问的深入也开始试着根据自身所处的历史与社会脉络对儒教的范畴进行重新解释。在这个过程中,发生了程朱学的相对化,围绕着程朱学的评价亦于儒教内部产生分歧。贝原益轩(1630—1717)执笔《大疑录》(1713),伊藤仁斋批判程朱学,熊泽蕃山折中程朱学和阳明学,山鹿素行复古于周公孔子,所谓的"宽政异学之禁"便是在这样的背景下发生的。

宽政异学之禁起因于山鹿素行(1622—1685)出版了直接批判朱子学的书籍,以及熊泽藩山(1619—1691)集结了倡议阳明心学的同志,因此而受到了幕府的谴责,被流放或被命谪居。幕府以其学问理念为理由给予处罚,可以说体现了权力对思想的镇压。但是也不可忽视当时特殊的政治局势所造成的影响。首先是身为朱子学的死忠支持者且执幕府牛耳的保科正之(1611—1672),以其个人意志强力打压非朱子学者。其次是当时由于庆安事件(1651)而引发政局不安,而山鹿素行、熊泽藩山有着为数众多的熟人与门生,其中包括高级武士和公家,甚至连大名亦参与其中,因此而被视为具有政治上的危险性。更何况他们本身又是没有主君的浪人武士。因此,与其说幕阁全体以朱子学为官学而进行思想镇压,毋宁说是由于上述具体的政治理由,掌权者在如何对儒教思想进行重新解释的意见分歧中发挥了定调作用。

在这样的背景中,当时的儒者们认为首先必须解决的一个问题便是:如何定义以天皇为中心的京都的朝廷和以将军为中心的江户幕府相并立的现实情况。关于王权,以儒教的政治思想言之,即有德者受天命即天子之位,则天下治。这样的看法在《本佐录》里写得很清楚。在这种情况下,大权握于天子一人之手,对"天"负有全盘责任。这样的理论自然无法处理幕府与朝廷相并立的事态,必须确定以哪一方为天命的承担者。确立了对全国支配权的德川家自然应该是天命的承担者,以前崇传(1569—1633)便表达了这样的观点,而近世初期的山鹿素行等人以及稍晚的新井白石(1657—1725)和荻生徂徕(1666—1728)、太宰春台(1680—1747)等人也有同样的理解。

但是在儒学者中也有着与此相异的看法,即所谓重视君臣之义的名分论的立场,朱子学便强调了这一点。即使王不具有实际统治天下的力量,臣子下克上地夺王权也违反了君臣大义。如此,臣子便被视为王权的篡夺者,即权力欠缺了正统性。在近世日本的儒者之中,这样的立场特别为山崎闇斋(1618—1682)的门人浅见絅斋(1652—1711)所强调。

他未从正面对德川氏的统治权力本身的合法性有所批判，但是他将源赖朝(1147—1199)视为篡权者而加以谴责，并且终生未曾踏上关东的土地一步。从这些言行上，能清楚地看到浅见絅斋认为京都的天皇才是唯一正统的权力来源。他的门派中，到幕末便出现了梅田云滨(1815—1859)一类高举尊皇倒幕大旗的志士。同样是儒学，既能够用来维护幕藩制下的秩序和将军权力的正统性，同时又准备了对幕府权力的合法性进行拆解的立场。这正是历史的吊诡之处。

也有观点认为朝廷和幕府二者相辅相成，共同维持了日本整体秩序。熊泽藩山的论点便是一例。他认为将军家尊崇天皇是为了日本全体制序的安定之故，对将军家而言也颇有帮助。这是因为若拥有压倒性实力的幕府尊崇宫中的话，后者便能延续治理天下的传统文化的价值，日本亦得以避免野蛮的夷狄之称。而且通过将军家尊崇几乎毫无实力的宫中一事，大名们也能因此心服于将军的治理。这对将军家而言也是理想的情况。藩山的此般看法，可以说是对当时的朝幕关系所具备的维持社会秩序功能的含蓄洞察。而在此之后，后期水户学派的藤田幽谷(1774—1826)等继承此说，为他们尊皇敬幕论的思想来源。

礼乐制度的相对主义问题也非常重要。松永尺五(1592—1657)考虑在冠婚葬祭的四礼上实行儒礼。然经寺请制的普及，已难以实现此般构想。在这样的历史条件下，由中国的圣人所制定的礼乐制度，对于日本的合适程度究竟如何？中江藤树早就针对这个问题提出了"时处位之至善"的论点作为解答，即礼法并非恒常不变，因人所处时位之制宜则为至善。但是对于条件的变化究竟怎样应对才算是真正合适呢？中江藤树为此而特别重视"权"的意义。

熊泽藩山继承了这样的看法。例如他区别"道"和"法"："法乃中国圣人所共语，代代相替。况移于日本，多有行事。道为三纲五常，配于天地人，配于五行。……法应圣人时处位，作予事之宜，故以其代配道。倘时去人位移，胜法多有所用。"如此，其称"三纲五常"的道德规范为"道"，有着普遍妥当性；称现实生活中实际使用的礼乐制度为"法"，应根据时处位而变化。这种二分法的观点,在近世前期的儒者思想中颇为常见。

其实在中国宋代的儒学中也同样有着礼乐制度相对主义的观念。例如程颐(1033—1107)对实现理想世界必须复封建制度和井田制之古的主张,称其"非圣人之达道","善治者,得圣人之意,而不胶其迹。迹者,圣人因一时之利而利焉者耳"。这意味着在尊重追求天下太平的圣人意图的同时,不必拘束圣人作为一时方便的手段。

与此同时,中国宋代的儒者中也存在着礼乐制度能治万世的观念。这与在《论语》中,对于问治国之方的颜渊,孔子回答折中四代的礼乐(夏之时、殷之车、周之冠、舜之乐)的这一章的解释有关。根据程子等人所言,孔子通过折中四代的礼乐的长处,试图建立不论在哪个世代皆能成为典范的礼乐,即"立万世常行之道"。但是在日本近世前期的儒者的议论中,很少会强调这一方面。他们从宋儒们的议论里学习的主要是礼乐制度相对主义的议论,将其视为重点并加以继承。这一事实很好地体现了中国儒学在日本被接受的方式。

近世日本儒学观念中还有一点和中国儒学不同,即特别重视职分观、天职观。关于武士职分的问题,较早的中江藤树以及稍晚的山鹿素行和熊泽藩山等人认为,武士的职责不只是武备,亦必须对农工商三民进行统治和道德教化。这体现了对于原本是战士角色的武士在德川和平社会中继续存在的理由的探求。另一方面,幕藩制国家的形成过程中,推进武士的官僚化,也需要追求与之相应的伦理。不仅是在上级支配阶层,在一般的武士阶层也要求有作为统治者的自觉。从古代中国的孟子以降,一直认为是儒教的士的功能的道德教化的工作,现在被日本儒者交给了武士。在此能看到与前述池田光政等藩主们的文治主义倾向相对应的思想变化。战争年代孕育的粗暴野蛮的战国武士精神,开始被儒教式的"士"的观念所渗透。

值得注意的是,山鹿素行等人在赋予武士以道德教化的职责同时,也对三民赋予一种勤劳共同体的意义。比如素行,不仅对人类,对鸟兽、鱼虫、草木等一切的生物,都认为:"只为求食而不暇,一年之间一日一时亦不可忘飞走游昆，物皆然也，而人之上农工商又如此，士苟不勤而终其一生，可谓天之贼民。"在此，素行有种所有的生物为了生存而必须不停活动的世界观，而且在此对生物而言有种理所当然的伦理感。作为其中一环，人必须是先劳动后吃饭，对照此伦理标准而进行判定，无关乎人的身份之别。而未完成"职业"上的义务者，即使是武士也会被批判是"天之贼民"。正是为了避免这样的批判，武士当为的职责便是成为三民的道德模范。山鹿素行首先重视的是否定无为徒食的勤劳伦理，然后才是所谓"三纲五常"的儒教道德。中国儒教也有着类似的肯定勤劳伦理的传统。山鹿素行援引三民勤业来论证士亦当勤业的理论，与儒家厌恶无为徒食的传统是一致的。其不同在于，程子乃是立足于传"道"的儒者即知识分子的立场，而素行则是将其适用于近世日本不断文治官僚化的武士即"甲胄之士"，从而展开其"士道"论的。

关于一般庶民阶层的职分论。在儒教中原来有所谓的"裁成辅相"和"天职"的观念。前者如《程子易传·泰卦·象传》中"后以裁成天地之道，辅相天地之宜，以左右民"所记，与天地相比肩的德行深厚的圣人，帮助使万物生长的天地的化育作用，以达成安定民生的事业。而有关后者，在《孟子·万章下》可见到，孟子援引晋平公和亥唐的朋友关系，王公者对身为朋友的贤者"共天位，共治天职，共食其天禄"一处，主张只有这样做才与其地位相应，才叫"尊贤"。从这个用例中可知"天职"可谓由君相等为政者所行的统治人民的工作，带有原为天所掌的重要工作，他们作为天之代理而行的含意。因此在此称为"天职"以期与一般的职业相区别。

此般在古典儒教的"裁成辅相"和"天职"的观念，也为宋代的程朱学所继承。但可在当中看到微妙的变化。并不只指由圣人或君相进行统治或教化的事业，虽然非常罕见，但把一般庶民的劳动也与以上诸语建立关系。例如程子举农耕等事说道，那些是君主使民"辅助化育之功，成其丰美之利也"（《程子易传·泰卦·象传》）。庶民没有直接被作为"裁成辅相"者，但是也看成是作为君的辅助者。这与上述的程子的勤业观相关。而在朱子,更明确地赋予了一般职业也是"天职"的一环的意义:"耳目口鼻之在人,尚各有攸司,况人在天地间,自农商工贾等而上之,不知其几,皆其所当尽者。……本分当为者,一事有阙,便废天职。"(《朱子语类》,卷十三)以人体的各部位器官来比喻社会的各身份职业,正如各器官能正常运作所以人能活动一样,社会也正因各身份、职业者各尽其本分,才得以尽天职。在此可以说社会是作为一个整体而受天所托付的。只是他对这样的"天职"的用法只记载在和弟子的私人的问答录《朱子语类》中,在正式的经书注释书中,上述仅涉统治之事的传统释义还保持着。

而接受了这样的看法的日本近世前期的中村惕斋(1629 — 1702),对《诗经》《魏风》《伐檀》的"君子不素餐"加注如下:"盖人为万物之长,凡生立于世者,各应其身,无不任裁成辅相之天职,若未勤其职徒饮食者,当知皆为素餐者。"(《诗经示蒙句解》)。由此可知他继承了朱子与弟子的私人对话中所使用的"天职"用例,更进一步明确了一般庶民的职业为"天职"。在此不仅是原诗的主题的"君子","凡生立于世者"皆具"裁成辅相之天职"。

这样的惕斋的主张,从思想史的角度来看,接受了从前的松永尺五所强调的"修身"以下的道德义务适用于万人的说法,此说法不只是单纯贯穿到学问修业的知性的、道德的行为,也贯彻到工作当中。此与"人为万物之长"的命题被联系在一起来主张是日本近世的特征。从前中江藤树从心学的立场揭示的观念,亦为中村惕斋从程朱学的立场予以揭示。从当中可以看到包含一般庶民在内的,提高日本人作为"人"的自觉的努力。而作为勤业伦理和职业观,重要的是中村惕斋的天职观和铃木正三的职业观并不相同。铃木正三的思想中带有很强的佛教的身体不净的观念,勤业是为消灭烦恼和业障之故。对此,惕斋"人作为万物之灵"、助"天地之化育",为此而工作。即使铃木的思想与勤业伦理相同,关于其意义却截然不同。而在宫崎安贞(1623—1697)《农业全书》等书中也可以明白看到,作为近世职业观而普及的是惕斋的"天职观"。

江户时代日本儒学之发展的另一个影响深远的特征是所谓"日本中朝主义"的展开,其最早的代表者当推山鹿素行。素行作为日本江户时代前

期最重要的儒学者之一,亦曾入将军侍讲林罗山之门学习朱子学,但他于
1666 年慨然刊行激烈批判朱子学的《圣教要录》,提出一套自称"圣学"的经
学解释体系。近代以来学界公认素行所创新说为日本式儒学即"古学"的
开端。所谓古学,指不取朱子等"新学"的经义解释,直接通过古代圣人的
著作而学习其"道"。素行的朱子学批判是日本思想史上的著名事件,关
于其古学转向的思想史意义已取得了丰富的研究成果。① 但值得注意的
是,素行不仅是儒学者,同时也是名高于世的兵学家。在刊行《圣教要
录》之后,他也终于确立了独立的兵学流派"山鹿流兵学",完成了从作为
战斗技术的传统兵学向作为"武士阶级的政治学、伦理学"的近世兵学的
转变。②

　　山鹿素行对当时的政治、思想状况并不满意。他认为:"风俗不正,
虽属治平,其末有弊。唯改风变俗,天下悉一道德而异端邪说不行,则君
臣父子之道明,上下尊卑之分正,人人以天地之德为德,万代无夷狄之风

---

① 关于山鹿素行的古学和朱子学之间的关系,一般认为其古学是通过批判朱子学而发展出的
新的儒学。持这种观点的代表性学者包括井上哲次郎、丸山真男、朱谦之等。在反省传统观
点的基础上,田原嗣郎又进一步指出,山鹿素行的古学所批评的其实不是来自中国的真正的
朱子学,而是日本的朱子学,换而言之,是他们所误解的中国朱子学(田原嗣郎:『德川思想史
研究』第一章,东京,未来社,1967)。先行研究的共同特点在于分析山鹿素行的古学所取得
的思想进展。本书则在学习现有研究成果的基础上,将重点置于分析素行思维方式中的局
限性,试图揭示素行对朱子学或日本朱子学的批判,在很大程度上并非学问或思想的探讨,
而是带有强烈的政治批判的性质。也正是因此,素行虽然以批判朱子学为目标,却对朱熹本
人有着高度评价:"朱子勃兴其间,不违其教辞,以折衷辩论,近取日用平常之论,论彝伦之
上,章句《大学》《中庸》,集注《论语》《孟子》,注解《诗》《易》,竟以四书为人人可读可学之书,
设或问,发微旨,定《家礼》,编《纲目》,教《小学》,详《启蒙》,其有功于圣门,孟轲之后,唯有朱
元晦也。圣学之传,到宋每有过高之病,故学者舍近求远,处下窥高,驰心空妙之域,陆子之
徒专鸣于世,周、程、张、杨、罗、李多表儒,而其标的在高尚。微朱子,学者悉左衽也。"(『山鹿
语类』卷第三十五,井上哲次郎、蟹江义丸编:『日本倫理彙編(第四卷)』,277 页,东京,育成
会,1901)又如:"或问阳明朱子之说,其优劣如何? 师(指山鹿素行)曰:朱王二家格物之论,
唯在穷理与致良知。……如王氏之说,切揭良知之宗,事物为之应接,悉为良知之作用来,乃
其发明不正,为学之功夫,专骋聪明,矜意见,而所言所为,皆落在异端,其功验最放荡也。故
以愚考之,朱说有益于学者甚多也。"(『山鹿语类』卷第三十三,井上哲次郎、蟹江义丸编:『日
本倫理彙編(第四卷)』,159—160 页,东京,育成会,1901)如果忽略了这一点而仅仅从其思想
发展的角度进行分析,不利于全面把握山鹿素行的学问特点。
② 堀勇雄:『山鹿素行』,75 页,东京,吉川弘文馆,1987。

俗也。"①这明显是基于儒家政教一致的理想而形成的现状批判:只要人们的道德尚未统一,异端邪说依然存在,就不是真正理想的治世。② 素行所谓异端邪说,主要是指佛教和基督教。他认为异端思想得以传播的根源在于缺乏积极的教化政策,而教化的内容自然是儒学,如素行所言:"如何可求修身,不若学问……所谓学问者学圣人之教而问也。"③他积极提倡"设学校立道学",实行"六艺"等儒学式教化。对此有人怀疑这是中国的传统,只怕在日本难以推广。素行反驳道:"考之以令之所出,记录之所载,本朝至中古亦有其遗意。然及于战国而治教不详,其弊至于今日,更非今世之过也。"并进而宣扬日本风俗天然与儒家理想相通,甚至远胜中国,一旦推广儒学,便可立收成效:"本朝风俗自然淳朴,虽不晓道学之名,然于君臣、父子、兄弟、朋友、夫妇之道,同于禽兽之行迹者,虽四方之边鄙亦希。此天照大神之神德遍及于四方之末也。……以是言之,本朝之风俗远过异朝之处多矣。若圣学之化广、教导之节详,风俗可速正也。"④他在此援引神道观念为助,也是为了推广儒教。他在宣扬日本的优越性时所依据的评价标准实际上是来自儒学,他甚至主张把佛寺和神社改为儒家教学的场所。⑤

山鹿素行完全是从政治实用主义的角度出发来思考问题的,他希望引入儒学以指导日本政治,但是在他看来,当时信奉朱子学的日本儒者们根本无法完成这一任务:"凡圣人之道,在日用平生之间,若远索考隐,则道遂隐。世说太极皆高骛,而其所言语,到得而不可言,甚违圣人之意。愚何以知违圣人之意?孔门学者唯日用之功耳。今人开口则谈太

---

① 広瀬豊编山鹿素行全集思想篇(第五卷)、岩波書店、1940 年、第 25 页。
② 基于儒家理想而对近世日本政治状况投以批判性目光的儒者不只山鹿素行一人,如渡边浩曾引用儒者堀景山(1688—1757)《不尽言》中的评论:"武家以其武力而取得天下,只管张扬其武威以胁下臣,强压而使归服,治国亦只恃上之威光与格式而为政",强调武家政治依赖暴力和威势的特性(渡边浩:「“御威光”と象徵——德川政治体制の一側面」、『思想』、1986 年 2 月、第 740 号)。
③ 広瀬豊编『山鹿素行全集思想篇(第五卷)』、岩波書店、1940 年、27 页。
④ 『山鹿素行全集思想篇(第五卷)』、45—46 页。
⑤ 『山鹿素行全集思想篇(第五卷)』、46 页。

极至理,下手则以寂然不动之事,是泥著一个理字,蔽塞偏倚,而不知圣人之道也。故力行日欠了,知仁月阙如,唯如泥塑人。学者以是为极,哪个是修身?哪个是新民?见来唯异端之异端也。"[1]是以,素行对当时日本的朱子学展开了激烈的批判。

素行首先强调圣人的道统在孔子之后已渐渐失传,以此全盘否定中日两国朱子学者(以及阳明学者等)的经学解释,然后又或隐或显地强调自己重新继承了道统。如在其《圣教要录》的《小序》中,他借弟子之口道:"圣人杳远,微言渐隐,汉唐宋明之学者诬世累惑,中华既然,况本朝乎? 先生勃兴二千载之后,垂迹于本朝,崇周公孔子之道,初举圣学之纲领。身也家也国也天下也,于文于武,其教学闻而无不通,为而无不效。先生之在于今世,殆时政之化乎。"[2]他排斥朱子学中体认超越之"理"的主张,把认知天地大道的权力归于圣人,又通过独占"道统"甚至自负为"圣人"而自我授予解释圣人之道的特权,这正是素行最后的理论归结。他由此而开创的古学适应了17世纪幕藩体制稳定化的需要:一方面严格限制可能危及秩序的思想自由,另一方面又极力激发武士们参与政治实践的热情。通过这样的思想操作,素行在限制他人自由思考的同时,赋予自身以思想创造的特权。以此新的儒学解释体系为理论基础,素行终于建立了以其姓氏命名的山鹿流兵学。

1656年,素行完成了《武教小学》《武教本论》《武教全书》等著作,此时他依然信奉朱子学,但已开始尝试融合儒学和兵学,构筑其名为"武教"的兵学体系。[3] 素行提出武教论,一方面突出军事的重要性以求适应武家政治,另一方面也主张依据儒家理想来修正当时的武断政治,谋求从"武威"向"武教"的转换。山鹿素行批判其他兵学者道:"古今论兵之士,专为杀略战阵,故兵法陷于一技之中。……士之业曰兵法。若不以兵法尽修

---

[1] 『山鹿语类』卷第四十三,井上哲次郎、蟹江义丸编:『日本伦理彙编(第四卷)』、646頁、東京、育成会、1901。

[2] 『日本思想大系32 山鹿素行』、340頁。

[3] 堀勇雄『山鹿素行』、東京、吉川弘文館、1987。

身正心治国平天下之道,兵法者不足用也。"①在《武教小学》的序言中,素行亦强调其根据日本特殊状况而提出的武教论符合儒家圣人之意。但此时他尚无有效的理论将圣人之道的普遍适用性和日本状况的特殊性统一起来。直到完成向古学立场的转换之后,他才通过自我授予解释"圣人之道"的特权,获得了重新定义兵学的自由,并最终确立了山鹿流兵学②。

　　山鹿流兵学的基本思路在于根据儒学重新解释兵学,将作为战斗技术的传统兵学发展为包括修身治国等学问在内的近世兵学。素行有言道:"兵法之大家者,孔子、老子、孟子诸先圣先贤皆兵法之大家也。于日本则自圣德太子至此方衮衮诸公皆兵法也。"③面对孔孟等人并无兵法之教,亦无兵书传世的质疑,素行辩道:"当世之四书、六经者皆此也。"因为"正士法,养义,治天下,治国,皆士之本也"④。为了加以区别,他将战斗技术的部分另称为"战法"。如他在比较楠木正成和义经在兵法上的成就时,认为正成"具智仁勇三德,平生守武之正道,心唯以义为本",可说得到了"兵法之骨髓",而义经平生行事无一遵守"武之义",临战则"奇变计略古今无匹",只可说得到了"兵法的皮肤",但也可说得到了"战法的骨髓"⑤。显然,素行认为兵法的重点不在于战斗技术,而在于修身治国之术。素行有言:"上兵者治天下国家,中者修身正心,下者练身体,手足能习,技艺能勤也。"⑥这不仅反映了他对兵法境界高下的评判,更体现了

---

① 『山鹿素行全集思想篇(第一卷)』,576页。
② 就逻辑关系而言,山鹿素行批判朱子学并提出古学在先,确立山鹿流兵学在后;但实际上素行是先通过学习儒学和观察日本社会而形成自己施政理想,提出了独特的武教论,然后再批判朱子学并创立古学,从而奠定了其武教论的思想基础,由此他才得以真正建立新的兵学流派。韩东育在论述山鹿素行的朱子学批判与其神道思想的关系时,曾指出素行"思想流脉的倒叙特征"(韩东育:《山鹿素行著作中的实用主义与民族主义关联》,《清华大学学报(哲学社会科学版)》,2006年第2期第21卷,1页)。本文所论述的其古学转向与其新兵学确立之间的关系,也表现出了同样的倾向:先形成自己所确信的观点,然后才着手构筑理论性的解释体系。显然,这与其实用主义的学问态度不无关系。
③ 『山鹿素行全集思想篇(第十一卷)』,319页。
④ 『山鹿素行全集思想篇(第十一卷)』,319页。
⑤ 『山鹿素行全集思想篇(第十一卷)』,284—285页。
⑥ 『山鹿素行全集思想篇(第十一卷)』,320页。

素行兵学中各组成部分的轻重次序。

　　新成立的山鹿流兵学有三个特点值得注意。首先是强调"武"的价值，使政治支配的武力基础正当化。第二是高扬"文"的价值，重视礼乐文教，追求实现幕藩政治的合理化。第三是导入儒家的德治主义来指导武家政治，力求赋予武力支配以道德上的合法性。其文武论的基本倾向是在强调以武为先的同时，致力于引入文的因素，以谋求幕藩政治的合理化。曾经是战斗者的武士，现在必须承担起文教政治，却又不能否定其作为战斗者的传统，尤其不能放弃以武勇为自豪的观念。素行正好为武士接受儒学提供了一套合用的逻辑。如同渡边浩所指出的那样，就整个幕藩支配秩序而言，主要是依靠武威（即所谓"御威光"），而缺乏"超越性道理"①。素行的学问思路正是试图依据"圣人之道"以补救武家政治秩序的内在缺陷。

　　山鹿素行所处的 17 世纪中后期的日本，正是武断政治向文治政治转换的时期。在当时的思想界，基督教被镇压，佛教被体制工具化，神道相对缺乏体系化的伦理，作为武士传统学问的兵学依然停留在军事领域。② 以朱子学为代表的儒学虽然基本符合幕藩体制正当化的需要，但是其中也蕴含着引发体制批判的危险性。③ 在此背景下，素行重新解释"理"的概念，批判朱子学而开创"古学"。他把认识天地大道的权力归于"圣人"，以限制普通人的自由思考；又进而以"道统"继承者自居，赋予自己解释圣人之道的特权。素行由此而获得了根据儒学重新解释"兵学"的思想根据，并最终确立了山鹿流兵学，成为幕藩制意识形态的先驱性思想家。他一方面积极肯定幕藩体制的正当性，另一方面又在现存支配

① 渡边浩：「"御威光"と象徴——德川政治体制の一側面」，『思想』，1986 年 2 月，第 740 号。
② 在素行看来，"当世之兵学者皆为名利也。"（『山鹿素行全集思想篇（第十一卷）』，256 页）这样的学问自然不宜用于指导幕府文教政策。另外，素行的兵学老师北条氏长的北条流兵学，也主张兵学是"士法""国家护持的作法"等（堀勇雄：『山鹿素行』，70 页，东京，吉川弘文馆，1987），但是其重点在于"心"的修养，依然带有"精神主义的色彩"（尾藤正英：「山鹿素行の思想の転回（下）」，『思想』，1971 年 3 月，第 561 号），不同于山鹿流兵学之志在国家天下。
③ 前田勉在论述朱子学在近世日本的功能时曾指出："儒者由于坚持儒教的普遍性原理，有着与现实社会、国家之间形成紧张关系的可能性。"（前田勉：「"武国"日本のなかでの朱子学の役割」，『日本思想史学』，2001 年，第 33 号）

关系的范围内积极谋求政治的完善,正是幕藩制意识形态的先驱性思想家。虽然山鹿素行因为个人际遇不佳而未能在政治上一展宏图,其门人却在平户藩、津轻藩等地藩政的确立过程中,发挥了积极的作用。①

　　另一方面,关于近代日本民族主义的原型,学界一般会追溯到日本近世初期即 17 世纪发展起来的所谓日本中朝(中华)主义,即主张日本而非中国才是中华(中朝)。山鹿素行的武士道论也典型地体现了这种观念,其完成于宽文九年(1669)的《中朝事实》,称日本为"中华""中国""中朝",称中国为"外朝",被视为其日本中朝主义的代表作品。② 山鹿素行的日本中朝主义,既表现为基于日本特殊主义的武士道论,同时又表现为基于现世普遍主义的儒学。带着身为"日本武士"的自觉,素行从"为士(指武士)之道,其俗殆足用异俗乎"③的考虑出发,模仿中国儒家的《小学》,编写了适应日本武士固有风习的《武教小学》。然而,素行之所以撰写《武教小学》,还有一个非常重要的理由:"俗残教弛,则自陷溺异端,人心之危也。"④在素行生活的 17 世纪的日本,儒学传入虽已颇有时日,但社会影响力尚属有限,主要在学者之间流传。接受了儒学的学者,逐渐萌发将儒学实际应用于社会教育和政治实践的愿望,并不断有人为此而努力,素行正是其中之一,有着致力于以儒学指导武士行动的强烈愿望。

---

① 前田勉指出:"(山鹿)素行的门人在藩政的确立期,作为与地方联系薄弱、直接服务于藩主的封建官僚,活跃于整备支配机构、强化藩主权力的政治活动中。"(前田勉:『近世日本の儒学と兵学』,155 頁,东京,ぺりかん社,1996)另可参考《山鹿家门人账》及其附录(见『山鹿素行全集思想篇(第十五卷)』,676—702 頁)。
② 与本稿关系密切的有关山鹿素行的研究,可参考刘长辉:『山鹿素行:"聖学"とその展開』(ぺりかん社、1998 年);中山広司:『山鹿素行の研究』(神道史学会、1988 年);玉悬博之:『山鹿素行の歴史思想——その歴史的世界と日本歴史の像』、日本東北大学大学院文学研究科日本思想史学研究室編『日本思想史研究』(通号 27)、1995 年;玉悬博之:『素行歴史思想の核心をなすもの——その神代観をめぐって』、日本文芸研究会編『文芸研究』(通号 137)、1994 年。其中玉悬博之的两篇论文,均收入其所著『近世日本の歴史思想』(ぺりかん社、2007 年)。
③ 広瀬豊編『山鹿素行全集思想篇(第一卷)』、岩波書店、1941 年、500 頁。
④ 広瀬豊編『山鹿素行全集思想篇(第一卷)』、岩波書店、1941 年、500 頁。

为了强化同时代日本人接受儒学的信心，素行着力论证日本自古便有着适合儒学传播的土壤。为了推广儒教，他特地援引日本旧来的神道观念，尤其是日本人对天皇的祖先天照大神即太阳神的崇拜为助。这种思路虽然方便实用，却反过来也构成了其日本中朝主义思想的形成契机。

面对孕育了儒学的中国，日本人不免会产生某种自卑感。出于确立日本人自信心的考虑，山鹿素行有不少刻意抬高日本而贬抑中国的言论，其论证的根据主要有两点。第一，中国被夷狄所侵直至灭亡："凡外朝其封疆太广，连续四夷，无封域之要，故藩屏屯戍甚多，不得守其约，失是一也；近迫四夷，故长城要塞之固，世世劳其人民，失是二也；守成之徒，或通狄构难，或奔狄泄其情，失是三也；匈奴、契丹、北房易窥其釁，数以劫夺，其失四也；终削其国，易其姓，而天下左衽，大失其五也。"[①]第二，中国有王朝更替。"夫外朝（中国）易姓，殆三十姓，戎狄入王者数世。春秋二百四十余年，臣子弑其国君者二十又五，况其先后之乱臣贼子，不可枚举。"[②]在素行看来，日本历史上不存在外族入侵，天皇的血脉也不曾断绝，这都是日本比中国优越的表现。此种中日比较虽然绝非公允，却遵循了一种普遍主义的价值标准，认为儒学的原理是通用于中日两国的。素行只是剪裁取舍甚至歪曲捏造各种似是而非的史实，用来展开自己的论证而已。总之，儒家普遍主义精神构成了素行思想的基石，其日本中朝主义的提出，亦服务于其引入儒家思想以规范武家政治的根本目的。这正符合了日本在经历长期战乱之后重建社会秩序的需要。

二、公家社会及其文化

虽然近世日本的权力中心无疑是在江户的幕府，但天皇的存在并非可有可无的点缀。天皇与其周围的各色人等所共同组成的公家社会对

---

① 広瀬豊編『山鹿素行全集思想篇（第十三卷）』、岩波書店、1940 年、21—22 頁。

② 広瀬豊編『山鹿素行全集思想篇（第十三卷）』、岩波書店、1940 年、42 頁。

近世日本的国家构造、社会整合与思想文化的演变都发挥着不可或缺的作用。虽然幕府颁布禁中并公家诸法度,之后又对紫衣事件加以严肃处理,如此种种无不表示出朝廷的一举一动都受控于东国武士政权的意志;但这并不意味着朝廷就是幕府政权的装饰品而已。以下相关内容的介绍,主要参考日本学者松泽克行的研究成果。①

根据松泽克行的研究,日本近世公家社会最大的特征在于:外部受到来自江户幕府的强大外力的保护与管制;内部则以摄家的权势最为显赫。所谓摄家即是指镰仓时代形成的,贵族之中地位最为尊贵的藤原氏嫡流五家(近卫、九条、二条、一条和鹰司),摄政—关白与太政大臣之位为这五家所垄断,因此又称为摄关家或五摄家。摄家虽然地位优隆,但并非一直都在朝廷中一手遮天,甚至其垄断的关白之位还曾一度被剥夺,让与了草民出身,天皇新赐姓丰臣的羽柴秀吉与他的侄子秀次。江户时代摄家权势的再兴与幕府对朝廷的管制与利用政策其实密不可分。

江户幕府作为近世日本的公权核心,也即"公仪",其地位的确立在一定程度上也有赖于朝廷的合作。天皇任命德川家作征夷大将军,赋予其以武家栋梁的地位统御全国的合法性,同时朝廷对武士的官位铨叙实际上也助力了武家政权内部身份等级的确立。除了这种政治功能的担当外,天皇还通过为国家太平与将军康健祈祷,派遣敕使东下日光东照宫宣赠神格等做法,以自身宗教性权威的身份,为幕府的统治加持"神力"。为此,幕府自然要相应地保证天皇及公家社会整体的经济基础,推进受战乱影响而荒废无力的朝廷展开复兴。

首先,幕府向天皇提供成为"禁内御料"的领地,到 18 世初的时候大约在三万余石左右。同时,上皇、法皇、女院、女御、东宫等这些天皇家族的领地也都由幕府进献。根据 1702 年左右完成的元禄乡账的记载,三万石不过全国石高总数的千分之一多一些,因此,天皇常常感到经费紧张。于是从享保时代开始,幕府又以"取替金"的名义向朝廷经常性地交

① 松澤克行「近世の公家社会」、『岩波講座 日本歴史 第 12 巻 近世 3』、岩波書店、2014 年。

付无息贷款,实际就等于补充性质的拨款。并且京都御所的建造与修理、各类仪式的开支与临时费用等,幕府也一并负担。对于亲王家与公家贵族,幕府也相应地提供领地或者禄米。

　　然而,幕府在满足朝廷的经济需求的同时,也没有放松对公家社会的统制,包括天皇的"禁内御料"在内的领地,全部为幕府管派人管理。同时,幕府也大力扶持摄家,使后者成为自己在朝廷内部的代言人,借之参与到朝政决定之中。这一体制得以形成的重要契机之一是庆长十四年(1610)发生的"猪熊事件"。左近卫少将猪熊教利是当时号称堪与光源氏比肩的"天下无双"的美男子。但可惜其荒唐不羁似乎也与光源氏相同,不仅自己与宫中女官私通,而且劝诱公卿与之一道淫乱。庆长十四年,事情最终败露,传到了后阳成天皇那里。天皇盛怒,意图将涉事公卿全部处死。然而在幕府的京都所司代的主持与交涉下,仅仅处死了猪熊本人与一名御医,其余公卿基本以流放结案。后阳成天皇对这一事件的最终判决极为不满,欲退位以示抗议。结果德川家康通过与摄家协作,成功地向天皇表达了自身的异议,迫使天皇暂缓了退位一事。

　　幕府受此事影响,更加重了对摄家的支持。以至于庆长二十年江户幕府颁布《禁中并公家诸法度》,其中第 11 条明确要求"关白、武家传奏及职事之宣告,堂上、地下之辈敢有违背,应处流罪"。这意味着幕府以法令的形式明确了摄家的权势远在其他公家之上。如此,与幕府合作,在朝廷内担当起核查天皇意志,传达幕府方针角色的近世摄家由此成立。另外,如第 11 条所言,除摄家外,幕府也大幅擢升了武家传奏的地位。武家传奏可以从幕府处收到五百俵的资助,这使得即便是身份较低、较为贫穷的公家,只要能配合幕府的意志就能够出任传奏,管理公家社会。

　　近世摄家煊赫一时,不仅是摄政、关白,就连左、右、内大臣的职位也几乎为摄家所把持。摄家之外次级的清华家、大臣家鲜有得到任命,即便任命了的,也很快即被换掉。根据《禁中并公家诸法度》第二条规定,仪式上现任三公(太政大臣、左大臣、右大臣)的座位高于亲王。摄家作为天皇的顾问,插手以官位铨叙为主的各种朝政决议之中,一般公家须结托某一摄家才能补官或升进,否则即便资格符合,也可能无法得到任命。这导致了摄家与其他贵族之间主从关系的出现,意味着武家社会的人际关系原理渗透到了公家社会之中。摄家将投入其门下的一般公家视作"家礼"加以统制,而一般公家则将自己所属的摄家尊为"御家门"受其恩典。摄家对于自己家礼的补任与升进拥有极大权限,不仅掌握着官位升迁与否的决定权,必要之时,甚至会向家礼发出要求后者辞官的指示。

除官位叙任外,学问方面,一般公家也必须依托摄家。前述任命征夷大将军、下使日光东照宫等活动都伴随着庄严隆重的仪式,而公家社会内部生活也为各种仪式所充满,因此,学习古来的典章制度(日语称为"有职故实"),从而掌握仪式的做法成为京都贵族们的必修课程,不能顺利主持仪式的公家甚至会受到褫职、蛰居等严厉处分。而藏书丰富,家传精微的五摄家只允许自己的家礼入内参研,并在必要时由当主出面直接指导。这就使得一般公家趋之若鹜地投入摄家门下。特别是以热心搜求书籍而出名的近卫家与一条家,更是家礼云集。最后,值得一提的是,摄家家门如此高逸,导致其在养子收继时更重地位而非血缘。与一般贵族会从比自己家格低的贵族那里收养继子不同,摄家只从其他摄家与皇族之中选择养子收继;而即便血缘再近,如果非摄家出身则不予考虑。

在幕府的支持下,天皇与朝廷发挥着护持武家政权的作用,同时公家社会集结在以幕府为后盾的摄家权势之下而运行。实际上除了作为政治机构的幕府与朝廷之间的往来外,作为社会身份团体的公家与武家之间也存在密切的互动。近世大名很多起家于战国时代,出身本不高贵。不过随着天下太平日久,也渐渐地贵族化了。因此,一方面大名们着手编纂家谱,意图将祖上追认到摄家一脉,另一方面也纷纷谋求使子女与公家通婚。德川家就将二代将军秀忠的女儿和子送入后水尾天皇的宫中,并嫁为天皇正妻。和子的女儿兴子内亲王更成为自孝谦天皇之后一千年里再次践祚的女帝。此种最高级别的公武联姻在幕末又再次出现，即孝明天皇的妹妹和宫嫁到东国，作了十四代将军家茂的正室。而在此之间，历代将军的正室也多为亲王家或摄家之后。政权上层的婚姻政策如此，自然全国大名也纷纷模仿，与京都的公家攀结姻缘。

而公家对此也表示接受，因为与武家间的交流可能改善其自身脆弱的经济状况。如前所述，幕府为公家也提供了一定的领地。然而到幕末，其中最高的也就是九条家的三千石，一般则多为一百到三百石的程度而已，甚至仅从幕府领取相当于三十石外加三人扶持的俸禄的公家也不在少数。宽文五年（1665）左右，堂上公家平均的知行在三百五十石多一些，即便根据五公五民来算，实际到手的也不到一百八十石。九条家在宽文年间有知行两千石，却因为家计所迫，而要委托十名町人照管生计。知行在一千石的鹰司家在同一时期也因为穷困而向幕府借银千枚。摄家如此，次级贵族更是窘迫。因此通过认定武家的家谱出身、同武家联姻等方式获得对方给予的财政援助就成为公家的救急之策。比如近卫家就依靠认定仙台藩主伊达家、弘前藩主津轻家与自家的渊源而获得了两藩每年共计三百两的献金。后来更从历年储蓄的献金中拨出一部分支借给两藩作了高利贷。婚姻关系也同样能够获利。比如小仓藩主细川忠兴的女儿阿万嫁入家格较低的乌丸家的时候，带来了两千石的知行。而另外又有六千两黄金的嫁妆，虽不支与乌丸家，但记在阿万名下，算是又借给了娘家的，每年能收到三百六十两的利息。这三百六十两的利息相当于细川家八百石的知行，与之前真正的知行合在一起就相当于两千八百石。因此，知行不到一千石的乌丸家等于娶了一位相当于其家产三倍的媳妇。除了经济上的利益外，由于联姻的存在，公家的子弟当中有些无法继承家业的则可以转而成为有血缘关系的武家的养子，通过这种方式成为武士，重新开启自己的人生。

公家社会的主要构成包括天皇、堂上公家、世袭亲王家、门迹、地下官人以及公家的家臣等。天皇在近世虽然名义上拥有授予官职、改定年号与颁布历法等权力，但其行使都受制于幕府的意志。武家官位的授予出自幕府的要求,朝廷不过发出一纸诏书而已,至于摄关、大臣等重要朝臣的任命,也往往受到幕府的影响。年号的变更则采取朝廷提出数个备选,然后由幕府决定的方式。另外,历法方面,17 世纪末的贞享历虽然是由朝廷负责天文历算的阴阳头土御门家呈上并经天皇裁决而颁行,然而其编制者乃是幕府初代天文方涩川春海。所以实际上,自贞享历开始,历法的实际编制权也转移到了幕府一面。可以说,在其仅有的几项象征性君主权力中,天皇也并不掌握全部的决定权。况且,天皇自身的活动又受到幕府的严格管理。自近世中期到幕末,在位的天皇除非因为火灾等特殊事故的原因,基本无法离开御所外出,形同软禁。

幕府对于天皇日常活动的内容也加以监督。当宽文十三年(1673)后西上皇(宽文三年已让位)欲购入名僧宗峰妙超的手迹作为茶室的装饰时,京都所司代以天皇本职在于修习政书与和歌,茶道不过个人爱好的缘由,竟然将上皇的意志驳回了。不过,正如有些日本学者所指出的那样,在近世,即便天皇的权力再空虚,天皇本身乃是日本的君主,这种认识不仅是公家社会的共识,也被幕府及武家社会所承认。也有学者将自古代代相续的天皇及公家集团称为"旧王朝",而德川家康所建立的武家政权则是"新王朝"。"新王朝"通过接受"旧王朝"的官职而获得合法性,这就意味着江户幕府从一开始就不可能是完全自由的。天皇在血统上的尊贵性与意识形态上的正统地位,在前近代社会中具有极大的政治影响力。有学者甚至认为,当考虑幕末时期面对内忧外患的幕府为何会提出大政委任论的对策时,天皇存在本身既有的这种政治影响力似乎也应当纳入视野之中,正是这种影响力给予了近世天皇制向近代天皇制转化的可能。然而,17 世纪末到 18 世纪的时候,幕府对天皇的态度也显示出了一定的矛盾性。按照新井白石的理念:承天享国,幕府官制,有创立将军的权威的想法。但是,又承认将军是天皇的臣下,还支援皇家,报答皇恩。直到 18 世纪末,幕府才确立对天皇的利用,即大政委任论。光格天皇时期发生的尊号事件,幕府以大政委任为根据,处理公卿,同时具有既抬升又限制天皇权威的意义。而从朝廷的立场来说,也有意于逐渐提高自己的主动权。

一旦讨论天皇在近世国家中的地位问题，必然会涉及《禁中并公家诸法度》。特别是其中第一条，"天子诸艺能之事，第一御学问也"，在日本历史上首次从法制层面明文规定了天皇的行为范围，堪称近世版的《皇室典范》。关于第一条的解释，长期以来认为是幕府意图将天皇与政治区隔，使之专心于和歌与学问的尝试。作为法制方面的材料，《禁中并公家诸法度》第一条与幕府压制朝廷的诸多事件一道，成为支持天皇无力论的证据。然而较新的研究成果则尝试再次解释其中的含义，认为第一条的内涵乃是期望天皇应负担起其在近世国家中的特定职务。这种观点认为第一条中所言天子"不学则不明古道"、"和歌自光孝天皇未绝。虽为绮语，我国习俗也。不可弃置"等句说明《禁中并公家诸法度》是要求天皇能够承担起日本固有的统治文化与习俗的象征性权威。亦有学者指出，第一条中要求天皇诵习的《贞观政要》《群书治要》等书所讲授的乃是帝王之术，因此不能认为《禁中并公家诸法度》的目的是将天皇与政治统治断绝，恰恰相反，天皇需要学习这些政书，陶冶政治修养，以便承担起作为日本君主的职务。

松泽克行进一步对天皇在近世国家中究竟承担着怎样的政治"职务"加以更为明确的界定。通过对灵元天皇的关白一条兼辉的日记进行解读，松泽发现，当时的京都所司代虽然对天皇不修儒学，一味热衷和歌以致不明义理的行为大为不满，但究其原因，乃在于深感天皇如此行事，公家社会上行下效，因此充斥着虚伪不忠之事。也即是说，幕府要求天皇修习政治，是期待后者能够在京都公卿的圈子内起到表率作用，承担起公家社会的君主之职而已，并不涉及全日本范围内的君主"职务"。

自应仁之乱以来，朝廷身处乱世之中，穷迫之极。很多公卿为养家糊口，不得不离开京都投身战国大名的庇护，有些甚至逐渐武家化了，比如著名的"战国三国司"：飞驒的姊小路家、伊势的北畠家和土佐的一条家。就算留在京都的，兵荒马乱之间也往往疏于本务。于是天皇身边，一时竟侍奉无人，朝廷很多仪式也无法展开。因此，等到天下底定，德川家康制定《禁中并公家诸法度》，本来也有促使当时的公家社会回归稳定，形成自律组织恢复朝廷正常运转的意图。正是基于此种认识，松泽才提出了上述的观点，认为《禁中并公家诸法度》中设想的理想天皇，乃是作为朝廷与公家集团的首领，统帅后者作为"公仪"的一部分发挥机能，维系近世国家体制。天皇代表的旧王朝和将军代表的新王朝同时并存，而天皇其实构成了幕府权威的一部分。

堂上公家，也即公家，意指世袭升殿资格，能够入值御所清凉殿的贵族。他们代代出任公卿，是公家社会中的上层。其中以前文介绍的摄家为最高一等，以下则分为清华家、大臣家、羽林家、名家与半家五等。到幕府倒台之时，一共是 137 家。在战国时代，公家社会分崩离析，气脉微弱。织田信长尝试再次确立公家身份，曾给个别公卿发出文书要求他们侍奉天皇、维持朝廷运转。丰臣秀吉也在天正十三年（1585）就任关白之后不久，命令对摄家以下的公家与门迹一并给予知行地，并且明确要求后者要专奉朝役。到了天正十六年（1588），秀吉更借后阳成天皇临幸聚乐第之机，一面增加公家的知行地，一面又要求包括摄家在内的公家全体要勉力奉公，同时通晓家道。关于家道，文禄二年（1593）经丰臣秀次奏请、后阳成天皇下诏，全体公家都分设了家业。丰臣政权通过介入公家的经济来源与职务设立，将朝廷集团组织起来并加以了控制。公家也在侍奉天皇精进家业的过程中，形成了近世的贵族身份制度。

德川政权也继承了织丰以来的政策。关原之战后不久，德川家康就给公家配置了知行地；而早在《禁中并公家诸法度》前，受前述猪熊事件的影响，幕府为打击京都乱象，统制公家社会，于庆长十八年颁布了《公家众法度》，共五条。其中规定修习家业、勤勉奉公是公家集团的义务。江户幕府对公家的管制尚不止于此。公家内部的继嗣问题，新家门的设立问题等等，幕府都参与其中。也即是说，幕府不仅从外在规定了公家社会的身份架构，而且参与到了公家内部某一具体的合格人选的决定过程之中。

此外，还有各种构成公家社会的身份。镰仓时代开始，代代继承亲王之位的世袭皇族出现,但到了战国时代则只有伏见宫家一家留存。近世之后又创设了八条宫家(桂宫家的前身)、高松宫家(有栖川宫家的前身)和闲院宫家,与伏见宫家并称四亲王家直到今日。世袭亲王家的设立目的在于万一天皇绝嗣则可以从四家之中择立新的天皇。另外,世袭亲王家又经常将自家的女儿嫁与将军家、御三家、御三卿等德川家族,使号称武家栋梁的将军一族更为尊贵。四亲王家的女儿中,婚姻状况已知的 31 例,其中 14 例都是嫁入了德川家族,占到近乎一半。

　　近世无论是皇家、亲王家还是公家,又往往会把自家子弟送入京都及附近诸国的寺院作住持。他们依靠公家子弟与世袭的家臣团管理寺院,与俗世的大贵族毫无二致。门迹就是指代的这些寺院或寺院住持。如前所述,丰臣秀吉将门迹与公家视为一体加以管理,江户时代门迹平均的知行有一千石左右,他们的职责则是为天皇的健康与国家的安泰祈祷,为近世国家体制贡献宗教层面的支持。其中,特别典型的例子就是日光的轮王寺。轮王寺的创建可以追溯到奈良时代,但其繁荣则有赖于幕府以之为东照宫的社寺。德川家康死后葬于日光,受封东照大权现,成为整个幕藩制国家的守护神。而轮王寺作为镇护日光的重要寺院,后水尾天皇特遣皇子守澄法亲王入寺作住持,创设轮王寺门迹。幕府也对轮王寺待遇优厚,极为重视。皇子入主的宫门迹,代代祭祀东照大权现,轮王寺可谓是近世国家体制的象征。因此,寺院领地在 18 世纪时就超过万石,历代门迹也都是皇族或亲王家出身,有时甚至强行将其他门迹转移过来继承轮王寺,目的当然是确保这一公武合作的象征屹立不倒。

　　地下官人是与堂上公家相对的,没有升殿资格的朝廷官吏。18 世纪中期有近 430 家,到 19 世纪中期则增加到一千余家。地下官人分为催官人、并官人与下官人三等。催官人有三家,即自平安时代以来便在太政官手下统领下级官吏的首班壬生家、押小路家与江户时代后地位上升的平田家。并官人阶层基本全部隶属于这三家,代代相袭,以自家专门的知识与技能效命朝廷。这两个阶层的官人靠平时的知行与参加仪式时发放的下行米作为收入。知行个别如壬生家有 100 石,多数都在 10

石以下,而下行米很多时候要用来支付仪式上物资调配的费用,所以最后留在手里的并没有多少。因此,当授予武家官位或者工商业者荣誉称号时获得的礼金,一般也会分一些给地下官人补贴家用,同时地下官人也会给堂上公家作管家换取收入,甚至有些家会收徒授业以赚取学费。

以上所说都是催官人与并官人,至于最末一等的下官人,则有不少根本就并非世袭的朝廷官员,而是来自京都及周边地区的町人与农民。他们平时从事各自的职业,一旦朝廷举行仪式,则穿上相应的装束,换一个地下官人的名字前往参加。所谓一人两名是也。

公家也有着自己的家臣。摄家、清华家与大臣家可设诸大夫、侍这类可以领官位的高级家臣,而其余的堂上公家则只能设杂掌一类无官无位的家臣统领家务。家臣之中,前文所形容的那种"一人两名"的兼职现象也有很多,甚至有些商人为了攀附名门,还专门献上礼金要求将自己的名字列入某家,做一个"挂名"家臣。

根据学者的研究,摄家一级的二条家在嘉永年间家领 1700 石,有男女家臣共 100 名;清华一级的今出川家家领不到 1700 石,18 世纪后期有男女家臣四五十名;同级的西园寺家家领 600 石,幕末时期有家臣 22 人;羽林一级的鹫尾家家领 180 石,宝历年间家臣 56 人;没有知行地,仅领取俸禄 30 石外加三人扶持的堤家幕末也有男女共 15 名家臣。而相比之下,3000 石的旗本有男家臣五十几名,1400 石的旗本有男女家臣共 43 人。与武家不同,公家社会的经济能力虽然有限,家臣数却意外庞大。

另外,关于公家社会与宽永文化(1624—1645),林屋辰三郎有着堪称经典的论述。在他看来,宽永文化是以后水尾天皇为中心的公家与京都上层町人出于对东国武家政权的厌恶而凝聚能量创造出来的文化。而根据近年来的研究考察,在宽永文化的背后,存在着无法忽略的江户幕府的意志。毕竟,江户幕府乃是为公家社会提供经济基础的施主。同时通过《禁中并公家诸法度》,幕府规定了身为公家的义务就是精进歌道、蹴鞠、香道、神道、阴阳道等各种与学问、艺能相关的家业,并保护公家以传授家业、招纳门人为手段垄断各类职业的独占权。因此,公家开展文化活动的制度前提也得到了保证。幕府在充当文化的赞助人与庇护者之外，对宽永文化，或者更透彻地说，对京都贵族生活内部所进行的管制也是极为强力的。不独天皇的爱好被限制，公家的生活也是同样。鹰司房辅的二儿子会打太鼓，京都所司代知道后对房辅表达了不满："次郎常常打太鼓之类的事情到底是怎么回事。搁置与身份相应的乐器而去摆弄猿乐，岂非无用之功?"由此可见，幕府在援助公家社会的同时，也对其活动范围施加了严厉的限制。更有甚者，所司代曾对武家传奏说："(后水尾)法皇高龄，与女院(德川和子)同样，乃是特别待遇。若求与之相似，则任何事情都难以达成。"意即暗示幕府对法皇与女院的优待源于对高龄者与将军家族的特别照顾，后西上皇不要尝试效仿他们的做派。这段露骨之言，正好从侧面说明以后水尾天皇为中心的宽永文化，乃是幕府特殊恩赐政策的产物。

三、武士的日常生活

德川家康第十子德川赖宣是江户时期纪州藩的首任领主。自他做水户领主及骏河、远江领主时代起就跟随他的侍从，此时已成为家臣体系的核心。这些侍从之中具势力的家臣包括安藤、水野、三浦、久野四家。

三浦为时作为颇具势力的家臣子弟，在赖宣入主纪州之际，便随其父为春(1573—1652)一同来到这里。《御用番留账》是为时的公务日记，主要记载宽文年间(1661—1673 年)的事件。与单纯记录公务那种枯燥乏味的公务日记不同，这本日记之中还包含了公务以外的诸多生活琐事，由此相当具体地勾勒出上级武士的世界。

石桥生庵出生于 1642 年(宽永十九年)，为孙左卫门的第三子。其兄之一早亡，而他跟随父亲孙左卫门和长兄市左卫门一同成为三浦氏的家臣。生庵自 11 岁起学习儒学与医学，很快能力得到认可，1667 年(宽文七年)开始辅助三浦氏，侍奉三浦为时及其子为隆(1659—1732)两代之久。从初年二两的俸禄逐年递增，1673 年(宽文十三年)父兄三人达到二十石,1695 年(元禄八年)12 月又增加十石。这就是生庵的下级武士生活。

《家乘》是生庵的日记,现存部分收录 1642 年(宽永十九年)至 1697 年(元禄十元)为止的事件。生庵具备极强的信息收集能力,日记内容跨越政治、经济、社会、文化等几乎所有方面,不仅记录了生庵本人的生活状况,还广泛描绘出了当时的社会实态。

《御用番留账》与《家乘》两本日记非常具体地反映了 17 世纪后半以宽文期为中心的武士生活。日本学者柴田纯据此写作了《江户武士的日常生活》,以下主要依据其相关研究成果进行介绍。①

三浦氏与石桥氏分别代表了上级武士与下级武士的生活情况。三浦氏的父辈祖先是战国时代东上总②南部的正木氏一系。正木氏原本是同桓武平氏一族联合的三浦氏,为镰仓以来的望族。以下从与纪州藩三浦氏直接相关的时忠开始讲起。

时忠时代的正木氏是周旋于伊豆、相模、武藏势力下的后北条氏与安房、上总(现千叶县)势力下的里见氏之间,以时忠跟随后北条氏,时忠之兄时茂跟随里见氏的状态生存于其中。而进入天正年间(1573—1592)之后,后北条氏的势力压倒里见氏。1577 年,里见氏屈从后北条氏,双方议和。1590 年(天正十八年)丰臣秀吉攻打小田原,后北条氏覆灭,正木氏迎来了新时代。而伴随里见氏的没落,上总胜浦城主正木邦时和为春父子也离开了胜浦城,移居至安房。

为春于 1598 年(庆长三年)经德川家康侧室养珠院举荐拜谒家康,受赐三千石,恢复本姓三浦。养珠院之母为智光院,是北条氏隆的养女,曾嫁与正木邦时并生下为春。后于邦时离开小田园之时与其分离,同北

---

① 柴田純『江戸武士の日常生活』、講談社、2000 年。
② 上总:上总国,属东海道。其领域大约相当于现在的千叶县中南部。原为总国之一部分,曾称上狭。大化改新,养老二年(718),总国拆分为上总国、下总国及安房国。天平十三年(741)再与安房国合并。天平宝字元年(757)再分。明治年间,与下总、安房再次合并为千叶县。

条氏家臣荫山氏再婚,生下养珠院。因此,为春与养珠院是同母异父的兄妹。养珠院后与家康诞下二子,其一为纪州藩始祖德川赖宣,另一子为水户藩始祖德川赖房。

由此机缘,为春于 1610 年(庆长八年)在赖宣两岁之时入主水户之际受命任其侍从。1610 年赖宣移封骏河、远江,为春在远州滨名受封八千石领地。其后,赖宣于 1619 年(元和五年)移封纪伊、伊势,为春也随赖宣移往和歌山的那贺郡。为春于 1624 年(宽永元年)告病隐居,让家督之位于为时。

为时于 1616 年(元和二年)在养珠院房内初次拜见赖宣与赖房兄弟,其后随为春迁至和歌山。1624 年(宽永元年)随为春拜见秀忠与家光父子,同年继任为春的家督之职,受赐一万石。此外,为春素同南光坊天海[①]交好,由于天海出身于三浦氏的同族芦名氏,因此为时于 1614 年便已面会过天海,而后又于 1624 年随同为春去往日光山,受天海赠予三浦家的家传战刀。有赖为时的才能,三浦家繁盛可期。

1636 年(宽永十三年)安藤直治过世,为时受命与水野重良一同处理藩政事务,同年在江户城拜谒德川家光。1630 年,为时在江户赤坂得到同安藤氏与水野氏级别相当的赐地。1652 年为春死后,又将五千石归隐金转于为时,此时总计一万五千石。

由此为时开始同安藤、水野两氏共同担任"大年寄"[②]一职。到为时辞去"大年寄",则是在 1667 年赖宣隐居之时了。

为春是日莲宗不受不施派日奥[③](1565—1630)的忠实信徒,因此三浦氏的菩提寺与坂田的了法寺均为不受不施派寺院。但不受不施派并不信仰法华经,因此不接受供养,也不供养其他宗派的僧侣,因此在近世与天主教同样受到幕府打压。1630 年,幕府裁定不受不施派为邪义,但

---

① 南光坊天海:安土桃山到江户初期的天台宗僧侣,别号随风、南光坊、智乐院,德川幕府予谥慈眼大师。
② 大年寄:在武家负责处理政务的家臣之中的最高责任人。
③ 日奥:日本日莲宗不受不施派之祖。京都人。

此时为春尚在,并未算得上大问题。而 1665(宽文五年)到 1666 年,幕府在全国范围内强行取缔不受不施派。1666 年 12 月 3 日,为时通告了法寺改为天台宗。

为时 35 岁之时长子为卫出生,只长到 10 岁便夭折。次子为隆出生之时,为时已满 50 岁。虽说其后又连得三子,但为隆的出生对为时来说还是莫大的欣喜。关于为隆的弟弟们,为丰分家后供职于纪州藩,元宣过继给中川正元做养子,而为淳则成为垣屋秀政的养子。其余六个女儿也全都嫁给了家老安藤直清和冈野平太夫一明等纪州藩的上级家臣为妻。由此推测,为隆诞生之前三浦家应该是阴霾笼罩,直到为时晚年气氛才豁然开朗。

然而为时的后继者为隆去世时虽达七十二岁高龄,又育有四男七女,但其四子却无一长大成人。因此为时将其女嫁与其弟元宣之子为亲,后由为亲继承其职。而为亲也无子嗣,又将纪州藩七代藩主宗将的第八子过继为养子,也就是后来的为修。由此,直到为隆为止一直顺利继承家督之职的三浦氏血脉就断绝在为亲这里。

石桥生庵的父辈祖先在史料中有明确的人物记载,为战国末期的石桥三郎左卫门,《东金城明细记》一书中对此人有过描述。东金城在战国时期是东上总北部势力酒井氏的城池之一,来自东金城的酒井氏被称为东金酒井,另外一处土气城出身的酒井氏则被称为土气酒井。据上述史料记载我们得知,三郎左卫门为东金酒井的"宿老"①。酒井氏由于 1590 年(天正十八年)后北条氏没落而失去其领地,成为德川氏的家臣,而三郎左卫门也进入幕府任职。

此外,石桥生庵的父亲孙左卫门有两位哥哥。他的长兄石桥三郎左卫门辰胜,1652 年(承应元年)在下野国壬生逝世,后被安葬于上总国的东金本濑寺,享年 77 岁。本濑寺为日莲宗寺院,曾受东金酒井祖先定隆的保护,作为东金酒井氏之菩提寺同时也是石桥氏之菩提寺。次兄石桥

---

① 宿老:镰仓时代之后的武家重臣。江户时代泛指幕府的老中及大名的家老等。

五郎左卫门辰次,于 1647 年(正保四年)死于江户。

安葬在本濑寺中的人物中,有一位是生庵母亲本中院日体的哥哥,名叫酒井能实,此人死于 1662 年(宽文二年)。还有生庵的二哥也被葬在本濑寺,此人推测是其伯父三郎左卫门的养子。根据这些事实可以推定,生庵的父亲孙左卫门三兄弟,正是战国末期石桥三郎左卫门的子孙。

关于这位石桥三郎左卫门,根据柴田纯的研究,东金酒井的第二代首领隆敏在位时,在《土气东金两酒井家传》中有这样的记载:"大永六年(1526)十二月十五日(略)东金家的大将石桥三郎左卫门、栗原兵部介伪造证据,并将之射入城内。"由此可以确认 16 世纪前半叶确有此人。另外,隆敏的母亲是东金酒井祖先定隆的妻子,他的父亲据记载为"石桥三河守某"(《宽政重修诸家谱》)。"石桥三河守"是怎样的人物虽然没有答案,但柴田纯推测,石桥氏一度确为此地区知名的武士家族。

关于生庵母系的情况,本中院的父亲长井实久曾为武田氏家臣,后来转而侍奉家康。母亲为东金酒井第五代首领政辰的女儿。本中院的哥哥能实认政辰的女儿为母,后来成为政辰的养子并得以在德川忠长处任职。换言之,如上所述,生庵的父系和母系都与上总地区的名门东金酒井氏交往颇深。

生庵的父亲孙左卫门在 1638 年(宽永十五年)出仕,为三浦为时效劳。孙左卫门 36 岁之时,生庵还没有出生。生庵的长兄市左卫门于1650 年(庆安三年)成为为时的家臣。那时他"年俸二十石",并奉主人之命娶了为时家臣铃木兵之介的妹妹为妻。市左卫门的长子喜八郎成人之后又成为三浦氏的家臣,其次子三九郎成为继承中川氏势力的元宣的家臣。

生庵的伯父五郎左卫门生有两子,九八郎作为家族继承人,袭得了五郎左卫门之名。生庵初次与九八郎会面是在 1668 年(宽文八年)的江户。其后,生庵拜谒了将军并在幕府任职,两人得以频繁接触。

五郎左卫门的次子名叫武兵卫常辰。常辰于 1670 年作为京都西町奉行雨宫正种的捕吏上京。其后,在正种后继能势赖宗、井上重次成为町奉行之时,他又继续作为捕吏在京都任职。常辰似乎就是为生庵提供京都地区情报的人。

伯父三郎左卫门的继承人是生庵的二哥。但 1657 年(明历三年),生庵 35 岁的二哥去世了,他的儿子久太郎辰信也于 1673 年(延宝元年)去世,年仅 20 岁。久太郎火葬于"壬生领小金村莲行寺(法华宗)",遗骨被送往"上之总州东金本渐寺"。久太郎的继承人没有明确记载,最后似乎是一位名叫石桥辰正的人。生庵与石桥氏这一分支也保持着密切的往来。

在生庵母亲的家族中,他与酒井氏尤为密切,双方频繁的书信往来与在江户的交流都广为人知。特别是其中的酒井能实之子即幕臣酒井正武的养子正恒,以及本中院同母异父之兄即幕臣长酒井能实之子正实。

关于生庵的子女,1672 年(宽文十二年),生庵同三浦氏的管家大多和氏的养女结婚,诞下四男一女。长男太郎吉出生于 1674 年(延宝二年),其后又于 1678 年生下庄次郎,1680 年生下天无,1686 年生下充之助,1689 年生下山三郎。这四男一女全都平安长大。

关于石桥氏的子孙,据《南纪德川史》记载,1807 年(文化四年)于 76 岁高龄去世的石桥顺庵"姓石桥,名顺明,号竹溪,通称顺庵,为三浦氏侍医,善作注……葬于一里山久成寺境内"。另据《纪藩家老三浦家的历史》关于 1843 年(天宝十四年)三浦家家臣团的史料记载,在"教学所总管"与"医师"两项中出现了"石桥谆道"的名字。由此可知石桥氏的子孙直到近世后期仍旧侍奉于三浦氏。

关于三浦氏与石桥氏两族的关系,三浦为春家祖正木时宗之女嫁与东金酒井氏第五代领主政辰,两人所生之女就是生庵的祖母。如前所述,生庵之父孙左卫门的祖先是石桥三河守的女儿,即东金酒井氏的祖先定隆之妻,如此一来,石桥氏便通过东上总颇具势力的酒井氏,同东上总另一势力家族正木氏产生了关联。1638 年孙左卫门侍奉三浦为时,也是建立在血缘关系与地缘关系的基础之上。

三浦氏自侍奉德川赖宣之后，知行高急剧增加，为此有必要建立规模相当的家臣团。其时，选择与本家原籍地相关，又带有亲缘关系的石桥氏，实在是相当合适。从石桥氏的角度出发，也可以依赖于这层地缘与亲缘关系谋求职位。

近世的谱代大名与旗本在德川家一统天下的过程中，知行高迅速增加。因此都急需扩充各自的家臣团，而正是统一过程中逐渐没落的武田、今川与后北条氏等战国大名的家臣补充到其中。此时正如同三浦氏与石桥氏之间，血缘与地缘起到了重要的作用。

而石桥氏进入近世以来，不仅活跃于同族之间，其与酒井氏和长井氏也保持着密切的往来。而三浦氏也经由养珠院加深了同族间的羁绊，又通过联姻进一步强化了同族间的团结。在此，频繁通信与宴会往来成为维持情谊的重要手段。

然而，从家主的角度来看，如此结合却未必让人满意。

1660 年 2 月，生庵的父亲孙左卫门接到酒井氏的来信，请求过继一名养子给酒井氏，继承其家族女婿矢野千庵（于毛利甲州从医）的家业。生庵当年 18 岁，在医学领域颇有造诣，酒井家恐怕就是想要生庵去做养子。如果孙左卫门同意，生庵就将成为长州藩支藩长府藩的医生。

然而孙左卫门于同年六月回信称"本邦禁止家臣子弟去往外邦，因此恕难从命"，拒绝了此事。从这封回信我们可以推测当时纪州藩禁止跨藩过继或收养子女，也就是说，家主还是希望同族结合尽可能在藩内完成，而不跨越到外藩。以上事实表明，在武士社会内部也存在着一定的矛盾。

由以上内容可知，三浦、石桥两族的先祖是在战国时代就活跃于东上总地区的武将。但在其后的动乱之中，两族一同远离上总迁往纪州，同时石桥氏侍奉三浦氏由此结成新的主从关系。近世的许多武士如同三浦、石桥两族一样，其出身与门第、身份等在这个时期内发生了翻天覆地的变化，从而开始谋求新的生存方式。

那么，具体到每一天，家老和武士们是怎样度过的呢？藩内的家老相当于幕府的老中,协助藩主处理藩政。而家老的主要任务则包括在江户为家主效力,统领纪州藩的家臣团,以及管理纪州藩的民众。以下将以此为线索介绍家老三浦为时的工作任务。

在纪州藩,除了以上介绍过的安藤、水野、三浦和久野之外,还有数人担任家老之职,他们轮流当值。1664年(宽文四年),家老除上述四人外,还有渡边若狭守直纲(? —1668)和加纳五郎左卫门直恒(? —1684)等,共计六人。

1665年,赖宣因病休养,于纪州停留约一年之久。本年当值的是安藤直清(? —1692)和三浦为时,二人约每隔一个月交换一次。此外为时还于5月25日至6月26日,以及12月8日至次年1月10日之间两次作为使者前往江户。我们可以由此推测,当值期间作为重要使者前往江户,也是家老的工作。但在此前一年,曾由直清、为时和久野宗俊(? —1706)三人轮流当值,约每两月轮值一次。这年五月轮到为时当值,然而次月由于渡边直纲告病,为时继续承担代理工作。因此我们可以推测这个时期还并未充分实现月番制。

那么日常工作状况具体如何呢?在每月三次的寄合日,无论是否当值,为时都会在早晨8点开始工作,与其他人员讨论问题、裁决要务。工作不多的时候通常会在上午12点到下午2点之间回家,下午参见藩主,4点钟左右回家。寄合日之外,大多在上午10点多出门工作。轮值时则负责宣告家臣的调动与接替等相关工作。如此结束了上午的藩政工作后,下午则登门向藩主请安。

此外,家老还需代藩主参拜和歌浦的东照宫及藩主家的菩提寺,巡视寺院的工程。作为御三家的纪州藩,平时不仅幕府来客众多,诸大名、公家及僧侣的来使也是络绎不绝,而接待这些使者也是家老的工作。

实际上,家老的工作未必全都如上文讲述的那样清闲。1665年3月末起,赖宣卧病在床,不适状态持续了整整半年。这个时期内,为时每日需日夜两度参见藩主,常常从清晨工作至深夜。而此时前来探望赖宣的各路使者也络绎不绝,接待工作繁重,一天结束之后往往身心俱疲。而此年4月正逢德川家康五十周年忌辰,定于和歌浦的东照宫举行祭祀大典,为此家老们也是相当繁忙。

此外,家老们在家主前往江户参觐交代的途中也须尽心尽力。家主早上8点启程,为时就需要在早晨4点,甚至2点提前出发为家主探路。无论如何,途中的突发事件也是难免。1663年3月,在陪同家主去往江户的途中,需跨越东海道第一险关大井川,而大井川水势突涨,此时须先护送家主过河。家主于晚8时抵达住所,为时则等待队伍全员顺利过河之后,于凌晨2时才到达住处。

对将军来说藩主也是家臣,因此每逢元旦都须在早晨8时前往江户出勤,10时左右归家。而为时则须在早上6时就出勤,待家主归家之后仍旧停留于江户,正午时分才能回到纪州藩的宅内。其后还须前往家主及其亲属宅邸进行参拜。午后两点左右回家之后马上收拾妥当,再次前往诸位老中的宅邸逐一问候,日落时分才能归家。第二日继续登门参拜御三家的尾张和水户,谱代大名井伊家等。第三日去往其他大名和纪州藩的重臣宅邸进行新年问候。

幕府的年中活动除此之外还有很多,家主前往江户之时须尽心服侍,还须时常代替家主觐见将军。因此,在江户工作时必须谨言慎行。由此可以看出,家老的公务繁忙,大多时候没什么闲暇。

1667年9月20日,石桥生庵作为中小姓①正式开始侍奉三浦为时。很快受为时之命钻研学问,因此石桥氏就成为三浦氏的医师兼伴读。生庵的工作比起三浦氏单纯许多,但仍然多种多样。在日记《家乘》之中,生庵习惯在去往家主宅邸工作的日子上画白圈作为标记。

在最初时期,生庵陪侍于家主身侧承担医师和伴读的工作,这一点在为时时代体现得非常明显。从《家乘》之中的白圈数量可以看出,为时去世之前生庵每年去往家主府邸工作的天数高达70%—80%左右。而

① 中小姓:职位名,作为家主的近侍处理杂务。

为隆时代之后除特殊情况之外,这个比率骤减至 40%—50%。其原因之一大概就是为隆作为"新君"太年轻了。我们从《家乘》的记载中也可以推测比起伴读,年轻的为隆更喜欢邀请同辈之人开办宴会或是开展艺术鉴赏。而进入元禄年间之后,日记中关于伴读的记录也逐渐增多了。除家主更替之外还有一个原因,即生庵的工作内容出现了变更。

1676 年为时去世,生庵 34 岁,从日记之中的病假次数来看,他身体状况良好。且在 1676 年 9 月至第二年期间,出夜勤成为一种常态。这是由于此时为时病重,生庵需要连夜在宇治的别府内侍奉为时。而于次年 3 月去世的生庵之父孙左卫门也是在这个时候病情加重。因此在日记中标记白圈去往家主宅邸的出勤率降低。此外,三浦为隆每月都会多次邀请同辈来家中聚会,此时生庵也多陪侍于旁,但他的日记中并未在这些日期上标记白圈,因此可以看出他并未将这种活动列在工作范围之内。除此之外,生庵还教授为时的弟弟为清,也做过为隆的弟弟们的伴读。同时还频繁出诊,为三浦氏的病人诊断病情。然而这些工作也未标记白圈。

生庵的病休日数从 1678 年开始剧增,特别是 1679 年,近二十日的病休曾有两次。1681—1683 两年多的日记缺失,其中情况无从知晓。1689 年之前生庵的健康状况有过短暂的稳定期,而这年之后又再次恶化。值得关注的是,日记缺失部分之前的病休日数很多,因此日记的缺失也可能与生庵的身体状况有关。无论如何,从 35 岁起,生庵的健康状况开始不稳定,工作日数减少也与此有关。此外,从日记中还可获知冬季病休多过夏季,而原因又多为"感冒",因此可以推测当时的下级武士们还并不太擅于应对冬季的寒冷。

1688 年前半,为隆一直留在江户,而生庵在和歌山,所以工作日数很少。家主外出时,生庵虽然也为为隆的弟弟们伴读,但大多时候是与同僚和孩子一起看话剧或去神社祈福,非常轻松。就像为时和为隆在藩主外出时能清闲很多,生庵在家主外出时也一样能享受悠闲时光。

1652 年生庵 10 岁,初读《大学》,接下来又逐一学习《论语》《中庸》

《孟子》。这种顺序完全是按照朱子学的学习方式。而1653年后半至1656年，生庵又开始一心钻研医书。这是他作为陪臣家第三子谋求生路的选择，为此，他跟随从医的石川氏学习医术。石川氏从医的同时也教授生庵这样的下级武士，当时的儒士兼任医师也是非常普遍的现象。石川氏于1659年去世，第二年，生庵成为川村德源的"门生"。当时的学习记录主要包括《诗经》《礼记》《易经》《尚书》《春秋》等五经，其后再对《中庸》《大学》开始真正的研修。由此，生庵凭借儒学和医学，成为三浦氏的伴读和医师。

1661年，为时因一种名叫"寸白"的寄生虫而腰腿疼痛，这时的生庵作为医师不仅为家主为时治疗，同时也承担了三浦氏及其同族家臣团的治疗工作。1669年，生庵受命与同僚共同对《医之律十一条》进行讨论，并决定其内容。此外，日记中还记录了生庵遵守条律专心诊断，翔实叙述重病者的状况，以及远赴病人家里出诊的诸多事件。

关于伴读工作，由于三浦氏每日上下午都要忙于公务，因此生庵的工作通常在晚上进行，但他还是会在上午8时到10时左右前往三浦宅邸。伴读书目种类多样，其中包含《论语》《孟子》等儒学读物，《空海传》《元亨释书》等佛教读物，《源平盛衰记》《太阁记》等军事读物，《剪灯新话》《竹取物语》等中日古典读物，此外还有艺术、诗歌、俳谐、地志等诸多方面的书籍。其中引人注目的是，读物中还包括了纪州藩二代藩主光贞痛批恶政的讽刺类文章《批判经》与《长保寺通夜梦物语》。如上文所讲，生庵的涉猎范围非常之广，除了家主赠与的书籍，自己也必须拓展知识，以回应家主的期望。然而，这个时期的出版活动刚刚繁荣起来，书价高昂，生庵并无能力全数购入，于是时常会向家主或友人借阅，或是从书店租书阅读。

关于生庵其他的工作，例如家主在三浦宅邸呼朋唤友举办宴会之时要陪同在侧，因此必须学习当时流行的俳谐，积极参与寺院的讲义，努力拓展佛学知识甚至算数方面等，培养多方面领域的才能。而每逢举行宴会的日子常常忙碌至深夜才归家。此外，三浦氏在为时晚年到为隆时期一直在制作三浦氏的家谱。这项工作最初由生庵的哥哥市左卫门与小出半之丞负责,还接受了生庵之师李梅溪的支持。生庵也参与了这项工作。由此可见,生庵的工作非常繁忙,几乎没有闲暇。

教授门生的课程与伴读不同,并不算是生庵的正式工作。但是若要探讨生庵的日常生活,这一点则不可忽略。如前所述,生庵从 1662 年 2 月 20 日起为铃木氏讲解《孙子》。但生庵的门第教育真正步入正轨,是在前面提到的纪纲兴次兵卫之后,又收下了根来半三郎、佐左卫门、和田宗德、横地氏、竹内氏、岩田兄弟等门生。根来半三郎、岩田兄弟等人是三浦氏家臣的子弟,和田宗德是本藩家臣,从此可以看出,生庵的门第们以三浦氏的家臣及其子弟们为中心,除此之外也有少部分是本藩的家臣,以及除三浦氏外其他陪臣的子弟。另外,为横地氏、竹内氏准备的《论语》课程在 1667 年 1 月到 6 月之间频繁开展。生庵于同年 11 月 1 日开始,还给为时当时的侍医兼侍读松田见与做了《论语》的讲解。这恐怕是为时对生庵能力的考察。从如上的事实来看,生庵在为门生们开展课程的过程中积累了大量经验,这正是他而后被为时看重的原因。

生庵在为时麾下出仕后不久,可能由于要时常忙于江户,又要专心为为时及三浦氏一族做好侍讲的工作,《家乘》之中不见了对门生的记载。那之后,1670 年开始,对门生开展的课程似乎才得以恢复。1673 年(延宝元年)为田中氏讲解《大学》,1674 年为习庵讲解《中庸》《诗经》,由此可见,为门第们准备的课程有着相当大的密度。1685 年(贞享二年)9 月开始到 1686 年 4 月之前,又在为石井门平讲解《论语》和《大学》。

根据《家乘》所载,我们知道生庵从 1684 年 3 月到 1685 年 5 月为止一直留在江户,他回来之后,9 月开始又为石井门平授课。为隆自 1685 年 12 月到 1686 年 1 月都在江户。也就是说生庵在这一时期是比较清闲的,因此他利用这段时间向门生传授讲义。类似的事情还发生在 1696 年(元禄九年)3 月到 8 月之间,为隆在江户之时,生庵教授了《大学》《中庸》和《论语》给永原金平。

17 世纪后半,汉学素养成为武士的重要学习内容。五代将军纲吉好学,亲自讲授《论语》,武士们因此非常重视提高汉学修养。三浦氏的宴会之中也屡次兴起汉诗的讨论,而此时生庵向诸位讲授的汉诗文,正是他最为得意的《文选》。生庵向其子新之丞传授《文选》,是在传授伴读的重要知识,也正是在维持家业的连贯性。而记录石桥氏一家的《家乘》于1697 年终结,其中原因与其说是新之丞作为新一代出仕,不如说是生庵作为一家之主完成了自己的使命。

《家乘》之中还屡次记载"负罪禁足"的事情。首次记录是在 1662年,因铃木氏"屏居"①,生庵之父孙左卫门受牵连而"闭居"。此次"闭居"时间很短,只有十四天。1669 年生庵之兄市左卫门"闭居"四日,这次时间更短。同年 11 月,生庵因为时"震怒"而被"禁足"。其间照常伴读,但家主态度严厉。这种不安定的状态持续了 22 日之久。为时因何而怒并无记载。1670 年 10 月记录的事件仍旧正常工作,但不允许拜谒家主。

如上所述,这些受惩之事的理由大多未知,但也有些明确记录原因的事件。例如 1671 年 3 月和 1684 年 5 月的事件为误诊,1771 年 8 月为迟到,1672 年 1 月为生庵自身生病,同年五月因生庵之师李梅溪在"长保寺御寄付状"中漏字等。

1675 年 3 月,孙左卫门仅将"出家之事"告知"老臣",未获主命便"削发"。为此,市左卫门与生庵兄弟被责以督查不利,生庵虽可出仕却不被允许"侍侧",而他再次伴读则是在五个月之后了。一个月之后的 8 月,孙左卫门才得许隐居,受赐号"幽轩"。这年的孙左卫门已经 75 岁高龄,年迈的他此时隐居并无不妥,此事的原因在于未得到家主的直接许可。为时于次年去世,终年 66 岁。常年侍奉身侧的孙左卫门离开,为时大抵也是万分伤感的。此事虽影响心情,但还不能算是违背主命。但以半年多的时间化解这些小嫌隙也是必要的。

1677 年 7 月,三浦氏的家臣乌鸠权兵卫曾跟随为丰赴了法寺,返回之时为生庵的妻子搭了便船。这就出现了公私不分的问题。同年 9 月

---

① 屏居:自俗世中隐退,闭于家中。

还有一起无故缺勤。三浦氏家臣市左卫门妻子铃木氏在家中举办了孩子们的"鱼食初"①,生庵受邀参加宴会。恐怕正是此事让他缺勤,第二天也未上班,然而到了 18 日他已被赦免。

　　1679 年 7 月,按浓小兵卫奉命学习枪术,但他假意请病假去学剑术一事败露,被处以"蛰居"②。大概因为是违抗主命假请病假,将近 4 个月之后才被赦免。1691 年 4 月,"生平饮酒行迹不端"的原田茂太夫,被纪州藩处以"流放"的处分,生庵的同僚沢井氏也因"原田茂太夫烂醉"而被认定"有罪"。生庵也因曾与原田氏有过交往而受连坐,被"负罪禁足"。这大概是为了给本藩做足面子而下的处分。1693 年 4 月的事例因"生类怜悯令"受处分。1695 年 8 月的事例因生平"任职不力"被处分,1696 年 2 月的事例因失火被处分。还有人同年 7 月由于"负罪",从"近习"被降职为了"步卒"。1697 年 7 月,长期处于"屏居"之中的镜氏终于被赦免,但记载中却提到了生庵"不知其事"。作为同僚却不知情由的事情似乎时有发生,1691 年 7 月又有一次这样的事。恐怕这也属于上述的轻罪之类,除本人及当事人之外,身边的人并不知缘由也是情理之中。

　　如上所述,被处以"负罪禁足"之时,其理由多为误诊、迟到、主人生病、作为书记官失败、违抗主名、公私混同、无故缺勤、假病请假、连坐、生平任职不力、失火之类。处罚期限最长至半年,多半则为 1 月以内,几天的情况也时有出现。总体来说,生庵犯轻罪之时,虽然依然可以出入三浦宅邸,但是不能陪侍主公左右,犯重罪之时,则被处以"屏居",即在家忏悔的刑罚。以上情况皆与争吵、偷盗、私通等重大无耻行径有别,所受处罚也截然不同,主要原因基本为日常性的疏于公务或违背主公心意等等。当时的下级武士被这种轻微的刑法规定所束,作为官吏接受增强责任意识的教育,这种状况慢慢成为封建官僚的规范最终被确立了下来。

---

① 鱼食初:新生儿满百天时举行的一种仪式。
② 蛰居:中世至近世时期武家与公家的一种刑罚,于自宅的一个房间内闭门思过。

关于武士们具体的生活方式，身体健康是他们注意的首要问题，即所谓健康第一主义。1664 年七月，赖宣携其次子左京参加祭祀活动，由于其他家老们全部病倒了，因此只有为时一人参加了活动。同样的事例还发生于同年六月，藩主去往和歌浦的东照宫进行参拜，三浦为时、安藤直清、久野宗俊等家老皆告病，都没有随家主参拜。纪州藩的家老当时有六名，1664 年久野宗俊二十岁出头，安藤直清与水野重上三十出头，三浦为时五十有五，渡边直纲六十有五，加纳直恒年近七十。其中渡边氏久病，此年闰五月之后告病休职。安藤氏在闰五月至十一月期间多病，屡屡缺勤。加纳氏也在六月到九月间因病数次缺勤。为时虽无需长期休养的重病，却也为宿疾困扰。水野氏去往江户未归，最年轻的久野氏也多次缺勤。结果，该月就出现了由于轮值家老病休而无法处理问题，工作被迫延误的事态。

石桥生庵作为医师，《家乘》之中包含不少疾病记录。其日记中记载了相当悲惨的事例。1675 年正月 11 日，三浦氏家臣、生庵的邻居根来作兵卫之子新七郎病逝。其后同月中，又听闻妻与嫡子作太夫生病，请家主赐假归家。而其妻儿还是于 23、25 日接连去世了。病魔并未就此罢休，同年三月长女去世。余下四子皆染"热病"。作兵卫数月之间接连失去发妻与三子，而余下四子之一的龟之助又于次年正月无故失踪，其原因没有记载。作兵卫家就这样一年之间人数减半。

当时的疫病一旦发生，破坏力巨大。据 1675 年至次年的《家乘》记载，"其时死于疫病者人数众多，每日火葬数十人，最多一日多达八十人，自正月至五月间，仅三浦氏一户家中死者即达十六人"。关于应对疫病的办法，《家乘》中记载，"立春后，民间常书'长龙鬼神天门天地'八字于门户，以驱疫鬼"。居民除粘贴咒符之外别无他法。

因病休职往往持续时间较长，更有许多人全无好转的希望。在这些人之中，家老之外的普通家臣占据了大多数。他们依靠工作为生，休职大多意味着失去收入。这样一来，本身就捉襟见肘的下级武士们就更加贫困了。而且，病好之后即便重新申请工作，也未必能回到原先的职位上去。与此相对应,健康而努力的人们才能安身立命。例如家臣中井武兵卫,自年轻时开始奉公,在郡奉行等职位上兢兢业业,因此仕途顺利。也是由于这些原因,健康对武士来说就更加重要了。

　　武士们希望保持健康并不仅仅出于经济原因。例如田屋菊右卫门的第三子胜右卫门久病卧床,调养多年未见痊愈,因此申请返还一直照常发放的"御切米"。这是因为作为武士,在未承担公务的状况下支领俸禄是一件很没面子的事情。再如 1667 年藩主赖宣隐居,光贞袭位。为时虽然继续担任家老之职,但光贞因其年迈,特许其不必每日出仕处理要务。为时想要找些借口继续工作,却被光贞拒绝。隐居的赖宣有时会邀请为时一同出门架鹰猎鸟,为时总是再三推辞。为时认为作为家老没有充分完成工作而自己出门享乐,会给家人带来困扰。

　　关于武士结婚生子的情况,荫山宇右卫门重坚的女儿阿曼与江间与右卫门高重的婚礼于 1665 年 7 月 26 日举行。宇右卫门作为总管领取 2300 石知行取,其妻为三浦为时的小妹,后作为为时之养女嫁与宇右卫门。因此阿曼名义上是为时的孙女。荫山氏曾与家康侧室养珠院之母智光院结亲,宇右卫门是荫山宗信的嫡子。而养珠院又是三浦为春同母异父之妹,德川赖宣之母。也就是说,三浦家与荫山家缘分颇深。与右卫门则领取 1000 石知取,因此江间家与荫山家同是纪州藩的上级武士。

　　1664 年 5 月 29 日,藩主赖宣赐婚与右卫门和阿曼,由家老加纳直恒转达旨意。因此,我们可以得知两家的婚约是在家主之命下达成的。同年闰 5 月 3 日,与右卫门家遣使向宇右卫门家送去聘礼,当夜为时也前往宇右卫门家一同庆贺。10 日,与右卫门首次来到宇右卫门家拜见,其后再由宇右卫门前往与右卫门家道贺。12 日,宇右卫门之妻携阿曼参见为时。13 日,为时前往加纳直恒家道谢。14 日,由于宇右卫门即将去往江户,于是为时在三浦宅邸设宴招待,与右卫门因病未到。15 日,与右卫门重新前往三浦宅邸问候,其后再去宇右卫门宅邸拜访。当月 29 日,为时首次拜访与右卫门家。到此,两家的婚约终于完成了一连串的仪式。

　　婚礼是在宇右卫门自江户回到纪州之后的 1665 年举行的。其间为时曾将与右卫门请至自家闲谈。举办婚礼之前十天左右,为时的妻女们还前往宇右卫门家向阿曼道贺。7月26日七三日内,举行了成婚仪式。26日晚八时,与右卫门前往宇右卫门家,行"三献之祝"。为时也参加了仪式,并在厅内几次举杯庆贺,后于晚十时归家。其他人依旧畅饮至深夜。27日,宇右卫门夫妇在与右卫门家接受款待,为时处理完公务后,以太刀为贺礼去往与右卫门家,至日落时分归家。28日晚,在宇右卫门家款待与右卫门,为时也在工作结束之后拜访宇右卫门家,午后一时归家,未出席晚宴。8月5日,为时请与右卫门来家中,在停内行"三献之祝",并赠其兼光的腰刀。其后于前厅接待亲朋好友。

前一年的婚约与这一年的婚礼就这样顺利结束,而此后维持家族的存续又成为难题。

婚礼结束两年之后,宇右卫门卧病在床,为时前去探望。他自此一病不起,直至两年之后病逝,年仅45岁。宇右卫门无子,因此他的女儿于1671年春嫁与同族荫山藤左卫门的次子龟之介,即角藏重之,知行减至1500石。而宇右卫门的女儿于四年后去世,角藏也于1688年去世,年仅37岁。角藏无子女,因此过继三浦为时之弟春澄的次子为重为养子,维持家族的存续。但是,由于为重是角藏死后才过继过来的,因此知行减至300石,且由原来的宅子迁至"吹上长屋"。其后每至换代之时俸禄还会继续削减,至幕末第九代的广道,俸禄仅剩150石了。

而与右卫门家似乎更是不幸。《家乘》中记载,江间家陷入了财政困境,凑不齐与自身藩士等级相匹配的"人马"。且在当时频繁请辞,而且发表了扰乱藩内秩序的言论。江间家为何陷入财政困境,日记中并无记载。但是,那时正当二代藩主光贞治政,光贞不理藩政,专宠近臣,耽于享乐,藩政日益衰颓。其结果,藩士之间频频出现私通、打架、盗窃、持刀伤人等恶性事件。另一方面批判藩政类的文章层出不穷,藩士极端贫困,许多人或失踪,或出家。因此,从与右卫门的受惩原因是言论扰序来看,他很可能做了什么批判藩政的事情。与右卫门于其后的1720年被准许官复原职,但他于1731年病逝,后继无人,江间本家就此断绝。

1672 年 4 月,生庵奉家主为时之命,迎娶俸禄 350 石的大多和治右卫门之养女。婚礼于 6 月 23 日举行。当天下午六时迎接大多和氏的养女,八时左右前往媒人多贺氏与大多和氏家中问候。十时左右,由大多和氏去往生庵家中。其间,生庵之兄市左卫门的妻子也携同数人前往生庵家。夜里十二时进入新婚初夜。大多和氏的养女是安藤氏家臣高田兵太夫的女儿,时年 20 岁。生庵 30 岁。同上文荫山家与江间家成婚相比,生庵的婚礼要朴素得多。

然而在《家乘》之中却记载了一段十分有意思的事情。生庵与一名叫垂花的女子相恋七年之久,而且并不单单是肉体关系。因此突奉家主之命成婚的生庵,是相当狼狈的。例如日记中记载,当年 6 月 1 日生庵曾病倒在床。二人恐怕是由于身份差距无法成婚,而于临别之际还立誓终生相爱。这样的事情可以说是近代恋爱的雏形了。更有趣的是,这段无法被世人接受的恋情,却被生庵记录于公务日记《家乘》之中了。

1659 年为隆出生,为时老来得子,对其之宠爱自不必说。1665 年之前为隆一直在江户做人质,而为时在纪州,因此平时大多仅赠送些礼物。但在为时去往江户时,关于为隆的记事便频繁出现。例如 1663 年 4 月,为时随同赖宣拜谒将军家纲,归家之后马上脱下自己觐见将军时穿的长袴,开心地穿在了 4 岁的儿子身上。这景象着实让人忍俊不禁。为时不像生庵那样每年陪着孩子庆生,他自己不负责教育培养,因此常常忘记孩子的生日。这个时期,为时经常将弓、枪等,以及赖宣赏赐的“信国之刀”赠与为隆,想要为隆从年少之时就熟悉武士的生活状态。

1664 年 1 月,在加纳直恒的关照下,为隆拜谒了藩主赖宣。同年 6 月,为时以使者身份来到江户,在准备启程回藩之时,因冰川明神的祭礼拖延了一日。这是因为冰川明神是为隆的氏神,而为隆之所以称为氏子是因为三浦宅邸就在冰川明神附近。而本来计划回国的日子,有使者前来三浦宅邸赠礼。因行程推迟,未能得见来使。对于严谨耿直的为时来说,为了为隆延期回藩,其爱子心切可见一斑。

1666 年 5 月 13 日,为隆出发去往江户。21 日,为时收到信使传来为隆顺利到达的消息。此后又多次派出信使查看为隆的情况。27 日，派遣家臣去往藩界查探。晚上，所派出的另一家臣返回，报告了为隆的情况。28 日，为隆平安到达和歌山的三浦宅邸。由此可以清楚看到为时挂心爱子的心情。其后为隆又参拜了了法寺，并与纪州的姐妹和家人们会面。6 月 11 日，为时邀请交好的安藤直清、加纳直恒等一众亲朋好友，为为隆的此次参拜举办盛大的晚宴，庆贺至夜半。

为隆归国之后就开始学习剑术和马术，其后又跟随生庵学习《大学》《中庸》《论语》《孟子》。作为未来纪州藩家老的为隆，就这样走上了文武双修的学习之路。此时为隆 10 岁。

生庵结婚两年后即 1674 年 9 月 27 日，生下长子太郎吉。太郎吉的母亲生产时因风寒而难产，生庵亲自调制药品。太郎吉的名字是他出生第七天由祖父孙左卫门所起，第十天进行"产剃"①。第三十二天参拜产土神山王权现，三日后参拜石桥家的菩提寺久成寺。次年一月初次进食，三月开始牙牙学语，四月长齿，五月爬行。9 月 27 日一早，生庵呼朋唤友为太郎吉庆生。之所以在早上庆生，是因为本日生庵必须自正午 12 点起就陪侍于家主身边。其后每年都如此庆生，其他子女也同样。

太郎吉自本年 11 月起开始走路，1677 年 8 月 15 日理月代头，次年 1 月 7 日着袴服。1680 年 12 月，身在江户的生庵赠予太郎吉字帖与纸捻，次年 1 月太郎吉开始写字。1684 年 3 月，身在江户的生庵第一次收到了太郎吉的书信。1686 年 4 月，太郎吉已经可以阅读《论语》和《中庸》，次年，太郎吉入宇佐美德之进门下。当年 12 月太郎吉染了天花，但两日后症状就减轻了，也没留下后遗症，生庵欣喜万分。其后天无与充之助也感染天花，同样顺利康复了。

然而 1688 年，太郎吉随铃木氏的小仆虎之助偷偷离家，去往伊势参加集团参拜。大惊的生庵遣家中仆人前去追回。吉左卫门在"岩手茶屋"截下太郎吉并将其带回。生庵并未斥责太郎吉，还在参宫之日在家

---

① 产剃：出生后第一次剃头。

庆贺,这是因为当时去伊势参宫是由孩子成长为大人的一个必经之礼,太郎吉从此就是大人了。

太郎吉于 1689 年改名新之丞,1691 年开始侍奉为隆。太郎吉于 2 月 15 日拜谒为隆之后,于 11 月侍奉为隆参拜多田妙台寺。1695 年首次领取年俸 583 匁 5 分。其时生庵跟随为隆去往贵志,太朗吉专门写信告知此事。当年 8 月太郎吉受命于来年春天侍奉家主去往江户参觐,而生庵将在 9 月启程。这是 22 岁的太郎吉首次一个人奉公,他的心情不难从写给生庵的信件数量中推知。出发于 3 月 1 日,抵达于 3 月 13 日。太郎吉分别于 3 月 5 日、15 日、20 日、22 日、25 日写信寄出,5 日还在途中,15 日已经到达江户。4 月寄出信件的日子分别是 4 日、8 日、15 日、19 日、21 日、22 日。4 月 16 日收到的 15 日与 21 日的信件,都是三月寄出的。信件的传递多依靠藩或町的信使,有时也拜托行走于江户与纪州间的足轻或商人等。从发件到收件的时间并不固定,早发出未必能够早收到。

5 月发出信件的日期是 1 日、2 日、15 日、20 日、24 日、25 日、29 日,6 月是 9 日、10 日、15 日、20 日、21 日、25 日、28 日。7 月于 5 日发出两封,其次是 15 日、18 日、25 日、28 日,以及最后一日。8 月是 5 日、8 日、10 日、15 日。其后,生庵于 9 月 1 日从纪州启程。在那时,江户与和歌山之间的联络方式除信件之外别无他法,因此当时的人远比现在勤于写东西,亦不必奇怪太郎吉这种高频率的发信。因为拜托信使需要支付费用,所以太郎吉时常交给回和歌山的同辈或足轻、商人。信件的具体内容并无记录,但对于首次独自在江户奉公的太郎吉来说,想来无非是向家里报个平安,联络父子间的感情。

武士的余暇是如何度过的呢?为时最爱的娱乐当属茶道和架鹰猎鸟。他与负责指导将军家纲茶道的石州流始祖,即大和小泉藩藩主片桐贞昌交往颇深。平时还经常邀请同僚及千宗左等进行茶会,也时常受到别人邀请。为时在日记《留账》中对受邀之际所到的茶室都保留了相当具体的描述。

在当时,以鹰猎鸟必须获得家主的许可。而为时拥有藩主赏赐的带鹰猎鸟地(和歌山的贵志),时常有机会接受藩主赏赐的鹰,因此在家主允许时常常出门猎鸟。有关于此的记录非常多,尤其是1668年跟随家主光贞去往浦和猎鸟时的场景记事非常写实。但这次的活动是陪侍家主光贞的,而此时为时年事已高,接连数日奔波倍感疲惫,因此再三向光贞申请休息。而光贞命其疲劳之时乘车而行,观赏鹰师的比赛。因此,为时不得不继续跟随出行猎鸟。此时,带鹰猎鸟这种活动对为时来说是其工作了。

家康五十年忌之时曾进行了盛大的戏剧表演,其后一度停止。后于延宝年间复活。此时的相扑等活动也十分流行,城里有戏剧表演时,生庵时常同友人或太郎吉去看。因此家中虽然禁止看戏剧,实际却无人理会。如日记中记载,1687年大阪的一场戏剧在和歌山曾流行一时。

此时,园艺与赏花也非常盛行,为时喜赏梅,还喜欢观赏樱、海棠、牡丹、杜若、兰、菊等,生庵自己也培育了牡丹、兰、菊等。生庵还种植了小麦和竹笋等能食用的植物。此外一到夏日,年轻人就喜欢玩水。生庵也侍奉为隆同友人一起玩过水,还发生过溺亡事件。

生庵于1678年被允许进入主人三浦宅邸的浴室,同年10月,生庵自家也修建了浴室,后来还于1687年重新装修。1695年,生庵第一次去澡堂。此时,和歌山的城下应该刚刚出现澡堂。

普通武士的日常娱乐除此之外还有围棋与将棋,生庵时常同友人对弈。另外,不仅三浦氏这样的上级武士举办宴会,生庵这类下级武士也会举办宴会。因此,无论是为时还是生庵,都曾烂醉不知归路,以至第二天请假。此外,他们还喜欢外出旅行,温泉疗养。生庵特别喜欢旅行,写过京都和镰仓的纪行文,也曾同家人在藩内就近游览。

武士们的生存方式是多种多样的,因为各自境遇的不同,可能被迫出逃或者矢志报仇,也可能很幸运地得以飞黄腾达。家老三浦氏的家臣木村七郎左卫门宗春,是石桥生庵的俳谐老师。1678年4月22日,他因"家贫而无力工作"为由请辞。当夜,据说宗春去往生庵家拜访,对生庵说了些心里话。他说了些什么已经不得而知,但当时的纪州藩政混乱,讽刺批判藩政的文章层出不穷,在此种状况下日渐贫困的宗春,大概会吐露心中的不满以及未来生活的打算。其后,宗春于同年 6 月脱藩。脱藩之后的宗春可能是以俳谐老师为职业谋生的。另外一名叫作柴田牧元的武士,离开纪州来到江户,作为讲谈师以辩说之技谋生。由此我们可知,出逃的武士们,很多是以各自的某种技能维持生计的。

蕉风俳谐之祖松尾芭蕉,原本是伊贺上野一名乡士家的次子,但长大后的芭蕉凭借俳谐之才,受宠于 5000 石俸禄的上级武士藤堂新七郎家的嫡子良忠,由此通过侍奉武家得以安身立命。然而,芭蕉 23 岁之时良忠突然去世。芭蕉的仕途之路断绝,从此专心于俳谐,走上了俳谐师的道路。

芦川甚五兵卫是俸禄 1500 石的上级武士,但 1691 年因治家不力而被停职。当时受到处罚的人包括"盗女古满""媒女世木""古满夫木棉壳半兵卫""前密夫平井八右卫门"四人,以及"私通淫乱僧"四人,总计八人被处以"枭首",芦川氏的家仆与次兵卫夫妇被流放,莲心寺与本光寺的住持被处以"逼塞"①,当铺老板又右卫门无偿将当品归还原主。由此事件可以看出,上级武士的家庭内部也存在着私通等行为。

《家乘》之中有一段关于冈野平太夫房明的记载,前半讲述为追随冈野氏,纪州藩的武士不惜放弃身份习轿夫之技,后半讽刺其如妓女一般向垣屋氏和冈野氏谄媚。冈野氏权势之大我们可以由此想象。我们来看一看冈野氏的晋升过程。冈野平太夫的曾祖父是田中融成,原本是后北条氏的重臣,后北条氏没落之后转而侍奉丰臣秀吉,关原之战后,又开始侍奉德川家康。田中融成号江雪,在书法与和歌方面造诣颇深。此外,他还同德川赖宣之母养珠院是叔侄关系。江雪的次子叫房次,后北条氏没落后侍奉德川家康。平太夫之父英明是房次长子,最初侍奉赖宣,在江雪后继无人之时被召回本家,受赐知行 1400 石,1663 年 64 岁时去世。冈野的本家此后世代作为幕府的旗本出仕。

---

① 逼塞:江户时代处罚武士与僧侣的刑罚,昼夜禁闭于室不准出门。

平太夫是英明第四子,1683 年首次拜谒赖宣,其后成为纪州藩二代藩主光贞的侍童。此后步步晋升,直至升任总管,领取俸禄 1300 石,其后逐渐增加至 5000 石。1692 年升任诸大夫,1702 年隐居,1705 年去世。其嫡子一明袭位,其后代多数成为家老。平太夫是凭借先祖与赖宣的渊源,以及二代藩主年幼时期的近侍身份不断晋升的。《家乘》之中也有落书讽刺代替安藤氏领导藩政之时平太夫的得意扬扬之态。同年末的落书称平太夫为“兵库再世”。这个兵库是指原家老牧野兵库。兵库生于越前国,18 岁就提拔为总管,其后成为家老,享俸禄 6000 石。因此将平太夫称为“兵库再世”,一方面就是指他晋升速度快;另一方面,兵库在其后的庆安事件中垮台,作者也正是借此人暗讽平太夫不得人心。据《家乘》记载,1674 年正月,平太夫新建的房屋被人用黑墨涂抹了五处,大概是相当憎恨他的人吧。

三十三间堂的通矢①是庆长年间开始流行于各国弓箭名家之间的一种竞技。据《家乘》记载,1656 年纪州藩的吉见喜太郎以 9779 射 6343 中获得“总一”,即打破了以前的纪录。吉见喜太郎其后改名为台右卫门,培养后来居上的出葛西园右卫门,以及 1686 年达到 8133 中成为“日本总一”放入和佐大八。

葛西园右卫门弘武,是其父喜兵卫友秀的次子。喜兵卫于 1623 年因射技被招募,获俸禄 200 石。喜兵卫的继承人是嫡子源五左卫门友明,而园右卫门必须自力更生。据《家乘》记载,园右卫门小小年纪就凭借射箭的才能获得了俸禄。1668 年,看起来稚气未脱的园右卫门获得了天下第一的名号,同年其俸禄增加到 200 石。大老酒井忠清,老中稻叶正则、土屋数直、板仓重矩等来访纪州,在马场观赏了“园右卫门弓”。1669 年 3 月,园右卫门前往江户为四代将军家纲表演射箭。过程非常顺利,园右卫门的俸禄增加至 800 石,其师吉见台右卫门的俸禄也提至 700 石。然而六年之后的 1675 年,年仅 26 岁的园右卫门就病死了。年少无

---

① 通矢:弓术的一种竞技,在京都莲花王院(即三十三间堂)西侧屋檐之下由南向北射穿。

子,从此家族断绝。

1661 年 3 月,浅井驹之助第一次在《家乘》中登场。当时的他拜于儒学者李梅溪门下,同生庵等一起学习儒学。此人一直作为使者出现在日记里,因此他应该是从使役开始做起,直到 1669 年赖宣隐居后在他身边侍奉。1671 年,赖宣葬于长保寺,驹之助同的场源四郎一同在长保寺守卫赖宣的遗灵。

其后,驹之助于 1679 年写下了一篇评判纪州藩政的《长保寺通夜梦物语》。这篇落书虚拟了 1663 年幕府颁布殉死禁令后为赖宣殉死的的场源四郎,为传达忧心纪州实情的赖宣之意化身幽灵出现在驹之助面前的场景,以问答方式写作而成。这是因为二代藩主光贞醉心玩乐,不事藩政,而本该辅佐家主的"老中、中头、奉行"等人不但无视自己的责任,而且为了一己私欲为所欲为。文章意在指出藩内的衰蔽可能引起百姓暴动,招致纪州藩没落。

驹之助此次采取了落书的形式,因此没有受到责罚。而 1689 至 1690 年前后,他又以誓文形式明确指出了责任所在,再次向藩内提交了批判书。驹之助于 1690 年获罪,被囚于伊势田丸。其后他不顾劝阻,从 1694 年开始断食,三十七天后死去。

泽边北溟是宫津藩医边泽知信的长子,10 岁跟随藩中儒医小林玄章学习,其后又去往京都拜入皆川淇园门下,往来于宫津与京都间,成为颇具声望的儒学者。1801 年。北溟回到宫津藩出仕,后至新任藩主本庄宗发处从事文学相关的工作。1810 年,北溟开始负责处理日渐窘迫的财政问题。宫津藩的本庄氏是代将军纲吉生母贵昌院之弟宗资成为大名的,1758 年受封七万石,从滨松来到宫津。本庄氏作为新参大名热心于谋求幕府要职,为维持门第与幕府勤役,陷入了慢性财政困境。在此状况下,宗发启用北溟负责处理财政政策。

北溟上任后的第一个任务,是替家主宗发筹措拜任"御奏者番"之际的一千五百两费用。北溟受命即刻动身前往大阪,同大阪町人进行商策。尽管过去的债务尚未归还,但最后还是筹足了资金。因此,北溟在刚上任之际,就察觉到了这种有失"颜面"的问题。但此时的事态已远远超出北溟的预想。他在此时上书宗发,要求实行以节俭为中心的财政改革,而宗发也暂且同意实行时期下的财政改革。然而,现实中对改革的热情不高,因此只在内部花销中实行这项政策。

1813 年,北溟受命筹措阿猷的婚礼所用七百两黄金陪嫁,同时还有购买新宅的七八百两黄金,以及修缮主宅的资金。正当北溟为此三番五次同大阪町人进行交涉之时,翌年初又有江户遣使来到大阪,要求筹措一万五千两黄金修缮失火被烧毁的幕府之宅。而此时的大阪町人认为这不过是上层为贪图享受而编造的借口。

此后的北溟仍然在江户传来的催促中东奔西走,借款只是一味增加。同年七月,借债已达十一万几千两之多,当年收入国库的六万草袋大米已经全数用来还债。然而进入八月,江户方面还是源源不断地传来资金要求。在此状况下,北溟不得不一边夜以继日地工作,一边在财政状况不断严峻的背景下,强烈要求实施以节约和停止借款为中心的"至严之御法"。1815 年 4 月,终于决定采用"御严法"。然而同年八月之后筹措资金的要求再次增多,所谓"御严法"也就草草而终。总归是很难脱离这种依赖借贷的模式的。而江户对于这种财政困窘却完全没有危机意识,认为资金的筹措十分顺利。正是江户与藩内这种认识上的差异,使得事态一步步严峻。

在这种状态下,北溟借口身体不适离开了核心职位,此后的重要工作主要由江户回来的直兵卫负责,北溟只在形式上从属。然而在此之后,上层的交涉完全无法进展,连家主宗发的归国费用都未筹措出来。在各方的劝说与要求下,北溟只得再次受命"出京出阪"。上京的北溟正在艰难地交涉当中,又接到了追加资金的要求,此时只能采取强制手段了。一番威吓与感化后,宗发总算是平安回城了。其后北溟再次请辞,而于 1817 年初再次受命出山。此时北溟上书宗发指出,如今上层依赖宫津藩百姓的倾向越来越严重,而百姓对上层的蔑视也与日俱增。

1818 年,北溟担任"京大阪御用"之职。1819 年,他与山浦清兵卫一同去往大阪交涉，但全无进展。同年，北溟提出腰痛，以至行走困难。第二年，北溟仍然负责"京大阪"的财政工作，但曾一度停止外出交涉。

此时又出现了新的问题。江户主管财政的老中山川十右卫门从圆满院宫和青莲院宫借贷了"御名目金"①。这笔钱的贷入是在北溟请辞，退出第一线之后发生的事情。而这也正是让北溟一直以来所忧心的问题。时值宗发拜任"寺社奉行加役"，负责处理寺社相关的公务，此时向寺社借钱，是大大的不合时宜。此时北溟迫于压力，不得不再次出山处理问题。

关于此事，北溟曾留下记录称，自己也知晓"第一要务是厚待百姓"，但此时若"袖手旁观"，家主的"公务"就会出现危机。因此如今正处于进退两难之间，无法再拘泥于自身"有德仁之人的声誉"，只能视情况做最后的决定。北溟最后所施行的"极密之一策"，便是在领内征收新的赋课。其一是要求富裕者捐献，征集到白银 608 贯有余。其二是征收普通百姓的人头税，所得白银 231 贯有余。1821 年 11 月，"鹤崎仓库中贡米之充沛，为三十年来未有"，以此终于求得一时之安。然而，本月再次从江户传来消息，以公务为由要求筹措黄金一千五百两。而到了 1822 年初，宗发开始负责圆满院及其他寺社借贷资金的工作，此时，宫津藩从圆满院宫等处借贷"名目金"的问题就变得非常棘手了。因此北溟接到命令，想办法从别处融资，且不允许以宗发的名义交涉。

在此状况之下北溟遣人调查，确认"名目金"共"一万四五千两"，加上另一笔资金筹集所要求的"三千两"，以及后来开始交涉之时再次从江户传回的"一千两"，已将北溟逼至绝望之境。尽管如此，同年 11 月，北溟同宇野七兵卫灯大津町人和京都町人的交涉还是成功达成了。终于完成了将资金送往江户的目标。

然而，进入 12 月，北溟收到儿子淡藏等人的急件，领内发生了百姓暴动。北溟大为恐慌，迅速召集"藩邸之人士"，表达了迅速回到宫津的

---

① 御名目金：江户、大阪等地有势力的寺院进行的一种暴利借贷的金融活动。

想法。而众人却劝他留在江户，全力处理"名目金"的问题。在北溟的记录中详尽记录了他此时的心情。在进退两难的迷茫之中，他去往自身儒学者松井晖星处求易问卜。即便是北溟，此时也到了需要依靠占卜来决定方向，完全丧失自信的境遇来。

然而现实中宫津藩发生的暴乱，在已经完成交涉的町人们当中产生了广泛的影响，北溟只好日夜无休地应付状况。同年 12 月 24 日，北溟将本该交给大津町人的资金送还宫津，以应付宫津的沼野传达而来的急求还债之款的要求。结果第二天，宇野七兵卫便登门责问北溟违约。北溟不得不低头道歉，将京都送来的仅 20 贯目给七兵卫过目，并约定月底之前交还 6 贯目，来年交还 300 贯目。以此终于收拾局面。

北溟于 1823 年初承担了百姓暴乱的责任，被罚以"蛰居"，并被没收知行，降至"十人扶持"。

四、"神"与民间信仰

在近世日本，所谓"神"绝不只是存在于神社之中接受人们的敬拜。在当时人的心中，无论是家中的灶台还是厕所、水井，到处都有神的活动，一年之中必须时时祭祀。在家宅的翻建与新修之时，也必须要考虑到大将军、金神这些每年居住方位都不同的方位神的存在，尽可能地避免冲撞了他们的居所。因此，确定方位神所在并实行消灾镇伏仪式的民间宗教者，比如修验、巫女阴阳师等等，走村串户，受到百姓们的欢迎。以下主要依据近来被广泛认可的日本学者梅田千寻的研究成果进行介绍。①

走出家门，则到处都能看到祭祀各种森林与山野之神的小神祠。一般村镇也有自己的祭神，虽然以八幡、牛头天王这类的习合神居多，但有时村民们也会直接把某位佛祖当做本村的保护神。除此之外，中世以来

---

① 梅田千寻「近世の神道・陰陽道」、『岩波講座　日本歴史　第 12 巻　近世 3』、岩波書店、2014 年。

广泛传播的惠比寿、大黑等七福神，与自然崇拜相关的稻荷、荒神，以及从远方那些大神社请来的春日、熊野、伊势之神，都得到当时人们的广泛信仰与祭祀。

在近世，由专业神职人员经营的神社并不多见。一般情况是由村民们组织运营，请寺院的僧侣作为"别当"代为管理。因此，寺院活动与神社活动常常重合。祭祀活动的组织也充满着神佛习合的色彩。可以说，这是一幅与日本近代以后神佛分离、神社神职专业化完全不同的信仰风景。

从近世宗教史的实际来看，其实神佛习合这一概念本身就值得反省。林淳即指出，"神佛习合"这一概念暗含着承认有一个纯粹的神道去与佛教结合，神社的神职与寺院的僧侣本来各司其职这样的前提。然而在国学兴盛、神道界自立即神佛分离这样的运动发生之前，尚未建立起以记纪神话为主的教义体系之前的神道信仰，乃是与阴阳道、修验道等民俗信仰相互混合，近世及之前并不存在"纯粹的神道"。① 宫田登也指出，日本的民间信仰乃是神、佛与阴阳道三者的混合。②

所谓阴阳道者，来源于为宫廷服务，从事天文历算占卜的阴阳寮。摄关时代以来，随着怨灵信仰的流行，阴阳道开始从事以咒术镇伏恶灵的仪式，并教授如何结合方位与时辰回避灾异。这种在天文历算知识与阴阳五行观念的基础上，结合了占卜术、密教仪式、神祇阴阳等内容的阴阳道，在近世从宫廷向民间渗透。其结果就是形成了一整套"基于历法的信仰"。以干支表示时日的旧历不仅仅是记录时间的工具，其中更承载着吉凶随时空变化而变化的观念。上面提到的方位神信仰就是最为典型的例子。在近世社会，人们很重视通过解读历法，得知吉凶的方位与变化，从而逢凶化吉，遇难呈祥。因此，阴阳师作为懂历法的专业人士，广泛从事安宅、镇凶等活动，作为民间宗教者活跃在一般人的生活

---

① 林淳「カミとホトケ」、山折哲雄・川村邦光编：『民俗宗教を学ぶ人のために』、世界思想社、
　　1999 年。
② 宫田登『民俗神道論　民間信仰のダイナミズム』、春秋社、1996 年。

之中。

所谓民间宗教者即指不从属于特定寺院或神社等宗教设施的宗教人员。所从事的活动就是到各家各户去派发各种神明的护身符等,举行去除污秽的宗教仪式,为有需要的人祈祷,或者是在建筑开工之时主持地镇祭等等。根据地域与活动的不同,承担者多种多样。派发护身符的有"惠比寿愿人""神事舞太夫",从事被禊仪式的有巫女、阴阳师、盲僧,主持地镇祭的有声闻师等等。但他们的职能分工并不明确。他们当中,有些会在派发护身符的同时,表演人偶戏、狮子舞之类的娱乐项目,就这一点而言,他们与身份低贱的民间艺人有重合之处。因此,学界也称呼民间宗教者为宗教艺人。

从中世步入近世,神道、佛教、阴阳道混融,从事各种信仰活动的民间宗教者种类繁多。将这些非系统性的不定型的宗教人员加以组织化的方式就是本所制度。

本所这一称呼原本来自中世庄园领主与工商业组织"座"之间的关系,后来也影响了对职能民的组织。而近世宗教界的本所意指与某一宗教集团有着特定源流关系的寺社、公家或地下官人。本所向所属集团发放关于装束、官名与事务范围的许可状并借此征收礼金与供纳。而对于所属集团而言,在经营领域发生重叠与冲突时,他们可以借由本所体制,尝试以本所拥有的权威与人脉,将其他集团排除在外,从而垄断特定的宗教事务经营范围。

近世本所体制非常重要的特色之一是本所制度乃是幕府的寺社政策的一环。幕府在主持与特定宗教集团相关的事务时,承认本所的地位与特殊发言权。将不在武士、农民与町人之列的宗教人员全部编入本所体制,确定各自的所属关系,对于幕府的人口掌握而言是重要的补充。本所制度的存在不是个别现象,不仅是那些被视为贱民的宗教艺人们被组织化了,就连神道界与阴阳道界也分别建立了以吉田家与土御门家为本所的支配体制。

作为神道本所的吉田家是与律令制时代的神祇官卜部氏渊源深厚

的下级贵族。室町时代的吉田兼俱开创唯一神道，自称"神祇管领长上"并向各地颁发确认神社祭神渊源的"宗源宣旨"与解答宗教事务疑问的"神道裁许状"。吉田家的地位经由战国乱世，渐渐得到了地方神职人员的认可。到了近世，"神道裁许状"的内容从事务判断转向人员许可，吉田家借由朝廷权威进一步加强了自身的地位。而且在与社僧及修验道的争论中，力争神道界的利益，地方上的神职也加强了对吉田家的支持。同时，吉田家在确立了自身堂上公家的家格后，为了和公家的其他权门抗衡，也支持地方神职的自立运动。

幕府认可并尝试利用神道界的这种自发的组织化进程。宽文五年（1665）四代将军家纲发布的《诸社祢宜神主法度》，将神道界的本所体制以法的形式加以确认，显示了幕府意在通过吉田家统制神社的倾向。由此，从大神社代代相传的专业神职，到农村小神社里由农民兼任的神官，甚至连村属神社都算不上的小神祠里的民间宗教者，纷纷投入吉田家的羽翼之下。吉田家事务日渐繁忙，甚至在东京与大阪也设立了派遣机构。

然而，势力的增长自然也就会引来竞争者的反对。对于吉田家的影响力超过其长官神祇伯白川家的现象，在朝廷内外都引起了非议。吉田家僭称"神祇管领长上"一事也受到了来自实证主义研究的质疑。同时，幕府意图打破吉田家的一家独大，所以，最终，白川家也被认定为本所之一。此后，吉田与白川两家为了相互竞争，扩大自己的影响，纷纷给只是给神社做工的农民颁发许可状以争取支持，就连"键取"这一类几乎属于贱民的群体也在争取之列。这就促成了神职在专业化的同时扩大化，围绕农民变成了神职产生的带刀等问题，各地都展开了争论。

对于地方上的神社来说，本所制度是他们与当地的其他宗教集团竞争，或者建立地区同业联盟的基础。并且在与地方领主讨价还价时，也需要依靠本所的权威作为后盾。

阴阳道本所的土御门家是历史上最著名的阴阳师安倍晴明之后，虽然是阴阳道的唯一本所，但其地位的确立却比吉田家要晚。主要原因是江户初期,土御门家面临着同为阴阳师名家贺茂氏的后人幸德井家的对抗。幸德井家控制着南都的声闻师群体,并且接受了土御门泰重于失意之际放弃了的阴阳头一职。而且泰重死后新任土御门家当主的泰福年幼,尚无实力与幸德井家一争高下。事件的转机在贞享改历之时到来。贞享历的实际制作者是幕府的初代天文方涩川春海,而春海与泰福曾一起受教于山崎闇斋的学塾。靠着这层同窗之谊,幕府将贞享历经土御门泰福之手上奏朝廷并颁发,而一向将历道作为家学的幸德井家却被排除在外。因此,土御门家得以夺回对阴阳道的控制权,而借颁行新历之机,与历法密切相关的各地阴阳师及其他民间宗教者就都逐渐被纳入到了土御门家的本所组织。

　　不过土御门家本所在开始的时候,支配地域与对象也还是有限的。根据灵元天皇天和三年(1683)纶旨确立起来的本所支配范围被限定在畿内近国、中国与中部,其中主要对象是阴阳师村。这些居住在阴阳师村里的阴阳师与在京都服务朝廷与公家的阴阳师地位天差地别。他们乃是完完全全的民间宗教者,是一群集中住在一起,向施主们派发护身符,给他们占卜和祓禊的从事咒术活动的职能民。另外,幕府虽然对土御门家的本所地位加以承认,但是并没有像对待神道本所那样使之法制化。因此当要制止"无照经营"的阴阳道活动时,土御门家往往要亲自出动,进行揭发与起诉。为此,他们在江户与京都的办事机构不断增加人手,以求加强本所控制的力量。这一努力直到天明四年(1784)才最终得到回报,这一年的本所布告中明确提到土御门家的管理是针对职能的支配。这样一来即便名义上不是阴阳师,但仍在用阴阳道相关知识谋生的各类人群就都应当归属土御门家的支配之下。在江户后期的大都市中,逐渐产生了一些并非世袭家学而是靠自学掌握易经学问的占卜者,而各藩也出现了负责测算工作的技术官僚以及历学、算学家。这些人也都加入土御门家的本所组织中,使得后者在与神道、修验道等其他本所集团的竞争中不断扩大自身实力。甚至,从传统的天文历学中脱离出来,吸收了洋学的町人天文学者也作了土御门家的门人,加入了阴阳道组织。

阴阳道本所的土御门家将其家传视为神道的一种形态,土御门泰福更是将其所学称为"天社神道",并受其师山崎暗斋的影响试图加强阴阳道学说的教义化与体系化。然而泰福之后,土御门家并未继承这一思路,家传中心设定为天文与历学,所谓天社神道也仅仅以祭坛的设置方法等具体的仪式作法为内容。更严重的问题是,土御门家虽然在贞享改历中获益甚多,但之后固守传统观念,不求进取。实际上,贞享改历的真正发动者是幕府,土御门家不过借势得利而已。到了宽政改历以后,幕府天文方推进了对洋学知识的垄断性接受,并承担起翻译机构的功能。甚至连佛教界,也在吸收西洋天文学的基础上,将之与佛教历法和天文观结合,发起了梵历运动。相比之下,土御门家却仍在教授以汉籍为中心的天文学。因此,近世阴阳道与新思想渐行渐远,并受到建立了自己的历法和宇宙观的其他集团的批判。"基于历法的信仰"而开展的各种习俗被视为迷信活动。

除了神道与阴阳道之外,神事舞太夫、惠比寿愿人等也都组织起自己的本所集团,于是近世初期那种各类民间宗教者活动范围不定且相互重叠的混杂局面,随着本所集团之间的争讼与幕府对争讼的裁决,渐渐得以澄清。各类民间宗教者在记载有其经营范围的许可状的保护下开展活动,同时也受到其约束。宗教界的"职分分割"逻辑得以建立。

五、"元禄文化"的繁荣

所谓元禄时代,得名于元禄年间(1688—1704)的文化繁荣,经常用来泛指五代将军德川纲吉统治的时期(1680—1704)。随着城市化的发展,商品经济的活跃,以町人为中心的文化繁荣起来,反映了町人经济力量的增强和社会地位的上升。在京都、大阪等地形成了所谓"元禄文化"。当然,如果简单地认为元禄文化就是町人文化其实是不符合历史事实的。与以武家统治者为中心发展起来的桃山文化相比,元禄文化有着特别浓厚的庶民色彩，毕竟武士才是近世日本的支配者，在元禄文化的创作上也经常是武士出身者成为主角，例如近松门左卫门（1653—1724年）。与桃山文化毫不掩饰对俗世权势的欣赏相似，元禄文化也热爱现世的华美生活。

有日本学者认为，桃山文化强烈地表现出了作为"公共"组织的国家特性，而元禄文化则关注个人，在文化上更加成熟。"与桃山时代相比，元禄时代的事物让人感觉具有不妨称为内在性的特色。可以说，那不是单纯地从权势者的文化变成了商人的文化，而是将与公共聚会的场合紧密相关的文化演变成了表现个人内在性的文化。"①元禄文化的主要消费者町人具有相当的经济能力，所以元禄文化的创造者相对而言较少对权力的依附性，能够根据自己的意愿来选择自己的生活方式，更自由地进行艺术创造，更独立地开展学术研究。

元禄时代町人文化最为人所熟知的代表性艺术形式是俳谐，其最著名的创作者是松尾芭蕉（1644—1694）。芭蕉原本也是武士，后来主动放弃武士身份，在市井生活之中展开自由的创作。芭蕉的作品既有高度的艺术性，又有通俗易懂的大众性，淋漓尽致地表现了日本四季自然的闲寂趣味，将俳谐从庶民生活文化提升到高雅的艺术，成为与和歌、茶道等并称的日本文化的典型。

井原西鹤（1642—1693）发展的名为"浮世草子"的独特小说形式，也是江户时代重要的文化类型。其1682年出版的《好色一代男》，传神地写照了町人的生活与情感。主人公叫世之介，一生与各色女性交往，与日本小说的巅峰之作《源氏物语》在情节设定和结构安排上有微妙的呼应，受到广大读者的好评，甚至获得了"俗源氏"的美称。"俗"这个字眼被认为微妙地传递了当时日本人对自身新的生活状况的理解。元禄文化的一大特色便是形成了出色的"俗"文化。② 西鹤的代表作还有《好色

① 尾藤正英：《日本文化的历史》，彭曦译，南京：南京大学出版社，2010年，第92页。
② 尾藤正英：《日本文化的历史》，彭曦译，南京：南京大学出版社，2010年，第98页。

一代女》和《日本永代藏》等,晚期作品则以《世间胸算用》和《西鹤置土产》等为代表。西鹤的作品不但堪称元禄时代大阪町人的生活百科全书,也深刻地反映了"世人之心",触及了人类存在的本质,在日本文学史上被评价为现实主义文学的一座高峰。

元禄时代的戏剧诞生了人形净琉璃这一新的形式,其代表性艺术家是竹本义太夫(1651—1714)。义太夫表演用的剧本主要由近松门左卫门(1653—1725)所创作。这两位杰出的天才将日本人形净琉璃提升为真正的艺术。人形净琉璃使用人偶进行表演,注重形式的完美和艺术的纯粹性,反映了日本文化特有的审美感觉。近松门左卫门不但创作了大量观众喜闻乐见的历史剧,更以高超的写实手法揭示人情机微。其最有名的作品是《心中天网岛》,通过刻画一对恋人为爱殉情的悲剧故事,反映了生活在幕藩制社会中的人们所难以回避的义理与人情的矛盾。

元禄时代真人表演的戏剧中最重要的是歌舞伎,其代表性演员有市川团十郎、坂田藤十郎等。歌舞伎致力于表现世俗的生活和情感,获得了大量的观众,以至于发展出了独特的剧院形式,这种主要为一般民众服务的公共设施的出现,在日本文化史上是前所未有的,具有划时代的意义。

元禄时期的绘画艺术以浮世绘为主要代表。其创始人是著名画师菱川师宣。他学习过狩野派、土佐派等多种流派的绘画技术,逐步发展出独特的画风。其最初的单幅美人画《吉原之体》,被认为是浮世绘的起源①。浮世绘是一种可以批量印刷的版画,价格比较低廉,很好地满足了民众的文化消费需求。印刷技术也逐步提高,从单色墨印,发展到红色为主,黄、绿为辅的朱摺绘。最终在1765年出现了铃木春信(1725—1770)开创的"锦绘",色彩丰富,多次套印,使得其美人画达到堪称完美的境地。浮世意指当时的生活和风俗,特别符合江户町人文化消费的需求。其重要的绘画主题之一就是游女,即卖艺兼卖春的、社会地位低下

① 久野健等编:《日本美术简史》,蔡敦达译,上海译文出版社2000年,第117页。

的女性,但同时也非常严肃地反映了画家对人性的尊重。当然,作为当时的演艺明星的俳优、作为体育明星的力士即相扑运动员的肖像画,也是特别受欢迎的题材。春画更是其中一大类别,当时最著名的鸟居清长、喜多川歌麿、东州斋写乐等名家都留下了春画作品。

元禄时代华美风气的流行,使得色彩鲜艳的服装大行其道。都市町人性喜豪奢,服装设计上重视装饰性,而不重视效率,出现了下摆和长袖等。其代表性服装是女性的和服,被认为优雅美丽,却极为行动不便。有学者认为这种极端不合理的服装设计,反映了女性社会地位的低下。上层阶级中的女性,不事生产的代价是不得自由,不得不忍受"和服"的种种不便以求获得男性的青睐①。

元禄町人文化反映了生机勃勃的庶民性,同时又无法摆脱一种得过且过、及时行乐的氛围。町人通过个人努力可以获得财富,培养了其自信和向上的精神。但是政治权力被武士所垄断,町人被排除在政治之外,本质上无法决定自己的命运,只是寄生于武士阶级。町人无论积蓄多少财富,都有可能在一夜之间被武士夺去,这种社会地位导致其难以孕育积蓄推动变革的精神力量。

元禄时代也是日本儒学界思想创造性大爆发的时代,其动机在于随着对朱子学的学习的深入,逐渐诞生了批判朱子学的思想运动。伊藤仁斋的古义学和荻生徂徕的古文辞学是其中最重要的代表性学派。其共通之处是主张舍弃汉唐以来的儒家经典注释,回归古典原文,把握儒学真谛。现代日本学者一般认为伊藤仁斋、荻生徂徕等在日本思想史上的真正意义,并非更加准确地理解儒学古典的本意,而是反映了日本人的实际生活经验和思考。

伊藤仁斋(1627—1705)是京都的町人,其《童子问》强调"人外无道,道外无人","俗外无道,道外无俗"。他反对朱子学中强烈的普遍主义倾向,认为对理的强调容易导致人们各信其是。他认为推崇孔子的"仁",

---

① 家永三郎『日本文化史』、岩波書店、1982 年、第二版、第 198—199 頁。

认为真正重要的是宽容精神,即所谓隐恶扬善,成人之美,不成人之恶,爱心才是道德的重点。荻生徂徕(1666—1728)是武士,曾供职于柳泽吉保(1658—1714)。他所理解的"仁"是上对下的教导、管理、抚育,即成为民之父母。治理天下需要"礼乐刑政",也就是依据"道",来建立确保政治共同体内的人们都能够适才适所的制度。

徂徕生活的时代,商品经济发展带来了武士阶级财政状况的恶化。徂徕作为武士阶级的代表者,建议让集中在城下町的武士重新返回自己的封地定居,通过耕地或收取地租来维持自身生活,而不是在城下町依赖主君的俸禄生活。他还提倡复活"井田制"以抑制民众流动性,制定涉及生活方方面面的礼乐制度。其所著《政谈》的基本思想就是希望依靠政治权力抑制商业与复归自然经济。徂徕学既有经世济民的理想,也重视诗文之美的世界。其最杰出的两个弟子太宰春台(1680—1747)和服部南郭(1683—1759)分别继承了其经学和诗文的两个侧面。

太宰春台在其《经济录》中提出了完全不同于老师的对策。他认为幕政应该学习老子的"无为"思想,以应对海内士民贫困,国家元气衰弱的现状。病来如山倒,病去如抽丝,期望一下子治好重病是不可能的,建议"顺其自然、任之由之"。他建议藩政实行特产的生产奖励和专卖制度。因为"当今之世道,乃金银之世界",无论是大名还是武士都用金银来满足生活的需要,所以必须进行买卖以获得货币。春台比徂徕更接受当时商品经济发展的现实并认为这其实体现了圣人之道的普遍妥当性。按照他的看法,圣人之道像"五谷"那样,是"常道";而作为治病之药,诸子百家之道各有其用。在现实认识的层面上,他强调政治治理必须注意四个要点即"时""理""势"和"人情"。

首先,要"知时",在讨论礼乐制度时,要看到其所处的具体的历史条件。其次,要"知理",这里的"理"不是指"道理之理,乃物理之理也"。也就是脱离了作为道德规范的"道理",能够客观认识事物的"物理"。再次,所谓"势"就是"在事之上而在常理之外也者",因此"必兼明理、势之二者……极尽二者之用。此乃政治之要术也"。最后一点,也是最难的一点是要"知人情"，即了解人们的好恶苦乐、喜忧爱憎等。身居高位的统治者要兼顾这四个因素，立足于自己所处的社会条件，选择或者运用最适合的政策与制度。春台认为人性的"实情"有着与禽兽同样的食欲和情欲，以及即使排挤他人也要追求名誉和利益的"争竞心"。所以，需要通过礼仪教化来抑制人性恶的一面。

海保青陵（1755—1817）继承了春台的人性论和藩特产专卖制度的主张，但是他进一步否定了春台仍作为前提的圣人之道的普遍性。海保青陵作有大量的经济论，发展了利己主义的人性观、藩重商主义、君臣乃市道等不同于儒家，而近于法家的经世思想。他认为："若观天下之人胸中意为何，皆爱己爱身也。""凡人之性者，爱己者也。"他批判儒者传统的弃利贱货思想，认为"商品买卖"符合"天理"，批判光"买"而看不起"卖"的武士气质。他特别推崇"君臣乃市道"这一古语，认为君臣关系并非"以义合"这种儒教式的理解，而是相互计算对方对于自身的利用价值的理智的结合。①

---

① 以上有关儒学的介绍，主要参考了平石直昭『日本政治思想史』（放送大学教育振兴会，1999年）相关内容。

第四章　幕藩体制的动摇和调整

第一节　近世日本的"三大改革"

一、德川吉宗与"享保改革"

德川吉宗出身于纪州德川家族旁系,在1716年入继本宗就任将军,成为第八代将军(1716—1745年在职)。德川吉宗尊重谱代大名等传统势力,确立将军对幕政的主导权,推行"享保改革"。其主要政策是增收年贡,开发新田,奖励实学,殖产兴业,发布俭约令。德川吉宗在江户时代后期被认为是中兴之英主,以下对其政策的介绍主要参考水林彪的研究。①

德川吉宗任职之初,幕藩体制已经呈现出动摇的迹象。1712年在加贺大圣寺藩的农民运动中,农民群众还抓获了藩巡检使,迫使他认可减免贡赋,还砸毁了与茶叶批发行、纸张批发行以及与藩的当权者相勾结,并控制着农民生产的村吏之家。德川吉宗任职的第二年(1717年),广岛藩农民为反对丈量土地而起事,砸毁了村吏之家,终于赢得了停止丈量

---

① 参见水林彪『日本通史Ⅱ近世:封建制の再編と日本的社会の成立』,山川出版社、1997年。

土地与长久性的降低贡赋率。像这样的大起义,当时在日本全国每年虽只有一两起,但这些农民运动意味着农民们通过商品生产和参加市场活动摆脱了孤立分散的生活。

即便是像关东地方这样农民的小商品生产还不发达的地区,也都浸透货币流通,高利贷地主与小农以及佃农间分化严重。1721 年,浪人山下幸内呈交幕府的意见书中就说,近几年,在关东与东北农村中,在户籍册上销户的农民就达 140 万人云云。就是在西南的熊本藩,据 1746 年的文献,原来有 30 栋房屋的村子减为 15 栋,10 栋的减为 5 栋,饿殍比比皆是。与农民放弃土地相反,集敛土地的地主与高利贷却发展了。身为武藏国川崎地区的地主,因通晓关东农村而被重用为"关东郡代"的田中邱隅在《民间省要》(1721 年著)中就说:"国土中田地,百中九十五转而租佃,竟无地主躬耕。"这说法虽有夸大,但是也反映了幕藩体制经济基础的分解。

德川吉宗是纪州德川光贞的第三子,当时正值 33 岁的壮年,曾任拥有俸禄三万石的越前国鲭江藩主,随后又当了财政一直拮据的纪州藩主,有着惨淡经营十余年,通过紧缩银根重建藩财政的经验。他是靠谱代大名的老中们的力量,摒除了与上一代将军血缘最近的尾张德川家族才当上将军的。而这些老中们对从德川纲吉三代将军以来由"侧用人"以及出身浪人的学者等门第很低的新人当权是抱有反感的。因此,他重视老中、若年寄和三个奉行这样一种历来幕府领导体制上的行政机关,而没有靠左右心腹施政。然而,这也绝非重演德川纲吉以前的那种与谱代大名联合政权式的幕府政治。

在将军——侧用人体制下长期受到排斥的谱代势力的不满,随着幼年将军家继的出现而爆发。凭借家宣的个人信任而指导政治运营的间部诠房和新井白石的地位迅速陷入不安地的状态。由于将军年幼,没有老中的合作是难以推动政治运营的。而老中们往往对新井白石拒绝合作。不久家继也因病夭折,将军家的直系血缘由此而绝,作为御三家之一的纪州家的户主德川吉宗被迎为第八代将军。

　　吉宗为了稳定政权,首先必须获得谱代家臣阶层的支持。他几乎免除了所有家宣和家继的侧近,仅留下若干原本出身于谱代家臣的侧近。与此同时,推行厚遇谱代价臣的政策。比如,以谱代家臣才是将军最亲近的臣子为由,不顾前代将军丧事未终,举行了谱代大名的谒见,并饷以宴席。对于旗本和御家人也贯彻了优待谱代、冷遇新参的态度。对于谱代阶层,整备了养子制度等继承制度以保证其家族的延续,对于新参者则即便是亲子继承也施加严格的限制条件,更不承认养子对家的继承。

　　吉宗在优待谱代的政策中,特别注意厚遇老中。老中是笔头格谱代家臣才能够就任的最高官职,之前由于侧用人权势伸张而为人所轻。吉宗为了改变这种状况,在废除侧用人职的同时,复活了老中直接向将军进言的旧制。吉宗虽然也从纪州藩带来了一批侧近,但是他们地位最高的人也不过石高 1 万石,官位是从五位下诸大夫,职务止于等级在若年寄之下的侧众兼御用取次,如有马氏伦、加纳久通等。

　　在优遇谱代的同时,吉宗亦积极谋求强化将军权力。实际上,吉宗对谱代的优遇,主要是表现在具有实际机能的统治机构以外的领域。德川幕府的统治机构,主要有武官(番士)和文官(役方)两部分构成。将官僚制度体系和家臣的家格体系重合在一起的,主要是在武官系统。在天下太平的时代,对于国家现实的政治活动而言,武官系统的实质意义其实非常微弱。靠着在这一领域内对家格的重视就能够在很大程度上满足谱代阶层的需要,这一事实也说明尊崇家格在本质上是一种复古主义的精神。在旧日的武家世界,"武"是比"文"更高的价值。

　　作为谱代势力的代表者,居于幕府官僚体系顶点的老中虽然在表面上得到了将军的极大尊重,实际上,将军侧近依然是政治运营的关键。重要政策、法令的提案、审议和决定,形式上是在"将军—老中"的系统中进行,实际上在此之前,已经在"将军—侧近"系统中做出了实质性的决定。吉宗政权的政治形态本质上依然是继承了前代的侧用人政治,只是侧近官僚从前台转移到了幕后。

　　在任用谱代门阀做老中和武官的同时,吉宗大力提拔有能之辈在以御用取次为首的实质上的统治机构中的担任各处要职。"芝麻和老百姓，都是越轧越出油。"这句名言的主人勘定奉行神尾春央就是一个著名的例子。此外还有大冈政谈所讲述的著名的町奉行（后任寺社奉行）大冈忠相。享保时期名奉行辈出，其背景就是德川吉宗积极提拔人才的政策。

吉宗重要的人才政策之一就是推行足高制。对主要负责民政关系的勘定奉行办事机构中的官吏与代官等，则按其职位定俸禄，并不问家系，擢用人才，并开始实行"足高"制，当任职者的家禄少于按其职位所应得的俸禄，在任职期内就用津贴补上其不足部分。在幕藩体制下，家格制和官僚制本来是紧密相关的，家格、家禄在很大程度上决定了官职的人选。按能力选任官吏，就必然会破坏家格和官职的对应关系。在此背景下，所谓足高制应运而生。家禄低的人如果被选任本来应该由家禄高的人担任的官职，就特别支给所谓足高来弥补其差额。"禄"本来是指作为封建特权的家禄，但是随着足高制的推行，作为承担官职义务的报酬的俸禄的色彩越来越浓厚。

与上述重用担任御用取次的侧近官僚、选拔人才担任各奉行职务鼎足而立的第三个支撑吉宗权力的重要制度是通过设置目安箱而使直诉制度化。本来，直诉除了可以向巡见使提出之外，一般是严厉禁止的。但是，在实在不得已的特殊情况下，将军或者大名作为一种仁政，有时也会受理某些直诉。吉宗设置目安箱广泛接受庶民的意见，其实强化了超然位于官僚机构之上的将军的专制权力。

德川吉宗以各级官僚为辅佐，一切由他独裁。历来的领导体制都是由老中会议决定政策后，日常政务由按月轮流值班的老中承担。但德川吉宗却将老中之一定为"财政官"，授予财政大权。"勘定奉行"被分为司法官与财政官，重点置于财政官上，并由他指挥全国"代官"。对"代官"还大批调换，各"代官"办事机构中的官吏也进行了更新。这是沿着德川纲吉改革的方向又向前迈进了一步。

德川吉宗还从强化自身血统这一立场出发，新给世子家重之弟宗武设"田安家"，给自己的小弟弟宗尹设"一桥家"，让他们具有宗家继承权。后来德川家重又让次子重好设立"清水家"。合在一起共为三家，是德川吉宗直系的所谓"御三卿"。

吉宗政权亦致力于整备法令。吉宗时期是幕府权力自成立以来一直努力追求的将各种各样的地方权力、中间权力收归国家的中央集权化过程的最终阶段，不仅建立了高度发达的官僚制机构，还需要完全指导这一机构运转的法制。为此而积极制作各种法令集，编撰法典等。这也体现了近世日本向理性主义的官僚制国家转变的方向。

近世日本并非只有幕府制定法律并在全国贯彻，各个藩也制定自身的法律。即便是幕府，除作为统一政权发布全国令外，也作为一个领主发布幕领令，而且各地幕领所施行的法律也与江户不同。不仅仅是幕府与藩等领主为了统治领民而立法（统治之法），村民与町人团体也会为了维持生活与生计而立法（自治之法）。因此，近世的法律是多元性、重叠性的存在。在日本的近世，与许多前近代国家及社会一样，司法与行政尚未分离，行政色彩的法令与司法色彩的审判与通常而言的统治与支配概念是一体的。并且，由于法律本体或其作用与运用法律的组织、手续等并未明确分开，甚至正是因为两方一体才能发挥机能。

法令制定发布的主体，有将军、大名等领主本人，奉行、代官等领主的差役，大庄屋、惣年寄这样的联结领主与居民的中间支配机构，称为庄屋、名主或年寄的这些作为领主与人民之间的管理渠道的村役人或町役人，代表寺社宗派教团的本山、本寺或者作为幕藩与宗派交涉的窗口的触头等等。至于法令文书的样式，则有领主与役人发出的直书，家臣、役人传达领主等的旨意的奉书，被法律管制的一方起誓承诺遵守法律的誓纸、请书，没有明确的收发人的书付等等。种种法令与文件之中，普遍广泛传达的称为触，针对特定人员传达的称为达。另外，就法令的形态而言，除一般的单行法令之外，也有用上等的纸书写、下达重要命令的法度、定书、条目，以及在公众场所发布的高札、壁书等。

而将法令的传达与适用对象按照领地、地域、身份的标准进行分类的话,又有各种形态。从领地来看,幕府作为统一政权发布,适用对象超越领地差别的全国令与仅适用于幕府与藩自己的领地的幕领令与藩领令。从地域来看,法令对象可分为日本全国、东日本或西日本、关东(关八州)或上方(上方八国)、特定国、郡或都市等不同级别。从身份来看,则有以将军与大名的家臣团或幕府与藩的役人这些武士阶层为对象的法令、以寺院神社或僧侣神职为对象的寺社方法令、以村或百姓为对象的在方(郡方)法令、以町或町人为对象的町方法令等等。法令的内容则有三个方面:将武家、公家、寺社等中世以来的各种势力加以统合、整编为近世国家的法,将军与大名等领主统制家臣、组织幕藩政府的法,幕府与藩支配全国或自身领地居民的法。

从享保时代开始,以幕府基本法典《公事方御定书》为首基本实现完备的法制体系。享保改革期间,八代将军吉宗为了转变旧有的国家运作方式,发布了许许多多的法令。同时,也为了尽可能地减少法令发布手续上的时间与金钱浪费,对旧有的法令传达方式也进行了改革。根据详细记录了法令内容、形成与传达过程的《仰出之留》的记载,享保改革前,在幕府中枢制定的法令,是由老中、若年寄或大目付、目付等向大名等领主及各类公务人员分别发放文书进行传达,并进一步再通过他们落实到全国各地不同领地与身份的居民之中。德川吉宗吸收了元禄时代以来的先例,根据官位、殿席与承担的幕府役职的不同,将大名划分为诸多小组,然后只向各小组排名第一的大名下达书付,以同组内部传阅的形式完成法令的传达。同时,各藩为与幕府及他藩联络而普遍在江户设立的留守居一职,也被吉宗加以利用。享保四年之后,大名的留守居常常被叫到老中或大目付的宅邸中,根据授意写下法令文件,然后带走并在其他大名的留守居间传阅。吉宗的这一改革成了宝历、天明以后幕府法令的基本传达方式的前提。因此,无论在司法层面,还是在行政层面,享保改革在近世法制史上都具有重大意义。

德川吉宗命令评定所编制的《宽保御触书集成》,收集了1615—1743年的法令,并按照事项进行分类整理。还有町奉行整理的《撰要类集》,

是江户町的法令集,以享保年间为主。以后,《御触书集成》在宝历、天明、天保年间分别继续编撰,《撰要类集》也在享保、宝历、明和、安永、宽政、享和、文化、文政、天保、弘化和嘉永等各个时期分别继续进行编制。

在德川吉宗任职末期,还命人系统地整理了有关司法、警察的法规与刑事、民事诉讼法以及刑事案例,编成一部重要法典,作为司法机构内部参考资料,即《公事方御定书》。此法典由老中、寺社奉行、町奉行和勘定奉行负责编撰,德川吉宗也积极参与,于宽保二年(1742)编成。法典分为上下两卷。上卷收入了81份重要的先行法令,有触书、书付、高札等,内容繁多。下卷俗称《御定书百条》,实际上有103条,是以诉讼法和刑事法规为中心的法典。法典并非向社会公开发布,而是为负责裁判等事务的官吏们编写的参考书。虽然实际上有抄本流传,但名义上一般人是无从得知其内容的。而且,必须注意的是,《御定书》中的各项规定,对于官吏们而言,只是参考性的资料,究竟根据怎样的原则来处理案件,完全取决于官吏的判断。当时人们认为,不可能根据既定的原则来处理实际上有无限可能性的具体事实。这一观念固然不可忽视,更值得注意的是,德川吉宗政权所谋求的并不是依据组织机构和客观规则进行统治的现代意义上的法制国家。尽管在结果上,由于官吏们的因循守旧和即事主义,往往是根据《御定书》的有关规定来处理案件,但是在根本原理上,幕藩制政权决不是受制于法律的政权,相反,法律不过是为了实现对民众的支配的工具,幕府可以随心所欲地进行修改。即便如此,仍然可以看出,当时按成文法和制度进行审判的官僚制度化的方向。

吉宗政权也推进了审判制度的完善。幕府方面关于审判的法制原本并不完备,基本是根据以往的惯例与既有的判例,就事论事地解决每一宗个案。而到了享保时期,一方面是社会与经济的发展日新月异,另一方面幕府的政治组织也日益齐备,因此上报到幕府请求裁决的案件激增。享保三年幕府发出的"出入"共有三万零五百九十多件,其中九成以上都与金钱债务问题相关。在将军吉宗看来,评定被此类经济事件埋没,丧失了本来的目的。因此在享保四年发布法令要求今后此类事务无须交由三奉行，一律由当事人之间自行解决（即"相对济令"）。之后又在享保五年，关于吟味筋事务，命令三奉行制定出定罪与量刑的大体原则，关于出入筋事务，也需在收集考察以往法令的基础上制定出受理范围的原则。之后吉宗命令老中与三奉行各出一名代表组成"御定书挂"，共同编纂御定书。初稿交由吉宗审查后，再发还"御定书挂"根据其意思改过，然后再呈交吉宗审查。如此反复多次，最终于宽保二年，形成了上卷七十八条，下卷九十条的"公事方御定书"。上卷收录法令，下卷收录抽象化的法则，内容以刑事为中心，兼及民事与诉讼程序。之后又经五次增补与修正，到宝历四年最终确定为上卷八十一条，下卷一百零三条。

这部"公事方御定书"最初是作为资料集与司法、行政参考而开展编纂的，因此最初将此部法典交于大阪城代时，尚且吩咐对方如果有不便行使的条文，当以大阪当地的法令为优先。然而，随着"公事方御定书"在实际的司法实践过程中持续地发挥作用，到了宝历十年，幕府发出命令，要求三奉行将"公事方御定书"置于已有判例之上，作为量刑的依据。自此，将"公事方御定书"便成为幕府司法制度的重中之重。

根据将"公事方御定书"下卷第三条的记载，我们可以看到即便是超过了领主、代官的管辖范围或能力上限的事件，虽然应交由三奉行处理，但也只有领主、代官提交申请或者附信时，前者才会出面。这可视为幕府对领地内部的问题由领主、远国奉行或代官解决的方针的彻底贯彻。通过这一措施，幕府整理并确认了作为幕藩体制基本构造的统一政权与个别领主之间，以及领主与领民之间的关系。

另外，根据"公事方御定书"下卷第一条，三奉行除了分别负责寺社领民、江户町方与幕领在方的诉讼之外，还各有兼管。寺社奉行负责关八州之外的私领，勘定奉行负责关八州之内的私领。同时，如果三奉行各自管辖内的居民相互之间产生诉讼，则须到评定所进行审判。幕府一方面实行根据身份进行管理区分的制度，同时对于全国各地的私领，又出于方便的考虑，而按照地域切割了诉讼的管辖权。

关于幕府的刑罚与其特征，根据"公事方御定书"下卷第七十一条记载,一般杀人者处以斩首之刑,弑主者则要在锯首的同时受两日暴晒与一日游街,之后再受磔刑。弑亲者则是游街之后受磔刑。同样是杀人而所受之刑不同,由此可见,幕府具有通过刑罚维持家族内部上下秩序的强烈意志。而且相比亲子关系,幕府更为重视主从关系。这一点从对上位者杀害下位者的惩罚中也能看到。双亲杀子的,要被流放到远岛。而武士砍杀町人或农民,一般却都会被无罪开释。当然,像这种武士号称受到对方侮辱而动刀杀人却又不被追究的情况(无礼讨,切舍御免)并不是频繁发生。实际上,武士正因为其社会地位较高,在有些罪行上还会受到更重的惩罚。比如,根据"公事方御定书"下卷第五十五条,对于农民与町人参与赌博的,只没收家产,而在武士家中赌博的家臣则要流放远岛。

幕府将"出入筋"判决中堪为以后参考的判例按年代加以收录,称为"裁许留"。由此可以了解当时幕府司法的实态。其中收录的享保时期判例一共六十件,涉及十五国。其中关东八国占了四十六件之多,此外甲信越两件,东海八件。而天明时期涉及二十国的七十五件判例中,关东占了四十九件,甲信越与东海各十件。可以说,不论是享保还是天明时代,幕府评定所所处理的"出入筋"审判的大部分都与属于德川家势力范围的关东、甲信越、东海相关。东北、北陆、中国、四国、九州这些外样大名的领国地域很少进入"裁许留"之内。从评定所的实际情况来看,幕府作为以关东为据点的地方政权色彩还是很强的。

虽然幕府的方针是如果有超过一藩范围的事件须由幕府出面,但实际上各藩也往往在相互商谈之后自行就解决了。比如,正德五年在冈山城下,发生了冈山藩领民杀害同藩及丹波龟山藩领民的事件。冈山藩在向龟山藩报告之后,就直接将犯人处以了磔刑。宽政三年,加贺藩在与尾张藩会商过的情况下,处死了在越中制造赝银的名古屋人。不仅是外样的冈山藩与加贺藩,就连御三家的尾张藩也参与到了这种不向幕府报告就处以犯人极刑的实践之中。冈山藩还在本藩人士涉嫌他藩事件时,干脆将此人逐出藩籍,以便回避与他藩交涉状况的出现。

根据"公事方御定书"下卷第一条后半段，上方八国的东四国由京都町奉行，西四国由大阪町奉行分别负担司法审判的事务。而超过两奉行各自范围的案件，则由江户的寺社奉行处理。幕府作为统一政权的职能，无论是在自己的根据地关东还是朝廷所在的上方，都以奉行管理的形式来实现。

在京都、大阪两奉行之上，还有京都所司代与大阪城代的存在。两者享有极大的自主权。享保十年，大阪城代在未向老中汇报的情况下，就处以十名犯人死罪。老中所发布的法令也都经由所司代与城代向町奉行传达。京都、大阪不仅不在相对济令的规定之内，而且还在与幕府协商之后，自主发布了与债务相关的法令。可以说，上方地区的司法与行政相对较为独立。

新井白石失去了政治上的影响之后，德川吉宗在经济政策方面继续沿袭了白石的方针。也就是说，维持金银成色，因而物价继续下跌，经济停滞。作为对策，德川吉宗采取了紧缩银根、禁止奢侈以抑制消费等消极方针。德川吉宗政治课题的中心是重建幕府财政，为此甚至规定每一万石大名领地要向幕府上缴 100 石大米。德川吉宗叹息自己此举为"不顾耻辱，乃出此言"（《御触书宽保集成》）。为了换取大名的同意，相应缩短了参觐交代制度规定的时间，减少大名在江户生活的经济负担。

享保改革的重要内容之一是进行农政机构的改革。毕竟，当时社会财富的主要源泉仍然是农业，为了确保年贡的征收和不断增加，吉宗在农政方面推行了一系列的机构改革。这是对德川纲吉政权的农业政策的继承和发展。首先是充实和强化勘定所。享保年间（1716—1736），勘定所在职官吏的数量急剧增加，是整个江户时代最充实的时期。勘定所内部的官职体系也更加完备，分为公事方和胜手方两个部门。公事方负责诉讼事务和处理代官所等下属官厅所上报的各种事项等；胜手方负责年贡、普请、金银米钱出纳、知行划分、代官配置等。奉行和吟味役一年轮换一次，以便各自专心于各自的业务。在这一时期所确立的"将军—胜手挂老中—勘定所"这一幕府政治机构的中枢，以后虽然也有部分修正或改废,制度的基本框架一直延续未变。

在这一时期负责勘定所事务的人,除了神尾春央,还有一些著名人物,如辻守参曾任美浓郡代、勘定吟味役,以"辻六郎左卫门上书"而知名,被称为"地方之圣";井泽为永曾任勘定众、勘定吟味役,出身于纪州,给关东带来了纪州流的治水技术;小宫山昌世曾任代官,著有《田园类说》,也被称为"地方之圣";蓑正高曾任支配勘定格,后任代官,原为能剧演员,著有《农家惯行》;田中丘隅也是支配勘定格,受托天领3万石,是名著《民间省要》的作者;等等。这些人大多是在元禄(1688—1704)以后成为幕臣的所谓新参。

勘定所下属的代官所也进行了整顿革新。如前所述,战国时代和幕府初年以来的土豪型的代官在纲吉政权下曾被大量整肃,吉宗政权再度对其展开整顿处理,或罢免职务,或禁止继承,长期盘踞地方的代官家族没落殆尽。整顿也殃及代官之下的手代即受雇于代官负责收税以及其他杂务的小吏,还有村役人等。以前的手代被全部解任,品行不端的名主、庄屋也被解任。而且无视地方风俗习惯,强行推行统一标准的农政。至此,自从织田信长、丰臣秀吉在畿内近国开始推行兵农分离政策以来,国家政权对地方势力的抑制清除,基本实现了其最重目标。

代官所逐渐变成纯粹的官僚制机构。享保十年(1725)的法令规定,以前由代官所征收的"口米"(代官所的运营经费的来源),以后由幕府征收,而代官所经费则由幕府另外支给。法令的意图非常明显,要将代官所的财政与代官个人的收入明确区分开来,强调其作为国家公共财政的性质。至此,"胜手挂老中—勘定奉行及勘定所官吏—代官",这一忠实地服务于将军权力的农政机构确立起来。在新的农政机构的管理之下,主要在两个方面对农政进行改革:整备征租法和增加租税收入。增加租税收入主要有两个措施:提高租率和开发新田。

为了建立起掠夺农民的新体系,根据土地生产力情况的不同,用"定免法"和"有毛见法"取代过去的"检见取"。"检见取"为每年由官吏核定丰歉,并据此以增减标准税额的办法。所谓定免制,就是参考过去数年间的平均年贡高,确定一定量的"免",在一定期间内(一般 3 年到 7 年),只要没有三成以上的损毛,就无论当年丰收还是歉收,都按照已经确定的"免"(定免)来征收年贡。增收地租虽然不是定免制的直接目的,但是,每当定免期满需要重新确定的时候,经常会提高定免以增收地租。这办法可免去年年"检见"的烦琐,并且不拘年景丰歉,都可确保稳定的贡赋税款。"有毛见法"与地亩册上的产量无关,此办法是每年核查产量,并据此征收一定额的贡赋。但在种早、中、晚三季稻等成熟期不同的水稻种植发达地区,"检见取"法因烦琐而无法执行。对关西那样商业化农业发展的地区则修订换算率,提高用货币缴纳贡赋的金额。

根据"定免法"规定,就是遇上荒年贡赋也不能免,因此,对于平常年景都有一顿没一顿的小农来说是不利的。但对拥有大量良田的地主与富农则是有利的,因而得到了他们的热烈欢迎。原因是在"定免"期内税额不变,因此,单位面积产量增加后,就产量而言,贡赋率就相对降低。而且,"定免法"可以保证该土地在缴税后能有余额,这一点对地主也有利。町人承包新垦田,也促进町人向寄生地主转化。幕府为适应农村的阶级分化,修订了过去单一的维持小自耕农的政策,而开始扶持地主阶级。

这一政策还与"振兴产业"相关。以前,幕府以束缚小农生产贡赋物资为基本的政策,因此,它限制农产品品种,还压抑商业化农业,可在享保改革中,却积极地奖励种植经济作物,尤以采纳了出身于江户町人的学者青木昆阳(1698—1769)的建议普及了红薯而闻名。关东地方,种植油菜与蓖麻也是在这以后的事情。但种子都是从幕府指定的批发商处赊来的,产品的收购也由该批发商垄断。赞岐地方最初也是因幕府的奖励才种植甘蔗与发展制糖业的。

商业化农业促进了农民的阶级分化与地主的土地集中。利用地主制度作为掠夺与统治农民的新支柱的政策,终于在事实上解除了土地买卖双方不能将土地永归己有的禁令。为了解决农村抵押土地的问题,1718 年,幕府规定典押过十年的土地,原主就不再有赎回的权利。1721

年又制定了更便利典押土地,使买土地的一方事实上可永归已有的法令。农民因失去典押土地而经常发生骚乱。1721 年 2 月,作为一项单独法令,开始命令"严禁所有农民无故聚会,饮神水,立誓约,结党营私"。

在 1722 年 4 月,幕府发布的"质流地禁止令",又突然不承认典押的土地。幕府还规定在最近五年内典押的土地,只要偿付原土地价款,就可赎回。"质流地禁止令"是针对 17 世纪末以来快速扩张的强势地主阶层兼并普通农民的抵押土地而实施的抑制性政策。但是,以禁止抵押典当土地流入债主的"质流地禁止令"的发布为契机,在越后颈城郡和出羽村山郡,发生了因耕地被剥夺的小农强烈要求赎回抵押土地的诉讼,而且还诉诸武力迫使买主退还已典地。幕府惊恐之余,于 1723 年 8 月又撤销了对典押土地的禁令。但因越后与出羽的农民斗争日趋激烈,幕府又进行了空前的大镇压,致使在越后判处几十人,出羽也判了 4 人死刑。

幕府由此转为拥护抵押地主的权利,依靠抵押地主和村落的底层役人等地方势力,承认地方社会中社会性权力的存在,大幅调整农村政策。1734 年,幕府针对幕府直辖地内的农民运动同意附近的大名在"代官"求援条件下,可不经幕府批准立即派兵。以前,大名不经幕府批准就派兵认为是大逆不道的,而现在幕府却被迫不得不制定这样的法令了。1740 年,幕府把佃农给地主缴佃租看成是与向幕府缴纳贡赋一样的一种义务。1744 年,土地买卖双方不能将土地永归已有禁令的处罚条款变得有名无实,实则是认可了土地买卖。田中丘隅《民间省要》中写道:"如田地不能自由买卖,任何国、郡、直辖地或私有地,都势必要拖欠贡赋款项。"社会经济状况已经发展到这一步,要维护封建剥削就必须准许田地自由买卖。

在增征现有耕地贡赋的同时,幕府还大加奖励新垦田地。措施是自城市商人中集资并承认其对新垦田地的所有权,贡赋率在一定时期内还低于已垦田地。另外,还奖赏"代官"以鼓励开垦,还准许幕府的"代官"开垦幕府直辖地以及各大名的未开垦地。幕府还硬说所谓大名领地指的是产量已登记在册的,至于产量未登记在册的未开垦地则全是幕府领地。

在开发新田方面值得注意的是对町人资本的引入，即所谓町人请负（承包）新田。回顾近世日本开发新田的历史，大体上可以分为三个阶段。第一个阶段是从战国时代到庆安—宽文时期（1648—1673），新田的开发得到了各领主的大力推进。以后直到享保年间（1716—1736），是第二阶段，基本倾向是抑制新田开发，充实本田畑。这是因为之前的大开发导致了山体滑坡和洪水泛滥等灾害的频繁发生，反而使得国土荒废。享保时期以后，新田开发进入了新的发展阶段。为了鼓励町人请负新田的开发，幕府允许町人收取小作料作为投资的收益，这意味着对地主制正式承认，是德川纲吉政权正式承认质地流动的政策的新发展。在以山林、田野、河海为对象的新垦田地开发过程中，积极利用实力雄厚的商人们的资金，由此而开发出来的新田地被纳入幕府领地中，这一政策实施的结果，到1722年，约为410万石的幕府领地额增加了50万石，亦即幕府领地增加了12.2%。

享保期间的年贡征收量有了巨大的增长。在吉宗政权后半期的元文年间（1736—1741），任命松平乘邑为胜手挂老中，神尾春央为勘定奉行，进一步推进年贡增收政策。松平乘邑到延享二年（1745）退职，神尾春央到宝历三年（1753）退职。从元文年间到1755年，年贡增收显著，可见这两人之手段。改革之初，幕府年贡赋税收入约为130万石至140万石，享保中期以后，年贡赋税收入量达到160万石至180万石。

在努力增加收入的同时，为了重建幕府财政，德川吉宗还采取了抑制支出的政策。在元禄和正德年间，幕府各种礼仪日渐复杂华丽，吉宗命令进行简化。首先是第七代将军家继的葬礼，比以前的将军葬礼大为简素，以后举行的法事也显著地简单化了。而且，在吉宗就任不久，德川家光的灵庙因火灾而被烧毁，吉宗也没有再行修建，而是将其合祀在家纲的灵庙。德川吉宗任职后不久就命令厉行节俭。这虽然包括节约幕府的典礼费及其他冗杂的开支，但主要的是禁止"农民"和"町人"的"奢侈"。农民以现金多少买些日用物品，也被当成是奢侈而受到约束。这是一种要把一切都局限在自古以来的自给自足生活圈子里的经济与思想政策。

　　吉宗的俭约政策被推广到社会生活方方面面。首先,关于衣服、器皿、书籍、糕点、玩具等商品,禁止增加产量和开发新产品。1721 年对开发独创的新产品下禁令,既是思想政策,也是统治商业的政策。当年闰七月该法令公布,为执行这一法令,1721 年 11 月,幕府就下令所有商人、工匠按行业组织组合(行会),成员要互相监视,不制造新商品,如自京都、大阪等地有新商品运至江户,就须追根查办。本来,自从织田信长、丰臣秀吉采取乐市乐座政策以来,国家政权为了排除社会中间势力,实际上倾向于禁止同业者结成行会。仅有的一些同业组合,主要是军事性的产业的同业组合,二手衣物和典当行业的同业组合(可能有盗贼参与,因而需要予以监视),以及在正德年间以后为了推行货币兑换政策而由两替商(兑换商)结成同业组合等。但是,在吉宗政权时期,政策方向发生逆转。到享保六年(1721),被命令结成组合的业种有 96 种。

　　1724 年,又下令组织棉及棉纱、皮棉、丝绵、大米、酒、酱油、盐、豆酱、木炭、柴火、生蜡、纸、食用油等当时最重要生活必需品的批发商组合,还要求建立组合的账册,呈交町行政管理所。幕府的意图是用这些办法管制生活必需品的流通与价格。

　　强行组织组合,虽然不完全意味着准许组合进行排他性的垄断营业,但它实际上却成了垄断性行会。参加得到正式批准进行垄断的组合的权利,称"股份"(株),这种组合,就称"株仲间"(股份联营)。像以前就有的 10 组批发商、24 组批发商以及 10 人汇兑商就属于这种典型的"股份联营"。此后,"股份联营"又陆续得到批准,于是它就成了幕府管制商业与町人的基层机构。幕藩制国家曾经通过地域性的权力体制来实施统治,其权力层级是"幕府—町奉行—町年寄—各町名主—町人";现在则开始转变为通过职业性的身份体系来实施统治,即"幕府—同业组合—商工业者"。承认甚至鼓励结成各种同业组织,利用同业组织对其成员的掌控力来强化幕藩制国家的权力,这是 18 世纪日本统治形态的一个重要特征。

作为紧缩政策的一部分,吉宗推行货币更替政策。纲吉政权的通货膨胀政策导致幕府政治信用下降,新井白石虽然希望加以修正,但是未能看到其货币政策产生实际效果便被逐出权力核心。吉宗政权在通货政策方面试图彻底解决为获取余利而粗制滥造的元禄金银货币品质低劣的问题,以及因乾字金(1710 年幕府制造的铸有"乾"字的小额硬币)和正德金银的挫折等导致的货币体系混乱的问题,继承正德时期的货币政策,对货币政策进行了根本性调整。享保三年(1718)开始着手整顿货币,发布了新金银通用令,要求以后进行商品交易都必须用新金银,即正德金银来标价。回收市面上流通的各种货币,五年之内全部替换成新金银。铸币改革使货币恢复到了庆长时期金银货币的质量水平,但是以享保金银货币为中心的优质货币,却难以满足经济发展对货币不断增加的需求。幕府的货币紧缩政策对元禄以来日趋繁荣的发展势头是个沉重打击,货币数量不足导致经济衰退。

元文元年(1736),在大冈忠相的建议下,幕府对货币进行改铸,即所谓"元文改铸"。为了刺激经济,幕府放弃货币紧缩政策,再次铸造劣质货币,开始用品质比较低但是供应量却很大的文字金银,取代品质比较高但是总量却很小的正德金银,并且铸造大量铜钱和铁钱。吉宗政权降低货币成色的政策,与纲吉政权货币政策的做法尽管非常相似,其目的却完全不同:后者是打算通过改铸劣币获得差额,吸取民间财富来支持幕府财政;前者却是为了增加货币供应量,满足经济发展的需要,促进社会分工,增加社会财富。新发行的元文金银,成色相当于元禄金银,但是幕府基本上并没有从中获得收益,而是拿出大量改铸所得,奖励新币的使用。这一政策的经济效果非常明显,市场上流通的货币量显著增加,米价到 1740 年上升了 50%,幕府财政收获大笔黑字,低品质的文字金币、文字银币以后长期固定下来。

物价对策也是享保改革的重要内容。米价低落而其他商品腾贵的物价问题在享保时期成为重大的社会问题。幕府提高地租率,并引进

"定免制"保定地租收入,其结果是,随着地租收入增加到过去最高水准,造成市场供过于求,米价进一步下跌。与荻原重秀的时代相反,"享保改革"后通货紧缩成为一大问题。从享保八年(1723)前后,开始出现米价低落的现象,到1731年,米价只有最高价格时期的四分之一左右。米价暴落的直接原因是大阪市场的米供应过剩,其根源却在于吉宗政权的经济紧缩政策。由于经济紧缩政策导致经济衰退,都市资金供应不足,于是出现米的供应相对过剩。而随着17世纪后半期以来商品经济的发展,商品的多样化和消费欲的增强,推高了大米以外各类商品的价格。米纳年贡制度是幕藩体制的经济基础,米价下跌而其他商品腾贵,从根基上破坏幕藩体制的稳定。武士需要通过把年贡米换成货币来购买各种物质,米价持续下跌是非常危险的势态。

致力于解决这一问题的中心人物是大冈忠相等町奉行。他们在1723年向老中提交意见书,建议要求经营日常生活必需品的商人结成仲间,对物价进行管理。第二年发布命令,要求布、绵、米、茶、酱油、薪炭、酒和纸等22种日用品的经营者结成组合。但是进展并不顺利,直到1726年,只完成了经营其中15种商品的问屋等的登录工作,更未结成组合。物价问题在以后很长时间里都困扰着幕府。1732年,西日本稻谷歉收,发生了享保饥馑。据说关西46个藩的收成半减,米价的急剧上涨导致社会动荡不安。江户还发生了近世日本历史上最早的抢米事件。

大阪堂岛的大米市场允许实施期货交易,那是最早采取的稳定米价的对策。在1697年(元禄十年)前后,开发堂岛新地时就开始进行大米交易。1725年(享保十年),为了对大米交易进行管制,幕府让江户商人在堂岛设置了"御兑换御用会所"。不过,在那里只允许进行大米交易,期货交易被认为有可能成为投机性交易而遭到禁止。然而,当时米价下跌幅度较大,对依靠出售地租米度日的武士的生活带来了很大的打击。因此,1730年(享保十五年),勘定奉行大冈忠相命令大阪商人设立"堂岛米会所"。堂岛米会所首次承认以往在御兑换御用会所之外私下进行的期货交易,引进了被称为"账合米交易"的新交易法,有些类似现代的期货交易。

随着都市社会的变化，对于领主而言，都市政策也成了一大课题。以下主要依据岩渊令治等学者的研究介绍一下享保时期都市政策的主要特征。[1] 从都市区域已经扩大的明历到宽政时期开始，都市行政就已经开始整备了，享保时期的特质在于采用来自町人的请愿及负担者、负担方法的改变。

如关于江户中心部的渣尘处理，伴随着都市内的开发与过密化，进开始了整备，在明历元年（1655）制定永代岛。在宽文二到六年（1662—1666）确定了由幕府指定船只进行回收的日期。但是在享保十八年，承认了河上漂浮物、疏浚河道的承包人团体的垄断请愿，他们以前对江户城外城河的一部分进行无偿清扫。并且，尽管在这一时期还没有看到冥加金的缴纳，但利用批发商团体的流通政策也被认为具有同样方向性。

尤其是火灾对策和针对无人照料的病人的福利政策等。在江户，木结构的建筑非常密集，冬天寒冷、干燥、多风，经常发生火灾。火灾对策是市政管理方面最大的课题。具体对策主要有消防制度的整备、避难场所的修建等。自从明历大火灾（1657）以来，开始修整"火除地"，即当火灾发生的时候，人们可以避难的场所。享保时期对此格外用力，主要采取两种做法。一种是发生过火灾的地方，禁止重新修建建筑物，用作火除地。最有名的例子是神田的护持院残迹、牛込御们内，以及汤岛、本乡、小石川一带。另一种是强行征用町内的房屋土地用作火除地。火除地最多的时候有 90 多处。在火除地有时还设有马场、散步道等，兼有类似今天的城市公园的功能。在 1720 年，幕府还设置了街道防火协会。

为无人照料的病人修建的疗养福利设施，起源于投在目安箱中的意见书。提案者叫小川笙船，是江户小石川的町医。他建议为无处容身的穷人和病人修建施药院。当时日本各地失去生活依靠的人，往往会流落

---

[1] 岩淵令治「近世都市社会の展開」、『岩波講座　日本歴史　第 11 巻　近世 2』、岩波書店、2014 年。

255

到江户寻找赖以为生的机会。对于这些失去了家族制度的保护的人，国家有必要采取某些措施加以照顾。德川吉宗看到小川笙船的意见书之后，命令町奉行大冈忠相设法实施。1722 年，幕府设立小石川养生所。无处求药的贫苦病人，或者因为各种原因无人照看的病人，可以在此领取生活费、衣物和寝具等。小石川养生所也对前来看病的人开放，有内科、外科和眼科等科医生十数名。这大概是当时日本绝无仅有的一所综合医院。

而且，对应于町的变化，也整备着行政领域。关于町奉行所，职掌分化在进行着，伴随着本所、深川编入町奉行所的管辖，设置了本所巡视人，伴随着设置养生所新设了养生所巡视人，在对应町消防组合的町消防脚夫调查员之外，还设置了与防火相关的职务等，原来负责防范火灾的町巡视员也变为担当风俗取缔了。并且，町制机构也被改编了。原来各町有的名主消失了，成为数个町被"付支配"的支配名主。可以确认，在宝永四年(1707)名主的代表者组织年番名主成立了。其后在享保六年六月，263 位名主被编成了 17 个番组。塚本明评价道，通过年番名主的成立，将名主全部召集来进行咨询变得易行了。而且，名主在事实上分掌文书的发布权，另与当事人之间解决金钱出入的当面解决令相关，调停的机能被制度性地、恒常性地委托给了名主。

在对应变化进行都市行政整备的另一方面，正如周知的那样，江户在享保十八年(1733)和天明七年(1787)发生了都市下层民众发起的打砸事件。享保打砸事件是江户第一次大规模的打砸事件。由于享保十七年的蝗灾带来的西国大饥馑、大米价格高涨中，江户在享保十七年、十八年再三出现了要求大米降价的要求，而且在享保十八年正月二十五日，进行大米囤积的本船町的大米商人高间传兵卫的宅邸被 1700 人打砸。主谋是重远岛，有三人被追放，尽管享保打砸事件长久以来被评价为惣町的运动，但有学者认为，因为名主阶层降低米价等的诉求是来自于对下层民众行动及不缴房租这些行动的危机感，所以这场运动是都市下层民众所发动的。

将享保时期"都市经济的转变"和未能与此相对应的町奉行所的对策是其主要原因。与在享保时期米价下跌的情况下，依赖于武家需求的工商业部门"诸职商卖"陷入了经营不振相对，还存在大量说着"降吧降吧更舒服"、从事同武家需求无关的生业的人。可以看到，伴随着由商品流通的发展、全国市场的确立带来的都市人口的增加，从17世纪后半期以后不断发展的江户的日常商品市场的扩大、交通的革新、支撑都市生活的各种产业的形成，都是以减少米粮花销增加民间购买力即扩大需求作为基础，来进一步逐渐发展起来的。享保时期的幕府米价上涨政策，偏离了江户的都市经济实态，作为其结果就是发生了各阶层都参加的打砸高间传兵卫宅邸的事件。而且，在下层民众打砸的同时，名主阶层也发起请愿运动。在此可以看到都市内的经济与都市下层民众的成长、上层町人的危机意识与应对以及领主一侧的经济认识与政策之间的偏差。

在五十余年过后的天明七年五月，在江户发生了天明打砸事件。全国性的百姓一揆、都市打砸的高潮中，在江户，南起品川，北至千住，江户市内的米店及大店也都被打砸。被捕的三十七人和逃走的五人，他们的职业要么是货郎担，要么是零细职人，即相当于里店层、"日用"层。在确定籍贯的三十人中，七人来自荒废的关东农村。在移居到现住所的二十七人中，十年以上的有八人，两到五年的有七人，剩下的十二人都不满一年。如此，打砸事件的参加者正是都市下层民众，反映出了来自关东的人口流入和在江户内的较高流动性。与享保打砸事件共通，打砸的契机都是物价，尤其是作为生活粮食的米价的高涨。

对于町的构成成员与町的机能的变化，作为町人的应对，享保时期以后，尤其是集中在宝历到天明时期的三都的请愿运动。前面以江户的伊势町为例介绍了对町役、町政的忌避，在京都，也有对町共同体的弃子养育、治安维持、构成成员的抵押返还的保证等逐渐忌避的同样态势。另一方面，也能看到，以仲间团体作为基盘在经济活动中成长起来的"新兴商人阶层"（上层租户）为抬升自己在町内的地位而负担番役等。

请愿内容包括原本由个别町承担的町消防脚夫、渣尘处理等机能的承包，关于疏浚河道及修缮桥梁等超过个别町的规模的事业、为消除具有市内地区差异的负担体制的承包，设立保护及管理下层民众的机构、对当铺、二手服装店内流通的盗窃品的清查，新地和河岸地的运用承包，为不具有与町或商家同族团人格性关系的商人阶层设立金融机构，关于流通过程的提案。由此可以看出通过合理性与货币作为媒介产生的非人格化倾向。申请者是"新兴商人阶层"，具有"投机分子"的性质，对冥加金的缴纳和交换以垄断为目标，显然带有基于自身利益的局限性。一方面，町奉行所一侧对于他们的申请、请愿并不积极，被采用的也并不多。另一方面，在町及町组制定了协议或法，通过上层町人利用由绪、格式、先例等形成新的广域性的地域秩序，切断向町奉行所的申请等，对"新兴商人阶层"进行统制、抑制。

此外，未公认的内仲间，通过冥加金缴纳及无偿的负担役劳动，实现了作为株仲间的特权赋予和垄断，这种动向也被认为是同一方向性的。这在具有作为对仲间外的动向的防卫性质的同时，也是对仲间内零细的人的动向的抑制。

以天明打砸事件为发端，宽政改革对内的重要课题是村与町的重建，以及商业资本对策。关于前者，在江户可以举出，将流入都市的人送返原籍村落的故乡归农奖励令［宽政二年（1790）］、作为饥馑对策设立江户的町会所、设置收容没有住处的人并帮助其重返社会的人足寄场、株仲间的抑制、从江户的有实力町人中新任命勘定所御用达和米方御用达等来调节米价。其中，町会所降低了家主所负担的町经费，将减少部分的七成作为储备金来运营。储备金中一万两是用作储备粮的资金，其他的则用作向穷困的家主的低利息融资或者贫民救济。之后在天保时期江户没有发生打砸事件，其中的原因之一，就是町会所发挥了作用。

通过请愿运动而提出的政策建言，被吸收到了宽政时期以后领主一侧的都市政策中，都市社会得以重新规范化。对于宽政改革的政策，以勘定所御用达为代表的江户"新兴商人阶层"也积极参与，有的名主作为"挂名主"在出版统制等各项都市政策的执行中受到远超过享保时期的重用。

　　总之，江户是幕府治下最大的城下町，江户城、幕臣及参觐交代带来的消费，在流通中的位置等，同一般的城下町相比是特别突出的。而且，由于町人地社会的变化，住民除了町以外，还变得从属于其他多样的组织，但关于在此基础上的町及町组的性质的评价却产生了分歧。吉田伸之将从不在地主化的结果中产生的"管家的町中"的管家作为门面店层的代表者，而且塚田孝认为管家、名主作为利用担任町役与御用作为杠杆来追求自己的利益的"利益集团"而发展成熟。[1]

二、从"田沼时代"到"宽政改革"

　　德川吉宗于 1745 年(延享二年)辞去将军职务，到 1751 年(宝历元年)他去世为止的数年间，在幕后监护第九代幕府将军的德川家重(1745—1760 年在职)。德川家重因身体病弱，言语不清，但是在侧用人大冈忠光辅佐下，政局安定。1760 年，德川家重将幕府军一职让给德川家治(1760—1786 年在职)。第九代、第十代幕府将军比较弱势，就此而言，掌控幕府政治核心的田沼意次发挥了补充软弱的幕府将军权力的作用。田沼意次的父亲叫田沼意行，本来是纪州藩的下级旗本，跟随德川吉宗来到江户。德川家重成为幕府将军的时候，田沼意次作为将军家重的小姓，得到将军的信任，所以政治地位迅速上升，最终升格为 1 万石的大名。他又受到十代将军家治的特别优待，1767 年成为侧用人，1772 年升为老中，成为幕府权力的中枢人物，这是非常少见的拔擢。1750 年到 1786 年之间，在近世日本史中经常被称为"田沼时代"。

　　田沼掌权时期的经济政策与以前幕府的主要做法有着根本的不同，主要不是通过抑制财政支出来改善幕府的财政状况，而是力求增加财政

---

[1] 参见岩渊令治「近世都市社会の展开」、『岩波講座 日本歴史 第 11 巻 近世 2』、岩波書店、2014 年、第 204 頁。

收入,所以积极利用商业资本,继承并发展前代的殖产兴业政策。田沼主持推行了流通政策改革、虾夷地开发、印旛沼开发计划等,成效显著,但是他在政治上公开卖官鬻爵,收受贿赂,生活奢侈腐化,长期被认为是道德堕落的典型。但是也有学者主张不能只看当时的负面评价,必须承认纲纪废弛的另一面也意味着打破成规。后来在日本学者中间肯定性评价成为主流,有学者甚至认为田沼掌握幕政的宝历天明期是"革命前夜"。或者认为,当时是幕藩体制的转折时期,幕府要扩大其支配领域,建立绝对主义国家。现在通行观点则认为"田沼时代"是商品经济快速发展的时期。近世日本经济在经历了18世纪前期的缓慢增长之后,在18世纪后期即田沼时代,重新开始快速增长。剩余农产品的增加促进了酿造、纺织等加工业的发展。但是与商品经济的发展相伴随的农村的疲弊和体制的危机,终于导致天明大饥馑和民众的反抗,最终推动了田沼时代的结束。

田沼意次主要政策的首要目标是继续解决幕府财政困难的问题。德川吉宗统治后半期的年贡增收政策有很大成效,然而年贡总量虽然不断增加,却依然不能弥补大米相对其他商品的价格持续下降所导致的幕府财政困难。田沼意次努力重建财政,不断削减支出,设法增加收入,并注意调节物价。被削减的支出主要是将军及其夫人和侧室的支出,水利和土木工程等的支出被转嫁给当地农民,或者交给比较富裕的国持大名。增收年贡自然是增加财政的重要一环,但是提高耕地租税率的方式已经几乎到了尽头,所以新的设想是开发新田。但江户前期已经把适合开发的土地开发殆尽,受当时技术水平的限制,排水耕田、填土造地的各种计划基本上都最终宣告失败,难以大规模地增加新田。当时还曾计划开发虾夷地。工藤平助的《赤虾夷风说考》引起了幕府的关心,在1785年命人调查虾夷地,否定了工藤与俄罗斯开展贸易的主张,却制定了大规模开垦虾夷地的计划,目标是新增石高600万石,远超幕府领地400万石的石高总额。现代研究者认为,田沼意次的政策实质上是希望通过推进公共事业,以此为起点来振兴经济,这在当时不得不说是极具想象力的。①

　　田沼意次还做了很多尝试,向株仲间征收冥加金和运上金,适度扩大海外贸易,垄断面向清朝的海带和鲍鱼出口业务。其重建财政的政策支柱主要是物价问题对策,株仲间政策也与此相关。幕府承认并推进以大阪商人为主导的株仲间的结成,主要是希望通过株仲间组织来控制物价。这一政策始于享保年间,在 18 世纪中期全面展开。幕府的流通政策的目的是试图更为直接地榨取地方社会因发达的商品生产而产生的剩余价值。给畿内从事棉花、棉布以及油类生产、贩卖的生产者或商人以特许经营权,让他们向幕府纳税,正式承认其社会地位。

　　在试图抑制各种商品价格的同时,幕府致力于打压米价。宝历十一年(1761)命令禁止发行"空米切手"。所谓空米切手,就是大米尚未入库,提前发行米切手并出售。诸大名为了满足需要,发行此类空米切手,进一步压低了米价,因此被禁止。

　　不仅如此,幕府还干涉大米市场。在禁止发行空米切手的同时,开始推行御用金政策。其计划是,首先向大阪富商 200 余人征收御用金 170 万两,然后幕府将其借给大阪各町,要求各町将其中的三分之二用来购买大米,其余的三分之一借给大名等。幕府试图通过规制大米商品总量的价格来防止米价下跌。同时,也解消禁止空米切手而带给大名的金融压力。这样的强制措施自然不得人心,实际上御用金只征收了不足 70 万两就停止了。

　　幕府为了统制大米市场,在明和四年(1767)和安永二年(1773)又两次发布法令。天明五年(1785),再度向大阪商人征收御用金。天明六年(1786),发布了全国御用金、贷付会所令,向全国所有身份阶层的人征收御用金。这一法令是对宝历以来对大米市场和大名金融实施统制的政策的全面扩展,规定在今后五年间,所有百姓,每持高 100 石,征收银 25 文目,所有町人,每间口(房屋店铺门面的宽度)一间,征收银三文目,所

————————————

① 浜野洁等:《日本经济史:1600—2000》,彭曦等译,南京大学出版社,2010 年,第 48 页。

有的寺社,除了宫门迹,以 15 两为上限,按照其资格征收相应的御用金;然后加上幕府自身的资金,通过设在大阪的贷付会所,借款给大名,以大阪的米切手或者领地为担保。当大名不能返还债务的时候,经幕府之手,用米切手强制出售仓库藏米,或者通过领地代官的移交管理而征收年贡。但是,这一政策过于强硬地侵犯了大名的自立,幕府谋求一元化支配的意图,招致包括御三家、谱代大名在内的强烈反弹。

上述宝历到天明年间的经济政策的执行者,前半期即宝历到明和四年(1767),是松平武元、酒井忠寄、井上正经、秋元凉朝、松平辉高、松平康福等老中,以及胜手挂、若年寄、板仓胜清(后任侧用人)等的集体领导,后半期即明和四年(1767)到天明六年(1786),是侧用人、老中田沼意次主导的独裁政权。

宝历到天明年间的经济政策体现了在政治上强化幕府中央权力的政治取向。幕府将治水和土木工程的负担转嫁给大名。新田开发政策强调,私人领主所直接控制的领地之外,全都属于幕府的开发对象。米价统制政策也破坏了大名的独立性。田沼意次政权的货币政策也反映了这一政治动向。安永元年(1772),发行南镣二朱判(南镣二朱银)意在将以江户为中心的金经济圈和以大阪为中心的银经济圈统一为金本位制度。

田沼政权的统治形态也是专制独裁的。田沼政权下,贿赂公行,人事升迁往往不是依据前例或资格,而是取决于金钱关系。而田沼却扬言,以仅次于生命的贵重金银相馈赠,方为忠心耿耿的表现。长期以来商品经济的发展带来了社会意识的变化,田沼意次的金权政治可以说是时代风气的集中反映。

田沼意次的政策引起了无法成为御用商人的一般商人与生产者激烈的反对。就江户与大阪等城下町商人而言,虽然在某种程度上,通过将其上层组织成为特权行会的方式做到了对他们的管制,领主与商人得以分享利益,但是在田沼意次当权时,也已有了超出这种管制而发展起来的乡村商人与农村手工业。例如,田沼政权 1781 年在武藏国与上野国二地设立丝绸及丝绵"质量检验所"时,因遭到两地"农民生产者"的通力反对,而终于放弃。

宝历到天明年间,特别是天明年间,反对封建权力的民众斗争进入了史无前例的高潮期。从江户初期以来大约 200 年里,宝历到天明年间是一揆次数最多的时期。

作为一揆对策,1770 年(明和七年)幕府以布告牌形式向全国发布了《一揆徒党禁令》。这份《一揆徒党禁令》是幕府针对当时全国范围发生的、规模前所未有的百姓一揆运动,向所有人强调了幕府和各藩的原则立场。在这份布告中,幕府一方面视民众的结党和暴力强诉等行为为违法,宣布要严惩不贷,另一方面,又表示了敞开合理合法的上诉癸道,汇聚下情("民意")的意图。对一揆要求中显示出来的普通民众的动向,幕藩权力体制不得不采取对应措施。由此可见,在武家垄断的政治世界中,民众性这一要素开始产生强有力的牵制作用。幕府的《一揆徒党禁令》明确显示了这一点,是一个极具象征性意义的法令。

天明元年(1781)发生的上州绢一揆,是天明年间的民众斗争高潮的发端。田沼政权接收部分豪农豪商的请求,在武藏、上野两国的市场设置 47 处绢丝贯目改所,"三都"的商人反对这一政策,拒绝进行交易,农民失去了市场,反对设置改所,发起打毁运动,殃及参与这一计划的豪农豪商。天明三到四年(1783—1784),在上野、信浓、下野、武藏等国又发生大规模的打毁运动,起因于浅间山火山爆发以及由此而来的天明大饥荒,贫苦农民以豪农富商为攻击对象。大饥荒带来了城市米价暴涨,大规模的打毁运动也在城市暴发。最激烈的打毁运动是天明七年(1787),以江户、大阪为中心,在全国三十多个城市暴发。浅间山火山爆发导致了连续三年的歉收,又发生了洪水灾害,再加上商人囤积居奇,米价高腾,打毁运动遍及全国。这次打毁运动终于导致了幕府政权的更迭。

十一代将军家齐(1787—1837 年在职)任职之初,以松平定信为中心进行"宽政(1787—1793 年)改革",以应对 18 世纪后半期即"宝历天明期"(宝历为 1751—1764 年,天明为 1781—1789 年)的政治和社会变动。

松平定信是田安宗武之子,田安家位列御三卿。1774 年,定信成为白河藩藩主松平定邦的养子,1783 年继任为白河藩主。天明大饥荒的时候,他紧急调配粮食,救济民众,据说藩内无一人因饥荒而饿死。他控制藩的财政支出,发布俭约令,禁止农民杀死幼子,开发藩特产,比较成功地重振了藩政,其人品和能力得到广泛肯定。德川家齐继任将军的时候不过是一个十几岁的少年。1787 年松平定信就任老中首座,开始主持幕政。松平定信逐步清除田沼意次在幕阁的影响力,提拔在藩政改革中治绩较好的谱代大名,如本多忠筹、松平信明等。御三家和将军生父一桥治济也支持松平定信。于是形成了以松平定信为中心的协商议政的政策决定机制。松平定信作为第八代将军吉宗之孙,得到了广泛的支持,他从 1787 年(天明七年)至 1793 年(宽政五年)担任老中,积极推进各种改革政策。如果说田沼时代是通货膨胀的时代,宽政改革就是通货紧缩的时代。

松平定信提倡节俭,担忧农村疲敝的现象,致力于复兴农村。关东和东北等地农村荒废的现象非常严重,小农经营逐渐没落,很多农民放弃耕地进入城市,成为城市贫民。幕府禁止农村居民流向城市,并要求来到城市的农民回去,严格限制农民外出打工。同时,松平定信为了预防饥馑,积极筹建社仓、义仓,存储粮食以备荒年。他向贫穷家庭提供育儿补助金,确保农村劳动力,还减轻了一些农民的课役负担。其政策目的在于扶植小自耕农,维持年贡收入,但其实只有比较富裕的农民才有能力向幕府借贷经营,他们利用幕府提供的资金,开发荒地,一部分逐渐发展成为地主。

松平定信也特别重视江户城市政策的完善,首先是恢复江户等城市的治安和日常秩序。[①] 他命令聚集在江户的农民返乡归农,希望对城市频繁发生的打毁运动的社会力量进行釜底抽薪。他积极采取各种强硬政策镇压民众斗争。1790 年,在石川岛修建预防性的拘留机构"人足寄

---

① 吉田伸之:《成熟的江户》,熊远报等译,北京:北京大学出版社,2011 年,第 234 页。

场”，集中收容城里无家可归的人们，强制他们接受工作培训，如做木工、泥瓦工等。除了依靠强权的压制政策，松平定信也实施某些社会福利政策来安定民心。1791 年，他命令压缩町的管理经费，将结余的七成用做江户町会所（即应对灾荒的社仓）的储备资金，平时用于发放贷款，所获利息用于补助贫民生活，提供低息贷款；发生饥荒或火灾等危机的时候，用于救灾和施舍。江户的大商人、大地主苦于打毁运动，也会施舍大米等以笼络人心。江户町会所就是把这种私人行为制度化的产物。天明时期大规模的打毁运动的教训，促使幕府有意愿采取此类社会政策。城市打毁运动主要爆发于民众下层，其主体构成为沿街叫卖的小商小贩、计日取酬的各种短工和零工，以及受雇于店商的穷人。19 世纪前半期的江户大概有将近 30 万人经济拮据，属于这种生活缺乏保障的阶层。他们缺乏应对意外事件的能力，很容易被生活所迫，于是参与到夺取粮食等暴动中。江户町会所体系为中心的都市政策一直持续到幕末时期，武士和上层町人联手发挥了稳定秩序的重要作用。

物价上升和武家困乏的趋势是幕藩体制内在矛盾的反映，是幕府历代掌权者都免不了要面对的痼疾，虽然采取各种措施，却不能有效地实现政策制定者的意图，反而随着商品经济的发展而趋于恶化。田沼意次的时候建立株仲间的政策目的是控制物价，然而株仲间却逐渐脱离政权的控制，垄断并推动价格上涨。松平定信也不准备一味地打击商人阶层，毕竟基于兵农分离的原则而建立起来的幕藩体制的存续不可能离开商品交换，所以他致力于将部分商人的力量纳入幕府权力体系之中。他解散了推动物价升高的、名声比较坏的株仲间。同时，为了避免妨碍商品流通，他原则上继承了田沼意次的政策，“三都”都有大量株仲间得以保留，作为平抑物价的政策工具。1790 年，他命令商人下调物价。商人株仲间便依靠其垄断地位压低供货价格，以剥夺生产者为代价控制商品零售价。

武士集团原则上不从事经营，只依靠固定的俸禄生活，而经济发展必然带来物价上升，其财政窘况是结构性的问题，往往靠向大商人借钱维持,武士领主制在某种程度上与高利贷资本结成了相互支持又相互制约的关系。尤其是江户,各藩来参觐交代的武士和德川家的旗本、御家人构成了大规模的消费人口,推高了商品的价格,导致其固定俸禄的实际购买力不断下降。松平定信缺乏田沼意次的经济头脑,又有着对于本阶级的统治地位的强烈的关心和道德自信,往往依靠暴力强制推行各种重建领主财政的政策。幕臣不能只靠俸禄米生活,委托札差替自己出售大米,需要时就会向其借钱消费。1789 年,松平政权发布所谓弃捐令,削减甚至取消依靠交易旗本、御家人的俸禄米而获利的代理商的债权,压低债务偿还的利息。据说此举为旗本和御家人减免的债务总额达 120 万两。这种虽然能够短期内缓解幕臣的经济负担,但也无异于饮鸩止渴,可能会影响以后的融资途径。幕府并不希望札差商人就此消亡,而是设法将札差纳入权力体系,作为服务于幕臣的金融机构。于是拿出 2 万两白银给札差发放贷款,再选择十个御用商人,命令其出资建立猿屋町贷金会所,幕府为其提供 1 万两白银。

　　松平定信尝试利用接受幕府统制的商业资本来解决经济问题,动员大量御用商人参与国家的资金运作,运营江户町会所,还尝试通过国家信贷政策谋取利益,反映了幕藩制国家对经济活动越来越深的介入。当然,松平定信有着与田沼意次非常不同的政治愿景,田沼认可商品经济发展的现实,而松平希望能够保持自然经济的状态,在可能的范围内努力抑制商品经济的发展。松平尤其痛恨和恐惧社会风气在商品经济影响下的种种变化,认为这在道德上是堕落的,在政治上是安定秩序的威胁。他以道德为名强化了对文艺学术、思想言论乃至社会生活的种种限制。在松平定信看来,物价不断上涨的原因在于人们追求奢侈的生活,于是采取对策禁止制造、贩卖、购买奢侈品。相应地也力求净化性道德,取缔色情业,泡澡禁止男女混浴等。由于认为人心不可信,顺理成章地在城市里发展密探政治。出版自由受到严格规制,尤其是涉嫌色情淫秽的作品被大力取缔。18 世纪后期江户曾经流行一种洒落本,主要以对话的形式描写游里即情色场所的风俗习惯、心理人情。大田南亩(1749—

1823)和山东京传(1761—1816)是其代表性作者。山东京传被判处戴手铐50天,被迫放弃洒落本的创作。松平政权加强思想教化,将朱子学定为官方正统学说,其余学派都作为"异学"而被禁止在幕府"学问所"进行讲授,这就是著名的"宽政异学之禁"。有观点认为这一事实标志着朱子学作为幕藩体制意识形态的地位得到官方确认,但也有学者指出,宽政异学之禁主要是针对幕府学问所,并非在社会层面上禁止朱子学之外的其他学派,也没有要求其他藩也执行。不过,也有学者认为,虽然没有全面禁止朱子学,但是幕府的倾向性使得学习朱子学更容易得到各种出人头地的机会,而且各藩校也往往追随幕府学问所的理念。

1789年,发生了所谓"尊号一件"事件。闲院宫家出身的光格天皇,计划为其生父典仁亲王,进封太上天皇的尊号。松平定信为首的幕府重臣对此坚决反对。1791年,朝廷向幕府提出这一要求。幕府处分了朝廷负责与幕府交涉事务的武家传奏等重臣。松平定信因为处理意见与德州家齐不同,只好辞职。站在体制的立场来看,松平定信掌权期间,清除田沼意次的影响,依靠有改革意愿的谱代大名的支持,强化了以幕阁为中心的行政治理,暂时解除了天明时期的体制危机,稳定幕府的统治权力。

另外,大约在同一时期,一些藩也进行藩政改革,政策取向与幕府大同小异,无外乎提倡节俭和增加收入。其中比较显著的政策是各藩特产品的独占经营,或者由藩政府之手直接控制,或者利用御用商人交易获利,加强了对农业等生产者的剥削。到18世纪末19世纪初的时候,至少50个以上的藩尝试建立了各种特产专卖制度,同时也都遭到生产者以及在乡商人的激烈反对。

三、从"大御所时代"到"天保改革"

松平定信下台之后,进入"文化文政时代",即以文化文政年间(1804—1830)为中心的时代,仍是十一代将军德川家齐(1787—1837)的治世。由于德川家齐1837年让出将军职,作为大御所掌握政权,因此也常常把德川家齐的治世（1787—1841）整个称为"大御所时代"。尤其是进入文化文政时代之后，封建纲纪废弛，以江户为中心的庶民文化发展成熟，被称为化政文化（文化文政文化），与此同时，地方文化也繁盛起来。

松平定信去职之初，参与定信政权的人们依然负责政权的运营，在一段时间内，定信所制定的政策路线仍被忠实地遵循，并有所发展。例如异学之禁和考试制度，实际上是在定信下台之后才逐渐建立完备的制度。出版统制政策在享和、文化年间（1801—1818）也变得更加严厉。作为经济政策的重要支柱的公金代付（国家贷款）的规模也不断扩大，宽政末年达 150 万两，文化末年达 300 万两。致力于提高米价、压低其他商品价格的市场统制政策也愈益强化。定信时期的米价调节机关有江户町会所等，文化二年（1805）幕府又设置了米价挂，负责贷出购米资金，并建立了小网町贷付会所。实施通过购买大米以维持米价的政策，必须有大量的资金，为此，在 1806 年以后，多次向江户町人、关东和畿内幕领内的农民征收御用金等，总额达 150 万两之巨。

为了对一般的商品流通加以统制，在江户建立了伊豆七岛岛会所、玉子会所、长芋会所、菱垣迴船积问屋仲间，在大阪进一步发展了与油、棉有关的株仲间。1796 年建立的伊豆七岛岛会所，是垄断伊豆七岛物产的幕府专卖机构，由一名勘定所御用达就任其头取（首席负责人）。玉子会所和长芋会所是 1810 年设立的，垄断江户周边鸡蛋和长芋的贩卖流通。

菱垣回船积问屋仲间在 1813 年成立，是对以前的十组问屋进行重编后建立的株中间。十组问屋在元禄七年（1694）成立之后，逐渐走上不断衰退的道路。文化年间，十组问屋中出现了一个强有力的活动家，叫杉本茂十郎。他适应当时幕府发展株仲间组织、统制商品流通的政策，以十组问屋为母体，实现了对江户的新兴中小问屋的系列化组织，成立菱垣回船积问屋仲间，是一个拥有 65 组、1271 轩、株数 1995 的巨大的株仲间组织。作为这个仲间组织的会所而设立的三桥会所，成为幕府的米价调节政策的承包代办机构。此外,幕府对于畿内的油的生产和流通的统制,始于18世纪前半期,1797年发布了油流通统制令。

从文政年间(1818—1830)开始,幕府的经济政策逐步从紧缩转变为宽松。松平定信辞任老中后,朴素节俭的紧缩型政策仍然持续了一段时间,经济依旧停滞不前。以1818年(文政元年)的货币改铸为契机,经济重新活跃了起来。此次改铸,幕府通过发行大量成色低的货币,从中获得利益以恢复财政。这种做法取得了一定的成效,但同时货币供给量的增多也引发了经济的通胀,导致物价上涨。幕府财政宽裕后,将军以及夫人的生活渐渐奢侈起来,同时民间经济的活跃也促进了以都市为中心的庶民文化的发展,即所谓"化政文化"。

从宽政到文化年间对畿内商品流通进行统制的政策,在进入文政年间(1818—1830)之后,也开始遭到追求自由市场的民众的广泛抵抗。虽然大阪油商的垄断权不断强化,大阪油市场却逐渐陷入停滞。幕府在文政五年(1822)再度发布强调既定垄断方针的法令。对此,在第二年和第三年,均有超过1000村以上的要求各村自由交易的国诉(指规模达到郡或国的农民一揆)。关于油的国诉虽然最后失败了,关于棉的国诉却赢得了幕府的政策转变。1823年,畿内棉农反对大阪的三所绵问屋垄断收购权,要求废除株仲间,形成了规模超过1000个村子的国诉。幕府被迫让步,承认了生产者直接出售的自由。关东的玉子会所和长芋会所也终于废止。三桥会所在调节米价过程中的失败导致巨额赤字,1819年废止。当然,商品流通的垄断组织并未全部取消,甚至在文政年间还新成立了蒟蒻问屋仲间等,但是,自从田沼时代以来越来越依靠流通垄断组织的物价和财政政策,自此开始发生转变。转变的终点是天保时的株仲间解散令。取代依赖株仲间的经济政策的,是以货币政策为中心的经济政策。

定信政权以来参与幕政的宽政遗老们的身影在文政时期的内阁中消失了。出身于将军家齐的侧近的水野忠成作为御用人兼老中进入幕府权力中心。他认为与调节物价相比,增发货币更加有效。与此同时,通过改铸获得巨额益金以重建窘迫的幕府财政的考虑又开始抬头。本来，在定信政权的努力下，幕府财政有所好转，在宽政末年，江户和大阪的金藏的金银超过了 100 万两。之后，以将军家齐的大奥为中心的豪奢生活，使这批金银减少了一半。从 1818 年发行真文二分判开始，直到天保三年（1832）的二朱金铸造，共有 8 次改铸，所得益金（金 180 万两余，银 380 万两余）极大地支援了幕府财政。

在这样的背景下，自天明饥馑以来荒废的东日本的农村逐渐恢复生机。随着剩余农产品的增加和财富的积累，以利根川流域等江户周边的主要河川为中心，农作物、农产加工品等商品流通逐渐活跃，豪农、在乡商人的队伍也开始壮大起来。与此同时，幕府专门成立了"关东取缔出役"加强对不法行为的打击。这一机构起初承担着在大名领、旗本领等统治领域混杂的关八州进行跨领域的治安管理活动。1827 年，在改革组合村（寄场组合）成为其下属组织后，关东取缔出役开始对在乡商人和工匠进行统一管理，发挥着经济警察的职能。

文化文政期继承了宽政改革中的治安政策，并继续不断强化治安。18 世纪末以后的农村荒废不仅导致大批农民流入城市，也导致携带武器、危害治安的浪人、博徒、无赖等的横行，特别是赌博显著流行。在宽政六年（1794）进行了关于赌博问题的两项制度改革。其一是修改了公事方御定书中的博弈罪条款，加重了刑罚。其二是为了迅速、彻底地处罚博弈犯罪者，允许地头领主处置本不属于自己支配的犯罪人。文化二年（1805）设置的关东取缔出役，是直属于勘定奉行的治安警察官，无论是御料还是私领，都拥有警察权。之前不存在统一的警察权力，这一机构的设置在德川领国的治安史上具有划时代的意义。1806 年又确立了新的刑罚体系。在以前的死刑—追放刑（流放）的基础上，又增加了针对盗窃犯的特别刑罚，从而形成了死罪—入墨重敲—入墨敲—入墨—重敲—敲的体系。入墨即刺字，在脸上或者腕上刺字，表示其犯罪前科，对象是犯了盗窃罪的庶民。敲即笞刑，鞭打犯罪者的肩背或臀部，分为两种：重敲 100 下，轻敲 50 下。文化十三年（1816），新的规定是对于博弈犯,在町人家自不待言,即便是在武士家,也一样可以进入加以逮捕。这一法令完全否定了家禁忌的神圣性。

1820年,将松平定信政权创立的用来强制收容无家可归者的人足寄场,变为施行惩役刑即强制性劳动改造的场所。以前的刑罚,如死刑和追放刑,原则上都是把犯罪者从正常的社会生活中驱逐出去。而在人足寄场进行强制劳动的刑罚,则反映了国家权力的新观念,对犯罪者进行教育改造,使其重返社会。到天保十二年(1841),采取了绞油的重体力劳动,其收容对象也不是单纯的无家可归的流浪者,而是犯罪的流浪者,人足寄场作为惩刑场所的色彩更强了。此外,文政九年(1826)还规定携带长协差(腰刀)、铁炮(装填火药枪发射弹丸的兵器)、枪(木制长柄、前端带刃、突刺用的冷兵器)闹事者,处以死罪。

1827年发布了四十条农村取缔令,为了确保法令的效力,编成了组合村,此即所谓文政改革。农村取缔令的内容包括取缔无宿(流浪)、盗贼,告发强诉、徒党之辈,禁止博弈、歌舞伎、手踊(舞蹈的一种)、操芝居(木偶剧)、相扑,简化冠婚葬祭,节约村入用(村自治经费),禁止农民转化为新的商人,规制工匠的工资,等等。所谓组合村,即无论御料、私领、寺社领地之别,专门根据地理位置统一编成的村子的联合体。近邻的几个村子,组成一个小的组合村,十个左右的小组合村组成一个大的组合村。小组合村设有官吏小总代,大组合村设有大总代,从构成组合村的村子里的名主中选任。大组合村中处于交通要地,且村高比较大的村子,作为大组合村的核心,称作寄场。从这个村子的名主中选出的寄场役人(官吏)成为组合村全体的总代。

与文化年间设置作为国家统治机关的关东取缔出役相对应,文政年间设立的组合村是适应其管理需要的民众的组织体系。类似的不分御料、私领,由国家直接支配地域性组织的先例,也不是没有过。例如,日光社参役作为国家赋役的一种,就是国家政权直接向不分御料和私领、地域性编成的霞组合村征发;不以地方领主为媒介,而是走幕府—代官—霞组合村的路线。但是,这种统治形式在17世纪中叶以后,幕藩体制安定时期,只是例外而已。因此,关东取缔出役和组合村的设立,在幕藩制国家发展史上具有划时代的意义,独立于封建领主制之上的统一国家权力在治安领域突出地强化起来。

十一代将军德川家齐一生共纳妾 40 人,生子 55 人,其奢侈浮华的生活,反映了 19 世纪前期的商品经济的进一步发展,但与此同时,武士领主制也遭遇前所未有的危机。天保年间(1830—1844)日本国内天灾不断,农业歉收多次导致全国性饥馑,国内矛盾不断激化,出现了百姓一揆和城市骚乱的高潮。天保年间,百姓一揆进入近世史上的高峰时期,城市骚乱则仅次于天明、宽政时期。总之,天保时期是江户时代民众斗争发展的顶点。其重要原因之一是天保大饥荒。文政最后一年虽然是大丰收,但是从天保元年(1830)开始持续歉收,天保四年(1833)更是气候异常,奥羽的大洪水导致发生大歉收大饥荒,关东的暴风雨也导致饥荒。1834 年,又是全国性歉收与饥荒。1836 年,奥羽地方又发生了较天明年间更为悲惨的大饥荒。饥荒持续数年,以东北地方为中心的一带受害尤其严重。出现了大量饿死者,与天明大饥荒情形相似。虽然在天明大饥荒之后,人们为防备荒年也做了许多努力,却远不足以应付天保大饥荒的沉重打击。不过与天明的大饥馑相比,这次受灾地仅局限于东北地区,西日本和关东的受灾情况并不是十分严重。无论是农民起义还是市民的动乱,与其说是因危及了生命而引发的暴动,不如说是对乘机囤积大米哄抬米价的商人及政府当局的反抗。其时代背景是不仅在城市,在农村也随着职业的分化,更多人依靠购买大米来生活。

各地农民走投无路,纷纷揭竿而起。其中最著名的是甲斐的郡馁骚乱和三河的加茂郡一揆。两者都爆发于饥荒最为严重的 1836 年,都是参加者过万,到处攻击囤积大米和杂谷牟求暴利的地主富商,夺取商品,要求降低物价,声势浩大。代官所、关系各藩以及近邻各藩出动火枪队才总算将其镇压下去。幕府对这种事态的发展充满了危机感。

农村的悲惨状况也深刻地影响到了城市,米谷的不足导致食品价格异常高涨,全国各都市频繁发生骚乱。

天明时期的都市打毁运动是以江户为中心达到顶点,这次的中心则是大阪。江户大概是因为政府或者私人的赈灾行为多少发挥了一些效果,避免了大规模的骚乱。与江户相比,大阪的对策比较不充分。在大饥荒开始的 1833 年,大阪市场的米价就上涨了将近一倍。此后,由于大阪町奉行矢部定谦努力增加运往大阪的大米的数量等原因,饥荒暂时得到了缓解。但是到了饥荒最为严重的 1836 年,米价再度暴涨。城市里乞丐遍地,不断有人饿死,打毁活动不断激化。导致这一凄惨局面的原因之一在于大阪町奉行的更迭。矢部定谦升迁为勘定奉行,取而代之的是迹部良弼。这个人是老中水野忠邦的亲弟弟,他按照幕府的方针致力于往江户运送大米,不重视解决大阪的问题。当时大阪的米商不仅不救济贫民,反而趁机囤积居奇牟取暴利。大盐目睹了这一切,于是一方面变卖自己的藏书以救济贫民,另一方面集结阳明学(儒学的一个门派)的门徒及一般民众,在天保八年(1837)发动暴动。这就是著名的大盐平八郎之乱。

1837 年 2 月,在大阪,前任町行政管理处"与力"(次于该管理处长官的警察指挥官)大盐平八郎,为拯救被米价暴涨与官吏昏庸无能以及与他们相勾结的特权商人所苦的市民,发动了武装暴动。

天保八年(1837)2 月 19 日早晨,大阪市中心的天满,炮声轰鸣,大火熊熊。大盐平八郎及其追随者,用大炮轰击大阪町奉行所的与力屋敷,并在自己的住处放火。他们有两门大炮,还有长枪、长刀、刀、鸢口,向难波的船场进发,队伍先头打着写着"救民""天照皇太神宫""东照大权现(指德川家康)"等字样的旗帜。一路上,不断有看热闹的人加入他们的队伍,到达北船场的时候,据说人数超过 300。他们到处用大炮轰击商家,还放火箭将街市烧成一片火海,人称"大盐平八郎之乱"。大盐之乱在数小时内即被镇压。逃到河内国农村的大盐,在隐匿一个月后被人发现而自刎。

大盐平八郎起事之前散发的檄文中写道:小人统治国家,所以灾害频发。执掌政事的人公然收受贿赂,对知行所的平民百姓征收过重的役金。近来米价高腾，而大阪町奉行和官府中人依然肆意为政，将大米运往江户，甚至连天子所在的京都也不予考虑。大阪的富人不知畏惧近来的天灾，对饿死的贫民和乞丐不加救助，只知道自己一味奢侈享受。官府对其不加限制，也不去救助下民，只是随便改变大阪市的米相场。此事已经不堪忍受，因此有志之士相约而起，讨伐官府役人，诛戮富有町人，将其金银钱财和囤积的大米分给大家。所以，如果听到大阪城有骚乱，请尽快来参加吧。

起事两周之前，大盐平八郎卖了自己的藏书，将所得代金 668 两分发给一万家贫民。

关于大盐平八郎的人物评价，一直以来的主流是认为他愤激于大阪官员和富商们对民众的痛苦毫无怜悯之心，高度评价他散财救民、舍生取义的行动。但是，近来也有学者提出了新的观点，指责大盐平八郎言行不一等。新说虽然尚未足以成为定论，却提供了不少新的资料和视角，有助于人们更深入地理解当时的历史状况。①

首先，有些资料记载，大盐平八郎当时曾经在灾荒之年协助水户藩从大阪筹集大米。按照规定，从西日本往江户或者江户以北运送物资的回船，必须在江户湾的入口处所设立的浦贺番所接受货物检查。目的是禁止走私和征收通行税。当时运往江户的大米数量也在急剧减少，所以对大米的走私监视得特别严格。由于歉收导致的大米匮乏，不仅大阪，江户以及各地的城下町都面临同样的问题。米价不断上涨。水户藩和其他地方一样，也使尽各种手段，确保大米的供应。水户藩藩主德川齐昭的侧近藤田东湖也是著名的儒学者，他的日记《丁酉日录》中天保八年（1837）三月二十二日条中，记载了这样一件事情：水户藩一艘装运从大阪购买的大米的船，没有经过浦贺番所就进入了常陆冲，被幕府官员发觉了。为此而拜托幕府的奥右笔桑山和浦贺奉行，希望这次不予追究，

---

① 此处及以下相关叙述，参见平川新『全集　日本の歴史　第 12 卷　開国への道』、東京：小学館、2008 年 11 月、初版，第五章"天保这个时代"的第一节"大盐平八郎之乱"。

下不为例。

那么,水户藩是通过什么渠道,从同样大米短缺的大阪购得大米的呢?山田三川①所著《三川杂记》在天保八年条下,记载了一个传闻:水户藩藩主通过本藩的儒者佐藤一斋拜托大盐平八郎,购买了 6 万两大米。此事虽然仅仅是传闻,但是,参考另外一条资料,似乎大致可以信其为真。妇女运动家山川菊荣所著《觉书幕末水户藩》中写道:饥馑之年,水户藩领内所产大米不足,从大阪购买大量大米供应江户藩邸所需。当时,大阪的町与力大盐平八郎非常友好,在他的协助下,可以买到便宜的大米。水户藩的人很多年以后都还记得大盐的恩德。大盐对齐昭(德川齐昭)抱有敬意,他发动暴动的时候,曾经上书于齐昭。

在《盐逆述》中也有关于大盐平八郎协助往水户藩私运大米的记录,说水户藩的勘定奉行川濑七郎右卫门和兰学者幡崎鼎到大阪购买大米,拜托大盐平八郎确保 15 000 俵的供应。川濑七郎是供职于江户的勘定奉行,奉藩主德川齐昭的命令,在天保七年(1836)秋天,到大阪和长崎,成功地购得大量大米,当年 11 月和次年春天,运送大米的船只进入那珂凑(在今日本茨城县),缓解了水户藩的饥荒。

另外一个关于大盐平八郎的人物评价的争论要点是对其放火焚烧大阪市街的行为的评论。他起事的消息,当时很快就在日本传开了,舆论评价中有很多都是正面的。在《浮世相》中记载道,拜大盐放火所赐,贫民在救护所里反而有饭吃了,而且为了修复街市,木匠和雇工增加了工作机会。大阪城代的家老鹰见泉石的日记中也写道:"在京都、大津一带,有八成的庶民认为,大盐先生如此为世间着想,真是令人感激。"藤田东湖在《浪华骚扰纪事》中也记载道,传闻在大阪被烧了房子的人也都丝毫不憎恨大盐平八郎,反而尊称其为"大盐样"。松浦静山所著《甲子夜

---

① 山田三川生于伊势国三重郡的村役人家庭,曾就学于津藩的藩校有造馆,后来到江户入昌平坂学问所就学。天保九年(1838)出仕于松前藩(福山藩),禄高 150 石。嘉永五年(1852)又受召供职于上野国安中藩。《三川杂记》是其写下的见闻录。文中引用的天保八年的记事,是他就学于昌平坂学问所期间所听到的传闻。

话》中也写道,在江户城有的大名也赞扬大盐平八郎的行动。

不过,大盐的放火行为也的确伤害了不少无辜。虽然关于受害家庭数字等的记载不尽一致,受灾范围有 112 个町,相当于大阪市的五分之一。当时大阪人口数约 36 万,若按五分之一来推算,受灾人数达 7 万[①]。这是大阪历史上的三大火灾之一,大火烧了三天,恰逢大雨,火势才止息。当时天气尚寒,受灾者的呻吟之声,也留下了有关记载。《浮世相》中写道:"町中所到之处,必可见饿死者。道顿堀、日本桥和难波新地一带,尸骸堆积如山,野犬咬食。乞食之哀声,昼夜盈于市中,至于乞丐袭击乞丐,大贼、小盗夺物之事,数不胜数。疫病亦蔓延,谁家皆多有病卧者,数日而死者不少。未被火灾者尚且如此,受灾而居于救灾小屋者,尽皆病卧,便溺横流,难以接近。日日多有死者,令人目不忍睹。迫于贫穷而刺杀妻子后自杀者,或携抱妻子投身河川者,亦不少。"据说当时住在救灾小屋中的人有五万之多。大盐平八郎之乱以后,米价更加上涨,饿死者更多。关于在火灾中丧生的人数,《浮世相》的记载是"死人有二百七十余人"。《盐逆述》中说"死人不知有几百人"。但是不知道这里记载的数字在多大程度上可靠,也不知其中是否包括了饿病而死的人数。

虽然不应该把上述灾祸全部归罪于大盐平八郎及其追随者。但是,其在街市放火的行为,在当时的确有人提出质疑。与大盐平八郎相交甚厚的坂本铉之允曾批判其放火计划:"此非救民之所为,虽三岁小儿亦知之。"[②]另外,大盐平八郎门下的宇津木矩之允,是近江国彦根藩藩士,在获知其起事计划之后表示反对,说这样将会给民众带来灾祸。宇津木矩之允被大盐平八郎所斩杀。

平山助次郎和吉见九郎右卫门,作为大盐门下的学生,对大盐一向很忠诚。但是对于大盐不仅要火烧大阪城或大阪奉行所,还要火烧大阪

---

① 平川新『全集 日本の歴史 第 12 巻 開国への道』、東京:小学館、2008 年 11 月、初版、第 255—6 页。

② 转引自:平川新『全集 日本の歴史 第 12 巻 開国への道』、東京:小学館、2008 年 11 月、初版、第 257 页。

街市的计划，产生了动摇，最后在大盐起事之前向大阪町奉行告密。

摄津国伊丹（兵库县伊丹市）的马借善右卫门在大盐起事之前，曾协助散发檄文。但是当见到大阪城陷入一片火海之后，他开始怀疑自己的行为正确与否，最后上吊自杀。在留下的遗书中，他说自己曾经相信大盐平八郎是"仁心之人"，受托协助散发集合人众的施行札。由于自己愚蠢的行为，导致很多人受难。

大阪是天下的后勤基地，是四通八达之地，事件一发生，就立即传遍全国，尤其是大盐平八郎身为统治者身份的武士，居然公然反抗幕府，发动民众进行暴动，这在当时引起了轩然大波。在大盐战乱直接影响下，4月在备后（国）的三原掀起以晒盐工人为主力的暴动。接着在长州藩濑户内海沿岸一带爆发了农民一揆。6月在越后（国）柏崎，上州人氏的国学者生田万打着大盐门生的号，袭击了幕府的官邸。尤为重要的是，7月由摄津（国）能势郡山大助领导的农民暴动。他散发传单，诉诸群众"要求天皇向领主下令施仁政，一国一郡的大米均分于万人"，并与数村的农民一起袭击了富豪。

也有人批判大盐平八郎在城市里面放火是反社会行为，[①]无论如何，大盐平八郎之乱的确给日本的幕藩领主、豪农豪商以及村役人们带来了危机感，对以后的庶民对策和治安政策产生了巨大的影响。为了预防类似的事件再度发生，各地采取了各种措施。大盐从未梦想打倒幕府，但却以"一切都要按神武天皇的政策，宽宏大度地来办理"这样的政治改革为目标，向市内外的群众号召说"人人，直到各村的小前皆为天赐"。大盐平八郎起事的这一历史意义是不容否认的。

进入 19 世纪以后，幕藩体制内忧外患不断发展，十一代将军德川家齐及其侧近却依然过着奢侈豪华的享乐生活。出身于谱代名门的水野

---

① 参见平川新『全集　日本の歴史　第 12 巻　開国への道』，東京：小学館、2008 年 11 月、初版，第 258 页。

忠邦,既有政治热情,也有政治才能,在 1834 年就任老中,但是他依然受到德川家齐及其宠臣的阻扰,无法放手推行改革政治。直到 1841 年德川家齐死去,其宠臣也迅速丧失了权势。这是幕藩体制建立起来不断重复出现的现象,充分反映着将军专制政权的本质。水野忠邦毫不姑息地肃清了将军宠妾和侧近,其手段之严苛与宽政时期的政治改革相比有过之而无不及。另一方面,水野忠邦也起用了大批自己欣赏和信任的有能之辈担任幕府官僚制机构中的要职,如若年寄堀亲審、勘定奉行冈本正成、北町奉行远山景元、南町奉行矢部定谦、目付鸟居耀藏、天文方涩川六藏、金座改役后藤三右卫门、小普请奉行川路圣谟、勘定吟味役羽仓外记、代官江川英龙等。

天保十二年(1841)以后,水野忠邦作为老中首座,主导了所谓天保改革(1841—1843)。学界一直以来的评价认为天保改革是为了解决财政困难和内忧外患而强化幕府权力,并认为这次改革是以享保改革和宽政改革为样本的复古主义的理想主义改革,致力于统制经济和社会风俗。

在社会生活方面,发布了俭约令,禁止昂贵的点心和华美的衣服,强化取缔料理茶屋、私娼、女净琉璃、女性理发师等可能败坏风俗的职业和商业活动。芝居小屋被命令从江户市中迁至郊外,以奢侈华美吸引顾客的歌舞伎演员,被命令戴上编笠,不可引人注目。以人情本受欢迎的为永春水在 1791 年被处以戴手铐 50 天的刑法,严禁其著作出版,这也是风俗统制政策的一部分。天保改革过程中还加强了对兰学的镇压和统制,并严禁结社等。为了强化市中治安,取缔无业无赖之徒和文身者。同时发布人返法,让流入江户的农民回到农村。

老中水野忠邦和江户町奉行在都市政策上有着鲜明的对立。水野忠邦致力于推进俭约政策,而北町奉行远山景元和南町奉行矢部定谦则认为强制推行俭约政策将导致江户的衰落。比如,水野主张全部废除寄席,远山则认为寄席是庶民的娱乐,全部废除的话将导致艺人的失业。另外,堺町和葺屋町(均在东京都中央区)两个芝居町发生火灾之后,水野本来便认为芝居小屋是导致风俗靡乱的原因,打算以火灾为契机,将其取消或者迁到江户郊外。远山则持反对意见，认为芝居和市中风俗的靡乱没有关系，取消或者迁移都会导致芝居役者和相关从业者失业。

当时江户市中本来有 211 处寄席，在町奉行的反对下，保留了 15 处，但是，演目仅限于神道、心学、军书讲释、昔话等"四业"，其余的全部被禁止。芝居小屋虽然没有被水野全部废止，但是堺町和葺屋町的芝居小屋被命令迁移到浅草（东京都台东区），木挽町的芝居小屋也在火灾或改建之际被迁移到浅草。当时最受欢迎的五代目市川海老藏被处以江户十里（大约 40 公里）四方追放，理由是奢华恣肆的私生活和在舞台上使用真正的甲胄。目的是对风仪靡乱和奢侈华美的役者惩一儆百，借以强调改革的精神。

天保改革剥夺了庶民的娱乐，因此水野忠邦的口碑很差。而主张都市的活力是繁华的源泉的江户町奉行们，则受到欢迎。远山景元甚至作为"名奉行远山金样"（远山金四郎）而成为讲谈。江户町奉行也不是一味反对水野忠邦的改革主张。关于取缔料理茶屋和果子屋、女净琉璃和女发结、在市中游荡的文身者、戴头巾的人、精致绘画的凧、富札、好色宣淫的人情本等，町奉行也表示赞同。

对料理茶屋和果子屋（点心屋）的取缔，并不是禁止其营业，而是禁止出售高级料理和精致点心。在改革宣布之后，天保十二年（1841）十二月，江户市中有名的果子屋向市中取缔挂名主递交了一札，承诺降低价格："之前制作的羊羹，一棹售银三匁至四匁的羊羹，蒸果子一个售二匁至五分左右，遵照这次的意旨，出售羊羹限制在一匁至二匁，蒸果子限制在银五厘至一分五厘。"①

单纯命令降低出售价格的话，生产者会赔本。为此，进行了下调原材料价格的行政指导。比如，"琥珀馒头"一般是用金玉糖（往寒天里面添加砂糖，熬煮凝固而成）包小豆馅，不许用红馅或者百合馅等高级食材，因为会增加成本。对于希望制作更加美味的果子职人和富裕的顾客而言,如果只能制作和享用随处可见的平平常常的点心,实在很无趣。但是,要求用便宜的点心取代昂贵的高级货,却有利于推进大众消费。

制作凧的工匠也被命令不可一味讲究绘柄,使用金银粉,或者制作大型的凧。使用金银箔或者鳖甲等的装束或者小物、道具之类的产品也因为会抬高物价而被禁止。

如上所述,关于如何降低物价,老中水野忠邦和江户町奉行们的见解并无多大区别。他们也都愿意致力于防止淫靡风气的流行,禁止无赖之徒扰乱治安。水野忠邦并不仅仅是出于自己的复古精神而追求质朴俭约,他也认识到追求奢侈会抬高整体物价,妨害一般庶民的生活。当然,身份制社会的道德观念也有着重要的影响。在武士看来,富裕的百姓或者町人在衣着饮食上奢侈浪费,家作也富丽堂皇,这是不符合身份的事情。

天保改革最引人注目的政策是株仲间的解散。所谓株仲间,就是同业者的组合(仲间)。同业者组织起来,向幕府或大名缴纳上纳金(冥加金),从而或者流通特权。只有拥有仲间的株的人才能够入会,仲间成员以外的人不能从事该职业。这是领主正式承认的特权。领主阶级也不仅仅是为了得到上纳金,也是为了强化市场管理而鼓励结成株仲间。比如,江户的株仲间的核心是元禄七年(1694)成立的十组问屋,即涂物店组、内店组(布和丝)、通町组(小间物和太物)、药种店组(药和砂糖)、钉店组(钉和铜铁制品类)、绵店组、表店组(叠表)、川岸组(灯油)、纸店组(纸和蜡烛)、酒店组等十组。以后不断有新的业种加入,组的数量也不断增加,但是十组问屋的名称却沿袭下来了。文化十年(1813)共有 65组,发行了 1995 株。此后就不再承认新成员的加入,除非是购买停止营业的人的株才能够加入。若不是株仲间的商人,不能在江户做买卖。违者将被株仲间向町奉行告发,加以处分。但是,在江户除了这十组问屋之外,还有无数的仲间。这些仲间大部分也都模仿十组问屋株化了。

这自然会导致市场的封闭性,很容易进行价格操纵。株仲间商人之外的地下交易也很盛行,形成了黑市,导致在市面上难以买到需要的商品,物价上涨。因此,江户的庶民和町名主逐渐有人提出要废止株仲间。在此背景下,解散株仲间的问题就成为一个政治课题。水野忠邦解散株仲间的决定,正好符合了舆论的要求。与此同时,也免除了江户十组问屋每年12 000两的上纳金。十组问屋以外的上纳金也随之取消。由此可见,与确保幕府财政来源相比,水野忠邦的物价政策更加优先考虑的是舆论要求。

江户町奉行反对水野忠邦的株仲间解散令。南町奉行矢部定谦主张解决物价问题的关键,不在于解散株仲间,而在于改铸货币。矢部虽然也和水野忠邦一样,认为奢侈腐化是导致物价上升的重要原因,但是,更本质的原因,在于幕府降低货币成色的政策本身。

幕府从文政元年(1818)开始改铸货币。回收之前流通的金银货币,降低金银的含量,再予发行。比如,之前流通的元文小判,一两含金66%,银34%。文政改铸之后,比例调整为金56%,银44%。银币(指用银和铜的合金铸造的货币)的南镣二朱银的计量单位,以前的二匁七分,改铸后变为二匁,减少了26%。幕府通过降低货币成色而获得的收益,称为"出目"或"益纳"。天保三年(1831)和天保八年(1836),幕府又进行了货币改铸。

货币价值降低是导致物价上升的主要原因。不仅矢部定谦,负责改铸货币的金座的后藤三右卫门、矢部定谦的后继者鸟居耀藏,甚至水野忠邦自己,也认识到有必要采取措施把劣币换成良币。天保十四年(1842)六月,水野忠邦接受后藤三右卫门的意见决意改良货币。但是在当年闰九月,他被罢免了老中的职位。水野忠邦的心腹町奉行鸟居耀藏虽然被命令兼任勘定奉行,试图改良货币,却遭到负责幕府财政的勘定所官员们的强烈抵抗。货币改恶能够给幕府带来巨大的收益,而货币改良却需要幕府支付高额的费用。鸟居虽然在整顿社会风俗方面措施严厉,雷厉风行,令江户居民畏惧,面对勘定奉行所的官员们的抵抗却无能为力。

近年来的日本经济史研究倾向于认为,文政以来的货币改铸虽然导致物价上升,但由于货币供应量的增加,以及幕府通过改铸货币的收益而扩大财政支出,有助于扭转天明年间的歉收所导致的有效需求不足的倾向,促进了生产的扩大。特别是非农业的生产部门有了显著的发展,人均所得增加,消费水平提高。各地的特产也得到发展,农民可以支配的收益出现了剩余。事实上,在进行了货币改铸的 19 世纪初期以后,日本进入了史无前例的经济成长时期。虽然由于天保年间的歉收导致一时的衰退,基本上只要有产品就不愁卖不出好价钱,生产者的收入迅速提高。在物价上升的同时,收入也在提高。高物价对于生产者而言意味着较高的收益。但是也有学者指出,工资的提高赶不上物价的攀升,实际收入是下降了,很可能在较多使用雇用劳动的都市,物价上升的负面影响比较大。农村所受冲击相对要小。

町奉行矢部定谦反对解散株仲间的另一个理由是,十组问屋垄断买进卖出,罪不在十组问屋,而在幕府的政策不对。从大阪运到江户物资运输,根据纪州(纪伊国)德川家的要求,由菱垣回船所垄断,没有了樽回船的竞争,运费昂贵。矢部认为允许各藩特产直接运送到江户,这是幕府的失政。当时,江户作为首都,西日本以及日本海一侧的各藩的产品,经海运集中到大阪,再由回船转运到江户出售。这样,大阪的物价就直接影响到江户的物价。随着各地特产的生产不断发展,生产者和商人不满大阪问屋的专横,希望能够直接把产品运到江户出售。幕府虽然一直承认大阪问屋的垄断性特权(集荷权),但是出于降低江户物价的考虑,从宽政十二年(1800)前后开始,陆续承认直接往江户运输产品的申请。然而,由于大阪的收购量减少了,大阪的问屋和中间商就提高了手续费,大阪的物价随之上涨,间接导致江户的物价也不断升高。产地的商人优先考虑的是自身的收益,并未对降低江户物价作出贡献。

矢部定谦的反对虽然不无道理,水野忠邦却断然推行了解散株仲间的政策。菱垣回船问屋和樽回船问屋也在被解散之列。由于樽回船又快捷又便宜,在竞争中压过了菱垣回船。水野取消了历代江户奉行所支持的十组问屋的特殊权益,这一政策实际上是有助于降低江户物价的。

水野忠邦的政策所带来的低物价的效果是明显的。水野忠邦发布株仲间解散令是在天保十二年(1841)十二月。他下台是在天保十四年(1843)闰九月十三日。第二年即弘化元年(1844)六月,德川家庆再度任命他做老中。他虽然又成为老中首座,但是却没有再兼任负责财政的胜手挂老中,因此并未掌握实权。从当年 12 月开始,他称病不再登城,弘化二年(1845)二月辞职。据说,当水野忠邦复出之际,江户的酒,京都的缩缅,价格都下降了,奢侈品的买卖也停顿下来。

水野忠邦因认为物价上涨的原因是行会的商业垄断而将其解散,但物价上涨的真正原因是,社会全体收入增加,引致的需求增大,以及在江户、大阪等大市场以外,各地地方市场的成长,致使流入中央大市场的商品量减少。所以,解散行会这一举措反而削弱了向中央市场的商品流通机能。因此,在十年后的嘉永四年(1851),幕府又发布了诸问屋组合(仲间)再兴令,批评解散株仲间的政策并未降低物价,反而阻碍商品流通。实行涵盖都市特权商人、在乡商人在内的新的流通体制。

事实上在发布解散令之后,物价的确是在下降的。白米和盐、味噌、酱油、酒、水油(灯油)等生活必需品,无一例外地都降低了价格。发布解散令一年之后,天保十三年(1842)秋天的白米的价格便宜了 11％,其他物品也便宜了 7％到 19％不等。即使是价格恢复最快的米和酒,也是直到两年半之后,在弘化元年(1844)春天,才恢复或者超过发布解散令时的价格。酱油和灯油的价格的恢复,分别是在弘化二年(1845)秋和弘化三年(1846)春。味噌和盐的价格,则长达八九年没有恢复。虽然难以断言株仲间解散令具体在多大程度上抑制了物价,但是,至少可以认为,抑制物价的意图贯穿了水野忠邦从取缔社会风俗到解散株仲间等一系列的政策。而嘉永四年(1851)发布的诸问屋组合(仲间)再兴令对株仲间解散令的批判,实际上反映了希望恢复株仲间的江户町奉行的意见①。

---

① 参见:平川新:『全集 日本の歴史 第 12 巻 開国への道』、東京:小学館、2008 年 11 月、初版,第 280—281 页。

而江户町奉行支持十组问屋的特权,至少是物价上升的重要原因。

学界关于天保改革的评价,以前集中于讨论水野忠邦或鸟居耀藏取缔社会风俗的政策及其以武士为中心的都市政策,但是,其市场改革政策的意图和效果也是值得称扬的。水野忠邦的施政具有明显的一致性,从整顿风俗,到解散株仲间,以及试图改良货币,均是有助于降低物价的政策。另外,水野忠邦还发布了弃捐令,减免大名与旗本对幕府的债务的一半。有人以为这是为了讨旗本、御家人的欢心,却又发布了上知令,把江户和大阪周边 10 里(日制)的土地划为幕府的直辖领地,招致被收缴了领地的大名与旗本的强烈不满。据说这成了水野忠邦倒台的根源。

与幕府的改革相比,天保时期各藩也纷纷进行藩政改革,其主要内容是推行与幕府相似的财政重建政策,包括紧缩财政,提倡俭约,减封,给町人借钱,赖账,征收御用金赋课等;尤其重视加强检地,增收年贡,也鼓励农业;还奖励特产品的国(藩)产和推行专卖制。为了实现改革目标,也注意强化藩权力,镇压农民和町人的反抗。其中长州、萨摩等藩改革比较成功,为幕末的倒幕运动准备了政治经济力量。在改革过程中,上级武士偏于保守,中下级武士则比较积极,他们希望能够打破门阀制度,参与藩政,提出了富国强兵的口号,一面强化政治权威,提高行政效率,一面力图促进和控制经济的发展。

天保二年(1831),长州藩爆发波及全藩的大一揆,刺激了长州藩的政治改革。长州藩藩政府试图强化特产专卖制度,遭到卷入商品经济的农民的激烈反对,他们要求自由买卖米、纸、蜡、盐、绵等。参加长州一揆的人据说最多有 10 万人,持续三个月。1837 年大盐平八郎起义,长州藩也发生农民一揆。1838 年开始,出身下级武士的村田清风成为藩政的指导者,开始推进各项改革政策,直到 1844 年他突然下台。

村田清风努力将发展中的商品经济纳入藩政府的统制之下。他整理了藩的债务,打击特权商人;为了救助下级武士,还不顾商人们的激烈反抗,强行取消大量家臣个人债务;把在村地主和商人纳入藩政府的统治体制之内,并积极地以下关为基地开展航运,经营商业。1839 年,长州藩设立国产方负责特产专卖,与以前的产物方的运营方式不同,不是由藩直接垄断经营,而是由商人经营,商品生产者和商人都要到藩厅进行登录。国产方予以保护的同时,也严格控制商品的流通。以前的专卖制度的做法是委托给地主、村役人和特权商人运营,新的专卖制度则是领主政权直接管理民众。为了强化藩政府的权力和提高治理能力,在一定程度上突破家格限制,登用人才。在财政状况好转的基础上,也推行军事改革。当时鸦片战争的情报已经传到日本,感受到危机的长州藩政府开始推进军事近代化,购买西洋武器,改革军事组织。1843 年举行的高岛流炮术演习,是"元和偃武"以来首次,参加人数过万。

萨摩藩的藩政改革在下级武士出身的家老调所广乡的领导下,也颇有成效。调所广乡从 1827 年开始推进改革。他强行宣布萨摩藩所欠"三都"商人的巨额债务,在 250 年内分期无息偿还,基本上就是赖账。他利用萨摩藩的外城制,让部分城下町的武士回到各郡设立的外城居住。他也加强藩的商品专卖,尤其是蔗糖和红糖等特产的垄断经营,为萨摩藩带来巨大利润。他还发展经由琉球到中国的走私贸易牟利,结果招致幕府怀疑,调所广乡最终自杀。1851 年藩主岛津齐彬推进军事改革,积极采用洋式装备,重视学习近代海军技术,并推行殖产兴业政策,建立了洋式工场"集成馆"。

佐贺藩也是因为受到大盐平八郎之乱和近邻唐津藩的农民一揆的刺激而开始进行改革。藩主锅岛直正在 1830 年推行均田制,保护自耕农,打击地主与高利贷,强化了藩政权直接控制和剥削农民的体制。佐贺藩也推行专卖制度,凭借其有田烧、伊万里烧等陶瓷器的特产而盈利;发展藩营商业活动,与长崎和兵库的商人积极合作;为了加强长崎的海防,积极引进枪炮制造和海军技术,建成了有反射炉的洋式大炮制造。

此外,水户藩也积极改革藩政,尤其重视农政。藤田幽谷(1774—1826 年)和小宫山枫轩(1764—1840 年)分别提出了不同的农政论。藤田幽谷担忧农村的荒废,认为其原因在于豪农的土地兼并。他根据"平均"的理念,建议重新进行检地,保护小农,限制土地持有的最高数量。

小宫山枫轩基于农政经验和历史考察，认为赋税分配的不均衡现象在近世是一直存在的，农民租借买卖耕地正是为了更好地积累家产，藩政府不应该干涉，再检地可能会破坏农民长期努力经营的成果。这种观点实际上是承认了农民手中的剩余是其合法所得。藤田幽谷的意见占了上风，1839 年，水户藩在领内开展了再检地运动。

总之，与幕府的改革相比，天保年间的藩政改革在某些藩较有成效。各藩和幕府的不同在于，没有那么多的转嫁负担、延长寿命的手段。而且藩政相对更加简素，没有幕政那么多错综复杂的关系。在幕藩体制下，与幕政相比较而言，藩政更加集权，更强有力，更便于支配者进行改革。另外，改革比较成功的多为外样大名，相对偏远的地理位置，也使之拥有较多的行动自由。在天保年间藩政改革的过程中，下级武士和地方生产者的利益开始融合，并形成了日本以自身特殊的方式实现近代化的渊源。精英武士更加主动地促进与统制和发展商品化的经济的方向，其直接的动机是本阶级权力利益的保持，重视富国强兵，成为明治维新的先期准备。而且，在参与藩政改革的过程中，积累了政治、经济、军事方面的实际领导经验，也积蓄了一定的实力。这些都成为幕末时期政局演变的重要前提。

第二节　近世后期的社会生活

一、武士的经济生活

日本历史学者矶田道史以其《武士的家计簿》一书[①]获得 2003 年年度新潮社的"新潮文献奖"。该书核心资料是其所发现的《金泽藩藩士猪山家文书》，记录了从天保十三年（1842）七月到明治十二年（1879）五月之间长达 37 年的账务，其中只空缺 14 个月。猪山家是金泽藩的"御算用者"即藩的会计。金泽藩是号称加贺百万石的大藩，每日有大量钱米进出，在其中能够负责收支计算的自然是精于会计行业的专家。猪山家

---

① 磯田道史：『武士の家計簿——「加賀藩御算用者」の幕末維新』、新潮社、2003 年。

代代从事账务工作,以一把算盘为计算工具,为藩主服务,同时也记录了自家的开销。

矶田道史的书中充满了各种有意思的记录。导演森田芳光以此为底本,在 2010 年拍摄了电影《武士的家计簿》,主演是在中国也很受欢迎的演员堺雅人。以下主要依据矶田道史的研究成果,介绍江户时代后期武士家庭的经济生活。

自金泽藩藩祖前田利家一代开始,猪山家就出仕于加贺。一开始猪山家是前田家臣菊池右卫门的家臣,并非藩主的"直参"即直接家臣。从初代清左卫门到五代市进,猪山家一直为菊池家掌管家政,当时俸禄低微,大概在三五十石之间。对江户时代的藩政运营而言,精通算术的人才是不可或缺的。享保十六年(1731)的时候,一直从事家政管理的猪山市进因其文书与珠算能力皆十分优秀而被任命为"御算用者",升为前田家的直参。这在猪山家的发展史上是一个重要的转机。在近世中后期,很多原本身份地位不高的人,因为常年从事实务工作,渐渐被任用为幕府与藩的公务人员。他们以算盘和笔为武器,进占了旧有的行政机构,后来甚至影响到了政策的制定。

在猪山市进的时候,猪山家虽然出任了"御算用者",但是薪俸为切米四十俵,并不算高,幸而,市进的两个儿子也早早地就掌握了算术的能力,一起出仕藩厅。一家有三人能拿到薪俸,生活相对比较顺遂。虽然在江户时代由嫡子继承家业是一般的观念,但实际上,像猪山家这样,一家二人、三人同时出仕的情况并不少见。

猪山家在市进之子绥之的时代,仕途上再次有了进展。天明二年(1782 年),绥之被任命为退隐的前藩主前田重教的"御次执笔",相当于个人财务秘书。在当时的金泽藩,从"御算用者"之中选择优秀人才担任藩主、家老的秘书是常见之事。金泽藩是百万石的大藩,藩厅中处理财政事务的"御算用场"有大约 150 人供职。一般的藩都是先有民政机构"郡奉行",然后再在其中成立会计部门,而金泽藩则是在其庞大的会计机构"御算用场"中建立起郡奉行,因此,御算用者出众的会计能力在金泽藩就成为发挥政治能力的基础。作为统治者的藩主与家老是代代世袭的，未必个个都是政治能力优秀，因此从御算用者中选择杰出人才作为他们的"执笔""祐笔"，成为辅助藩政顺利运行的重要前提。虽然其他藩也会从身份低微之人中选择有才能的人做"执笔""祐笔"，但像加贺藩这样重视从财政人才中选拔秘书官的例子还是非常特殊的。

算术极为体现个人的天赋与能力，即便有家传，如果实力不足，也难以真正立足，所以世代担任"御算用者"的家族也会将能力出众的外人收为养子。猪山绥之没有儿子，只有女儿。于是他收了一位同僚之子入赘（婿养子）。18 世纪后半期，加贺藩藩士当中，亲生子继承家业的比例是57.6%，弟弟、外甥等继承家业的比例是 7%，养子和婿养子继承家业的比例是 35%。猪山家的这位婿养子名叫信之，后来也顺利地成了御算用者，俸禄是切米四十俵。

文政四年(1821)年九月，信之的人生迎来一大转变。46 岁的他被任命为"会所栋取役，买手役兼带"，也就是藩的采购负责人，前往江户赴任。工作顿时变得十分忙碌不说，大都市江户的生活开销异常庞大。对于猪山家这样的下级武士而言，出仕江户藩邸，一方面是出人头地的大好机会，另一方面却又极容易招致破产的危险。藩政府对此也是知晓的，所以在信之出仕江户之后第二年，就将他的俸禄增为五十俵。然而杯水车薪，猪山家后来还是陷入了依赖大量借账度日的困境。

文政十一年(1827)年，信之又被改任为"御住居向买手方御用并御婚礼方御用主付"。11 代将军德川家齐将女儿溶姬嫁给了加贺藩藩主前田齐泰。信之所担任的职务就是与婚礼相关的各种用品的调配。迎娶将军之女，排场不可不盛大，花费也无法不庞大，然而加贺藩的财政却极不宽裕，所以，如何能在尽量节省的前提下，还撑起婚礼的场面就成了会计出身的信之所要解决的难题。信之与同僚想尽办法，比如只将江户的藩邸赤门的外侧涂红，内侧不施颜料，以节约支出。加贺藩最终成功地举办了这场重大的婚礼。信之也因此而获赐小判七两的赏金，相当于年收入的一半。后来更受封七十石的知行地，从仅仅支领禄米的低微身份一跃而成为拥有知行地的武士。

江户时代实行兵农分离,除了九州西南一代与本州东北的仙台藩存在武士在自己领地上生活之外,大部分地方的武士都集中住在大名的城下,守卫自己的主家。不受到许可,是不能进入农村的。领取知行地的武士之中,一生之中都没有到自己领地上看过的不在少数。江户时代的武士其实是靠着一纸名为"知行宛行状"的证书确认自己的领主身份的。证书上记载着知行地在哪里哪里,石高是多少。对于武士阶层而言,领地首先意味着多少多少石的数字,至于具体在哪里,并不重要。每年要领取自己领地上的收获时,武士也只是到藩的仓库里支取相应的年贡米而已,经常并不全部运回,大部分直接转为现金,即研究者所谓"藏米知行"或"藏米地方知行"。中世以来,武士的领地支配意味着在督促农桑、司法审判、税率制定和年贡收取四个方面武士都有处置的权力与责任。到了江户时代,各藩将以上四点权责收到自己手中,以便统一管理。像猪山家这样的行政人才,对于藩政的顺利运行是必需的。而武士们也从一方领主变成了收租者。

信之在领受了注明土地七十石的一纸证书的同时,被任命为"溶姬君样御住居付御勘定役",也就是溶姬的财务官兼采购负责人,其种种绚烂奢华的饰品都经信之之手调配。

信之将家业传给了他的四子直之。直之虽然有三位哥哥,但一位早逝,两位做了他家养子。对于御算用者这样的专门技术人员而言,家业相继时比起长子优先,更看重才能,所以能力出众的末子继承家业的事情并不少见,甚至有不用亲生,而立养子的事例。直之也确实优秀,18岁的时候就当上了御算用者,领俸禄40俵,到天保九(1838)年的时候,更以26岁的年龄,就升任藩主齐泰的"执笔",在齐泰的邻室办公。仅有一障之隔,这边是百万石的大名,那边是40俵的直之。

虽然猪山家自信之一代拜领了知行,直之又升任藩主的秘书,然而猪山家的家庭财务状况却极为悲惨。由于长年的江户出仕,加上在溶姬身边工作少不了的各种应酬,很快家里就陷入了债台高筑的困境。信之虽然有 70 石的知行,但实际收入相当于 22.5 石。而当初他领取切米五十俵的时候,却相当于 25 石。也就是说,收入不增反减。

江户时代的武士俸禄制度存在一处极大的问题,就是俸禄的高低与现在所担任的职务没有关系。一家的收入有多少,端看家格高低与祖上是否有过功业。至于现在所做的工作,不管如何繁忙,都不会在俸禄上有所体现。武士所领取的不是现在意义上的工资,而是世袭的家禄,即便是小孩子,只要家格在家老一级,就能有数万石的收入。而在藩厅内从事实际行政管理工作的猪山家,却收入微薄。猪山家在为溶姬管理财务收支的同时,自家的财务收支却陷入了危机。

根据天保十四年的家用账的记录来看,猪山家的俸禄包括信之的知行 70 石与直之的切米 40 俵。70 石的知行,并不等于武士能收到 70 石的大米,其含义是领有年产 70 石大米的土地,然后农民根据年贡的比率所上缴的大米才是武士的收入。根据当时家用账,信之收到的大米是 22 石,这说明当时金泽藩的年贡率大概在 32％左右。这 22 石大米分两次发放,6 月先发放 10 石,称"半纳",10 月再发放 12 石,称"本勘"。除大米外,信之还可以从知行地上收取称为夫银的金钱,这笔钱形式上是作为农民本应承担的劳役工作的代偿金。这笔钱数量并不大,总额为 34.3 匁(相当于半石大米),分春秋两次,于四月初和八月末由领民的代表前往猪山家直接缴纳。在缴纳夫银之外,元旦期间,领民代表也会前往猪山家祝贺。然而这一年内仅有的三次领主与领民的会面,猪山家的主人也只是派代表出来相见,自己并不露面。

40 俵的俵是指盛米的袋子,江户时代一俵的米量,根据地域的不同,多少也不同。幕府的规定是 1 俵＝0.35 石。然而,加贺藩米产丰富,1 俵的米量竟多至半石。因此,直之的 40 俵就相当于大米 20 石。另外,所谓切米意指将一年的禄米切做数回发放。幕府一般是切为三回,春四分之一,夏四分之一,冬天则再发剩下的一半。而加贺藩则采取一年两回的办法,即春四月三分之二,年末十二月再发三分之一。除大米外,直之由于出任了藩主的秘书,所以每年盂兰盆节和年末还可以从藩主那里领到数量可观的津贴，称"拜领金"。总共是黄金八两，相当于大米8.888 石。

　　总结来说，信之的收入总额为 22.5 石，直之为 28.888 石。两人合计 51.388 石，按一石相当于 150 千克来算，猪山家一年收入的大米就有7.7 吨，价值大约为银三贯目（＝3000 匁＝11.25 千克）。关于猪山家一年收入银三贯目相当于今天多少日元，矶田道史做了简明易懂的换算。根据 2001 年左右的日本米价来看，猪山家的 7.7 吨大米相当于二百到二百五十万日元之间。这种收入程度在现代日本要算是低收入阶层了。于是矶田改变了计算方式，将江户时代与现代木工的基本日工资对应，得到银 1 匁相当于 4000 日元的比率。按照这一比率换算的话，则猪山家的年收入相当于 1230 万，作为雇用了两位下人的家庭，还是说得过去的。

　　猪山家所负的债务远远比收入要高得多。天保十三（1842）年七月的时候，家中向町人、藩政府、亲戚、同僚、知行地的村庄各处所欠的债款总额是银 6260 匁，达到年收入的两倍。而且利息极高，最高的达到年利18％，最低的也有年利 15％之多。每年就是还利息也要拿出 1000 匁才行。换句话说，单支付利息就要用去每年工资的三分之一，还本金的钱更无从说起！

　　像猪山家这样陷入严重财务危机的武士绝不是个例。比如鸟取藩，藩士身负的债务额，平均都在收入的两倍。对于这些藩士而言，肯借给他们钱的除了城市中的町人外，往往还有同为家臣的其他武士。从猪山家的家用账来看，除町人借款占到近一半之外，向其他武士的借款竟占到了 4 成，其中包括亲戚以及同僚。对于町人而言，向武士借钱存在一定风险。因为町人不可能直接获得借款担保的年贡米，而一旦因为拖欠而要求幕府或藩政府强制执行时，幕府或藩政府又往往采取消极的态度。因此，对于武士而言，向同一阶层的武士借钱，通常更为容易。而且由于大家是亲属或者同僚，对方家中的经济情况也相对比较了解，容易建立信任。武士之间还会成立"赖母子讲（无尽讲）"，大家共同出资，轮流借款;虽然不用担保,但利息很高。

如猪山家所表现出来的,武士之间的亲属关系也往往转化为金融关系。因此,武士择偶时对于门当户对的执着,可以说不仅仅是身份意识的体现,也是出于在金融事务上可以相互扶持的考虑。

面对如山的债务,猪山直之决心彻底整理家庭财务状况,想方设法归还借款,重振家门。这也是他从天保十三年起开始记录家用账的原因。通过记录家用账,明确家庭的收入和支出后,直之做出了一个重大的决定:他说服了家中其他成员,将家里非必需品的财产全部变卖用来还债。不论是妻子的华服、父亲的茶碗还是自己爱读的书籍,全部换成了金钱,一共是银 2564 匁。妻子老家那边也被直之的决心所打动,无偿出借了 1000 匁银子,再加上直之向他所在的部门借用来的 500 匁,总额六千多匁的负债的三分之二都有了着落。直之用这笔巨款将小额的欠债还清,大额的欠款则先还四成从而换取债主在利息上的减免。于是,猪山家渐渐走出了危机的阴影。

为什么猪山家会走到财务危机的边缘,不得不靠变卖家产才能以挽回? 武士究竟把他们的俸禄消费到哪里去了呢? 在江户时代前期,国家经济总产量的一半落入了武士的腰包,即便随着农业以外各行业的发展,到江户时代末期国内总产值大幅提升,武士的收入仍占到总产值的四分之一。如此巨大的财富究竟去向何处,不弄清这一问题,就不能理解江户时代的真面目。

根据猪山家的家用账来看,大约 3000 匁的年收入去掉上纳金,到手的资金是 2632.28 匁。而猪山家一年的消费支出是 2418.12 匁,平均消费倾向高达 91.9%。2001 年时日本工薪阶层的平均消费倾向为72.1%。可以说,江户时代乃是一个国内总产值的相当大一部分都被武士拿去消费了的社会。

那么就猪山家的情况而言,一年的收入具体都用来做什么了呢? 其中花销非常庞大,而且与町人百姓相比差异最大的一部分就是交际费用。这一部分费用被矶田道史称为"为保住与武士身份相应的场面而被迫要支出的费用",简称身份费用,其金额高占 800 匁之多。武士获得知行地与其上的收入,垄断了政府职位并拥有各种特权,但同时也要雇用下人并在年节婚丧之际付出交际费用以维持自身的武士身份。江户时代一开始时,这些必要的费用相比武士的收入,所占的比例还比较低,大部分费用都用来雇用为数众多的家臣。然而到了幕末,由于财政困难,各藩都以"半知""借上"的名义削减了武士的俸禄,所以身份费用逐渐超过了其收入,武士在身份费用的重压之下只能举债度日。以往讨论维新之后武士身份的废除时,论者多为武士坐视其特权被剥夺而绝少反抗而惊诧,然而由此观之,或许随着特权一道被废除的具有强制性质的身份费用,却正好让武士们有重获解放的感觉。

猪山家一年单在各种场合下送出的礼金就有近 300 匁之多。其中一半以上都是与亲戚交往的开支。其次是与其他藩士往来的开支,也占到四分之一多。江户时代,武士造访亲戚或同僚之家时,一半都会有下人跟随,有时也会单独差遣下人递送物品。这种时候,主人家都会给前来的下人一些小钱,猪山家一般是 15 文的一个红包。而如果外人来访时携带着土产礼物,主人也一定要回赠相应水平的礼物。虽然这些支出单次来看,没多少钱,但武士之间的这种往来十分频繁。猪山家这一类的支出一年之中达到了 171 回之多。与这些日常的交际费用相对,亲戚家一旦有葬礼、婚礼、生产、着袴、染病、晋升等各种事件发生,猪山家也一定要献出相当的礼金。

为何武士会如此重视与亲戚之间的关系呢?首先,亲戚关系同时是金融关系。由于亲戚之间相互了解,所以借款时风险比较小,并且因此往往更在亲戚之间成立"赖母子讲",在经济方面相互扶持。其次,亲戚在教育方面也有很大作用。一般而言,武士与其亲族背景多相近。比如猪山家,其亲戚也多是御算用者。因此,一旦一家之主早逝,孩子的礼仪教育与技能培养都要靠亲戚们指导。第三,在养子收继时,亲戚家自然也是首先考虑的对象。江户时代,养子和婿养子继承家业的绝不是罕见之事。另外,武家社会之中还存在着连坐制度。因此,时常前往亲戚家探望，了解对方情况也是为了尽量避免被亲戚牵连入罪的预防性措施。

在世袭身份制的江户时代，武士的俸禄与职务都是继承先祖而来，因此对先祖的祭祀也是十分重要的活动，在支出方面绝对不能犹豫。猪山家每年花在先祖祭祀上的费用是 33.18 匁，另外还会向菩提寺捐献 45.9 匁的布施钱。以现代金额换算的话，相当于 18 万元之多的布施。直到今日，金泽市内还存有众多寺院，这与加贺百万石之下的藩士与领民们的大力捐助密不可分。与此相对，猪山家为求消灾祈福而捐给神社的金额只有 1 匁而已。

除以上交际费外，身份费用的另一大部分乃是雇用下人的工资。武士雇养家臣的本意自然是一旦战事发生，家臣作为辅助部队可以跟随同上战场。每百石从者四人称为四分役，每百石从者二人称为二分役。然而随着承平日久，实际上武士多雇用相应人数一半乃至四分之一的家臣而已。而且日常工作也不再是战备训练，而成了洗衣煮饭，所以女性也渐渐多了起来。猪山家禄不满百，按理家臣一人即可，不过实际上还是雇了下人二名，男女各一。两人的工资加上每月的零用，一年下来共计 145.51 匁。如上所说，猪山家一年中没少为他家来访的下人掏红包，那么相应的，猪山家的这两位下人去其他武士家的时候，也一定不会空手而归。因此，可以说金泽周边农村中出来为武士做下人的农民们深受"身份费用"的恩惠，领取着丰厚的工资。猪山直之作为家中栋梁，每年收入近 2000 匁，然而可供自己支配的零用钱才不到 20 匁，相比自己的下人都稍为逊色。难怪矶田道史说，猪山家的下人虽然在城里要勤苦劳动并经常给人下跪行礼，然而一旦回到农村的家中，大概也会因为有钱有田地而高人一等。倒是作为主人的猪山家，虽看上去威严阔气，但其实家中经济状况令人落泪。江户时代长久的安定或许也与这种身份地位的非一贯性有关。江户时代并非一个赢者通吃的社会，武士虽然政治上地位卓越，然而町人与农民却在经济方面傲视前者，并且可以用金钱换来地位的改善。

与直之一年不到 20 匁的零用钱相对，家用账记载有给两位已经嫁出去的姐姐每人各 5 匁零用的记录。由此可见,江户时代武士家的女性与娘家的关系其实异常紧密。不仅如此,夫妻财产甚至也是分开的。家用账中有直之向妻子借钱的记录,可见两人在财务上各成一统,当然这样的借金是不会算利息的。夫妻财产分离的原因在于当时的婚姻关系并没有我们想象的那样长久。一方早逝的"死别"是一方面,另一方面离婚的情况也非常多。矶田道史根据冈山藩文政元年到七年间婚姻登记记录发现,356 桩姻缘中有 36 桩后来都以离婚告终。而他对宇和岛藩 32 名藩士生涯所进行的调查更显示出其中有 13 人都曾离过婚,甚至 5 人曾两回离婚。

就连怀孕之时,武士之妻也不一定就在夫家待产。从猪山家的家用账来看,无论是直之的妻子还是他的两个姐姐,生第一胎之时都是回自己的娘家,自第二胎起,才会在夫家生产。猪山家因此也曾为两位姐姐设置过产房,并支付了大量的相关费用。武家女性与娘家的这种密切关系是在农民那里看不到的。因为农民是把嫁过来的新娘作为劳动力来看待的,因此新娘不太可能被允许与娘家保持紧密的联系。但是对武士家而言,由于有下人负担家中起居,因此比起劳动力,更看重的是新娘的血缘力:一方面是产下后代,另一方面则是密切两家的关系。对于武士之家,找到一户门当户对的同辈之家缔结姻缘并加强经济等方面的往来,对于一家的安泰与繁荣意义重大,而嫁来的新娘乃是连接两家的重要桥梁,与娘家的关系自然不会被切断。

虽然作为历史常识,武士获得大米作为收入,但是可以想象这些大米并不可能被武士一家全都吃到肚里,而且购买生活物资与支付身份费用时也不可能扛着米袋子作物物交换。因此,对武士而言,必须要把收到的大米卖掉换成货币。在猪山家的家用账中,像这样的兑换记录随处可见。根据之前的介绍,猪山家一年收入的大米为 42 石。其中只有 8 石是实实在在的用车运回家中供食用。其余的则在前往藩库取米时便就地以时价卖掉,换成银子——更多的时候是藩政府发行的代用券"银札"拿回家。然而带回家的银子或"银札"一般就是用于还债、布施以及向"赖母子讲"出资,而日常生活之中,由于银的价值过高,还要将之部分地换成钱才行。另外,由于东日本的通货是金,西日本的通货是银,所以藩主赐给直之的八两黄金也要兑换成银或者钱才能使用。实际上,猪山家一年之中光货币的兑换就进行了 27 次之多。与通常认为的武士不懂金融的印象不同,由于必须要时常将米换金银,将金银换钱,所以武士其实对汇率等金融事务极为敏感,以至于明治时代很多银行职员都是旧武士出身。

二、民众生活和民众文化

日本江户时代 260 余年的经济发展,经历了快速增长的 17 世纪、平缓增长的 18 世纪,并在 18 世纪后期开始再次提速增长。据估计,实际的石高数到幕末时期共增加约两倍半,石高制原则上是固定税率,大量剩余从而得以保留在农民的手中。1736 年的"元文改铸"推动物价上升,此后大约一个世纪之久的时间里,物价变化基本上保持稳定,直到 19 世纪初的"文政改铸"再度推高物价,而开港之后更是物价飞涨。1853 年佩里来航,1859 年横滨开港,在日本对外关系史上是重要的转折点。历史学界对开港给日本经济带来的影响,长期以来普遍认为比较大,但是近年来越来越多的日本学者开始主张这种影响其实是有限的,甚至认为:"在江户时期日本的经济已经发展到能够抵挡国际经济狂潮的程度了。"这种观点显然是美国学者提出的现代化理论应用于日本研究后的结果,更多倾向于从各种角度强调江户时代为日本的现代化打下了基础。对江户时代日本经济发展水平,很自然地也形成了类似的高度评价:"不断接受着来自国外的新的冲击的日本经济,在此之后远远超越了江户时代,取得了令世人称奇的成就,成为当今发展中国家的目标。然而不得不说的是,这种发展是以江户时代扎实而不起眼的经济发展为前提的。"①

---

① 浜野洁等:《日本经济史:1600—2000》,彭曦等译,南京:南京大学出版社,2010 年,第45 页。

物价稳定会给人们带来生活的安定感,而物价上涨则会促进经济分化,使生产者阶层获得更高的收益,但是也会增加生活消费的成本,导致依靠固定收入生活的人们入不敷出。无论如何,近世后期日本民众经济状况整体上不断改善,吃穿住行等各方面的生活方式也随之发生很大的变化。近世初期传入日本的马铃薯、玉米、南瓜等食物,洋葱、胡萝卜等蔬菜,西瓜等水果,逐渐普及开来,栽培技术也不断进步,不但丰富了日本人的餐桌,更提高了救荒的能力。酿酒业随着大米产量的提高而不断发展,酱油和味噌等调味品的生产也随着大豆、小麦产量的提高而普及。烹饪食物的方法也从在地炉上用锅煮为主,发展到在房屋里修灶做饭,烹饪方法日渐多样。

在穿衣方面,江户初期一般民众的衣着布料主要是粗糙的麻布,随着棉花和棉织品的生产不断发展普及,棉布从 17 世纪末开始成为日本人主要的布料。养蚕和丝织业也不断发展,丝织品的消费量也在增加。

人们的住房也逐渐变得更大,结构更复杂。江户初期的农民住宅一般比较狭小,房子简单地隔成上铺地板的房间,或者不铺地板的土间。江户末期,农家的房子也开始由多个房间构成。柱子开始配备基石。房屋造型也趋于复杂,而不再主要只是简单的椭圆。榻榻米得到普及,衣橱等家具越来越多,室内装饰也不断发展。

近世初期的民众文化活动主要是以各种艺能为主。17 世纪末经济发展带来的民间社会的形成,学问等知性活动在民众世界也普及开来,民间社会的文化创造活动日益活跃。18 世纪后半期自发形成了会读团体,称为"社中",兴趣一致的人们聚在一起共同研读书籍,学习知识。兰学史上特别有名的《解体新书》,就是以浅野良泽、衫田玄白等为中心,会读德国人约翰·克雷姆斯的《解剖图谱》,克服各种困难,辛勤翻译完成。民间私塾的会读活动之外,幕府的学问所和各藩藩校也流行会读的学习形式,只是由于 1790 年的"宽政异学之禁",作为正学的朱子学构成了主要的学习内容。会读不仅是学习知识,也是同好相互切磋,追求真正的"道理"和修身养性的方式。

　　成立于 1724 年的大阪怀德堂，最初由三宅石庵等领导，是城市商人阶层为主体的教育和研究机构，涌现出富永仲基、中井竹山、山片蟠桃等杰出的知识人，在西日本地区堪称学问中心。18 世纪末，大槻玄泽在江户建立芝兰堂，专攻兰学，通过荷兰语学习医学等欧洲科学，促进了兰学在日本的发展。大城市之外的地方社会，也以武士阶层为中心形成各种文化沙龙，创作汉诗、和歌、俳谐等，上层农民也积极参与其中。在地图勘测方面做出巨大贡献的伊能忠敬，就出身于船主之家。

　　近世初期诞生的歌舞伎，在 18 世纪以后逐渐成为传统戏剧的核心，甚至成为艺能文化中最重要的形式，人形净琉璃被其全面压倒。歌舞伎是一个综合性的文化形式，其脚本是文学作品，还包含舞蹈表演，三味线伴奏，服装和道具的设计与制作，成为民众文化创造的源泉。江户后期，四代鹤屋南北(1755—1829)作为歌舞伎脚本的天才作者，留下了《东海道四谷怪谈》等名著。文化消费者不限于武士或者富裕的町人，城市普通民众也能够欣赏到歌舞伎，成为一种典型的"炫耀性消费"①。

　　江户、大阪为中心的文化出版也繁荣起来。能够大量复制的浮世绘是其中最为重要的产品类型，其便宜的价格对普通百姓具有极大的吸引力。来自中国的版画对浮世绘有巨大的影响，用日本学者的话说，浮世绘的题材"确实反映的是日本式的风俗，但是不要忘记如果没有中国明清版画的作品和技法的传入，浮世绘就不可能发生和发展"②。进入 19 世纪以后，浮世绘的普及流行带来的商品化趋势，加剧了其对享乐主义和媚俗趣味，艺妓和俳优为题材的作品最为畅销。但是，在艺术性趋于颓废的同时，技术性却得到巨大提高，"多彩套色技术大概达到世界最高水准"。③ 风景浮世绘的出现带来了新的艺术进步。西方风景画技法刺激了葛饰北斋(1760—1849)的创作，其风景组画《富岳三十六景》不但是日本绘画史上的名作，还成日本文化趣味的代表性作品。安藤广重

---

① 吉田伸之：《成熟的江户》，熊远报等译，北京：北京大学出版社，2011 年，第 237 页。
② 谷信一：『美术史』，山川出版社、1968 年，第 474 页。
③ 西山松之助等编：《江户学事典》，弘文堂，2000 年，第 464 页。

(1797—1858)是风景浮世绘的另外一位重要艺术家,学习和运用了西洋画的透视法,其《东海道五十三次》是不次于《富岳三十六景》的名作。浮世绘作为民众文化的代表性艺术形式,在1867年巴黎万国博览会上由于欧洲人的关心,刺激了印象派画家的灵感。莫奈、梵高、马奈都受到浮世绘的影响。有学者认为:"如果说出最典型、知名度最高的日本绘画,那么就必然首推浮世绘了。浮世绘对西方的影响,是从来取惠于他国的日本艺术第一次推动了世界艺术的进程。如果没有浮世绘,日本美术将大为减色。"①

通俗文学是出版文化的另一重要品类,主要以江户为中心取得重大发展,其创作者多是出身武士的知识人。虽然曾经遭到取缔,19世纪以后再度繁荣起来。与歌舞伎类似,此类被称为戏作文学的作品,往往以当时发生的真事为题材,文笔通俗易懂,读者众多。印刷技术的普及,租书业的发展,茑屋重三郎等书肆的批发业务,是通俗文学得以流行的物质条件。

恋川春町(1744—1789)开创了内容诙谐的黄表纸,其代表作是《金金先生荣华梦》。这是面向成年人的通俗小说作品,是"草双纸"的一种类型,因封面的黄色用纸而得名。恋川春町讽刺宽政改革,遭到惩罚,即所谓"恋川笔祸事件"。主要描写花街柳巷的洒落本的代表性作家是山东京传(1761—1816),作品有《通言总篱》。山东京传的学生曲亭马琴(1767—1848)出身旗本用人之家,也是江户时代后期著名的通俗小说家,其《南总里见八犬传》是日本近世文学的名著。

教育在近世后半期广泛普及,藩校在其中起到了巨大的促进作用。开展基础教育的寺子屋数量众多。各种私塾的设立,主要是以研究汉学为中心,但是民众学习国学或洋学的人也越来越多。越来越多的农家子弟,不能继承家业的次子、三子等,去江户或者大阪的私塾学医,然后回到家乡做医生。1849年牛痘接种技术传入日本之后,很快就能够得到普

---

① 刘晓路:《日本美术史纲》,上海:上海古籍出版社2003年,第156—167页。

及。这一事实反映出当时教育的普及使各地方都有相当数量的医生,并且形成了比较完善的知识流通网络。绪方洪庵(1810—1863)是著名兰学家,号为适适斋。他在大阪开设的"适适斋塾"在日本极其有名,一般称之为"适塾"。福泽谕吉(1834—1901)也曾经在此学习兰学。后人也许很容易认为兰学普及之后就取代了中医。其实,虽然西医长于解剖学,当时的实际治疗依然离不开中医的经验。华冈青洲为做手术而开发的麻醉技术,是划时代的贡献。著名的幕末志士桥本左内(1834—1859)出身于福井藩藩医,他既在适塾学习过兰学,也在华冈青洲(1760—1835)门人的华冈塾中学习过中医。

三、町人伦理和家业道德

为近世日本町人提供比较具有体系性的伦理学说的,是思想家石田梅岩(1685—1744)。石田梅岩同时代的人中,既有太宰春台(1680—1747)、服部南郭(1683—1759)等徂徕的弟子门人,也有将自己父亲三井高平(1653—1737)的见闻记录编撰为《町人考见录》的三井高房(1684—1748)。梅岩创立的石门心学,一般被评价为体现出了18世纪中叶以后日本平民阶层社会自觉性的提高。也有学者将其视为欧洲新教伦理在日本的对应物,认为石门心学是探求使明治以后近代日本迅速崛起成为可能的下层民众勤劳伦理源流的一个方面。在江户时代,庶民一方面生活在武士依靠武威垄断权力的统治之下,缺乏参与政治的机会,另一方面在长期和平、持续发展的环境中,也能看到经济上的努力获得回报的现实可能性,于是"家业"的维持和发展便成为其核心关切之一。以下关于町人伦理和家业道德的介绍,主要依据日本思想史学者平石直昭和前田勉的研究成果。①

_____

① 参见参见平石直昭『日本政治思想史——近世を中心に』、放送大学教育振興会、1997年、第八章;前田勉「儒学・国学・洋学」、『岩波講座　日本歴史　第12卷　近世3』、岩波書店、2014年。

中江藤树提出了"生业"论,熊泽藩山继承了其"真儒"的理念。稍后,西川如见从町人的身份立场出发,继承这些论点的同时,也改变了强调的要点。例如,他讲道,圣人遗留下来的教训中被统治者认为有用的并不多,是因为"町人百姓乃治于人者",只要为政者端正道德,下层百姓仿效这种风俗,天下便大治了。因此有"民可使由之,不可使知之"的论述。在此,如见清醒地认识到儒教是面向统治者的思想。但是,《孝经》教导"庶子之孝",他评价这是"当前对町人百姓的御教"的"难得之御词"。对《孝经》的这种关注,明显受到了藤树的影响。同时尤其是集中在对"庶人之孝"的关注这一点上,也能看到如见对自身所属的町人身份的坚持(《町人囊》,卷五,1692 年序)。

另外,他批评仿效武士的町人,主张"町人无主,唯父母,习武乃不孝之大也"。"生而为町人乃为幸事,停止修习武道之心,能做到对别人一钱也没有诌媚卑怯之心,就是町人的勇武"。一言以蔽之,如《町人囊》开头的一节所说,町人放弃公家的统治事务,尽管自己卑下,但另一方面可以凭借自己所拥有的"金银"的力量来与武士统治阶层交际,也能够享受到社会的尊严价值。这样作为支撑自身地位基础的"家业"就被重视,以此为中心的"孝"就被作为生活伦理。

同时代的三井高平在高房所编的《町人考见录》中,也在对关于"商之道""商人心"等零零散散地论述后,注意到"治天下,王道、霸道而已。王者乃不好战,不为我,仅为天下、为他人,是为王道也。霸者乃借仁义之表,而为一家、为己身,是为霸道也。古往以来,名将、智将皆应知霸道"。从这里可以看出,商人若不霸道则难以立的含义。再者,也能看出商人身份伦理的体现。在这种情况下,与其一般性地追问人类的伦理是什么,不如以世袭身份制下町人、农民等被统治者的身份为前提,去探讨其身份固有的伦理。在这个意义上,如见将自己的著作命名为《町人囊》《百姓囊》是有象征性的。

同时,如见也主张把"心"和"身"区别开来,商人即使是在"身"的层面上处于众人的下等地位,但在"心"的层面上是没有贵贱之别的。他领悟道:"毕竟于根本之处,无众人应有尊卑之理。唯知生存……在人类的本心上,有什么贵贱差别呢? 即使低贱者居于不堪的陋室,其内心也是和万人一样的。""对于世间百姓,如果说地位正是上天的诏命,那内心怎么就不能达到尊贵呢?"就辞藻的运用来看,这些话明显是对蕃山的继承。

中江藤树认为三民正是因为这种先天上本质是"偏"的所以才成其为三民,他将这种歧视性的身份秩序正当化了。"真儒"是例外性的存在。与此相对,如见并不认同"三民"在"心"的层面上劣于他人。即使"地位"是"天命",但在"心"里也要努力把尊贵作为目标,这是他对"世间百姓"的号召。换句话说,他认为藤树所说的"真儒"的存在方式,"三民"也可以实现。在世袭身份制下,人们不得不甘愿接受自己与生俱来的"身份"。作为这种心理的补偿,而主张"心"的平等性。

石田梅岩的思想看起来似乎是各种学说的汇集,其实也有着相当的独创性。问题是在如见的这种议论中,一方面是主张作为町人的身份伦理,另一方面是主张"心"的平等性,二者是什么样的关系,这一点并不清晰。如见认为"心"是自我充足的,被封闭于内在的,但是对于身份伦理它不能从内在出发,积极地发挥力量。梅岩的独创性就在于能够突破这一点。梅岩一方面认为"理虽同,但形有贵贱",继承了如见"心"与"身"的对立的观点;另一方面他又主张:"商人也有双重之利,他们知道获取秘密不义之财是对先祖的不孝与不忠,在内心上要不低于士。'商人之道'与士农工之道有何不同? 孟子曰:道乃一也。士农工商皆为天之一物。天焉有两道?"梅岩树立起普遍性的"道"的原理,使"商人之道""农民之道"等与身份有关的规范从属于这一"道"。可以认为这种"道"的观念,是如见的"心"的观念在社会关系中的展开。而且在包摄身份伦理这一点上,其与伊藤仁斋的"道德"的理念也是不同的。从这里就能看到梅岩的独创性。

众所周知,梅岩认为:"治四民者,君之职也。相君者,四民之责也。士自古乃有位之人臣。农者,草莽之臣也。商工者,市井之臣也。为臣而相君,臣之道也。商贾买卖,助天下也。"为了赋予各个身份以存在的理由,梅岩把"商人买卖的利益"等价于与工人的手工费、农民的农闲打工、武士的俸禄相同的"天下御准之俸禄",这就将商业利益正当化了。这里的"市井之臣""草莽之臣"等词语,在《孟子·万章下》中早就有其典据。所以,将农工商三民定位为"臣",并非梅岩的独创,尤其是在近世日本思想史的文脉中,中江藤树、荻生徂徕二人也早已这样定位过了。

中江藤树主张,庶人称为草莽之臣。居住在这个藩国从事产业的生活,因受主君的恩德,虽未领受俸禄,也称之为臣下。谨守此藩国制定的处罚法令,好好地从事自己的工作,不要懈怠年贡公役,一心为国君尽心尽力,这就是庶人的忠节,强调了作为臣下的庶人的存在方式。荻生徂徕也主张:"立世界之整体于士农工商四民之上,此乃古之圣人所立,四民并非天地自然所存。农人耕田以养世人,工匠制作家器来供世人使用,商人通过流通有无来帮助世人,士则治之并使之不乱。各尽其责,相互帮助,但若使之混为一谈,则国土就不能成立了。这样的话,人是很脆弱之物,无法孤身一人生活。全世界的人们都是帮助民君成为百姓之父母的役人。"

藤树强调履行对主君的恩德的回报,与此相对,徂徕强调四民的相互扶助,两者明显地有着不同的要素。不过二者都从向主君的侍奉的角度来把握农工商三民的职业,都把三民界定为"臣下""役人",这是共通的。梅岩继承了这些观点是显而易见的。

商人出身的梅岩,充满自信地将自己称为能与士匹敌的"市井之臣",在社会上担当起所谓"天下之相"的公共性的功能。在如见和高平那里能够看到的轻松的感觉,即作为被统治者处于没有社会性责任的立场的意识,在梅岩这里就看不到了。他有着社会义务的强烈自觉。这种"天下之相"的自信,源于对人们的生活而言,商人这一中介者是不可欠缺的。一般而言,经过元禄时期以后,当时的日本出现了全国市场的形成与商品经济对全社会的浸透的事实。梅岩说:"商品跟随当时的物价而变化……物价高时就看涨,物价下跌时就变疲软。此乃天之所为,非商人之自私。"以统一的市场为前提,通过这个机制每时每刻决定"物价"的高低,梅岩将其称作"天"与"公",以此为基准,他主张这种买卖所带来的利差的正当性。在梅岩这里,对商业利益的正当化,是其思想的一大特征。

　　徂徕和梅岩对四民的定位也有很大的不同。徂徕把"士"以上的为政者与三民严格区别开来,"士"以上的人是"天职",直接接受"天命"而成为"士";与此相对,徂徕阐述道,三民则是作为被统治者来"以君命而悦之"。与之相对,梅岩参照《论语》中说到的"行有余力,则以学文",作为这里"行"的具体内容,他想到了各自的职业生活。"所谓'行',既然为农人,就是早上在天未亮之时就出去做农活"等等,而且被其作为典范的就是孔子。根据孔子的传记,在他被任命为下级官员的时候,就积极地履行其职责。参照这个掌故,梅岩主张:"安于此时之天命。以此为法,士农工商都要对自己的家业知足。……知今日我身所在之所为天命。这是取法于孔子。若知此义,难道还会有疏离自己职分的心吗?"如果将此普遍化的话,各人把自身所处的社会身份与家业作为"天命"来接受,尽其职分就是正确的事。这就是根据世袭身份制的"天命"的正当化。梅岩的弟子手岛堵庵(1718—1788)说:"农工商都不是因为我喜欢,才出生到这样的家庭。虽然是不可思议地,但也接受了家业,就是天命。在戒慎恐惧的同时又能执着地追求。"这样,通过把"商人之道"包摄于普遍性的"道"中,从而提出普遍性的立场的梅岩,在另一方面,又开创了把世袭的职分作为"天命"来接受的道路。由此,他就在武士支配下的既定秩序的内部,发挥了引导被统治者的作用。

　　把梅岩思想作为整体来看时,可知天在两个方面发挥着重要的功能作用。一是如上所述,把各自的职分作为"天命",二是与道德的根据相关。关于后者,他主张"人伦的本源出自天,由仁义礼智的良心组成"。这种把"天"作为职业与道德根据的二元的理论,可以说是继承了中江藤树与中村惕斋。再往上追溯的话,也可以说是继承了朱子学对"气命""理命"的区别。但是在近世日本,这种"气命""理命"的区别并没有扎下

根来。林罗山、山崎闇斋等的儒家神道中,日本神话中的"神"被与朱子
学的"太极"同一视之,这样,本来的形而上的本体的观念就没扎下根来。
在世袭身份制下,与生俱来的偶然的家的职业,对每个人而言,被作为命
中注定的前提条件而被视为"天命"。"天道福善祸淫",将善恶的道德性
价值与吉凶的功利性价值联系在一起的说法传播很广。近世中期以后,
一般而言,上述那种二元的"天命"观传播开来了。与梅岩同时代的常磐
潭北(1685—1744)关于百姓说道:"天高且尊。地低且卑。百姓乃与地
相配的卑微之物,分量很低,好好地务农,尽职于天所赐予的职分者也。
由于勤于地之道乃守天之道的缘故,人被尊为万物之灵长。所谓天之道
者,仁义礼智信之五常也。"这里也贯穿了二元的理论。一方面是民众的
社会性自觉的思想性表现,另一方面民众也变为了体制内之物。

　　石井紫郎、尾藤正英等学者论证了近世日本国家特征在于"家职"或
者"职分"。滋贺秀三等学者揭示了日本的家具有自我充足的性质,缺乏
与外界社会组织的功能链接。而且,与欧洲中世纪封建领主相比,日本
幕藩制下的武士的独立性比较弱。可以说,本来那种属于武士阶层的观
念意识,在近世中期以后,也广泛地浸透到了庶民阶层中。庶民阶层中
家业道德论的展开,充分地反映了近世日本身份制社会的特质和演变。
元禄以后在商品经济的发展下,一根筷子都必须要买。与徂徕同时代,
在京都讲解神道的增穗残口感叹当时的风气说:"农工商士,皆成商人",
"无情的金银耍威风,全是人情之真"。18世纪前半期,严格的上下的身
份秩序的家职国家因为"金钱"的力量而出现了动摇。

　　这种"金钱"之世,滋生出家业道德论。这是在商品经济的进展中,
直面没落的危机之人,倡导万人的道德平等性,把职分和家业本身作为
人的本性,督促朝家业的方向更加努力的道德论。本来,道德的平等性
与家职国家不一定相矛盾,但是,家业道德论与朱子学不同的是,把家职
以外的艺能、学问作为异端排斥,对才智进行了彻底的否定。写作了《家
业道德论》的河田正矩说:"悟所谓道不离家业,绝不走我所作之外的异
端外道。"而且,"如果强迫大部分的普通人学文的话,十人之中九人会成

为顽固之人,疏远相交的亲族,矫枉过正。"因此,"轻率地崇尚理学,喜好风流不若专于我之职业,武士励行武术以侍君,庶人勤于其职以孝养父母,能如此,则胜学文百千倍不止。""才智是束缚我的绳索,艺能是役使我的主宰。"这里一方面用儒学的太极、阴阳、天地万物为框架宣传道德的平等,另一方面谋求一心追求身份性秩序的家职,满足于被给予的"分"。朱子学通过主张"学者当特立独行,无所依赖",培养从家职国家中逸出的强烈的个人意识,与此相对,家业道德论以精于家业本身为目的。

家业道德论与作为学问的儒学的差别焦点在于以职分、家业和学问、艺能相对的思考方式。儒学者,尤其是徂徕学派,会寻求职分、家职以外的学问的领域。根据徂徕,学问"与公仪之勤不同,毕竟内证事"。会读的场合产生的是通过竞争学问,提高自己的名声。当然,并不是由此而获得政治社会地位。这是因为在学问与立身出世无缘的近世日本,即便是所谓竞争也是限定在学问、学校的场合的。因此,就像徂徕学诗文派自嘲的那样,"吾徒为学,固已为世之赘疣",无用者意识与内在孤高的文人意识交织的儒者,把会读的场合变为竞争诗文学问的社交场合。

批判徂徕学的道德轻视的朱子学者也批判这种游戏的诗文派,以道德人格的完成为目标,不认可徂徕学派那种以"才智"为傲的"学者之臭味"。

本居宣长在京都游学之时,师事的朱子学者堀景山在《不尽言》中认为,无学之人一方面在其内心深处也知道不可能让自己学文,另一方面从傲慢之心出发,因为被学者看成是在从事卑下之事而遗憾郁愤,于是强调学者会由学文而变得高傲,人品变坏。正因为如此,如果大家都做学问的话,都会像那样人品变坏,而一向不学文之人,反而更可靠。又说学问为唐之事,日本本来是武国,当以武治为事,学问毕竟乃无益之事,武士说武士之道,不彻底的儒者只会纸上谈兵,于国家之治无关。

从景山的叙述中可以看出,在"无学之人"的内心,既感到不能让自己学文,又因为"被学者看成是在从事卑下的事而遗憾郁愤",从这样的矛盾心情出发,强辩还是不做学问为好,并进一步声称,"学问为唐之事","我邦本来是武国,当以武治为事"。这里举出了中国与日本的差异,使自己的无学正当化。只是朱子学者虽然知道"无学之人"的非难是对学者的怨恨,但也只会在身份秩序内追求道德的人格理想,不会超越秩序规则。"尽性分之本然,务职分之当然,如此而已",并未否定世袭的职分、家职自身。因此,宽政异学之禁以后,在昌平坂学问所、藩校,朱子学作为教科书普及,虽然有一定的教育效果,但作为全体的思想却停滞了。

与此相对,洋学者与国学者在不愿"与草木同朽"这种强烈的个人意识这一点上与儒者是相同的,有着超越家职国家的逻辑。但是,在他们超越的方式上,洋学与国学的方向是不同的。志存高远的洋学者不愿在上下身份秩序内成为孝子、忠臣,而要通过家业之外的"艺"的实力,谋求个人功名。与此相对,国学者认为世袭秩序内的家业的精进,是作为"皇国人"而非普通之"人"的正确的当为。

平贺源内并不是亲自翻译兰书的兰学者,而是更多地体现了洋学者的精神。源内认为,使自己留名的"艺",不是通过家元制度来固守的艺道之艺,而是创造性的新的艺即技术。"近年来的笨蛋们,学者被唐之废纸束缚……其余诸艺皆走向衰微,自己没有工夫才觉,甚至连古人的废弃之事,也追不上古人的脚步,是不用心之故。"还有广义上的兰学者司马江汉,声称"我今年七十有余,始知壮年以来之误,我从年轻时开始立志,为何有一技之长却没有成名? 我想做一件即便死后也可以留名的事"。据说他年轻的时候志于刀剑。像这样,源内和江汉希望通过自己的"艺"立身扬名,正是以徂徕学从道德向"才智""技艺"的评价转换为背景的。

与洋学者重视"才智"和"艺"相对,18世纪的家业道德论者通过重视血脉、谱系的"日本"神话来正当化世袭的阶层秩序。提倡家业道德论的河田正矩说,在否定通过"才智"和"艺"来立身,拥护世袭制之时,对比"神国"日本和"异国"中国,"异国时用智慧才觉,本朝为神国神裔不绝,代代统御宇内,从大树将军到诸侯大夫士庶人,代代为官。传家产于子孙,无乱升降职掌之事。"这与徂徕学派的太宰春台批判学者的世袭制形成了对照。而且,在金钱的世界,感叹人与人之间的关系淡薄化的增穗残口也认为:日本把从神代开始的谱系作为第一,立四民之祖神,不乱先祖之血统。此血统为血脉,经世代,家传相续渐成规模,功绩不凡,成为达官显贵。士作为士传之后代,农工商亦代代相续,逐渐富贵。自古祭祀氏神,专一土产之敬。今之世,即便是暴发户也眼前富裕,衣领处堆满了金山银山,把有钱人叫作贵人。无论是秽多还是皮剥,有钱就妄想成为人上之人,会遭到说谱系姓氏之人的嘲笑侮辱。这是从乱世以来的国之基,但是已经开始忘记根本,失去了对祖神氏神的倡导。不觉利欲者,与在上之人交往,此辈厌恶谱系之事,只好支那风之德智,尊之为国风也。因此守一,以本为本之神训,逐渐衰微。

断言"俗姓门第亦无妨,只金银才是町人的氏族谱系"的井原西鹤完全是与之相反。残口一边煽动对被差别民的差别意识,一边对京都的庶民说,守护先祖的"血脉"使得"家业相续"之人方为日本人,发动才觉上位之人是"好支那风之德智、尊之为国风"。这里面有对通过自己的智慧和才觉发迹之人的怨恨。与洋学者们努力通过家业之外的"艺"的实力来留名相对,把家业当作律义来努力的家业道德论者用神代以来的谱系即血统的高贵性在心理上来弥补自己才智的欠缺。这种谱系即血统主义与国学者联系在了一起。

近世日本的国学者强调世袭的阶层秩序的不变性才是与中国相对的"皇国"日本的优位性所在。与能通过学问、能力立身出世的中国相对,日本拥戴从神代开始万世一系的天皇,严格规定了"君臣之分",这才是日本之优点。国学的大成者本居宣长说,皇国从神代之初就规定了君臣之分,君从根本而言就是真的尊贵,这种尊贵与德无关,只取决于种,以下之人无论具有多高的品德,也不可能取代,直到万世之末代,君臣之位也俨然不变。皇国的尊贵性重视的不是德,而是种,否定儒学的异姓革命。国学与家业道德论同样以精于家业为律义,这是所谓被治者之逻辑。

本居宣长的特点在于他有对学问的定位,曾咏诗:"望勿拘于家之治,至少雅书要读,歌要咏。"他倡导读书、咏歌之艺应当与家业一同努力。这一点与当时的"余力学文"的社会观念没有差别。宣长的划时代性在于,与反学问的家业道德论不同,认同了应当用余力去学的读书作诗的固有领域。他以《古事记》《日本书纪》为开端读解"皇国"的古典,提倡知"物哀"的咏歌文学。这些一方面是与政治和道德并列的固有领域,另一方面也是与治者或被治者无关是谁都可以参与的世界。从这个意义上说,宣长是以与倡导万人的道德平等性的朱子学不同的形态,追求学问和文学的平等化。

宣长说,"志于学道之辈,第一在于清除汉意、儒意,应以加固和魂之事为要",排斥有着中国的思维样式和价值观的汉意。在宣长看来,儒学"天道福善祸淫"的善因善果、恶因恶果的原理是汉意最具代表性的表现。宣长说,"贫者愈贫,富者愈富"的世间,满满的都是不合理。这种不合理的现实摆在眼前,所以宣长认为儒学的天道报应说是隐蔽现实的伪善。

应该注意的是,善因善果,恶因恶果的原理不仅被作为学问的儒学,亦为家业道德论所宣扬。家业道德论的德目中也有的勤勉、俭约、正直、孝行、谦让等通俗道德,是以"心"的哲学为基础的。认为"只要心中达到了诚之道,即便不祈祷也会自有神佑",人的所有的幸或者不幸都可以收敛进自己的"心"。但是,在宣长看来,诚之道这种说法,是佛儒之见,是应当去除之念。宣长认为,善人可以得善终,努力会有回报的善因善果、恶因恶果的原理是儒佛相同的"汉意"。宣长说"汉意"是"世人心底被染着的痼疾",指出同时代日本通俗道德的虚伪和伪善。

那么,一边忍受着不合理的宿命,一边过着日常生活的人,生命的意义在哪里呢? 宣长诉诸"神"。人的善恶正邪不会招致"神"的报应。与人的善恶是非无关,只是单方面承担着由神下达的吉凶祸福的命运,尤其是被恶神"祸津日神"盯上的人们,只能"毫无怨言,极其悲惨",不得不放弃希望。但是，"皇国"出生的人，也不是没有希望。天照大神的太阳之光在眼前照耀，其"御子"天皇治理着"皇国"，因为其位是"与天地同在，坚如磐石，永不会变"；"因为善终究会战胜恶，这是神代的道理，神敕的大本，不可动摇"。像北条氏、足利氏那样"逆臣之家，终究会灭亡"。近世日本的神道家之中，以《日本书纪》的天壤无穷的神敕为根据论述天皇之位的永恒性本身是不少见的。宣长的划时代性在于一方面也把这个作为根据，一方面与不合理的现实相对，把"毫无怨言，极其悲惨"不得不放弃的个人之生与天皇结合起来，在家职国家内把勤于家业的个人和天皇联系了起来。

宣长写道："自古以来的大统治，从臣民到臣民，皆只以天皇之大御心为心，只顾敬畏顺从大命，天皇庇佑世人，个人祭祀祖神，恰如其分，安乐渡世，今谈旁道，受别教，不当行此。"所谓"恰如其分"，也就是勤于家业，意味着"任凭天皇的所思所见之心来侍奉，不用私心"，以"天皇之大御心"作为自己的心的存在方式。天皇不仅仅是在京都的宫中，更是与自己的生直接相关的"吾天皇尊"。这一点，于平田笃胤也是相同的。"如在渔夫捞到的海藻中住着的虫子一般的我，除了换钱别无他途"；"越仔细思考越觉得，处于世间的一个一个人是多么悲哀"；"绵延的思念之心只能吟唱"；一边歌着孤独，一边说着"我天皇命，直系天照日大御神之御胤。我等皆神之末裔"。到笃胤的弟子生田万，对"我之天皇"的思慕更进一步加强。馆林藩士生田万提出藩政改革之书《岩上之苔》，不见容于世，从"御家""故乡"被放逐。他吟唱着"我生于无尽厌烦之世，被世人抛弃"的疏离之感，同时深信："高光日之子，我之大君，自昔以来，统治万民，遥想皇威，不禁愤然，御发飞扬，令我心痛，敢握御手，卑微不已，贫穷之吾，慨叹万分，今宵良夜，月光如白。"他把自身的不遇和愤恨之情，与"我大君"相互重合在一起。

这种将不遇的个人一生与"皇国""天皇"的心情一体化，构成了国学者"皇国"优位主张的心理基础。宣长说，"皇国"是"照耀此四海万国的天照大御神出生之国，因此作为万国的元本大宗之御国，万事皆优于异国"。笃胤对江户的庶民讲说道,"神国"出生的"御国之人","即便是低贱男儿如我们,也一定是神之御末"。在这里,拥戴万世一系的天皇,"皇国"优于"万国",由此意识到属于其中的自己的尊贵性。然而,因为是忍受着不合理而活着的个人,所以"皇国"意识被肥大化和独善化了。而且,应该注意到,国学者在希求作为"人中之神"的、"与凡人遥远尊贵可畏"之"吾天皇尊"的清净的同时,加强了对佛教以及被差别民的忌避感。宣长歌道:"家、身、国皆无污秽,是神之忌讳。"笃胤在对神佛习合的批判的文脉中,对江户的庶民说,法华经的行者日莲"是安房之国小凑的秽多之子,如此污秽之人,弟子能学到什么。贱民之子的证据在日莲自身留下的书中。佛法如果本身就乞食,那么无论是贱民还是非人,会有区别吗? 神祇道之家如是说,如此低微,如此不净之人,能成师生吗?"这是与之前见到的增穗残口一样的,对被差别民的露骨的歧视。这里与残口一样,在心理上用血统的高贵性来填补"才智"的缺乏,有着在身份秩序中生存的被统治者的怨恨心理。

18世纪后半,"贫者愈贫,富者愈富",当以勤于家职为律义变得困难之时,国学者愈发宣扬使家业永续,勤于家业。宣长宣传家业的继承是"神代"以来的"侍奉","不仅天津日嗣,直到臣连八十伴绪,重姓氏,子孙之八十续,继承其家业,不异祖神,只如一世,侍奉神代"。只是在宣长的思想中,孕育着紧张同时亦保持着家业与学问、咏歌的平衡。而在笃胤那里,一方面作为古学的学问被专门职业化,一方面看到由家业的精湛自身开出的积极意义。这就是家业、职域奉公论。

笃胤所谓勤于家业是学习"神世之道"。"作为天皇治下的百姓,常思身为百姓之由绪,思当以侍奉大御神之天皇之事为本,惶恐奉御,各各好其家业,自当勤勉不息。为士之人,好士之业,为农之人好农业,工商也好其业,由此各各皆精于其业。但深入其道之事,当以习神世之道之心为本。"在与笃胤同时代的橘守部看来,勤于家业就是对"天皇"的"奉公"。"世人不仅是直接在大宫中从事才叫奉公,此日月之照下,自有不事天皇之人。任谁都有做事之心得,勤于各自职业之时,当获天地皇神之护佑，自然立身。"

家业及职域奉公论是平田笃胤以后，在地方村落扩大的草莽国学的共通之处。越后国新津的大庄屋桂誉重说："士农工商之四民，先祖以来代代从事家业，役人勤于役之家业，农人耕作田畴之家业，其根本为神授，若为神命之职业，不敢等闲懈怠，面面勤侍，即对神与君之奉公。"这样的家业及职域奉公论在十九世纪受到重建困穷农村的豪农支持。同时又认为："以天子之大御心为御心，从将军家、诸侯方，以下大夫、有司，至其末乡吏、村长等，皆为附上役之字之人，受其御心，置之以使御百姓行立繁衍，奉仕在上者。今日之专务也。"前田勉据此认为，像这样以将军—大名—家臣—村长的上下身份秩序为前提的大政委任论，虽然提高了豪农层的权威，但是正因为原本就对不合理的现实抱有愤懑的个人和"我之天皇"这样的心情联系在了一起，因此跨越家业及职域奉公论的框架，直接为天皇驱驰的能量也在秘密地酝酿。①

---

① 以上对家业伦理的介绍，主要参考前田勉「儒学・国学・洋学」、『岩波講座　日本歴史　第12巻　近世3』、岩波書店、2014年。

第五章　西方的冲击和社会思想的转型

第一节　西方的冲击和日本的回应

一、"外患"与幕府的应对

19世纪初，英美等工业国家的捕鲸船在北太平洋展开捕鲸活动，为获得淡水、食物等的补给，有时会来到日本。俄国人则经过西伯利亚南下到日本北方的虾夷地（即北海道）。1804年，俄国外交官雷扎诺夫（Rezanov）作为遣日使节来到长崎，要求进行贸易，被幕府拒绝。雷扎诺夫当时来日本的名义是送还日本漂流民津太夫，带着沙皇的亲笔信，希望俄国能够与日本建立正式的国交。津太夫在1793年因遭遇海难而漂流到堪察加，1803年来到彼得堡。1804年跟随雷扎诺夫回到日本。仙台藩兰学者大槻玄泽整理津太夫等人的见闻，在1807年完成《环海异闻》，极大地丰富了日本人对于外部世界的知识。

1805年雷扎诺夫失望地离开长崎。1806年，他命令部下远征桦太岛和千岛列岛，袭击并烧毁日本船只，抓捕日本船员。1806年10月，桦太岛南部的日本人聚居地遭到袭击。俄国人大肆掠夺，然后放火烧毁房屋,并抓走 4 个日本人,带回勘察加。1807 年 5 月,择捉岛上的日本人聚居地也遭到袭击。俄国人又是纵火掠夺,捕捉日本人。在礼文岛和利尻岛附近,俄国人袭击了 4 艘日本商船,夺走货物,烧毁船只。俄国人还登上利尻岛,焚烧房屋。有 10 个日本人被俄国人抓走,后来释放了 8 个,并让他们给日本政府带来书信,扬言如果日本不承认与俄罗斯的贸易,将再度乘船来袭。这就是日本人所谓"文化露寇事件"或"桦太、择捉袭击事件"。

雷扎诺夫清楚地说明其发动袭击的目的在于"实现与日本帝国的通商,这对我们而言利益重大"①。他希望通过显示俄罗斯帝国的实力,逼迫日本同意建立通商关系。他对其部下发出了这样几点指示:第一,在萨哈林(桦太)岛亚庭湾发现日本船只就袭击烧毁。第二,带走身体健康、适合劳动的日本人,特别是工匠和手工业者。让其余的人回北海道的松前,警告他们不要再来俄国领有的萨哈林。第三,将俘虏和僧侣带到俄国当时领有的阿拉斯加。第四,把日本人的仓库中的所有物资都带走。其部下忠实地执行了雷扎诺夫的指示。

雷扎诺夫想通过袭击向日本政府施加压力,同时也把抓来的日本人作为劳动力来使用。他从长崎回到堪察加的时候,那里有六名日本漂流民。他们是陆奥国牛泷村(青森县佐井村)人,乘庆祥丸从箱馆到江户时,途中遭遇海难,在太平洋上漂流了七个月有余,文化元年(1804)7 月,在北千岛上岸,通过阿伊努人的帮助,到达堪察加半岛东南部的彼得罗巴甫洛夫斯克市。他们本来希望雷扎诺夫从长崎回来之后,会送他们回日本。雷扎诺夫本来打算安排他们到阿拉斯加去殖民,后来安排他们去堪察加居住。他们乘小船从堪察加成功逃走,在千岛阿伊努人的帮助下,到了择捉岛。

1811 年(文化八年),海军少佐戈洛弗宁率领黛安娜号南下,对千岛

① 平川新:『全集 日本の歴史 第 12 巻 開国への道』、東京:小学館、2008 年 11 月、初版、第 149 頁。

列岛进行测量。他们在择捉岛登陆后遇到了松前奉行所的官员石坂武兵卫和盛冈藩的勤番士卒，双方之间的气氛非常紧张。日本人就雷扎诺夫的部下袭击日本人的事件向俄国人提出抗议。戈洛弗宁则解释说，那是私人船只胆大妄为，已经受到俄罗斯政府的处罚。日本人接受了这一解释，告诉戈洛弗宁如果想补给燃料和淡水，可以去择捉岛的振别，并给他了一封介绍信。黛安娜号完成对得抚岛的测量之后，没有去振别，而是去了国后岛。戈洛弗宁希望抢先测量欧洲航海家尚不了解的国后岛和松前岛之间的海峡。黛安娜号完成对海峡的测量之后，进入国后岛的泊湾，突然遭到日本炮击。炮弹并没有击中黛安娜号，俄国人也没有还击。日本人由此判断俄国人没有敌意，于是打算通过阿依奴人与俄罗斯人进行交涉。

双方见面时，日本方面的队长再次提到数年之前俄国船只袭击日本人的事情，戈洛弗宁再一次进行解释，说这只是私人船只的违法行为。日本人接受了他的解释。戈洛弗宁要求日本人提供食物和淡水，负责守卫国后岛的松前奉行所的官员们提出，在得到松前奉行的许可之前，需要留下一名俄国人质。戈洛弗宁不肯接受，双方交涉破裂，日本方面就逮捕了登陆的七个人。俄国方面则说是俄国人被日本官员所欺骗和逮捕。留在黛安娜号上的俄国人幸免于难，与日本相互开炮，但是没有登陆就撤退了。俄国方面为了让日本放人，又带着以前俘虏的日本人五郎治和摄津国欢喜丸的六名漂流民返回国后岛。日本方面接受了五郎治等，却不肯释放遭到扣留的戈洛弗宁。文化九年（1812）八月，俄国人袭击经过国后岛海面的日本船只，劫持了高田屋嘉兵卫等六人，将他们带到堪察加。俄国人接受了高田屋嘉兵卫的建议，请求伊尔库茨克州民政长官发给正式文书，证明雷扎诺夫部下的袭击事件并非出于俄罗斯政府的命令，只是个人犯罪行为，用来作为就释放戈洛弗宁的问题到日本与幕府展开交涉的依据。

面对外交上层出不穷的新问题，幕府也开始逐步采取对策。松前藩在近世垄断了与阿伊努人的交易，这是得到幕府承认的。在当时的日本人看来,这在某种程度上就意味着虾夷地是松前藩的领地。当然,当时的日本人还不具备国家边境的明确意识。为追求利益而愿意冒险的飞弹屋等豪商,在虾夷地及南千岛一带非常活跃,他们与松前藩合作,承包虾夷扁柏的采伐,肆无忌惮地进行掠夺性砍伐。1789年国后阿伊努人展开了激烈的反抗。再加上俄国人为了得到皮货而来到虾夷地,导致新的外交问题。于是,幕府着手加强对阿伊努人的统治。另外,贪图俵物等出口商品的利润也是幕府制定政策的一个重要动机。1799年幕府将东虾夷地收归直辖。在1807年到1821年之间,虾夷地一度全都被纳入幕府的直接管理之下。

文政八年(1825),幕府向各地大名发布所谓"无二念打拂令",对于来日本的外国船,要一律加以驱逐,连燃料与淡水的补给,都应加以拒绝。政策制定者并非不了解日本的海岸防备能力,但寄希望于可以通过表明坚定的态度,威吓捕鲸船自动离去。当1840年的鸦片战争的消息传入日本之后,幕府因为恐惧发生冲突,又主动放宽了限制,允许提供燃料和淡水,此即所谓"天保薪水补给令"。幕府还计划让川越、庄内和长冈三个藩轮流负责相模湾的海防,结果因为遭到庄内藩农民的反抗而未能如愿。1843年,幕府打算收回江户和大阪周边的50万石的领地,由幕府直辖,以便加强对外防备。这一政策不但损害相关大名和旗本的利益,也导致相关领民担心幕府会增收地租,或者领主会趁机不再归还债务,遭到激烈反对,最后也不了了之。长期以来似乎威风凛凛的幕府,在面对新的内外问题时,其进退失据的表现,严重削弱了幕府的权威。

幕府对大名领主的支配力虽然下降,对缺乏实力根基的知识人却能够轻而易举地任意处置,掀起了大规模镇压兰学者的所谓"蛮社之狱"。1829年的西博尔德事件成为幕府镇压兰学者的导火索。德国人西博尔德离开日本的时候,被发现行李中有高桥景保赠送的伊能忠敬制作的日本地图和间宫林藏所著库页岛考察记的抄本,幕府认为高桥是叛国之罪人,逮捕了高桥及其同族和门生等。高桥最后死于狱中。这次镇压是幕府清除那些不能为己所用的兰学者的开端。高野长英与渡边华山共同发起"尚齿会",研究救灾救荒的技术,同时也研究世界形势。"尚齿会"后改名为"蛮社",即"蛮学社中"的简称,表明自己是以研究西方学术为目的的结社。高野长英著有《梦物语》,渡边华山著有《慎机论》,都表达了对锁国政策的批判。1839 年,幕府逮捕高野与渡边,治以批判幕府的罪名,结果两人后来都自杀了。这一事件在日本史上被称为"蛮社之狱",很好地体现了德川幕府在遭遇西方冲击之际的基本反应模式。

受到 1840 年鸦片战争消息的刺激,长崎的町年寄高岛秋帆开始建议幕府采用西洋炮术,还开展了使用新式军备的演习。然而,德川幕府的基本态度依然是得过且过,并无意寻求改变。1846 年,高岛秋帆以图谋不轨的罪名被幕府投入监狱。1849 年幕府禁止眼科与外科之外的荷兰医术。1850 年又禁止未经许可的兰书翻译,并收缴社会上的荷兰语著作。水户藩主德川齐昭也主张坚决攘夷。他建议幕府加强军备,主张应该解除不许制造 500 石以上的大船用于军事活动的禁令,还建议到北海道开拓荒地。他还着手加强水户藩的军备,开展军事训练。结果招致幕府疑忌,1844 年被命令蛰居反省,一度脱离了幕末日本的政治舞台,直到1846 年才再次复出。

二、近世的西洋观与《锁国论》

江户幕府成立之后逐渐开始重视朱子学,一方面是借此论证幕藩制权力的合法性,防止战国乱世的再来,另一方面则是因为担心基督教国家威胁日本的安全,需要提出能够对抗基督教神学的思想体系,于是朱子学成为体制意识形态的最佳选项。1790 年的"宽政异学之禁",使得幕府教学的承担者林家不得传授非朱子学的儒学解释。自从所谓"岛原之乱"以后,在支配者推动下形成的日本人的西洋观最初基本上都是负面的,是信奉邪法、妖教的国家,只有荷兰属于例外。但在近世中期以后,富有理性主义精神的儒学不断发展,有关西洋的知识逐渐增加,日本人的西洋观慢慢发生了新的变化。以下主要参考平石直昭的研究进行介绍。①

西川如见在其著作《百姓囊》中提到，来长崎的荷兰人常常随身携带父母肖像，即便身处异国日本，也常常思念家乡的父母。西川感慨道："虽红毛国为外夷，但可见其忠孝二者之重。特因孝乃自然之天性，为世界万国人民中之恒常。"他还认识到，世界上无论哪一个国家都会有法律以维持秩序，人们都要经营农工商业谋生，也都会希望家庭和睦。显然，他认为道德和秩序是普遍存在的，西洋也不例外。这种观点与儒家的普遍主义精神显然是相通的。近世初期日本给安南国的外交文书，由藤原惺窝起草，其中写到"性中固有"之"信"，就认为这是一种普遍适用的道德观念。近世中期的伊藤东涯根据自己对儒家思想的理解，也认为"道"是"天地自然之道"，共同生活在一起的人们，自然而然地就会产生家人、友朋以及君臣之道。其《训幼字义》中写道，即便是"西夷南蛮及远在海外之人"，"未解汉土之文字，亦未曾闻尧舜周孔之名"，"然受其国之酋长头目之命令，同州之人相互和睦，往来商贸，可见有君臣朋友之道"。儒学的普遍主义理念成为近世日本人认识西洋的重要思想依据。

儒家的华夷观念也从根本上制约了近世日本人对西洋的理解。18世纪初期的荻生徂徕的西洋观是比较有代表性的，整体上对西洋持否定态度。徂徕认为"道"乃是中国古代圣人的创造物；而中国之外，"东海无圣人，西海无圣人"。但他又认为，日本和中国不但文字相近，人情也相近，西洋诸国则与此相反，包括荷兰，也是"禀性常异，难解之语，如鸟鸣兽叫，不近人情"。另一位大儒新井白石属于比较开明的学者，他曾在1709年负责审问被幕府拘禁的意大利传教士西多蒂，获得了对西洋学术的新的了解，编撰了《西洋纪闻》，其中写道："其人乃博闻强识、彼方多学之人，至于天文、地理之事，觉非此方所能企及。……至于其教法之解说，所近道者无一言。智愚瞬间颠倒，似闻二人之言。由此可知，如彼方

---

① 平石直昭『日本政治思想史』、放送大学教育振興会、1997 年。

之学,仅精其形与器。所谓仅知其形而下之物,形而上之物则尚未有所闻。"虽然新井认为西洋学术不了解形而上的东西,但是至少他认识到在形而下的自然科学,如天文、地理等方面,西方人胜过了日本人。

西川正休(1693—1756)被当代日本学者认为是能够认识到西方的富强乃是受益于自然科学之发达的人。其所著《天学初学问答》(1729年)认为有"命理之天学"和"形气之天学"两种学问,前者讲贯穿天地人的、具有伦理性的道理;后者是指天文、地理、历法等知识性的内容。而后者在风俗器物、语言文字各不相同的"世界万国"都是一致的。他认为荷兰人"上自国王,下至士庶,以交易为功业,驾大船往来于万国","能夺国土,得财宝",其原因就在于他们有很多人能够"穷尽天学,……以天学为天下第一之至宝"。即便如此,他依然认为,荷兰人不懂"命理之天学",所以缺乏道德性,主张:"红毛之天学可取。红毛之贪欲不可取"。实际上,处于资本主义发展初期的西欧诸国,其在东方的殖民行为,在其内部也是有人以为道德上是有问题的。

上述这种一分为二地评价西方学术的倾向,直到幕末甚至明治维新之后,在日本人的西洋观中长期存在。一般认为这种观念从根本上限制了近世、近代日本人更准确更全面地认识西方,但是,在闭关锁国、因循守旧的时代氛围中,毕竟为日本人提供了一条接受西方新知识的通道。虽然是一条狭窄的通道,却远胜于无。著名兰学家杉田玄白在其《狂医之言》(1775年)中便形成了这样的主张:"所谓道者,非中国圣人之所立。乃天地之道。日月所照之处,霜露所降之处,有国有人有道。道者何也。去恶进善也。恶去善进,则人伦之道明也。其余皆风俗也。"对西洋认识水平的提高,伴随着中国认识的相对化,预示着华夷观念的解体。

与民间社会思想的活跃性相对,对幕府后期的西洋观影响最大的反而是19世纪初志筑忠雄通过翻译恩格尔贝特·肯普弗的《日本志》所提出的"锁国论"。志筑忠雄曾经在长崎做荷兰语的翻译。肯普弗(1651—1716)是德国博物学家和探险家,1690年随荷兰船来到长崎,在荷兰商馆做医生,1692年回国。他所著《日本志》自18世纪前期出版以来,在西洋世界得到较高评价,被视为标准的日本介绍书,有多个语种的版本,是当时欧洲人了解日本最重要的书籍之一。其内容非常丰富,堪称关于日本的小百科全书。孟德斯鸠和康德等都是其读者。志筑忠雄根据荷兰语版,将《日本志》的一部分译为日语,命名为《锁国论》。一般认为"锁国"一词是志筑忠雄的造语,但在19世纪前半期逐渐在日本流行开来。甚至今天的历史学界也依然经常用这个词来描述近世日本在德川家光统治时期形成的对外政策。

　　19世纪初,志筑忠雄展开翻译工作的时候,正值俄罗斯人为求打开日本国门而两次来日。当时,松平定信让人在长崎收集荷兰语书籍,并命令将其中与日本有关的内容翻译出来,其中也有与《锁国论》相近的内容。1804年雷扎诺夫来日的时候,福冈藩兰学者青木兴盛在向藩厅提交的意见书《答问十策》中也提到了《日本志》。青木了解到其中很详细地介绍了日本的各种情况,并感慨自己对关东的很多事情,甚至是看到肯普弗的书才知道的。他觉得这种情况是非常令人恐惧的,并因此而主张与荷兰进行贸易会使西洋得到日本国内的情报,所以不仅反对与俄罗斯建立外交关系和开展贸易,也主张应该停止与荷兰进行通商。与现代人的通常的直觉相反,对外部世界的了解,未必会使人心态更加开放,反而使得当时某些日本人更加强调闭关锁国。肯普弗致力于向欧洲介绍日本,使得欧洲人对日本情况非常了解,得知这一事实,反而使得锁国制度下的日本人愈发警惕和排斥与西方列强的交往。肯普弗只怕想不到自己的著作传入日本之后会引发这样的反应。然而,当时西方列强对东方的知识,的确也助力了西方在东方和殖民扩张和殖民统治,来到幕末日本的欧美外交官和军人等,以这本书作为主要情报来源之一,可以说是进行了知识武装之后才来到日本的。《佩里提督日本远征记》的序中,围绕日本的国情和物产等,屡次提到了肯普弗的记载。成为首位驻日总领事的哈里斯,著有《日本滞在记》,其中记载了他曾经向下田奉行展示《日本志》中记载的江户图,并询问其图的准确性。青木的政策设想或许并不高明,但其对外警惕的心情也绝非杞人忧天。

志筑忠雄之所以翻译《锁国论》，其本意也是出于对幕藩体制的忠诚。他研读西洋地理书多年，对于俄罗斯的积极扩张和不断南下的事实，非常清楚。但他认为俄罗斯距离日本很远，而且俄罗斯也面临土耳其、德国等强大邻国的威胁，所以他判断俄罗斯不会轻易侵略日本，幕府如果能够控制虾夷地和库页岛南部等地，就足以维护日本的安全，而俄罗斯的威胁反而可以看作是刺激日本人保持警惕心的积极要素。他翻译《锁国论》的目的是巩固日本人心，也发挥了他所期望的作用。山鹿素水等攘夷派，在读到《锁国论》后，更加坚定地主张"锁国"。实际上，肯普弗的著作之中也体现了对幕府锁国政策的某种合理性的说明。

本来，肯普弗信奉基督教的人类同胞观念，在著作的开头也运用基督教的观念论证自由通商的合理性。他认为世界各地有着不同的特产，而且都不能够完全自给自足，这体现了上帝的意志，因为上帝希望人类在开展商品交换、互通有无的过程中，能够增强不同人群之间的感情。各地的人们自由通商，相互帮助，增进感情，符合神的旨意。按照这一理论，日本的锁国政策就是不合理的了。格劳秀斯所著《海洋自由论》就是通过类似的主张为荷兰的商业利益进行辩护的。文明进步的理念成为西方强迫东方进入近代世界的正当化工具，但肯普弗却认为日本的"锁国"政策其实是合理的。

肯普弗认为，从地理上来看，日本是一大岛国，被天险所包围，波涛汹涌的海洋阻碍了外来人的进入；从经济条件上看，国内各地物产种类繁多，能够满足所有需求；而且日本人口众多，勤劳能干。所以，日本人只需要在国内开展交易，就能够做到自给自足，并不需要与外国进行商品交换。山鹿素水的《海备全策》(1848)中论述"锁国"的宗旨，几乎原封不动地引用了肯普弗的这一论述，以日本自给自足的可能性来论证"锁国"政策的正当性。著名的攘夷论者大桥讷庵的代表作《辟邪小言》(1857 年刊)也有类似的主张。

肯普弗也注意到了丰臣秀吉和德川家康结束长期持续的战国动乱的贡献，肯定性地分析了德川幕府统制大名、管理人民的政策，包括参觐交待制和五人组的连带责任制等。考虑到德国在 17 世纪前半爆发了三十年战争，1651 年出生的肯普弗肯定德川幕府的禁教政策，就一点儿也不奇怪了。在肯普弗看来，当日本走向国内统一和建立和平秩序之际，葡萄牙人企图用基督教在日本国内渗透，幕府为了维护国内治安和进行对外防御，以强大的军事力量为基础，推行禁教和锁国政策，消除了国内宗教纷争和外国军事入侵的风险，是完全正确的政治决断。总之，锁国是符合日本人的福祉的。肯普弗认为，就这一点而言，日本是非常得天独厚的，是受到了神的恩宠的国家。平田笃胤等人在阅读《锁国论》之后，对这一类主张自然是非常赞同。

　　尽管志筑忠雄本人翻译《锁国论》的初衷应该是介绍肯普弗对日本的"锁国"政策的肯定，但是，在幕末日本，与肯普弗进行写作的 17 世纪末期相比，历史条件发生了巨大的变化，18 世纪中期以后，经历了工业革命的西方，资本主义生产方式以及运输、通信手段有了飞跃性发展，支持肯普弗用来论证日本"锁国"的那些历史条件都已经成为过去。对于某些日本读者来说，肯普弗的万国通商交易论，反而更引人关注，成为论证日本应当开国的理论根据。例如渡边华山（1793—1841）在天保九、十年（1838、1839 年）认识到，当时发生了"古今天地之一变"的状况。他认为彼得大帝出现之后的俄罗斯在很短的时间内发展成为"世界第一的大帝国"，独立之后的美利坚合众国也迅速发展成为"世界第一的富裕之国"，其原因在于这些西夷详尽探究了"物理"和"事理"，通过"穷理"而尽知"天地四方"，"不以一国为天下，以天下为天下"。实际上，当时日本人和中国人类似，也常常以"天下"指称本国。

　　渡边华山在得知莫里森号来航的传言后，产生了巨大的危机感。其《慎机论》（1838 年）思考德川幕府的对外政策，批判了日本的"锁国"主张。他认为，日本以前会拒绝俄罗斯使节的要求，自然也应该拒绝英国的要求。但是，"西洋诸国所谓道者与吾所谓道者，于道理上有一无二，但其见解大小之分，并非无异"。儒家的华夷观念并不以人种区分道理的适用范围。华山也设想，如果英国人因为遭遇海难、食物燃料不足、病人发生急症等理由，要求紧急上岸避难，而日本的海岸警备十分严格，上岸是不可能的。这样就是"因一国之故而害地球诸国"。如果被责难："同戴踏天地而害同类，岂可谓之人乎？"日本人也是无言以对。他在1839年写就的《初稿西洋事情书》中认为，日本在丰臣秀吉侵略朝鲜之后，因为恐惧而致力于禁止基督教，视野格局"变至规模狭小"，只关心日本一国的治理，"终至受海外之侮，以后之变，不知如何"。当然，渡边华山并没有真正主张开国，但他称赞西洋格局之大，显然认为日本也应该登上海外世界的舞台。以前本多利明认识到西洋是以数学、自然科学的发达为基础而实现了富强，主张日本也要学习西洋，通过海外贸易甚至战争取得他国金银，是完全以本国利益为中心的设想，而渡边华山则以"人道"这种普适性的价值观为思考前提，不仅显示了儒学影响，也能够从中看出《锁国论》中通商自由论的影子。

荷兰、美国和英国等幕末时期欧美的政府官员，尤其是外交官们，也通过肯普弗的著作等对日本锁国政策的由来和根据，有一定的了解，并在此基础上，设法论述锁国已经对日本没有好处的理由，试图说服日本人向开国转变。1826年（文政九年）荷兰商馆的就有人对幕府天文方高桥景保（1785—1829）说："贵邦据自然要害，锁国而使不通海外。虽其锁国之意固所感服，然为海国而不习舰军，又不结好于邻国，于御外患无利。"高桥曾经读过志筑所译的《锁国论》，自己也曾摘译肯普弗的《日本志》，显然能够听懂对方的意思。

1844年（弘化元年），以鸦片战争中清朝的败北为背景，荷兰人向幕府提交劝告开国国书，其中主张："谨通考古今时势，天下之民易相亲和，其势非人力所能防。自蒸汽船创制以来，各国相距，虽远犹无异于近。如斯互相通好，当此之时，独锁国而不与万国相亲，非人之所好也。"这种本性上互相亲近的人类观，也体现了肯普弗的"锁国论"中提到的人类同胞观的逻辑。又进一步强调蒸汽船的发明消除了距离的远近差异，改变了过去使"锁国"正当化的地理条件，客观形势的变化使得"开国"势在必行。基于相同的逻辑，哈里斯在1857年（安政四年）面对幕府老中堀田正睦，也强调蒸汽船和电报的发明,创造了一个全新的世界。他还说西洋已经确立信仰自由的原则,不会再爆发宗教战争,以前那种假借贸易和宗教之名企图"侵吞日本"的人已经不复存在。他声称"当时的风气"是争取"世界一统和睦","一方之润泽移于他方,何地皆平等"。无论其本心如何,哈里斯陈述的也是以人类同胞观为基础的通商自由论,强调日本人也应该遵循这种普世性的道理。肯普弗肯定日本锁国政策的理由,都被哈里斯彻底否定了。

第二节　社会思想的转型

一、学问的新发展

日本的古典知识在中世主要是在贵族社会中流传,但是贵族将知识视为秘密传承,不愿意向社会公开。江户时代开始批判这种知识秘密主义。北村季吟注释《源氏物语》的《湖月抄》等书籍的出版,也使得日本古典不再那么拒人于千里之外。国学在江户时代中期以后日渐发展繁荣,重视对日本古典的研究,致力于把握日本人的生活方式和日本社会状况。元禄时代的契冲(1640—1701)注释《万叶集》的《万叶代匠记》,是非常重要的古典研究成果。以后陆续又出现了荷田春满(1669—1736)、贺茂真渊(1697—1769)、本居宣长(1730—1801)、平田笃胤(1776—1843)等国学家,被平田派学者称为"四大家"。

契冲的学问有很强的独创性,而且极大地影响了本居宣长,但可能是因为身为僧人而被日本后世国学者们排斥在外,毕竟近世日本的国学以宣长学为代表,有着强烈的排斥佛教的倾向。以契冲等为中心发展而来的"和歌学",重视对日本和歌或物语类作品的研究,构成了文学论的潮流,与此并立的还有一种以荷田春满为代表的所谓"皇国学"的潮流,重视阐明具有规范性的、某种特殊的"日本之道"。荷田春满的父亲是稻荷神社的神官,他为国学的传播做出了巨大的贡献,曾建议幕府开设国学学校。两者都积极批判在日本思想界居于支配性地位的儒教,前者反对将劝善惩恶等价值观引入文学的解释,后者认为有必要充分阐明日本与儒教、佛教等外来教义不同的、特有的"神皇之教""皇国之学"。仅仅研究日本古代文学是不够的,还要研究日本古代历史。两者在形式上都非常强调文献实证主义,但实际上都重视主体性解释,致力于提出不同以往的文献阐释。

贺茂真渊曾经从学于太宰春台门下的渡边蒙庵,掌握了徂徕学的研究方法,知道研究"圣人之道"必须从古文辞的研习入手,从而认识到必须掌握日本古代语言,才能阅读日本古代文献,提出有必要理解日本古人的"心言"。为此,需要先读《万叶集》和歌。贺茂试图把前述"和歌学"和"皇国学"两种学问倾向合而为一。他声称古代日本在天皇的统治下很好地实现了天下太平,主张希望天下太平就要尊崇天皇,尊崇天皇就会"尚古",读古代文献。而为了正确理解日本古代的文献,就需要正确地理解古代的语言及其精神,所以《万叶集》的研究是不可或缺的。于是,对政治价值即天下太平的追求,和对《万叶集》的文学研究,被贺茂真渊结合在一起。

贺茂真渊也是出身于神官家庭,长于和歌创作,对《万叶集》的研究颇为专精,非常向往日本古人所谓"高贵纯粹的心"。文学创作和研究之外,他在语言学和政治论方面也有很多著作,其《国意考》论述了所谓日本国家的精神。贺茂真渊贬低理论思考,认为与"理"相关的一切都是"死物",这是日本国学家普遍可见的对儒学的反感。儒学者认为古代日本缺乏"道",贺茂对此激烈反驳,辩解说"皇国之古道随天地,圆且平"。日本古代是有"道"的,而且是非常完美的"道",好到难以用语言表达,未能传承下来,所以不为人所知。这是近世日本人主张自民族传统的优越性时极为常见的逻辑。他还批判儒学强调要教化人民,结果日本传入儒学之后,反而权臣辈出,甚至流放天皇。他不考虑也许是日本人自身有什么特别之处,只批判儒学未能培养忠诚之心。贺茂也不去批判作为权臣取代了天皇统治权力的德川幕府,理由是日本国家本身发生了变化。相反,他非常欣赏武士所谓的"男子汉大丈夫气概",声称日本乃是"丈夫之国"，连女人也有丈夫气，声称《万叶集》中的作品尽是"丈夫之作"。他赞美德川家康不依赖中国，也不依赖已经被中国文化影响的天皇朝廷，能够独立自主地建立国家，制定制度，"定四方之格局"他认为这是符合日本古代精神的，声称"此乃古之神道之大体"。

本居宣长出身于商人家庭，曾到京都游学，后来回到故乡伊势松阪做小儿科医生谋生，业余致力于《古事记》研究。其《古事记传》主张实证性地研究日本古典的方法论，被认为是《古事记》研究的经典，至今仍有学术价值。宣长的平安文学研究也有不少成果留下，其文学论特别重视所谓"幽情"，主张文学应该表现人的微妙感受，反对用道德标准来评判文学，被日本学者广泛认为已经提出了文学的自律性的主张。宣长通过《古事记》研究来阐述和倡导所谓"神之道"，主张日本神话传说中的两位创世神，即伊奘诺尊和伊奘冉尊，在创造日本国土的同时开创了神之"道"，并由天照大神所继承。他声称这就是日本国家的根本原理，日本乃是"皇国"，是天皇统治的国家。鉴于天皇失权的历史事实，宣长只得承认皇国未必一定是天皇直接统治，时代变迁会导致政治制度的改变，而这一切都是基于"神意"。热烈赞美皇国的宣长反而从对天皇的尊崇提供了德川幕府统治权力的合法性论证。德川家康作为将军接受天皇朝廷委任的大政委任论在当时很普通，然后将军把领国统治权委任大名实施。宣长毫无根据地相信这一切都在根本上体现了神的意志。这种大政委任论积极劝导下对上的服从，另一方面也被用以提倡上对下的仁慈。宣长认为执政者不可有"私心"，而是应该以"天皇之大御心为心"。而天皇也不是最终的独裁者，他认为天皇自身也应该是没有"私心"的，其统治应该是"以神之御心为大御心"。相应地，各个等级的神也没有私心，而是体现更高级的神的意志，以至于虚无。当然，宣长也知道自己阐述的只是一种理想，现实中的幕藩制国家制度不可能没有矛盾问题。宣长在提交给纪州藩的政论著作中，谈到农民一揆，他认为农民和商人虽然也有责任，但是错误的根源在于上，而不在于下。如果不是忍无可忍，农民和商人绝对不会叛乱反抗。虽然责任在于执政者，宣长却不建议进行任何政治改革,只是在精神层面主张执政不可有"私心"云云。这就是本居宣长所谓的"神之道"的教导。丸山真男等学者认为,这种政治观在根本上会限制日本人独立人格和政治责任意识的形成。

宣长的人性观充分体现在其"实情"论中。与贺茂真渊的男性主义相反,宣长认为人的"实情"是恰若女子一般的无常、伤感,而武士身上体现的理性、决断等,都是外在的虚饰。宣长这种主情主义自然是来自于和歌学的流脉。他认为这种"实情"属于所有的人,古代中国的诗和古代日本的和歌,反映的都是同样的人情。只是越到后世,人情越多虚饰,宣长认为最坏的典型是随之而发生变化的汉诗,而和歌则保留了未曾变化的"实情"。那么,"实情"的"虚伪虚饰"是缘何发生的?宣长受真渊的影响,认为和"实情"相对立的虚饰,来源于人的智慧,即自作聪明。然后,他把自作聪明的心态归结于"儒道"。他接受真渊的观点,认为在根本上"道"本来是日中通用的,具有普遍性。只是,尽管在上代中日的道是相同的,但是到了"自作聪明的后世",中日便变得不同了。最终,和"实情"相对应的"自然之神道",还是被宣长认为仅仅存在于日本。

宣长对"道"的普遍性的理解,也受到荻生徂徕很大的影响。徂徕认为日本的神道其实源自中国的"夏商之古道",即无论何事都依据"鬼神之命"进行处理。这种祭政一致的体制,是周朝的古道,然后传到日本,并被保存下来。宣长继承了徂徕认为中日古道相同的观点,但他反过来主张古道不是从中国传入日本,而是首先起源于日本,然后传播到中国。宣长在学术研究上的实证性与其在人文解释上的恣意性恰如一体两面。他认为《古事记》正是记录了"古道"即神道的古典,体现了"道"的原型。他认为太古传说,虽然各国都有,但是日本之外的传说都不准确,儒教不行,基督教也不行,"或得皮毛而讹传,或妄加伪造而欺愚民",只有日本正确地保留了对古道的记载:"我皇国之古传说,诸外国之流皆不可比。乃古道之真传,今日之世间人情——符合各神代之趣,妙不可言。"对宣长而言,他耗费半生精力研究《古事记》,就是为了阐明在原理上是人类共通的,但在事实上是日本独有的"道"。

近世国学发展到第三阶段,愈发意识形态化,其代表人物是平田笃胤。他进一步发展了自己对本居宣长各种观点的独特解释。他视日本为古代传说也即"道",向世界传播的源头。为了复兴古道,他致力于寻找在日本也已经被淹没的"神道"的吉光片羽,把所有能够找到的道教、佛教乃至基督教的文献史料,都解释为日本神道的体现。平田虽然声称自己是本居宣长的弟子,继承了正统国学的根脉,但他实际上不但强化了宣长解释学的恣意性,甚至反对宣长的文献实证主义的。他作为神典编纂的《古史成文》,随心所欲地选择那些符合自己信仰的内容。有趣的是,虽然平田在解释其意义时的做法是非历史的,却因此而意外地揭示了中国的道教对古代日本的影响,而这一点长期都是被学术界所忽视的,其成果对现代研究者也非常有参考价值。

在 18 世纪后半期,日本神道教团的性质逐渐开始发生变化。日本神道建立本所制度的重点原本在于对宗教从业者的管理,而且神道本身具有重仪式、轻思想的特征,所以各本所组织的教义与学问修习最初在风气上是比较开放的。例如,吉田家的神道本所经常邀请一些其他派别的神道家来讲学,吉川神道创始人吉川惟足,垂加神道的松岗仲良,都曾经受到邀请。这种思想上的宽容使得神道本所成为各地神道家相互交流的场所,也在某种程度上庇护了各种宗教思想与宗教运动的萌芽和发展。到山崎暗斋将儒学理论纳入,创立垂加神道时候,产生了与国家观念密切相关的道德观与生死观,终于发展出能够与儒学、佛学分庭抗礼的宗教意识形态。于是,神道不再仅仅是关于装束与作法的实践性知识,而是一种可以通过读书与研讨而学习的学问。随之而出现了的是所谓神道家,他们不是专门传授祭祀仪式或者从事配发神符等宗教活动,而是以传授神道教义为业。即便出身于农民,也可以通过学习垂加神道,最终获得神职。平田派的门人就有很多是出身农民,却立志通过读书学习而获得神职。

神道的学问化也促进知识人进入本所集团,他们积极参与到地方志编纂与史迹彰显等地方性的活动,整理地方神社的古来传承,成为地方性文化活动的中心。这些地方知识分子，并不甘于只是做个地方民俗信仰的继承者与发现者，他们经常根据自己的理解添加、修正乃至创造信仰的内容。平田派国学者特别热衷于把记纪神话引入民俗信仰的世界，将各地民间传承追溯到延喜式以来的王朝贵族仪式。例如，牛头天王原本是药师如来的垂迹，主管疫病，属于神佛习合的神祇之一。著名的京都祇园祭就源于镇抚牛头天王，避免疫病的流行。平田笃胤却把牛头天王的本体认定为天照大神的弟弟素盏鸣尊。

　　平田的国学思想进一步神秘化了，将历代国学家们很少谈及的死后的世界，纳入自己的理论体系，明显地增强了国学的宗教色彩。他还坚持认为中国的儒教、印度的佛教、西洋的基督教，其实都是日本正史以讹传讹的产物。这种极端的文化民族主义，使其国学愈发走向意识形态化。在以平田国学为中心的所谓草莽国学的发展，在幕末时期日本的对外危机感中，成为豪农阶层在幕末的政治过程中登场时的重要思想工具。例如，委任论的政治观，为村役人层提供了一套逻辑，可以论证自己的工作是来自于天皇的委任。显幽分业论经平田笃胤的解释，发展成为一种极具实践性的神学理论：生前对天皇尽心侍奉，在死后就会得到由主宰冥界的神即大国主命的回报。这无疑为尊攘派的行动提供了巨大的精神能量。

　　兰学起源于八代将军德川吉宗时期，青木昆阳向幕府申请学习荷兰语，逐步发展成为以荷兰语为媒介，以医学、军事学为中心，学习和研究西方自然科学，以及地理和历史等知识。幕末日本人更多地开始学习英、法、德等国的语言及其学问，"兰学"发展为广义的"洋学"，即西洋的学问。洋学者们不但学习了西方的自然科学知识，也逐渐确立了区分人类社会秩序与客观自然法则的哲学思想，并在此基础上萌发了具有一定近代性的个人意识乃至政治构想。以下主要根据前田勉和平石直昭的研究，介绍一下这方面的思想变化。[1]

---

[1] 前田勉「儒学・国学・洋学」、『岩波講座　日本歴史　第 12 巻　近世 3』、岩波書店、2014 年；平石直昭：『日本政治思想史』、放送大学教育振興会、1997 年。

洋学者以医者为家业居多，因此按部就班地修得医术、继承家业的情况是很多的，但他们很多人都致力于家业之外的"艺"，以求留名于世。这些雄心勃勃的个人，不那么重视所谓"亲子兄弟"的血缘，有着"予一人"这样的强烈的个人意识，甚至想从家职国家中脱离出来："天地开于无始，人生于无始之中，由此在无终的年数中，活着之事无量，其中所谓我，是予一人，虽有亲子兄弟，皆为别物。"这样的自负，并非源于在身份秩序内拥有一定地位，或者与"天皇""皇国"的心情同一化，而是源于自己的"才智"和"技艺"。在平贺源内看来，世间之人不顾自己的智慧或者功夫的不足，反而经常蔑视有智慧或者功夫的人。这些人都是些"斤斤自守，以谨孝自称，即便鞭策也裹足不前，与草木同朽泯灭无闻"之人。源内看不上那些顺从重视家业与孝行的家业道德论即通俗道德论的凡庸之人。他推崇以自己的"才智"为根据的，有着创造性的新的"技艺"的"创业"之人。这在一定程度上可以说就是摆脱了家职国家的束缚的个人。

与此同时，这个"予一人"是要通过自己的"才智"和"技艺"，图谋日本全体的"国益"的个人。前田勉认为，洋学者翻译兰书之时，有明确的"国益"意识。"今好荷兰学之人翻译兰书为日本之辞，与国有益之事虽不少，然因社中多医者，故翻译医书或如本草类之书，而为天文地理奇器之译者鲜矣"。"医术之事自不必说，天文、地学之道，亦当于我国有所补益。"但是，虽然强调"国益"也并不舍弃自己的利益，"天生之才智当用之于世，此于国有益，于己有利，得志留名于后世，此当为人之本性"。使"于己有利"和"国益"并存在近世日本思想史中有划时代的意义，既不同于主张克服"人欲之私"的朱子学的禁欲主义，也不同于国学者舍弃己意侍奉"天皇""皇国"的灭私奉公的思想。这个"国益"是大规玄泽所说的"于天下后世有所裨益之一功业"，不仅是炮术、兵制等军事方面，也包含了民生的方面，并不必须是增强国家权力的方面。比如通过牛痘种法的医术来助益民生的在村兰学者们，可以说就是具有这样的"国益"意识。前田勉高度评价道，在洋学者中，这是通过自己的"才智"，为日本全体人民贡献的国民意识。

前田勉认为,洋学者能有这样的国民意识的原因之一是,从翻译的西洋地理书中获得了新的信息,相信西洋诸国使每个个人的才能得到培养。洋学者找到了家职国家之外的别的选项。比如司马江汉说,"欧罗巴之国风贵贱不拘,选贤举能,因此其国妙者甚多","日本若从其政,有才之人必四面而起",把西洋作为模范国来想象。只是必须注意的是,不拘贵贱,有才之人则被国家录用这样的思考,与之前见到的徂徕对世袭制的批判一样,是儒学也具有的一点。洋学者的思想并不全是由新奇的思考开出,也从儒学中有所吸收。反过来,儒学者中也从翻译地理书中获得信息,涌现出对西方政治制度共鸣之人。比如昌平板学问所的儒者古贺侗庵,在与大规玄泽交流之后说,"西洋意大利等国,由于自古皆欧罗巴之洲,遴选贤者,立以为君,后祸乱不作,篡夺不萌。斯其之美,尧舜比之不为多"。渡边浩最近的研究指出,近世日本人的西洋观很大程度是受到了向中国介绍西方情况的西人著作的影响。[①]

洋学者新的思考之一是"国"与政治权利的关系。成为焦点的是一直被洋学研究史议论的文化八年的蛮书和解御用的问题。关于所谓兰书翻译局创设的意义,有学者指出,本来是作为"唯由自己所好而为之私学"的洋学,是作为侍奉权力的知识、技术而被承认的,所以也隶属于权力。确实,幕府权力企图统制、独占洋学。但是,前田勉认为,如果从大规玄泽的主观而言,他自己因为被命令翻译对国家有益之书,从事对国家有用之学,而"有合本怀之义"的喜悦感,认为像这样出仕兰书翻译局不正是通过文字实现"国家之大益"吗? 在这之前,天明五年玄泽从支藩一关藩出仕本藩仙台藩的条件是谋求住在江户,这是继承杉田玄白的"为了将来国家之益"的志向,为了翻译兰书,住在领地仙台是不方便的。前田勉认为,当玄泽说"国家之益"的时候,不是指仙台藩,而是意味着超越了本藩的日本全体,于是藩也相对化了。通过兰书翻译来为"国益"做

---

① 参见渡边浩『日本政治思想史』、東京大学出版会、2010 年。

贡献,兰学者多年来的夙愿得到了幕府的承认。

还有一个需要注意的地方,西洋提供了与儒学不同的关于国家结构的选项。在儒学中,政治体制的概念从古代中国以来,只有封建与郡县两种,与之完全不同的西欧的政治体制论被翻译介绍过来。以小关三英翻译的《新撰地志》为基础,渡边华山将西欧世界区别为"独立之国"即专制君主国,"守明之国"即立宪君主国,以及"共治国"即共和国三种政体。认为"共治国"是"推举贤才豪杰,以至君长,一国为公的政治制度"。

在翻译荷兰书籍的过程中,日本人发现了民间学术团体的意义。小关三英的《铸人书》中认为,人们设立"会社之党",是为了"互相帮助合力,以为诸般之世间营生"。"会社之党"是由"一些同志集合形成的党",分为"自然党"和"随意党"两种。自然党是"亲之党",是由"父母子即诸亲眷"组成的血缘集团。由自由意志结成的"随意党",分为"宗门党""朝廷党""夫妇党""士民党""各种党"五类。最后的"各种党","随着人智的开发,谋求之事渐趋繁多,因之学术大盛",是"为了增长培养术与学"的学术团体。"此党之主要特点在于廉价出版便于直接了解诸学艺的学术启蒙书籍,给予贫士,使其能通过学艺了解道德,并由此而成良师,有益于人才培养及裨益乡教"。《铸人书》中理解的这种学术结社,是以从国家权力中独立,"增长培养术与学"为明确目的的同志们,人为设立的自发结社。从近代主义的角度来看,意味着近世知识史上的重大进步。

兰学者的西洋观也是特别值得重视的一个问题。海保青陵以儒教之外的法家和老庄思想等中国古典为参考标准,提出了与儒教式的世界观念相异的经世思想;处于同一时期的本居宣长则以日本古典为参考标准,也提出了代替儒教世界观念的另一套整体性的世界观念。而在近世后期,还有着与之相平行的,以兰学者为中心尝试着去提出,以西洋为参考标准的代替儒教的世界观念和经世之策。也就是说在这一时期,以徂徕学的知性冲击和商品经济的普及化,再加上延伸到欧洲世界的视野上的扩大为历史条件,可以看到近世日本学者直接以自然和社会为对象,各自以日本古典和儒教以外的中国古典,甚至于以西洋书籍等为媒介,给其学说赋予意义的努力。在这一过程中，从参考标准的多样性角度来说，其跨越的范围是非常广的，于是围绕自然观、人类观、世界观等概念，就产生了提出各自独特思想的空间。这是近世后期产生的思想在整体上体现出多样性的基础。这与青陵论中提及的"游乐"文化多发的现象也是相互连动的。

在方法的层面上兰学者们的确从徂徕学得到了很大的启发，但在内容的层面上，随着对西洋理解的深化，被引导向了与徂徕的主张相对立的发现。在其中能看到与研究的进步相伴的变化的过程。杉田玄白在千住小塚原看到死刑犯的解剖后，以前野良泽为首着手《解体新书》的翻译工作是在明和八年（1771 年）。关于当时自己的心中所想，他在晚年回顾道，当时他对现有的汉方医学有所不满，但又不知道如何是好，偶然读到徂徕《钤录外书》中的一节，受其刺激确定了一个坚定的方向。徂徕针对当时的兵学家，批判了他们无视千变万化的现状，拘泥于武田信玄、上杉谦信所设立的兵法。根据徂徕的说法，在学习了"军理"之后，由于在实际的战争中，各个时代所使用的武器和全体的运用方式不一样，所以有必要理解其中的差异，在"军法"上下功夫。对于后者，徂徕用时代不同则"技巧"不同进行了说明。由此可知，这种"军理"和"技巧"的区别，在经学的层面就对应着所谓"道"和"物"的差异。徂徕认为，中国的俞大猷和戚继光的"军法"是技巧层面上的东西，与之相对，孙子、吴子等人的"七书"仅在说明"军理"，如果不了解俞和戚的"军法"的话，也无法真正地看懂"七书"。可以说，"七书"相当于《论语》，俞、戚相当于"六经"。钻研这两者，知晓军之"理"和"业"的相关性，将这些知识活用于当下，这是徂徕的主张。就这样，徂徕批判了将信玄、谦信的"军法"视为金科玉律的当时的兵学理论。玄白从这里受到启发，认为必须对现有医学理论作根本性的批判，然后重新从头做起："实应是理所当然之事。乃悟如我医者若不洗旧染、改面目，亦大业难立。"

杉田接着写道："此后，初知真医理在远西荷兰。夫医术之本源，以详究人身平素之形体、内外之机会，为此道之大要，无论立于何国皆如此。凡疗病，非精此道，绝无对症之治疗，是为理。"(《形影夜话》，1802年序)对医者来说，人体的构造正是该知晓的对象，包含了对此的学术性说明的荷兰医学书，就相当于军事学上的"七书"。杉田与徂徕学和接受了徂徕学的吉益东洞等人的古医方断绝了关系，因为后者对于人体构造，基本上处于不可知论的立场。而玄白在翻译西洋医学书的进程中，关于人体的构造和运动，得到了具体且科学的知识。在安永二年(1773)正月的书简中，玄白依据兰学对为什么眼睛能看到物体、为什么舌头能自由的活动等进行了说明，其后他用"其精微乃三千年来所未说也"传达了他的感动。以此为突破口，兰学者及其相关的人们在其他领域也致力于对西洋进行理解和评价。

在上述翻译工作开始前后，前野良泽论述道，虽然日本自古向中国大量学习礼乐刑政等，但实际上称为"圣人教化之国"的"支那"也有"其制作技术，实从西土而来之物"的例子。日本虽然和荷兰的距离"异域数万里"，但"其术艺，取自彼者颇多。其余，利于邦国民用之物亦不少"(《和兰译文略》)。不但医学之外的也被视作了评价对象，更值得注意的是他将中国称为"支那"。以前，儒学者，特别是徂徕学者等所使用的"中国""中华"这一名称，有着中国在文化上有先进性、优越性的含义。与此相对，"支那"这一用语是接受了西洋人对中国的称呼方式，显示出良泽自觉地试图将这一含义相对化处理的意图，这与学习对象从中国向西洋转变相呼应。

另外，他说道在荷兰首都有一个名为"穷理学校"的特殊的学校："立其教，即三才万物穷其本原固有之理。名之曰本然学。以此敬天尊神，秉政修行，明事理而精术艺，正物品而利器用。而后帝王布德教，公侯保社稷，四民安业，百工尽巧。盖其教化所至之处，实为远大也。"(《管蠡秘言》，1777年序)可知，此处虽然是朴素的表达，但不单纯是包含了自然科学，甚至也包含了政治、道德、宗教、职业，作为综合性的学术体系，来把握西洋的穷理学。在同一本书中，他借"童子"之口说道："先生未尝只言医术，天文、地理、历学、数术，皆以兰学为精真。此或然耶？近来又频言穷理本然之学，亦时有及于政教者。……彼之和兰乃西北戎狄也。其为政教,何尚尧舜文武之道哉。"这是一种自我批判。可以说,这反而暗示了这一时期良泽的西洋认识深化的过程。过去正因为基督教邪法观而没有被正经研究的西洋的政教,就像这样进入了研究者的视野。另外,他关于天主教,认为和其他犹太教等同样,其本意在于拯救孤独者和贫困者等。海保青陵还从熟人桂川甫周那里听到了一个说法,介绍了欧洲某国立"水火土气"为"四元行",各自从这四者中挑选自己所喜欢的作为职业的制度,海保对这极其优异的想法表示赞佩(《洪范谈》)。桂川甫周便是良泽等人翻译工作同伴中的一员。

在良泽做出如上论述的数年后,萩野信敏(天愚孔平)在给大槻玄泽的《兰学阶梯》写的叙文中写道:"必据实物以精研。未尝虚说空论。大异于殊庭(中国)之史悖。兰书万册,精详无比。大异于诸邦之无文。"又总结道:"天地覆载之所,日月照耀之所,普天率土,非一方之私。人性贤愚不齐,四方果有圣人。"在行文中,他也有所保留地说道,这种西洋的学术可能是中国古代圣人的学术流传很久之后,变得弄不清源头的东西。这也是一种有趣的西学中源说。

以前野良泽等人为中心,对包括了政教的西洋学术有着高度评价,并产生了将西洋作为取代儒教的学习对象的动向。但是与这种动向相对,宽政异学之禁等加强了文化统制,兰学的发展被加上了一定的制约。在这样的背景下,产生了学习新井白石的二分法,在儒教和兰学之间折中乃至妥协的动向。例如山片蟠桃论述道:"于人之德行性质,应主取自古圣贤。于天文、地理、医术,主张取自古者,可谓愚也。"(《梦之代》,天文第一,1802年左右开始执笔)大规玄泽那样的兰学者也开始主张这种区别使用的方式。日后,再次对西洋的政体表现出关心的,是以对外危机感的提高为背景,天保时期的渡边华山等人。

也有以西洋为典范、体系性地展示个人富国策的思想家,其代表人物是本多利明(1743—1820)。利明关于西洋诸国现在繁荣的情况论述道,"以天文、历数、算法为国王之所业,透脱天地之义理而教导庶人。依此,庶人中又出豪杰,各所业为丹诚之大功,天下万国未发之兴业不计其数。故云,天下万国之国产、宝货,皆群集欧罗巴。向万国出船舶,持渡其国之珍产、良器、种种机巧之物,因与各国之金银铜,及长器、良产相交易而入其国,渐次丰饶。因丰饶之故而刚强。因国强之故而无受外国侵略之事。自彼国而侵掠万国之内,其数未可知。"(《经世秘策》,卷下,成书于18世纪末)可知利明认为西洋的富国强兵是因为海外贸易,并进一步认识到是以天文、算法等自然科学的发达为基础的。他对西洋的侵略行为本身并无批判,只有向往,反映了武士社会的思维方式。

西川正休尝试折中儒教和西洋的天学,这种意识在本多利明那里是完全没有的。他是在尝试提出别的经世之策来取代儒教的经世之策。例如他强调,西洋开国以来经过了数千年,而中国仅有不过三千年,他认为正因为日本以"支那圣贤之教训"为模范才没能变得丰饶,强调现在要向西洋学习进行海外贸易。与此相关,与正休以"锁国"为前提的构想相对,利明追求的是对外政策的激烈转换。两者日本观也大不相同。利明着眼于日本周围被海所包围,是"海国"这一地理性条件,由此主张海外贸易的必要性。例如他论述道,"日本为海国,渡海、运送、交易,固为国君天职最第一之国务,遣船舶于万国,取可为国用必需之产物,及金银铜入日本,厚实国力,乃海国具足之方"。恐怕这种"日本海国"论是从林子平的《海国兵谈》那里继承来的,但在提示出一个有体系的经世之策这一点上,利明是有新意的。过去被视为邪教国的西洋的学术,在此作为可能取代儒教的一个模型,展现在了日本人的面前。

二、传统思想的转换

在西方的冲击之下,幕末日本人的思想探索,逐步形成一些重要的体系,其中最具代表性的首推后期水户学的日本"国体"论。后期水户学在西方冲击的刺激下,将朱子学的大义名分和日本国学的天皇观念相结合,较早开始有意识地建构足以对抗近代西方基督教的意识形态。传统的儒教也被称为礼教,因为儒家特别重视"礼";而在"礼"的价值序列中,"夷夏之大防"也具有突出的重要性。所谓"夷狄之有君,不如诸夏之亡也"。儒教的华夷观念在中国、朝鲜和日本都有着很大的影响,一直维系到 19 世纪中后期。以下主要参考平石直昭、渡边浩等日本学者的著述,并结合自己的研究,对幕末日本的思想状况做一概论式介绍。

朝鲜在中国明清更替之后,形成了所谓"小中华"思想,认为统治了中国的清朝是夷狄,朝鲜才是中华文明正统的继承者。朝鲜的"卫正斥邪"派奉朱子学为"正学",斥西方基督教为"邪学",认为信奉基督教的朝鲜人是勾结夷狄的内奸。这种"卫正斥邪"思想成为抵抗西方的依据。幕末的日本人也同样有着强烈的华夷观念。村垣淡路守作为幕府使节赴美时,认为美国政府的接待不合礼仪,称美国人是"无礼之夷狄"。有位高级幕臣见到西方人夫妇重逢时在人前毫无顾忌地亲热,认为他们的行为和狗一样。攘夷论在幕末日本武士之间非常流行,但是日本武士在思想上并没有像中国和朝鲜的文士那样重视礼乐文化,而是逐渐将焦点集中于"君臣之义"。

与朝鲜"卫正斥邪"派类似,日本的后期水户学者也认为来自西方的基督教是威胁本国正统性思想的邪学、邪教。会泽正志斋(1782—1863)名安,字伯民,通称恒藏,号正志斋。他是后期水户学的代表人物,曾任水户藩彰考馆总裁、藩校弘道馆初代教授头取,对水户学的发展做出了巨大的贡献。他师从藤田幽谷,幽谷否定观念性学问而提倡实学。在俄罗斯人拉克斯曼到达根室之后,藤田幽谷非常关心俄国的南下政策。会泽收集有关俄国国情以及国际关系的情报,著成《千岛异闻》(1801 年)。文政七年(1824),会泽与上陆到水户藩领大津村寻找食物的英国人见面交谈,其所著《暗夷问答》记载了这次见面的情况。文政八年(1825),他完成《新论》,系统阐述了自己的危机对策,提出了"尊王攘夷"论,并呈现给水户藩主德川齐修。所谓"尊王攘夷"这一汉字用语,并非出自中国古典文献,据说是水户学者藤田东湖(1806—1855),在其作于天保九年(1838)的《弘道馆记》中首次使用,具体指的是德川家康尊崇天皇、镇压天主教徒。后期水户学尝试将尊王攘夷论进行理论化和体系化发展,会泽正志斋的《新论》是其中最重要的著作。水户藩藩主也非常欣赏《新论》,试图进呈将军而未果。水户藩提出"尊王攘夷"论的目的本来是维护德川幕府的统治,但在幕末日本武士之中日益流行的过程,却发展成为否定幕府权力的思想。

《新论》在内容上比较激进,当时没有公开出版,主要是以抄本的形式流传,极大地影响了幕末攘夷志士。《新论》由"国体"等七篇构成,"国体"作为首篇,强调了日本国家的特殊性,其余各篇具体分析国际形势,并提出对策。会泽已经认识到西方的强大,不仅在于军事力量,背后还有着精神要素,即基督教。他认为西方夷狄先以通商为手段来刺探敌国情报,碰到弱国,就直接出兵攻打,占为殖民地。假如碰到强大的国家,就先让传教士向其民众传播基督教,诱使对方放弃原来的信仰,成为基督教徒。会泽认为,一旦成为基督教徒,国人就会不忠于本国,而忠于西洋,即便军备强大也无用武之地,所以西夷侵略他国总是能够屡屡得手。虽然会泽的理解不见得正确,但是他的确非常敏锐地意识到,日本不但面临军事层面的危机,也面临着意识形态上的危机。近世日本在建立国家之初也曾面对这一问题,其尝试给出的答案便是崇传执笔的《伴天连追放之文》(1613 年)。幕府以武力为基础确立"锁国"政策之后,便没有再积极探索能够与基督教教义相对抗的学说体系,直到幕末遭遇西方带来的危机,后期水户学才重新给出了对这个历史遗留课题的回答。

会泽在"国体"篇中写道:"帝王恃之以保四海,长治久安,天下不动摇者,非谓令万民敬服,把持一世。亿兆一心,皆亲密不忍离,此诚可恃也。"会泽希望日本能够实现的理想状态是实施正确的统治,实现万众一心。要让日本民众不是出于恐惧,而是出于忠诚,自下而上地积极支持国家。为了对抗西方对抗,会泽与朝鲜的"卫正斥邪"派不同,没有坚持朱子学的正统性,而是尝试建立更具日本特点的新的正统性权威。会泽设想利用现成的传统权威,通过天皇祭祀,实现日本人在精神上的统一。他吸收本居宣长等发展起来的国学,将日本古典中的天皇观念和幕藩制度的政治现实结合起来,提出了一套旨在实现国家统合的意识形态,即所谓"忠孝一致"的日本"国体"观念。这一观念曾经被认为是"周公孔子之教"，会泽则称其为日本的"上古神圣之道"（《新论·国体》）。显然，与朝鲜"卫政斥邪"派信奉的是具有普遍主义性质的朱子学不同，会泽选择有意识地强调日本自身拥有特殊的传统。这种国体论思想在近代日本，则进一步发展成为以《教育敕语》等为代表的，凭借国家权力强制统合与动员日本国民的意识形态工具。

但是会泽自己的主张随着时局的变化也有所调整。安政五年（1858），幕府缔结《日米修好通商条约》。天皇朝廷向水户藩下达了所谓"戊午密敕"。会泽虽然重视对天皇权威的政治性利用，却主张奉还密敕。作为水户藩尊王攘夷镇派的领袖，与尊皇攘夷激进派产生了对立。文久二年（1862），会泽向一桥庆喜（德川庆喜）提交《时务策》，甚至部分肯定了开国论。文久三年（1863），82 岁的会泽在水户藩的家中死去。

幕末日本的后期水户学还有一点明显不同于朝鲜的"卫正斥邪"派。"卫正斥邪"派主张全面排斥西方的事物，而后期水户学的主流观点是从军事的角度考虑，承认兰学的重要性，主张接受兰学。这实际上延续了上文介绍的源于新井白石的二分法的西洋、西学观。在这一点上与朝鲜的"卫正斥邪"派观点相似的日本学者是信奉朱子学的大桥讷庵（1816—1862）。他是日本幕末时期著名的攘夷论者，属于坚持彻底的文化排外主义的少数派。他反对为了对抗西洋而效法西洋的行为，认为这如同人为了与狗斗，而学狗用嘴去咬。关于清朝在英国发动的鸦片战争中的失败，当时日本人一般认为其原因在于中国人固守中华意识，故步自封，没有能够积极地学习外来知识，所以导致战败受辱。大桥讷庵却认为清朝之所以失败，是因为在明朝的时候中国开始学习西方的学问、艺术和技术等所谓"妖教之枝叶"，削弱了中国人固有的"义气"，丧失了与英国人决一死战的勇气（《辟邪小言·总论》）。当然，持类似主张的也并非大桥一人。吉田松阴也认为清朝战败是朝廷不能重用忠义之士。

大桥讷庵在重视文化整体性的同时，更强调应该把"尊内卑外"作为区分"华夷"的标准。他认为日本人尊崇"天皇"即"真天子"是理所当然的；只有天皇所在的国家，才可以称为"华夏中国"，其他的国家都是"夷狄"(《辟邪小言·或问》)。这一点更能体现日本武士的思想特点,与此相对,中国和朝鲜的攘夷论者则更重视以"礼"为代表的"文野之别"。日本的攘夷论者更重视的是"内外之别",所以特别强调限定于日本这一地理范围之内的"君臣之义"。不仅大桥讷庵如此,后期水户学者们以及长州藩尊攘派的精神导师吉田松阴等,他们的理念在这一点上都是一致的。吉田松阴曾自豪地宣称:"吾国三千年来,未曾受人屈,称于宇内,为独立不羁国。"也曾激愤地写道:"三千年来独立不羁之大日本,一朝受人之羁缚,有血性者视之可忍乎?"

尊王攘夷论并没有提出什么特别先进的思想主张,但在幕末日本特定的历史发展阶段,它体现了一种在外来危机触发下开始觉醒的民族意识的萌芽,正符合当时遭遇西方殖民主义侵略,面临建设近代性民族国家的历史任务的日本的需要。另一方面,在幕末日本,也有一些思想家在依然立足于儒学中某些具有普遍主义的价值的同时,也积极地吸收来自西方的思想和学问。他们认识到日本固有的学问和政治也有不完善的地方,并在新的历史条件下展开了富有创造性和革新性的思考。信奉朱子学的佐久间象山(1861—1864)与横井小楠(1809—1869)是其中最为杰出的代表人物。他们都没有固执基于体制意识形态的国体论和文化排外主义,反而形成了反对锁国攘夷,主张"开国"的思想。而支撑他们的传统价值,对象山而言最重要的是"智",对小楠而言则是"仁"和"信"。

佐久间象山是松代藩藩士,名启,号象山,通称佐久间修理。除了朱子学之外,他还精研兵学尤其是西洋兵学,是幕末日本最重要的思想家之一。天保十三年(1842),松代藩藩主真田幸贯作为幕府老中又兼任海防挂,虚岁34岁的象山被拔擢为顾问。他阅读魏源的《海国图志》,研究中英鸦片战争之后的海外情势,提交了上书《海防八策》,并且认识到有必要开始学习兰学。1844年他开始学习荷兰语以及来自荷兰的兵书、医学书和自然科学著作,由此而发生了巨大的思想转变。尽管他学习兰学的直接动机是作为藩主智囊,有必要掌握关于海防政策的军事知识,但是实际上他广泛涉猎了医学、化学、物理学、天文地理学等自然科学的各个分支，显示了百科全书式的知识好奇心。他不仅成功地铸造出西式大炮，作为西洋炮术家声名鹊起，还成功地制造出玻璃以及预测地震的仪器，甚至还尝试接种牛痘疫苗。

象山写道："详证术（指数学）乃万学之根本，泰西发明此术，兵略亦大大精进……不同于往时。此所谓下学上达。"[安政一年（1854）稿，《省愆录》]显然，象山并不只是在军事力量及意识形态层面上把握日本所面临的危机，而是认识到欧美列强之所以拥有强大的军事实力，是因为它们拥有强大的工业，而支撑其产业和军事的基础，便是数学、物理等近代自然科学的确立和发展。象山感叹道："世界之形势，哥伦布凭借究理之力发现新大陆，哥白尼发明地动说，牛顿研究出重力引力原理，自此三大发明以来，无数学术皆得其根基，并无半点虚安，悉皆着实相成，由是欧罗巴、美利坚诸洲次第改颜，至蒸汽船、扬声机、电报等创造出世，夺造化之工，可愕可怖之模样已成矣。"[安政五年（1858）三月，致梁川星严]

与此同时，象山依然强调以礼乐射御书数等六艺为中心的儒家学术技艺的重要性，这一点非常值得关注。象山自身自少年时期以来，努力学习六艺，养成了对实践活动的关心。象山所坚持的儒学并不是一种狭隘的道德准则，而是追求"博施济众"的普世目标的学问体系，其中尤以儒教价值观中的"智"最为象山所重视。象山对兰学的广泛涉猎，也体现了其对"智"的重视。朱子学成为象山接受西方学问的思想根据，如其所言："于今之世，涉五洲，穷可究之艺理，乃朱子之本意也。是故，今世所出之善读大学者，必兼西洋之学，有无之论无涉。"[文久二年（1862）九月，幕府宛上书稿]朱子学强调"穷理"，以具有普遍性的"理"为基础，将通过"格物致知"所习得的各种具体知识统一起来。象山以朱子学为基础，将传统的儒学等学问和洋学等来自西方的学问统一起来进行把握。他甚至尝试用《易经》来理解西方的自然科学。总之，"西洋穷理之科等也仍符合程朱之意。"[弘化四年（1847）十月，致川路圣谟]

象山认为："宇宙间实理无二。此理所在，天地亦不能异之，鬼神亦不能异之，百世之圣人亦不能异之。近来西洋人所发明之许多学术，要皆为实理,正足以资我圣学。"(致小林虎三郎书)正是以习自朱子学的普遍性概念"理"为基础,象山提出了著名的"东洋道德,西洋艺术"的命题,将东西方两种知识体系进行统一的理解。这一主张使得日本武士可以在不破坏自身文化认同的前提下,比较顺利地接受来自西方的学术,在幕末时期乃至明治维新时期,都产生了巨大的影响。另一方面,象山的主张也反映了历史人物的认识的局限性,最典型的表现是他固执传统名分秩序观,认为:"尊卑贵贱之等乃天地自然,此中有礼之大经。"[文久二年(1862),敬上幕府书稿]

象山在知识上的态度非常开放,反对传统的秘传式的知识传授方式,乐于公开自己通过书籍学习到的知识,还曾积极谋求公开出版荷兰语的字典,以便更多的人能够学习兰学。其门下有胜海舟、吉田松阴、坂本龙马等在幕末维新时期极其活跃的俊才。佩里来航之际,象山曾暗中劝说吉田松阴偷渡到海外去学习。嘉永七年(1854)佩里再度来日,吉田松阴试图随着佩里的舰队离开日本,被拒绝后向幕府自首。象山也因此而被牵连入狱,之后被迫蛰居于松代藩,直到文久二年(1862)。元治元年(1864),象山受一桥庆喜所招而到京都,提倡公武合体论和开国论,被尊王攘夷派的"志士"刺杀。

横井小楠(1809—1869)是幕末时期另一位著名的思想家。他出身于熊本藩,8岁时进入藩校时习馆学习。天保八年(1837)成为时习馆居寮长(塾长)。他曾经在熊本藩领导实学党,并尝试进行藩政改革,未能获得成功。其后被福井藩藩主松平春岳聘为政治顾问,积极参与福井藩的藩政改革以及幕政改革。松平春岳在文久二年(1862)就任新设的政事总裁职,与担任将军后见职的一桥庆喜(即后来的德川庆喜)合作,积极推进公武合体政策。他非常重视横井小楠的意见。明治维新之后,小楠出仕于新政府,但于1869年在京都被刺杀。

小楠和佐久间象山同样是从朱子学出发,却更重视"仁"和"信"的价值,发展出独特的思想体系。他立足于儒家普遍主义价值观"天""道理"等,积极地将强调上下等级秩序的人际关系乃至国际关系的传统观念相对化,一方面提出了日本在面临来自西方的冲击之际,设定外交政策的基本原则;另一方面也通过把儒家的政治理想与其逐步了解的欧美政治状况相互印证,提出了关于日本新政体的构想。

假如按照横井小楠的思路,日本近代绝不会走上对外侵略扩张的道路。小楠在佩里叩关之前,于嘉永六年(1853)正月作《文武一途之说》,预言了对外危机导致武士传统思维复活,压倒儒家理想主义的危险。小楠写道:日本面临外来威胁,"然为学者者,不志于文武一途之道,无熟眺时势而救是之见识力量。于是忧世之人杰出时,以一切学者为迂阔无用,专欲以武之一途兴国"①。嘉永六年(1583)五月三日,小楠写给越前藩冈田准介的书信,更明确地表达了同样的担忧:"近来西洋之变动,期议论纷纷,定于夏中赴浦贺。如此则弥益天下之势,非武不可,振兴士气,至于一偏之所。虽不得不兴士气,严武备,苟定根本于此一偏,则甚以为可惧。……唯兴武事者,大错也。圣贤豪杰心术事业一致,治乱常变皆不一偏之修行,尤以为此学之心得。"②小楠认为虽然有必要加强武备以应对外来威胁,但是不能因此而一味偏重于武,而忽视了对文的重视。

小楠认为只有真正坚持以儒家道义指导军事活动,日本才能够面对西洋列强,维护国家独立,所以他在佩里来航后作《夷虏应接大意》,认为美国国书中称日本国策为"锁国",是错误的,同时强调日本应该根据儒家普遍主义原理即"天地仁义之大道"来决定外交政策:"凡我国处外夷之国是者有二,有道之国许通信,无道之国拒绝之。不分有道无道,一切拒绝者,暗天地公共之实理,遂至失信义于万国者,必然之理也。"③小楠所谓"有道"指的就是"体察天地之心,重仁义"。他认为日本正是由于坚守这样普遍的规范,才被称为"世界中的君子国"。因此无论美国也好,俄国也罢,如果是"以天地有生之仁心为宗"之国,日本可与之通信;并宣

① 山崎正董编『横井小楠遗稿』、日新書院、1932 年、9 頁。
② 山崎正董编『横井小楠遗稿』、日新書院、1932 年、191 頁。
③ 佐藤昌介〔ほか〕校注『日本思想大系 55 渡辺崋山・高野長英・佐久間象山・横井小楠・橋本左内』、岩波書店、1971 年、43 頁。

称,对于从事"侵犯暴恶"的"不信不义之国",应该"与天地神明一道,威罚之以正大义于海外万国"。而悍然率领舰队侵入江户湾的佩里,自然是"无道之国",因此,当时小楠的主张是"攘夷"。

沿着横井小楠的思路,不会设想把侵略弱国作为对抗强国的手段。事实上,在幕末日本最明确地主张日本与朝鲜、中国等联盟的胜海舟,就处在小楠思想的延长线上。[①] 小楠把"仁"视为平等制约万国的普遍价值,而守护这种价值的国家坚持的便是"信义"。小楠所理解的国际关系结构在很大程度上突破了强调上下等级的垂直型的国家关系的传统华夷秩序观,提出了具有平等主义倾向的国家关系设想。小楠曾经读过坎贝尔的"锁国论",并写过《读锁国论》,但是他在学习其主张的基础上,提出了自己的创见。以此为基础,随着对国外情况的更多了解,小楠转向了"开国"论。他认为哈里斯论述美国要求日本开国的主张的演说,体现了美国的真意。其《国策三论》还高度评价美国的国策符合"仁":"地球上可称善美者已悉数所有,举广大好生之仁风";"缘天地间无超乎惨毒杀戮之故,以循天意息宇内之战争为务"。小楠这种理论有助于当时的日本人更顺利地接受近代国际关系。日后福泽谕吉等人继承了小楠的思想,支撑"开国和亲"。另一方面,小楠的理论也成为其晚年在《沼山对话》中严厉批判西洋诸国持续进行战争根据。

横井小楠对国际关系的理解与其对国内政治的理解是相互关联的,其基础同是对儒家传统政治理念的创造性理解。其《学校问答书》(1852年)认为尧舜三代是政治上的理想时代:朝廷上君臣之间相互敬戒,家庭内父子、兄弟、夫妇之间也相互劝善救过,执政者阶层中活跃的相互批判之风气向百姓阶层渗透,实现了"举国天下,讲学于每人每家"。小楠认为:"所言之分,虽有君臣父子夫妇之别,行道之际则存朋友讲学之情谊,所谓学政一致无二者,于此有之。"小楠承认尧舜三代时期人们之间身份

---

① 松浦玲「幕末期の対朝鮮論」、『歴史公論』第 6 巻第 8 号「近代の日本と朝鮮」、雄山閣、1980年、44 頁。

上的等级关系,同时又认为,在"道"的面前,垂直的身份关系让位于朋友之间的平等关系,在此基础上真正实现"学政无二"。

小楠强调理想的政治和学问都应该以平等进行讲习讨论之精神作为共通的基础,政府和学校的区分只不过在于有无职务。在学校里面,只要是士族身份以上的人,谁都可以对任何问题展开自由讨论,政府官员也可以参加讨论,但是要承担决定政策的责任。这种讲习讨论的风气,不限于学校,也影响到社会和政府。小楠对以三代为理想的政治的看法,与近代西方议院内阁制之下的议会与政府的关系颇为类似。他日后通过《海国图志》等对西方近代政体有所了解之后,对英国以及俄国的政体给予了高度评价:"如有政事等新规之事,必于学校行众论一决,不议者不得行。又或执政、大臣等要职之役人一并由一国之公论而决其黜陟,国王则以自心而决者于法不成,三代之学校之势相可见。"[安政三年(1856)十二月,寄与小河一敏]这种看法不仅成为小楠接受西方政治知识的基础,也形成了对传统政治的批判性认识的基础。既然理想的三代政道,不是在日本,反倒是在西洋得以实现,他不得不承认:"中国和我国已然是愚国,与西洋已大大不如。"曾经以为日本为"君子国"的小楠现在终于认识到日本之不如西洋。小楠的思想通过作为松平春岳的政治顾问而得以广泛传播,成为幕末时期所谓"公议舆论"思想的一个重要源流,也为日后由加藤弘之、西周、福泽谕吉等人介绍真正的西洋政治打下了基础。

上述后期水户学的国体论对近代日本民族主义意识形态的早期探索、佐久间象山对近代自然科学的重视和对普及教育必要性的强调、横井小楠对国际交往和基于公议众论的善政的提倡,是公认的在幕末日本最具近代性指向的三种强大的思想要素,对日本的近代化道路产生了巨大的影响。但是,还有一套近世日本的学问体系在日本的近代化转型的过程中,发挥了巨大的作用,却为学界所长期忽视,那就是以山鹿素行(1622—1685)吸收儒学而创立的山鹿流兵学为代表的日本近世兵学。山鹿流兵学旨在适应近世武士由战斗者向统治者转变的时代需要,是一门涵盖军事学、伦理学和政治学等的综合学问,武士道论亦是其中一个不可或缺的组成部分。作为山鹿流兵学传人的吉田松阴（1830—1859），在幕末面对西方的军事优势，并没有失去对近世兵学的信心，反而能够在某种程度上求新求变；其在家学修业过程中形成地把军事问题作为政治问题，进而作为道德问题来把握的思维模式，也使之能够较早认识到当时日本所面临的不仅是军事危机，同时也是国内政治的危机，更有可能发展为民族认同的危机。吉田松阴之所以能够成为倒幕维新的先驱，无疑受益于山鹿流兵学所提供的思想资源。

　　山鹿素行曾师从于甲州流兵学的开创者小幡景宪（1572—1663）和从甲州流发展独立出来的北条流兵学的开创者北条氏长（1609—1670）。甲州流兵学因其为德川家所采用，故在近世日本被视为兵学正统。日本近世以前的兵学不但缺乏系统性，而且往往与巫术、占卜等迷信思想相关，小幡景宪其实也仍然未能完全摆脱其影响，直到北条氏长和山鹿素行才真正将兵学从日本中世的宗教思想中解放出来，确立了近世兵学。① 以下以山鹿素行（1622—1685）所开创的山鹿流兵学为例，尝试揭示长期被忽视或者被低估的日本近世兵学在幕末日本转型期的思想意义。学界在讨论促进日本近代转型的思想或者精神要素时，一般重视的是儒学、国学、水户学以及兰学等，很少关注日本近世兵学；偶有提及，也基本持否定态度。关于日本近代化的著名先驱吉田松阴（1830—1859）的研究，就典型地体现了这一倾向。学者们在论述其变革思想的形成时，或

---

① 堀勇雄『山鹿素行』，吉川弘文館1987年、第58頁。堀勇还指出：近世日本基本上没有发生过战争，武士作为"三民的支配者而转化为某种文官"，因此，兵学向"为武士阶级服务的伦理学、政治学蜕变、转化"。最初是山鹿素行的老师北条流兵学家北条氏长的《士鉴用法》显示了"兵学从战斗技术学向日常道德的划时代转变"；而后"素行的兵学思想……作为其独特的武士道德学乃至武士政治学而展开"，最终脱离北条流而建立山鹿流兵学。幕末时期的吉田松阴则是"山鹿流兵学最优秀的继承者"（堀勇雄『山鹿素行』、第68、68、100、329頁）。总之，随着分裂的中世日本经过战国时代（15世纪末—16世纪末）的乱世而走向统一，武士也逐渐从战斗者向统治者转化；为了满足其知识和修养的需要，以山鹿流兵学为代表的、涵盖军事、伦理和政治等多方面内容的近世日本兵学应运而生。山鹿素行生前未能尽展宏图，但其兵学传人中，嫡男山鹿政实成为津轻藩的家老，其同族山鹿平马成为平户藩家老，其六代孙山鹿素水在幕末兵学界也曾活跃一时。遗憾的是堀勇雄虽然指出了山鹿素行兵学涵盖伦理学、政治学等内容的特点，却没有明确意识到其之为一门综合学问的特质。

强调阳明学或武士道为其带来了批判性和行动力,或强调水户学或者国学之尊皇思想使其成为建构近代民族主义的早期探索者,[①]却很少有人注意到日本近世兵学对其变革思想形成的促进作用。[②]

　　但不可忽视的是,山鹿流兵学其实构成了吉田松阴一生思想与行动的学问基础。松阴曾自述:"自幼以山鹿氏之兵(即山鹿流兵学)为业,心悬武士道,常以死当心,故每感激于事变,往往不顾身家、冒危难以为狂妄。"[③]至少在松阴的自我认知中,在思想层面决定其如何应对幕末变局的正是山鹿流兵学。吉田家作为山鹿流兵学世家,世代出身长州藩兵学师范(教官)。松阴作为吉田家第八代家主,自幼接受以山鹿流兵学为中心的家学训练,弘化四年(1847)取得山鹿流兵学结业证书,嘉永元(1848)年正月,出任长州藩兵学师范。松阴长期研读并传授山鹿素行所著山鹿流兵学经典《武教全书》,安政三年(1856)完成《武教全书讲录》。在受刑而死之前的一年,他还秉承山鹿素行重视《孙子兵法》的传统,于安政五(1858)年 8 月完成《孙子评注》。对山鹿流兵学的重视,可以说贯

---

① 例如,关于吉田松阴思想形成的要因,井上哲次郎重视阳明学和武士道(井上哲次郎『日本陽明学派之哲学』、富山房 1900 年;井上哲次郎『武士道』、兵事雑誌社 1901 年);丸山真男重视其"一君万民"的思想(丸山真男『日本政治思想史研究』、東京大学出版会 1952 年;丸山真男『丸山真男講義録(第二冊)(日本政治思想史 1949)』、東京大学出版会 1999 年);桥川文三强调水户学对松阴的影响(橋川文三:『ナショナリズム:その神話と論理』、紀伊国屋書店 1994年);桐原健真重视国学(桐原健真『吉田松陰における"転回"——水戸学から国学へ』、『歴史』2002 年第 98 号);郭连友重点分析《孟子》对松阴的影响(郭连友:《吉田松阴与近代中国》,中国社会科学出版社 2007 年),等等。

② 即使有研究者注意到吉田松阴身为长州藩兵学师范(教官)的身份,往往也只是侧重于强调松阴作为兵学者而较早接受西洋兵学(鹿野政直『日本近代思想の形成』、勁草書房 1976年),或者泛泛强调其作为兵学者的思维习惯或者价值观促使其重视手段的实用性(下程勇吉『吉田松陰』、弘文堂 1953 年)。显然,此类研究所关心的并不是山鹿流兵学本身,而是军事学的思考方式对吉田松阴的影响。丸山真男亦曾论道:倒幕维新志士的这种"兵学的即军事的现实主义",虽然"有利于渡过强权政治的惊涛骇浪",但是,"由于其政治现实主义的范型来自于军事现实主义,也带有负面影响:即无法把握政治社会的复合性,尤其是缺乏对理念、理想的适当定位,仅仅从军事性力量关系的角度出发看问题,结果导致'精神主义'和'战略战术主义'的分裂。"(丸山真男『丸山真男講義録(第五冊)·日本政治思想史(1965)』、東京大学 1999 年、第 252 頁)。显然,丸山真男是在与现代所谓军事学大致相同的意义上使用"兵学"这一概念的,他并未留意日本近世兵学尤其是山鹿流兵学的综合性。

③ 吉田松陰著、広瀬豊校訂『講孟余話』、岩波書店 1983 年、第 256 頁。

穿了吉田松阴的一生。

　　然而,学界虽然高度评价吉田松阴的变革精神,却往往认为其自幼修习的山鹿流兵学不过是落后于时代的陈腐之物。奈良本辰也的名著《吉田松阴》便认为山鹿流兵学是封建教学的代表,强调"传统家学的重压"以及"想要从中逃离的松阴对自由的学问世界的憧憬"①。前田爱也认为,吉田松阴嘉永三年(1850)到九州游学的经历"无疑是一个转机。打破了山鹿流兵学师范的硬壳,诞生了一个被时代气息唤醒的青年"。②直到在 2017 年出版的岩波现代全书中,须田努仍然对山鹿流兵学评价很低。在介绍松阴九州游学的情况时,他认为山鹿流兵学"在这样的'时势'中,急速地化为不适合时代的遗物";在介绍黑船来航的影响时,他强调松阴"知道凭借江户时代的兵学无法对应十九世纪的现实"。③

　　事实上,与学界通常以为的恰恰相反,吉田松阴不仅在嘉永三年(1850)九州游学之后又向藩主申请到江户师从山鹿素水学习山鹿流兵学;甚至在嘉永六年(1853)见识过"黑船"在技术层面上的强大之后,他也依然坚信传统兵学的力量,在给兄长的信中写道:"仰奉神功皇后之雄略,考诸葛(亮)王佐之略,学甲越节制之兵(指日本传统的甲州流和越后流兵学——引用者注,下同),则天下无敌。"④纵观松阴一生,与其深厚的传统兵学素养相比,其对西洋兵学的重视程度远远不如,这一点即使在佩里来航之后,也没有改变。⑤ 吉田松阴的《武教全书讲录》《孙子评注》等立足于山鹿流传统的兵学著作,都是完成于佩里叩关之后,显然并未在西方的冲击面前失去对日本近世兵学的信心。

---

① 奈良本辰也『吉田松陰』、岩波書店 1951 年、第 46—47 頁。
② 前田愛「松陰における"狂愚"——嘉永三年から六年——」、『文学』1971 年第 4 号、第 81 頁。
③ 須田努『吉田松陰の時代』、岩波書店 2017 年、第 57、117 頁。
④ 「兄杉梅太郎宛」、嘉永六(1853)年 9 月 15 日、山口県教育会編『吉田松陰全集(第八卷)』(普及版)、岩波書店 1939 年、第 218 頁。
⑤ 松阴曾于安政二年(1855)如此解释自己放弃洋学的原因:"余尝东游,亦有修洋学之志,得良师友而居焉。而三年之间,东奔西走,事故杂出,遂不能成业。今则幽因图围,得一力于书,而无有良师友,则洋学之念,已绝矣。(山口県教育会編『吉田松陰全集(第二卷)』(定本版)、岩波書店 1934 年、第 35 頁)"

安政二年（1855）四月六日，松阴完成《狱舍问答》一文，提出了以仁政、民政培养国力，伺机侵略朝鲜和中国，以此对抗西方的构想。① 其文末写道："共谋天下之事，苟欲奋国威，在强国力、养国本也。今之壮武备者何足言？此事，千万知者不言，言者不知。且退而读经书学爱民之术，读兵书晓用战之机，读历史以实此二者。"②这里所谓经书即儒家经典，松阴特别重视《孟子》所谓"施仁政于民"，"可使制梃以挞秦楚之坚甲利兵矣"的思想。③ 而其所谓"读兵书晓用战之机"重视的显然不是器械和技术层面的内容，阅读对象也主要是传统兵学著作。④ 然后，为了从史书中收集具体事例以支撑自己的主张，松阴从《资治通鉴》中摘抄中国古代将领治军爱民等的史实，作成《资治通鉴抄》，附于《狱舍问答》文后。⑤ 松阴虽然也承认研究西洋舰炮等的重要性，自己却致力于儒学、兵学和历史三方面的内容。其基本的学问态度，依然延续了山鹿流兵学的传统。山鹿素行不但致力于统一儒学和兵学，也重视历史，曾编写《中朝事实》《武家纪事》等。

现有研究之所以未能充分认识到近世兵学在日本近代转型中的重

---

① 吉田松陰的主张可称之为"仁政侵略论"，其基本构想是："为今之计，和亲以制二虏，乘间富国强兵，垦虾夷，夺满洲，来朝鲜，併南地，然后拉米（美国）折欧，则事无不克矣。"(『吉田松陰全集(第二卷)』(定本版)、第 22 頁)

② 『吉田松陰全集(第二卷)』(定本版)、第 98 頁。

③ 早在嘉永三年（1850），吉田松阴在讲解山鹿素行所著《武教全书》中的"守城"时，便曾引用《孟子》论道："孟子所谓：'凿斯池也，筑斯城也，与民守之，效死而民弗去。'弃此岂有他哉。"(『武教全書講章』"守城"、嘉永三年八月二十日、『吉田松陰全集(第一卷)』(普及版)、岩波書店 1940 年、第 97 頁)

④ 吉田松陰在《狱舍问答》中写道如何学习古代中国兵法以战胜西方的侵略："可师赵之李牧守雁门之法。其法以一村一浦为饵，任其焚掠，移人民于内地，委资财与敌。夷之所欲固不止于是，必登陆筑城起馆。是所可击也。深考太公之十四变（据说为太公望吕尚所著之兵书《六韬》卷六所列举的击敌必胜的十四个机会）、吴子之十三可击（出自兵书《吴子》之"料敌"篇）之类，自可知之。果用此策，夷舶夷炮，不劳手而为我有。此事唯语于知兵机者耳。"(『吉田松陰全集(第二卷)』(普及版)、岩波書店 1939 年、第 274—275 頁)

⑤ 吉田松陰写道："近著《狱舍问答》，略论事务，亦读《通鉴》，抄古人言行，先获吾心者，合为一册子（即《资治通鉴抄》）。……噫，是书生之陈言，迂儒之腐论耳。然仆独以为千古之格言、天下实论也。(『野山雜著』「治心氣斎先生に與ふる書」、安政二年 8 月 1 日、『吉田松陰全集(第二卷)』(定本版)、第 150 頁)"另外，安政三年（1856），松阴又抄录《左传》49 条，作成《左氏兵战抄》(『吉田松陰全集(第九卷)』(定本版)、岩波書店 1935 年、第 207—212 頁)。

要作用，主要原因在于把近代以来的学科分化意识投影到日本近世兵学，对其学问性质产生了误解，没有认识到近世兵学其实是日本武士阶级的综合性学问，涵盖了从军事技术、战略战术，到伦理修养以及政治统治等内容。① 近世日本的"兵学"作为一种未分化的传统学问，不能简单等同于今天所谓军事学，至少还应该将伦理学、政治学等内容包括在内。这正是为什么西方军事技术层面的优势并不会使得吉田松阴轻易放弃山鹿流兵学。如果不能正确把握近世兵学作为一门综合学问的学科性质，就很难准确理解在遭遇近代西方的冲击时，近世日本传统学问的历史意义。以下将首先通过研究视角的转换，阐明山鹿素行的武士道论其实是其兵学的一部分；然后揭示山鹿流兵学作为近世武士之综合学问的本质；进而以幕末时期的山鹿流兵学家吉田松阴为例，介绍近世兵学在日本近代转型期的历史意义。

　　明确山鹿流兵学之为综合性学问的关键，在于解明山鹿素行的武士道论的性质，由此争取认识其武士道论与其兵学之间的关系。如前引松阴自述"自幼以山鹿氏之兵为业，心悬武士道……"所示，在山鹿流兵学家吉田松阴眼中，山鹿素行的武士道论本身就是山鹿流兵学的一部分。然而，长期以来学界关于山鹿素行和吉田松阴的研究，基本上倾向与将其武士道与兵学割裂开来。这一认识框架可以追溯到井上哲次郎（1855—1944），他致力于强调日本精神或日本文化的特殊性，建立了一个影响至今的关于日本武士道的系谱：山鹿素行是江户时代提倡武士道教育的集大成者，吉田松阴继承了山鹿素行的教导，并通过教育松下村塾的子弟而传续到明治时代，成为推进日本近代化的精神因素。②

　　作为近代日本国家主义意识形态的代言人，井上哲次郎于 1900 年

---

① 例如堀勇雄虽然注意到了山鹿素行学问的综合性，但依然在无意识地用近代性的分科意识来裁断近世学问。在阐述山鹿素行学问的"本质和特征"时，他依然明确地将其"武士道""兵学"和"古学"分开论述（堀勇雄『山鹿素行』、第 322 頁）。

② 参见井上哲次郎『武士道』（兵事雑誌社 1901 年）、『日本古学派之哲学』（富山房 1902 年）、『国民道德概論』（三省堂 1912 年初版、1918 年增訂再版）等。

出版的《日本阳明学派之哲学》，收入了关于吉田松阴思想的论述。当时日本还没有形成后来盛极一时的武士道热，井上也主要是把松阴作为日本阳明学派的一员来叙述。[①] 1901 年，井上受陆军教育总监部的委托，发表关于武士道的演讲，初步提出了从山鹿素行到吉田松阴的武士道系谱。[②] 1902 年，井上出版《日本古学派之哲学》，进一步强调："素行的武士道精神在于《武教小学》，然该书简约而不涉细目，故应与吉田松阴的《武教讲录》（即《武教全书讲录》）并讲，始可得全。"[③]尽管阳明学也是古学派的批判对象，曾经被井上归入阳明学派的吉田松阴，现在却成为古学派的山鹿素行的武士道论的继承者。不但如此，井上还强调："阳明学……与武士道的发展无任何关系。"武士道"笃于实行，与王学（即阳明学）相比，有优无劣"。[④] 井上为了论证日本的特殊性，极力否定中国的影响，当真是煞费苦心。

在 1908 年帝国教育会主办的吉田松阴殁后五十年纪念大会上，井上哲次郎发表"追颂演说"，进一步主张从山鹿素行到吉田松阴的武士道论是一个独立的学派："山鹿素行的学问和吉田松阴的学问之间有着系统的关联，这一点不可忘记。其中蕴含着非常强大的精神，把德川时代发展起来的神儒佛以及其他精神，打成一片，形成了日本的学派。故且名之为武士道学派。"[⑤]井上终于从日本历史之中发掘出了一个尚需他重新为之命名的"日本的学派"即所谓"武士道学派"。本来作为山鹿流兵学的一个组成部分的武士道论，至此被井上彻底分离出来。

基于上述认识框架，战前日本学界一般认为松阴对素行的武士道论是一种单纯的继承关系，但是这里有一个显而易见的矛盾：山鹿素行的

[①] 井上哲次郎『日本陽明学派之哲学』，富山房 1900 年。

[②] 井上哲次郎 1901 年的讲演笔记，出版发行为『武士道』（兵事雑誌社 1901 年）。后又以『武士道について』为题，收入井上哲次郎、上田万年监修的『大日本文庫』的『武士道編　武士道集』（春阳堂 1934 年）。井上哲次郎著『武士道の本質』（八光社 1942 年）以『武士道』为题，再次将其收入。

[③] 井上哲次郎『日本古学派之哲学』，第 89—90 页。

[④] 井上哲次郎『日本古学派之哲学』，第 124—125,126 页。

[⑤] 井上哲次郎「追頌演説」，帝国教育会编：『吉田松陰』，講道館 1909 年、第 46 页。

武士道论是服务于幕藩制度稳定化的学说,为什么其后学吉田松阴却成为促使幕藩制度解体的先驱?[①] 考虑到在日本近世除了山鹿素行所代表的深受中国儒学影响的居于主流的武士道论之外,还存在一种以《叶隐》为代表的反映了日本战国时代的武士作风的武士道论,于是不少日本学者又另外建立了一个从《叶隐》到松阴的武士道传承系谱[②]。日本著名政治思想史家丸山真男便认为,山鹿素行的武士道论适应了近世日本家产官僚制的进展,《叶隐》则是在幕藩体制的和平环境之下对战国时代武士作风的意识形态总结;幕末政治状况的变化,使得吉田松阴为代表的志士们复活了《叶隐》所代表的传统武士精神。丸山写道:"在吉田松阴那种典型的'忘我'忠诚和主体性中,在他那绝对的皈依感情和强烈的实践性的对立统一中,明显地贯穿了《叶隐》里的传统意识。"[③]

　　但不可忽视的是,松阴的武士道和《叶隐》的精神,在某些根本问题上其实存在着非常尖锐的对立。《叶隐》提倡一种死亡美学,其最著名的主张是:"所谓武士道,就是死。面临生死选择之际,唯速求死而已。"[④]而松阴却主张:"私欲私心全无者,偷生不妨。有死而不朽之预见,可死;有生成大业之预见,可生。"[⑤]两者的差异如此明显,以至于和辻哲郎、相良亨等均将其分别归入两种不同的类型。更重要的是,《叶隐》在明治以前基本上只限于在佐贺藩士这样一个非常狭窄的范围内流传,并无史料显

[①] 例如,三宅正彦便将山鹿素行视为确立幕藩制国家理论基础的代表性思想家之一(三宅正彦:《日本儒学思想史》,陈化北译,山东大学出版社 1997 年,第 90 页)。前田勉也指出:"(山鹿)素行的门人在藩政的确立期,作为与地方联系薄弱、直接服务于藩主的封建官僚,活跃于整备支配机构、强化藩主权力的政治活动中。(前田勉:『近世日本の儒学と兵学』、ぺりかん社 1996 年、第 155 页)"

[②] 关于武士道有两种类型的观点最早是由和辻哲郎所提出来的,他在承认井上哲次郎所建立的"素行—松阴—明治"的系谱的基础上,另外建立了"镰仓—战国—叶隐—昭和"的系谱。在和辻哲郎看来,松阴的武士道也是儒学的士道,不同于《叶隐》所代表的"古风的武士道"或"献身道德的传统"(参见和辻哲郎「武士道」、岩波茂雄编:『岩波讲座伦理学(第 12 册)』、岩波书店 1941 年)。另外,相良亨继承了和辻哲郎的基本分析框架,但在具体代表人物的归类上略有不同(参见相良亨「武士道」、塙书房 1968 年)。

[③] 丸山真男『日本政治思想史』、东京大学出版会 1975 年、第 116 页。

[④] 斎木一馬[ほか]编『日本思想大系 26 三河物语　葉隠』、岩波书店 1974 年、第 220 页。

[⑤] 『吉田松陰全集(第六卷)』(定本版)、岩波书店 1935 年、第 362 页。

示出身于长州藩的吉田松阴曾经受到过《叶隐》的影响。

其实,吉田松阴武士道精神源流的问题看似复杂,却不过是近代以来从井上哲次郎到和辻哲郎等日本学者,削弱甚至否定中国儒学对日本的影响,从而制造出来的一个伪命题。如果从历史事实出发,不难发现吉田松阴的武士道论,与《叶隐》所代表的那种关注以死亡问题核心的战斗者个人伦理的武士道论不同,是一种重视作为统治者的伦理修养和政治技术的武士道论,其本来便是作为山鹿流兵学的一部分,继承自山鹿素行。只是松阴适应幕末变局,在素行学说的延长线上,进行了一定的重新解释和积极的实践。① 被井上哲次郎奉为日本武士道论经典的《武教小学》,本来便是山鹿流兵学的核心著作《武教全书》的一部分。被井上视为松阴武士道论代表作的《武教小学讲录》,本来便是松阴为亲戚子弟讲解素行的《武教全书》的笔记,原题为《武教全书讲录》。松阴讲解兵学而阐发武士道论,原本是自然而然的事情。只是,假如承认这一点,就隐然形成了"中国儒学—山鹿流兵学—吉田松阴武士道论"的思想系谱,这恐怕是热切希望挖掘日本独特传统的某些学者所不愿承认的。这一潜在的非学术动机与近代性学科分化观念的影响相互强化,使得井上哲次郎确立的认识框架至今仍未得到很好的反省。

然而,割裂武士道与兵学之关系的分析视角,不但导致了对松阴武士道之日本特殊性的过度强调,也导致对日本近世兵学的观察失真,反而不利于全面认识日本传统学问在近代转型期的历史意义。在此视角的影响之下,讨论武士道时不考虑兵学几乎成为惯例,而对兵学的讨论也往往忽视对武士道论的分析。一个典型的例子是近年在日本学界以对近世兵学的研究而知名的前田勉,他明确地将武士道论排除在自己所研究的兵学之外,②直接以所谓儒学和兵学的对抗关系为前提,去考察所

① 参见唐利国:《论吉田松阴对山鹿素行武士道论的重新解释——以学问方法和职分论为中心》,《华中师范大学学报》,2008 年第 3 期。
② 前田勉认为兵学以"军队统制论"为主要内容,将其与作为武士个人伦理的武士道区别开来。他认为虽然兵学也会从"统治的观点"来考虑修身,但那只是派生性的问题,与主要考虑以"死亡"问题为核心的个人伦理的武士道论处于不同的层面上(前田勉『近世日本の儒学と兵学』,第 3 頁)。

谓"以兵学与朱子学为两极而展开的近世日本思想史"①。由于没有认识到山鹿素行的武士道论本来便是山鹿流兵学不可或缺的一个组成部分，前田缺乏对近世日本兵学积极接受儒学影响的理解，他将山鹿素行的学说单纯地定性为德川时代"兵营国家"的支配思想，强调山鹿素行基于排除纪律违反者的军队统制论而形成了排除无用者的社会主张，认为其"批判朱子学的根源性理由是此排除无用者的逻辑"②。然而，将近世兵学和武士道论割裂开来进行研究的方法不可避免地导致了两个方面的问题：既无法充分认识作为近世兵学之组成部分的武士道论的合理性侧面，③也无法准确理解近世日本兵学的道德性追求。④

实际上，中世以来，随着日本武士兴起并不断侵蚀王朝国家的权力，虽然武家上层精英也开始借助"天道""仁政"等观念论证武家权力的正

---

① 前田勉『近世日本の儒学と兵学』、第 448—449 頁。

② 前田勉『近世日本の儒学と兵学』、第 136，154 頁。

③ 例如，尾藤正英曾指出山鹿素行的思想关心，主要是指向解明君主的统治之道，即"君道论"；因此其论述臣道和士道就带有自上而下的道德教训的性质，强烈显示了特别诉诸理性自觉的一面。在此，尾藤敏锐地意识到了素行的武士道论同时具有个人伦理和政治技术两个不同的侧面，但他将素行君道论和臣道论、士道论之间的这种"不同"，理解为与其自身"思想发展阶段的相异"不无关系，并认为这限制了素行思想的实际影响力，导致"除了实用的兵学书，素行的著书在近世没怎么流传"（尾藤正英「封建倫理」、家永三郎［ほか］编『岩波講座 日本歴史 10 近世 2』、岩波書店 1963 年、第 306 頁）。显然，尾藤未能认识到素行诉诸理性自觉的侧面是源于其思想所接受的儒学影响，而非发展不够完善所致。

④ 例如，前田勉将近世武士道论有两种主要类型，一种是思考"无我的心情主义、战斗者的死的觉悟"等"武士的固有伦理"的，以《叶隐》为代表的所谓"武士道论"；一种是诞生于"对太平之世中武士的存在理由的摸索"的所谓"士道论"，"士道论的代表者是山鹿素行"。与此同时，前田却又说"素行也是兵学者的典型"。本来，按照前田对兵学的定义，素行兵学应该是"从统治的观点来讨论修身问题"，"立足于上下的利用与操纵的、合理的、政治的立场"。（前田勉『近世日本の儒学と兵学』、第 3 頁）如此，则素行的士道论既是个人伦理，又是统治技术，前田虽然也认识到这是分属两个不同层面的问题，却没有进一步探讨素行是如何克服其间的矛盾而对其加以统一的。显然，前田将武士道论和兵学割裂开来的观点，使其忽视了素行兵学中道德性追求的侧面。其实，近世日本学者也有人批判山鹿流兵学缺乏道德性，太宰春台就批评山鹿流兵学道："计无遗策，能济其事，然……于大义有阙。山鹿氏之教乃尔。"（太宰春台「赤穂四十六士論」、石井紫郎编『日本思想大系 27 近世武家思想』、岩波書店 1969 年、第 411 頁）。但正如野口武彦所指出的，太宰春台的批判对于致力于将"兵法"（即通常意义上的军事学）整合进"儒学的世界观"，以完成"从兵法向兵学"的转换为自身课题的山鹿素行来说，肯定觉得非常意外。（野口武彦『江戸の兵学思想』、中央公論新社 1999 年、第 83 頁）

当性，但是所谓武士精神整体而言依然停留在地域性战斗者集团的生活习俗的水平。然而，如丸山真男所曾论及的那样，随着战国时代大名领国制度（战国大名对地方人民和土地的一元化支配）的确立，作为统治阶级意识形态的儒学开始受到新的重视。战国大名开始感到需要"将停留在习俗层次的武士精神，提高到在教义上更加洗练、更加合理的统治者伦理"。战国大名在其家法、家训之中，往往会和"极其具体的、与战斗直接相关的作法或军法"相并列，添加"有关更加日常的人民之抚育和官僚制性质的'礼'＝秩序的一般性训诫"。作为意识形态的儒教"终于在幕藩体制成立之后迎来了全盛期"。[1] 中世日本的兵学侧重于军事学，而当时武士的传统精神则侧重于主从伦理，总之尚未形成关于武家统治的政治学。在儒学的强烈影响下，日本武士逐步形成融军事学、伦理学和政治学于一炉的学问，这一进程起源于战国时代，完成于近世前期。除《叶隐》那种只论主从感情，不考虑仁政德治的特殊类型之外，近世武士道论与近世兵学已经不再能够简单地区别开来，在山鹿流兵学中尤其如此。

山鹿素行通过接受儒学，构建了合理主义的武士道论，实现了日本兵学的近世化，从而提供了一套关于社会现实秩序之合理性和道德性的解释体系。与儒教即文教相对，素行将此包含武士道论在内的山鹿流兵学自称"武教"，其《武教本论》自序中写道："本论何为而作乎？为后学之嗜其末流也。古今谈武百余家，其书其辞，或涉博文，或过省略，专论斗战诈术，而去神武甚远。故陷兵家者流，为权谋技艺。……本朝国家之治平，近出武门。其为武，并兼文教。故武自有一家之说。噫，武之为教，可忽乎。"[2]单纯讨论军事问题的固有兵学，被素行斥为末流。日本学者前田勉以为是近世兵学主体内容的"军队统制论"等，在素行的学问体系中，其实处于较低层级，不过是服务于"圣人之道"的手段。前田勉把

---

[1] 丸山真男『丸山真男講義録（第七冊）日本政治思想史 1967』、東京大学出版会 1998 年、第174—175 頁。

[2] 山鹿素行『武教本論』、井上哲次郎［ほか］編：『武士道全書（第六卷）』、国書刊行会 1998 年、第 1 頁。

武士道论简单归结为个人伦理,先入为主地将其从兵学的概念中剥离,导致他忽视了素行的武士道论作为山鹿流兵学之组成部分的意义,从而未能充分理解素行对儒学的积极接受。

前田勉的研究思路,根据其自述,是受到了野口武彦的启发。他赞同野口对吉田松阴的判断:"以经学扬弃兵学,反过来又以兵学扬弃经学。"①而野口与前田同样是把兵学与儒学的对抗关系作为分析前提,直接强调松阴所面临的问题是"如何超越在整个江户时代一直被意识到的兵学和儒学的矛盾"②。然而,与现代学者的理解恰恰相反,山鹿流兵学最大的特点便是非但不排斥儒学,反而积极吸收儒学以修正日本中世以来的兵学,强调兵学应以实现儒家的圣人之道为根本目标。③ 山鹿素行写道:"古今论兵之士,专为杀略战阵,故兵法陷于一技之中。……士之业曰兵法。若不以兵法尽修身正心治国平天下之道,兵法者不足用也。"④这里的"士"即武士,其责任已经不只是打仗,而是要通过道德修养和政治实践来实现儒家理想中的社会秩序。

山鹿流兵学与儒学非但并不矛盾,其成立本身便是素行希望以儒家圣人之道规范日本武士社会的探索成果。⑤ 只是为了消除日本武士对外来思想的拒斥感,素行采取了极为独特的方法:以兵学的名义来引入儒学。他声称孔子、孟子等"诸先圣先贤皆兵法之大家也",面对孔孟等人

---

① 野口武彦『王道と革命の間:日本思想と孟子問題』、筑摩書房 1986 年、第 268 頁。
② 野口武彦『江戸の兵学思想』、第 290 頁。值得注意的是,野口武彦认为"作为儒学思想家的松阴的成就,大半集中于其在野山狱中完成的《讲孟余话》"(野口武彦『江戸の兵学思想』、第292 頁),但他又特别强调:《讲孟余话》全体一以贯之的是松阴的兵学的思考。(野口武彦「われ聖賢におもねらず――吉田松陰の<講孟余話>――」(上)、『文学』、1982 年第 2 号)"从其颇显自相矛盾的论述中,不难看出野口真正想要强调的是,由于兵学者思维方式的影响,使得松阴对儒学特别是《孟子》的思想有着独特的理解。
③ 参见堀勇雄「山鹿流兵学」、岩波書店編『日本思想大系月報』、1970 年第 32 卷;堀勇雄『山鹿素行』、吉川弘文館 1987 年;唐利国:《武士道与日本的近代化转型》,北京:北京师范大学出版社 2010 年,第一章第一节。
④ 広瀬豊編『山鹿素行全集思想篇(第一卷)』、岩波書店 1941 年、第 576 頁。
⑤ 参见唐利国:《论日本近世前期山鹿流兵学的确立——以山鹿素行的朱子学批判为中心》,《历史教学(高校版)》,2009 年第 6 期。

并无兵书传世的质疑，素行声称："当世之四书、六经者，皆此（即兵书）也。""正士法，养因为，义，治天下，治国，皆士之本也。"①山鹿素行的基本理念是，以儒学为根据重新解释兵学，将作为战斗技术的日本传统兵学发展为更加重视修身治国的近世兵学，以适应近世武士从战斗者向统治者的转变。②

　　为了满足身为统治阶级的武士的实际需要，山鹿素行的武士道论其实包括了君道论、臣道论和士道论三个部分。所谓君、臣、士等概念，本是来自中国，在用以指涉日本的社会现象时，难免一定的模糊性。"君"在日本可以指天皇、将军以及大名，而将军、大名等则身兼"君"和"臣"两种身份。所谓"士"，可以指没有出仕的所谓"平士"，也可以指代全体武士，如素行所谓："天下间不出士农工商。士者司农工商，士之至者帝王、公侯也。"③素行的君道论和臣道论主要是针对身份特殊的武士即"士之至者"而提出的要求。《山鹿语类》中《君道》12卷，《臣道》3卷，而《士道》只有1卷。显然，素行不是仅仅强调下位者的服从道德，他也很重视作为统治者的武士所应有的道德修养和统治技术。④　然而，井上哲次郎致力于构建以所谓武士道为核心的国民道德，特别强调素行的"士道论"，因为其中要求效忠、服从等的内容比较多；而比较强调在政治思考与行动方面的主动性的"君道论"和"臣道论"，则被井上有意无意地忽略了。

---

① 広瀬豊編『山鹿素行全集思想篇（第十一卷）』、岩波書店1940年、第319頁。

② 山鹿的兵学老师北条氏长的北条流兵学，也主张兵学是"士法""国家护持的作法"等（堀勇雄『山鹿素行』、第70頁），但其重点在于"心"的修养，依然带有"精神主义的色彩"（尾藤正英『日本の国家主義──「国体」思想の形成』、岩波書店2014年，第140—141頁），不同于山鹿流兵学之志在家国天下。

③ 広瀬豊編『山鹿素行全集思想篇（第一卷）』、第576頁。

④ 山鹿素行甚至认为"君道"是整个武士阶级都应该具备的领导者素质。其《君道四》之《御臣大要》中强调："上自天子下至庶人，无侍者仆从者无之。仆从众多，此所谓大臣诸侯；以天下为从者，此人号为人君。其仆从之多少众寡不限，皆有使人之心得也。"（広瀬豊編『山鹿素行全集思想篇（第四卷）』、岩波書店1941年、第243頁）。而素行之《臣道》所论述的内容，其实也是为"君"者所应该具备的知识。如《臣道一·臣体》第9项"详臣品"，论述谱代、家人、社稷之臣、大臣、忠臣、功臣等等，是讲"臣道"，但同时也是"用臣之道"（広瀬豊編『山鹿素行全集思想篇（第六卷）』、岩波書店1941年、第52頁）。

只有综合考虑山鹿素行关于君道、臣道和士道的议论,才能够完整地把握山鹿素行的武士道论兼容伦理学和政治学的性质。

武士作为统治者,所需学问自然不限于道德修养,甚至也不限于统治技术;素行的武士道论虽然能够同时回应这两方面的需求,但归根结底也只是山鹿流兵学的一个组成部分而已。素行强调,身为武士,应该懂得"圣学之道理",除了自我修养和人伦交际之外,还有很多知识需要学习:"其上于武门又多有大小之事。小事云者,至于衣类、食物、屋作、用具之用法,皆有武士之作法也。更有武艺之修习、武具马具之制法用法。大者有天下之治平礼乐、国郡之制,山林、河海、田畠、寺社、四民、公事诉讼之处置,以及政道、兵法、军法、阵法、营法、筑城、战法,此皆武将武士日用之业也。"与此同时,素行又强调:"然虽自己一身修得武门之学问,验之实事而无功者,无圣学之理也……能知圣学之定规铸型、入规矩准绳时,见事能通,闻事则明,则无论何事来时,既已明白思虑其种种,故逢事无屈。此为大丈夫之意气。实可谓心广体宽也。此学积时,则知惠日日新,德自高,仁自厚,勇自立,终可至无功无名、无为玄妙之地。如此则自功名入而功名亦无,唯尽为人之道而已矣。孝经云:'立身行道,扬名于后世者,孝之终也。'"[1]素行所确立的山鹿流兵学,以儒学为根基,包罗万象,可以说是近世武士的综合学问。

吉田松阴忠实地继承了素行的观点,深信:"夫创一家之学而传天下后世者,其人之知见学力,岂寻常乎?"[2]嘉永二年(1849),作为长州藩兵学教官,吉田松阴作《兵学学规》,指导弟子们学习山鹿流兵学经典《武教全书》:"注(指关于《武教全书》的注释书)中所解,或有不合己意者,则册记而请人批评为佳。切以不阿注家为要。其识力乃进。其后则博涉是务。上起孙、吴,下至俞、戚(指俞大猷、戚继光)诸氏,自甲越(指甲州流和越后流兵学)以至晚近诸家,皆通习之。原圣经贤传,知立国行兵之大

---

① 田原嗣郎、守本顺一郎编『日本思想大系 32 山鹿素行』、岩波书店 1970 年、第 336—337 頁。
② 『吉田松陰全集(第二卷)』(普及版)、第 87 頁。

本。涉野史俗说,通临时处事之万变。览华夷古今之籍,观制度沿革、人情异同、万国形势,所以不陷于孤陋也。然则虽杂博而无用,博者期之以实,是为得之也。盖用力于博,用心于实,久之则见识高迈,知虑圆活,胸襟阔大。天下之理,一本而万殊,一部《全书》(指《武教全书》)实为全也。"①

这一观点松阴日后也一直坚持,安政三年(1856),松阴在讲解山鹿素行的《武教全书》时:"于其兵法观之,本书(指《武教全书》)自《结要本》《雌鉴》《雄鉴》《用法》②至汉土诸家之说,约而为《雄备集》,为《武教要录》,更约而为《武教全书》。然则恐学者尚不知其约,门下诸子乃编《总目录》(指《武教全书》之《总目录》)。若夫《全书》中各篇,自有其博约,而其之最约、全部之归宿者,在于序段之谋略、智略、计策,战法之三战是也。以此可知先师之学则。学者苟精研全部(指《武教全书》整部书),然后及于孙吴尉李之书,又博览和汉古今之典籍,寻其本末,极其源流,则经史子集几万卷之书,皆《全书》八卷之注脚,即谋、智、计,三战之注脚也。更约而可知皆不出吾方寸之外也。此乃学之极致。余素持此见。"③

要而言之,吉田松阴继承了山鹿素行的兵学理念,在强调儒学应对兵学提供价值原理的同时,也强调兵学即武教在内容上的综合性,如其所谓:"武教者,自修身、齐家、治国、平天下,至战胜攻守之术,无所不包。"④

如前所述,山鹿流兵学是一种包括军事、伦理和政治等广泛内容的综合学问。正是这一特点,使其在日本作为后发型近代化国家的转型期,基于特定的历史条件,反而具有特别的适用性,从而发挥了独特的历史作用。丸山真男曾指出:"幕末维新中日本近代化的紧迫性,使知识分

---

① 『吉田松陰全集(第二卷)』(普及版)、第 64—65 頁。
② 指甲州流兵学家高坂昌信所编著的《甲阳军鉴末书结要本》以及北条氏长所编著的《兵法雌鉴》《兵法雄鉴》和《士鉴用法》。
③ 『吉田松陰全集(第四卷)』(普及版)、岩波书店 1938 年、第 264 頁。
④ 『吉田松陰全集(第三卷)』(定本版)、岩波书店 1935 年、第 132 頁。

子带上了'万金油'的性格。"①这在很大程度上是因为在面临西方近代性的冲击时，后进国知识分子需要全方位地向先进国学习，近乎同时性地导入从器械、技术，到制度、思想乃至文化等各方面的内容。日本近世日本兵学作为一种综合性的学问，恰好有助于幕末日本知识分子应对其所面临的时代课题，这一点在幕末时期的山鹿流兵学家吉田松阴身上有着非常鲜明的体现。

首先，山鹿流兵学的综合性保证了吉田松阴在知识上的开放性，使其能够在一定程度上积极求新求变，奠定了接受西洋兵学等新知识的学问基础。

松阴曾于嘉永三年(1850)八月到十二月到近世日本对外交往的重要窗口长崎所在的九州地区游学。学界一般高度评价这次游学对松阴造成了的影响，尤其喜欢强调由于接触西洋兵学而给松阴带来的冲击。近代日本政治思想史研究的名家桥川文三便认为受到冲击的松阴彻底改变了对传统兵学的看法："松阴在长崎留学(即九州游学)之后，向长州藩提交的意见书中，写道：'兵学炮术者，异于一己之小武艺，尤不宜有门户之别。'主张统一兵学诸派。这也暗示了松阴所怀抱的兵学新愿景。对他而言，兵学已经不是单纯服务于封建诸侯的教学，而是与有着全新的兵器体系和战术的外夷相对抗的'现实科学'。"②桥川引用的是松阴于嘉永四年(1851)二月的上书，但值得注意的是，松阴在此次上书中论述"兵学之事"，特别强调："第一，不以经术为本，则不明义兵暴兵之辨。"③强调兵学必须以"经术"即儒学为本，这不正是典型的封建教学吗？显然，松阴秉持了山鹿流兵学重视道德和政治的传统，他虽然重视在军事上对抗西洋，却不曾将兵学看作价值中立的"现实科学"。桥川文三显然

---

① 丸山真男：《日本的思想》，区建英、刘岳兵译，北京：生活·读书·新知三联书店，2009 年，第112 页。
② 橋川文三『ナショナリズム：その神話と論理』，第 58—59 頁。
③ 『上書(三卷合本)』「文武稽古万世不朽の御仕法立気附書」、嘉永四年 2 月、『吉田松陰全集(第一卷)』(普及版)、第 280 頁。

没有认识到，松阴所理解的兵学并不是近代人理解的军事科学，不会仅仅因为对西洋的坚船巨炮的了解，便轻易地改弦易辙。① 而松阴对门户派别之见的超越，也并非产生于九州游学之后。实际上，松阴自幼作为山鹿流兵学的传人而接受家学教育的同时，便兼修了长沼流兵学、荻野流炮术等。正是自幼养成的这种知识上的开放性，指引他主动申请到九州游学，除了在平户向叶山佐内学习山鹿流兵学，也广泛阅读了西洋兵学、经世论甚至阳明学等书籍。在九州游学之前，松阴就曾写下："武备者国之大事也。论议其事，不可稍挟偏党之心。"②

更多学者重点强调九州游学导致松阴对西洋兵学的态度发生了根本性的转变。日本近代思想史研究的大家鹿野政直便认为："嘉永三年(1850)的西游打开了他(指吉田松阴)的眼界。结果他放弃了排斥洋式的顽固主张。"③其实，松阴在九州游学之前，于嘉永二年(1849)作《操习总论》，其中虽然强调："欲令无识者知不必借西夷，此操习之意也。"却也承认西洋兵学自有其所长："细大兼举，条理一贯，验之实地而有实效也。"并不赞同所谓"有志之士"对西洋兵学的盲目攻击。④ 在同年三月所作《水陆战略》中，松阴再次强调："西洋之术不合于吾之处虽多，虚怀而听之，间或亦有可取之处，且有助于知彼。更无成沟界于其间之理，窃望互相讨论研究。"⑤当时松阴虽然并未充分认识到西方军事力量的压倒性优势，但他有着积极研究西洋兵学的主观愿望，正是这种开放性的求知态度决定了松阴有可能在日后不断加深对西洋兵学的理解并改变自己的态度。

山鹿流兵学的知识开放性不但体现在对其他流派兵学或者各种学

---

① 实际上，荻生徂徕还曾批判山鹿流兵学对技术层面的知识的忽视："全不知战法，惟知战略。以战略为战法，修习传授，文盲之至也。"(荻生徂徕『鈐録』卷十三、今中寛司、奈良本辰也編『荻生徂徕全集(第六卷)』、河出書房新社 1973 年、第 429 頁)
② 『吉田松陰全集(第一卷)』(普及版)、第 249—250 頁。
③ 鹿野政直『日本近代思想の形成』、第 15 頁。
④ 『吉田松陰全集(第一卷)』(定本版)、岩波書店 1936 年、第 287 頁。
⑤ 『吉田松陰全集(第一卷)』(普及版)、第 249 頁。

问的积极接受上,也反映在对固有兵学不那么墨守成规的变革性上。松阴作于嘉永二年(1849)的《水陆战略》,建议放弃当时日本武士颇为自负的"弓铳连发"的传统战法,主张"弓则弓,铳则铳,可分别用之",并阐明了依据山鹿流兵学之原理性思考而来的变革逻辑:"或难曰:'然则甲越之古法不足当今之用乎?且子非汲山本道鬼(传说中的人物山本勘助的号,被奉为山鹿流兵学之祖)之流派者乎?子之言岂不违背先师乎?'乃对曰:'甲越者我国兵家之师祖,犹如汉之有孙、吴二子。其形者,依器械制度而时有异同,其理者,亘古今而无变化。……唯能默契其理而不泥于形、变化无穷者,即道鬼之教也,甲越之法也。'"①

松阴还曾于嘉永二年(1849)作《五层阵论》,构想了诸兵种配合的新阵法,其指导原理也是:"器械制度虽异,其理则今犹古也。学兵者,求其理何如而已。"②值得注意的是,松阴在《五层阵论》文末写道:"余之持此论久矣,未有所质正焉。辛亥[嘉永四年(1851)]之夏,来东武(江户),入素水山鹿先生之门而学,稍稍得与闻其说,自喜向所持不大误矣。"③吉田松阴通过在长州藩的家学修业而形成的颇具新意的观点,与在江户的山鹿流兵学的宗家山鹿素水能够相通,这显然与两人都是山鹿素行兵学的继承者有关。理不变而形可变,松阴其实已经准备好了日后论证采用西洋兵学的正当性的逻辑。

第二,强调综合性的山鹿流兵学,其实是与战略战术相比,更重视政略。这一思路促使吉田松阴在面对幕末日本的危机时,较早开始谋求政权更迭,抓住了社会转型时期的关键课题,从而成为倒幕维新运动的先驱者。

近世日本兵学将重心从军事转向政治的倾向,曾遭到传统主义者的批判。弘化二年(1845),吉田松阴面对这样的质疑:"今者兵家者流,交说治国之术,可谓蛇足矣。如山鹿氏之书,……亦然。"反驳道:"足下岂

---

① 『吉田松陰全集(第一卷)』(普及版)、第248—249页。
② 『未焚稿』「五層陣論」、嘉永二年、『吉田松陰全集(第一卷)』(定本版)、第488页。
③ 『未焚稿』「五層陣論」、嘉永二年、『吉田松陰全集(第一卷)』(定本版)、第488页。

以为兵道为奇诡之术乎？抑又为单骑之略乎？自古论兵者多矣，而孙、吴、李靖者，盖其尤者也。孙武曰：'主孰有道，将孰有能，天地孰得。法令孰行，兵众孰强，士卒孰练，赏罚孰明，吾以此知胜负矣。'吴起曰：'不和于国，不可以出军；不和于军，不可以出阵；不和于阵，不可以进战；不和于战，不可以决胜。'因是观之，奇谲之术，非兵之本可知。李靖曰：'大而言之，为君之道，小而言之，为将之法。'因是观之，单骑之略，非兵之要可知。"①显然，松阴所继承的山鹿流兵学首先重视的是"治国之术"即政略，其次才是战略战术的问题。

松阴一直坚信良好的政治是军事胜利的前提。其作于嘉永二年（1849）的《水陆战略》，虽然写了很多具体的攻防建议，却将其定位为"原野之胜"，并在文章最后，特别论述"庙堂之胜"以作总结。松阴强调：欲论"原野之事"，"非先有庙胜之论不可。庙胜之论，第一为发政施仁"。②也正是因此，当幕末日本武士受"黑船"来航的刺激而纷纷主张加强军备的时候，松阴却于安政二年（1855）做《狱舍问答》，力主内治优先："今当务者，无先于厚民生，正民心，使民养生丧死而无憾，亲上死长而不背。是不务而言炮言舰，炮舰未成而疲弊随之，民心背之。失策无过于此者。"③

松阴在家学修业的过程中，很早就认识到制度变革的必然性："天下之事，制度文为，善者以渐变为恶，利者以渐变为害。历代皆然。人生不知而革之，则将不胜其弊。"④但是，保持制度稳定和进行必要变革的矛盾问题并不是那么容易解决。嘉永三年（1850）九月，松阴写下了自己的思考："古之论者，曰率由旧章，曰政贵随时。……今诚欲率旧，则不能不随时。何则？旧固随时而立，必也观时势，而取舍斟酌于其间，然后旧可得而率矣。苟徒知墨守之，而不能观时势而取舍斟酌焉，则徒法虽存，其实

---

① 『吉田松陰全集（第一卷）』（定本版）、第 255 頁。
② 『吉田松陰全集（第一卷）』（普及版）、第 261 頁。
③ 『吉田松陰全集（第二卷）』（普及版）、第 270—271 頁。
④ 『未忍焚稿』「倉江観濤記」、嘉永二年、『吉田松陰全集（第一卷）』（定本版）、第 281 頁。

既失,旧岂可率哉? 然则随时所以率旧也。"在文章的末尾,松阴再次强调了自己此种政治思考其实来源于家学修业:"余袭箕裘,修家学,常用此说。"①日后,当国家独立受到西方的威胁时,松阴能够较早展开对幕府统治的批判并较早提出政权更迭的要求,无疑在很大程度上受益于其兵学理念中强烈的政治关怀。

第三,山鹿流兵学以其武士道论为代表的对伦理性的重视,促使吉田松阴特别关注道德问题,甚至形成了视幕末日本的军事危机为道德危机的思维方式。 由此,松阴发展出以效忠天皇为核心价值的"国体论",从而成为以"一君万民"为基本理念的近代日本民族主义的早期探索者。

吉田松阴于安政三年(1856)成稿的《讲孟余话》,被研究者广泛认为是其"国体论"的代表作②,然而松阴自称:"《讲孟余话》六卷,彻头彻尾,无一条非论自守之道。"③甚至自述其写作动机是:"余幽闭于一间之室,日夜谋划并吞五大洲之事。"④显然,对松阴自身而言,其所著《讲孟余话》是一本探讨如何维护国家安全,进而对外扩张的兵学著作。而松阴之所以要到《孟子》之中去寻找其兵学的依据,则是因为他认为当时日本所面临的安全危机,首先是道德上的危机:"群夷竞来,虽可谓国家之大事,但不足深忧。可深忧者人心不正也。苟人心正,百死以守国,其间虽有成败利钝,未至遽失国家。苟人心先不正,不待一战而举国从夷。然则今日最可忧者,岂非人心之不正乎? 近来接对外夷之际,有失国体之事不少。事之至于此,皆因幕府诸藩之将士,其心不正,

---

① 『未焚稿』「漫筆一則」、嘉永三年 9 月、『吉田松陰全集(第一卷)』(定本版)、第 355 頁。
② 奈良本辰也『武士道の系譜』、中央公論社 1971 年;井上勳「ネーションの形成」、橋川文三、松本三之介編『近代日本思想史大系(3)・近代日本政治思想史(Ⅰ)』、有斐閣 1971 年;本郷隆盛「幕末思想論——吉田松陰を中心として—」、本郷隆盛、深谷克己編『講座日本近世史(9)近世思想論』、有斐閣 1981 年;橋川文三:「国体論の連想」、『橋川文三著作集』、筑摩書房 2000 年;桐原健真「論争の書としての〈講孟余話〉——吉田松陰と山県太華、論争の一年有半——」、歴史科学協議会編:『歴史評論』、第 645 号、2004 年 1 月。
③ 『〈講孟余話〉附録』、『吉田松陰全集(第三卷)』(普及版)、岩波書店 1939 年、第 573 頁。
④ 『吉田松陰全集(第三卷)』(普及版)、第 424 頁。

不能为国忠死。"①

　　为了应对危机,松阴设想的国防对策的核心便是其国体论:"闻近世海外诸蛮,各推举其贤智,革新其政治,骎骎然有凌侮上国之势。而我何以制之。无他,明前所论我国体所以异于外国之大义。阖国之为阖国死,阖藩之人为阖藩死,臣为君死,子为父死,此志若确乎不变,何畏诸蛮乎?"②松阴敏感地意识到儒家有德者为天子的观念,不但可以用来论证将军取代天皇统治日本的合理性,同样也可以用来论证西方人取代日本人统治日本的潜在合理性。"凡皇国之所以为皇国者,以天子之尊万古不易也。苟天子可易,则幕府可帝,诸侯可帝,士夫可帝,农商可帝,夷狄可帝,禽兽可帝。则何以别皇国与支那、印度乎。"③正是出于这种现实的担心,松阴较早开始提倡以无条件地绝对效忠天皇为第一原则的伦理实践,据以构建和强化日本的民族认同。

　　如上所述,山鹿素行创立山鹿流兵学的初衷本是服务于幕藩体制的稳定化,但其思想中也内含着孕育变革主体的可能性,这一侧面在倒幕维新运动的先驱者吉田松阴身上得到了极为吊诡的体现。当然,山鹿流兵学保守的一面,也同样限制了吉田松阴思想发展的可能性。松阴在知识上的开放性是以不违所谓"圣人之道"为前提的:"近世修西洋究理之学者,以孔子不知日食而谤圣人,以天动地静之说议《周易》,又至于学儒者以是等为圣人之耻。其所谤所耻皆琐事小节,其于道无轻重者通也。"④其行动上的激进性亦是出于重建传统秩序的志向:"吾退稽治乱之由,始信天下之事,一言可以断矣。孟子有言:'人人亲其亲,长其长,天下平矣。'是故朝廷失权,罪在摄关将军,摄关专权,罪在其官属,将军攘权,罪在其臣仆,何也? 臣属固失规谏之道,而有长逆之罪也。由是言之,今天下贵贱尊卑,智愚贤不肖,无一非失道有罪之人也。诚使人人各

① 『吉田松陰全集(第三卷)』(普及版)、第162—163頁。
② 吉田松陰『講孟余話』、第16—17頁。
③ 『吉田松陰全集(第三卷)』(普及版)、第548頁。
④ 吉田松陰『講孟余話』、第236頁。

守其道,而远其罪,则为君者,以诚其臣,为臣者,以谏其君,为长者,以饬其属,为属者,以规其长,为父者,以训其子,为子者,以劝其父,智以喻愚,贤以导不肖,谋虑之长,积累之渐,上自摄关将军,下至农工商贾,终当归焉。兴隆之机,恢复之势,沛然孰能御之?"①

总之,以山鹿流兵学为例,可以看出被学界长期忽视的日本近世兵学的特质及其在幕末转型期的历史意义。山鹿素行是山鹿流兵学的创立者,也是近世日本武士道论的集大成者。长期以来学界一般是把其武士道论与其兵学割裂开来进行研究。然而,只有认识到其武士道论是其兵学的一个组成部分,才能够真正理解作为近世兵学典型代表的山鹿流兵学乃是近世日本武士的综合学问。素行立足兵学吸收儒学而形成的武士道论,与以《叶隐》为代表的强调非理性的"死亡美学"的日本武士传统有着本质不同,旨在适应近世武士由战斗者向统治者转变的时代需要,为其提供颇具理性主义的伦理教诲和政治指导。

以这种新型的武士道论为其重要内容的山鹿流兵学,积极地接受儒学的影响而发展为涵盖伦理学、政治学等内容的综合学问,绝非像今人所经常误解的那样仅仅局限于军事学。明确了山鹿流兵学的综合性,便不难理解其非但不会在西方的军事优势面前一触即溃,反而能够在某种程度上积极求新求变,从而在日本从近世向近代转型的特定历史时刻,极为吊诡地发挥了独特的变革功能:体制重建的努力成为触发体制变革的导火索,同时也限制了变革的深度和广度。

作为山鹿流兵学传人的吉田松阴,既没有在西方压倒性的军事力量面前丧失信心,也没有故步自封,能够比较积极地接受新知,寻求变化。而松阴在家学修业过程中形成的把军事问题作为政治问题,进而作为道德问题来把握的思维模式,也使之能够较早地认识到幕末日本所面临的

_____

① 『吉田松陰全集(第四卷)』(普及版)、岩波書店 1940 年、第 158 頁。

并不仅仅是军事危机，同时也是日本国内政治的危机，更有可能发展成
为民族认同的危机。通过继承和重新解读近世日本兵学，松阴获得了应
对危机所必需的思想资源，成为倒幕维新运动的著名先驱。但也正是因
其对传统的依赖，使得近世日本兵学的保守性侧面，同样在日本近代化
发展道路的选择上刻下了深深的烙印。

　　进而言之，也只有真正认识日本近世兵学作为武士阶级综合学问的
特质，正确理解近世武士道论和近世兵学不可分割的紧密关系，才能真
正理解中国儒学与日本近世兵学的关系，从而更加全面、更加准确地评
估儒学对近世日本社会的影响。近年比较流行的一个观点是把近世日
本没有科举、作为一种职业的"儒者"地位不高等因素，视为儒学对日本
社会影响有限的论据。[①] 这样的看法至少是不全面的。儒学并不仅仅是
通过"儒者"来影响日本社会。以山鹿流为代表的近世兵学，在兵学的名
义下积极接受儒学，这正是儒学影响日本武家社会的重要途径。虽然学
习儒学不能保证地位低下的人立身出世，但是凭借身份制度出仕的武

---

① 否认儒学对日本的影响的观点，至少可以追溯到津田左右吉（津田左右吉『支那思想と日
　本』、岩波书店 1938 年），但是最早开始有体系性地论述作为"外来思想"的儒学对日本影响
　有限的学者是尾藤正英。尾藤致力于批判丸山真男的《日本政治思想史研究》（丸山真男：
　『日本政治思想史研究』）为代表的、视儒学尤其是朱子学为近世日本的体制教学或官方意识
　形态的观点（尾藤正英『日本封建思想史研究』、青木书店 1966 年）。丸山真男也进行了反
　驳，认为作为学问的儒学虽然不曾在德川权力的支持下获得独尊的地位，但是作为意识形态
　的儒学因其与幕藩体制具有亲和性，对近世日本社会有着广泛而深入的渗透（丸山真男『丸
　山真男講義録（第七冊）日本政治思想史 1967』、第 179—184 頁）。但丸山真男不曾为此撰论
　文，只是在讲课时进行了论述，其讲义直到他去世之后才出版。目前学界主流倾向于强调儒
　学与近世日本的异质性以及由此而导致的其影响力的局限性（渡边浩『近世日本社会と宋
　学』、東京大学出版会 1985 年；渡边浩『東アジアの王権と思想』、東京大学出版会 1997 年；黑
　住真『近世日本社会と儒教』、ぺりかん社 2003 年）。尽管也有些学者开始重新强调儒学对
　日本社会的渗透和影响，但目前一般只认为这种影响体现在 18 世纪后半期藩校普及之后
　（朴薰「幕末政治と"儒教的政治文化"」、『明治维新研究』第 8 号、2012 年 2 月；宫嶋博史「儒
　教の近代と日本研究」、清水光明编：『「近世化」論と日本』、勉诚出版株式会社 2015 年）。本
　文则指出，不宜仅仅就儒学而谈儒学的影响力，至少在 17 世纪中后期山鹿素行的时代，儒学
　通过近世兵学所产生影响也是不容忽视的一个路径。

士,如果不懂儒学只懂武艺,在近世日本其实也是难以出人头地的。① 在和平年代,战斗技术远没有政治技术更有现实意义。这也正是为什么山鹿素行重视心术和治术的兵学能够吸引很多身为大名和高级旗本的弟子。总之,讨论儒学对日本的影响,不可不充分考虑"日本近世兵学"这一特殊的学问类型。

三、亚洲侵略思想的萌芽

幕末日本人在探索学习西方推进日本近代化的道路的同时,由于西方殖民主义的示范,也由于日本武士的军事传统,也迅速开始诞生侵略亚洲的思想,其中尤其是佐藤信渊提出了非常宏大的侵略构想。

佐藤信渊(1769—1850)生于秋田,少年时就曾周游各地,在这期间以其独自的见解涉猎了农学、矿山、地理、历史与军事等各科,融会贯通了包括兰学者在内的当时第一流学者的业绩。在他晚年的《垂统秘录》和《复古法》及其他著作中,他曾空想过这样的社会,即完全废除诸侯割据与士农工商贱民的身份差别制度,在一位君主之下统一全日本,所有土地与生产运输手段国有,生产与商业施行国营。在该社会中,除君主外,所有日本人都平等同权,从事八种产业中的一种。另外,在这种社会里,设有从幼儿园到大学各级学校,任何有才干者都可免费入学受教育,所有官吏皆在大学毕业者中录用。

佐藤信渊是把所谓皇国学作为其对外侵略的理论依据,从此观念出发,妄图统一全世界。佐藤信渊于 1823 年作《混同秘策》(亦称《宇内混同秘策》),起首便声称:"皇大御国者,大地最初所成之国,世界万国之根本也。故能经纬其根本之时,则全世界悉为郡县,万国之君长皆为臣

---

① 吉田松阴曾如此描述自己观察到的重视儒学和吏才超过武艺的社会现象:"文学之士,潜心于诚意正心修身齐家之学,心术工夫精密,他日可临官建功。武艺练达之人,工夫粗脱,治平之时,虽蒙召出仕更无其所。宜用不学武艺而有吏才之人,却成世俗之通论。"(『上書(三卷合本)』「文武稽古万世不朽の御仕法立気附書」、嘉永四年二月、『吉田松陰全集(第一卷)』第267頁)

仆。"①佐藤的设想是首先彻底重编日本国内统治体制，然后征服世界，而其首选的侵略目标便是中国："凡经略他邦之法者，以始于弱而易取之处为道。当今于世界万国之中，自皇国而易于攻取之土地，无易取于支那国之满洲者。"②

佐藤信渊参考中国古代制度，制定了全面统制国民经济活动的宏大计划，希望德川日本变封建制度而为中央集权国家，却没有提及具体如何实施其计划，不过是脱离日本社会经济现实条件的空想。但也正因为他把国内变革作为积蓄力量的主要手段，所以在其计划中，先征服中国再入侵欧洲，主要是步骤上的先后，而截然不同于松阴把侵略亚洲看作是对抗西方的必要前提。必要时，佐藤也曾设想与清朝联合对抗西方，甚至在鸦片战争之后，于1849年写了五卷本的《存华挫狄论》。

亚洲侵略思想在幕末日本武士之间甚为流行，桥本左内（1834—1859）面对西方的冲击，也迅速产生了对外扩张的思想。在安政四（1858）年11月28日写给村田氏寿的信中，左内认为当时国际局势的基本状况是英国和俄国两雄不能并立，天下将干戈不休，直到英国或者俄国两者之一成为盟主。③在此局面下，左内认为："日本甚难独立。欲致独立，不吞山丹（清朝长城附近的山丹县）、满洲之边、朝鲜国，且领亚墨利加洲或印度地内，则其不如所望。"④但是，日本并无足够的实力获得上述领土，因此左内认为当下应采取的基本战略是联俄抗英，改革图强；同时拉拢美国（同意其通商、设使的要求，但是反对自由贸易，由官府控制对外贸易），侵略亚洲邻国。⑤左内写道："且视亚（美国）为一东藩（日本

---

① 滝本誠一编『佐藤信淵家学全集』（中卷）、岩波書店1926年、195页。
② 滝本誠一编『佐藤信淵家学全集』（中卷）、岩波書店1926年、199页。
③ 佐藤昌介〔ほか〕校注『日本思想大系55 渡辺崋山・高野長英・佐久間象山・横井小楠・橋本左内』、岩波書店1971年、565—566页。
④ 佐藤昌介〔ほか〕校注『日本思想大系55 渡辺崋山・高野長英・佐久間象山・横井小楠・橋本左内』、岩波書店1971年、567页。
⑤ 佐藤昌介〔ほか〕校注『日本思想大系55 渡辺崋山・高野長英・佐久間象山・横井小楠・橋本左内』、岩波書店1971年、568页。

东部的一个大名),思西洋为我所属,以鲁(俄国)为兄弟唇齿,掠夺近国,此等事为第一紧要。"①桥本左内敏锐地认识到俄英矛盾才是日本所处国际环境的关键,并把侵略亚洲作为积蓄实力的手段。

吉田松阴(1830—1859)是幕末日本亚洲侵略思想最成体系的论述者。吉田家是山鹿流兵学世家,山鹿流兵学是山鹿素行(1622—1685)所开创的近世(17世纪初—19世纪中叶)日本兵学的代表性流派。吉田松阴自幼接受以家学为中心的兵学训练。嘉永元年(1848)正月,出任长州藩兵学师范(教官)。松阴曾如此回顾其早年所学:"仆生神武之邦,长兜鍪之家,幼所习,长所学,兵道而已矣。是非世之俗儒拘拘章句、高谈性命者之所与知也……必也明君臣上下之义,辨贤邪忠奸之分,士精强而民富实,粮储饶而器械利,沟堑足以保民,城垒足以卫地,其进也不可拒,其退也不可追,然后中立而外从,华盛而夷慑,灾除而道畅,于是生民之能事尽,天下之大业毕矣。是谓兵道。生斯邦,长斯家,所习所学,岂有他哉。"②近世日本武士阶层受到来自中国的儒学的巨大影响,吉田松阴也不例外。但其所理解的"兵道"极端重视武力,严重影响了其对儒学的真正接受。身为武士而以兵学为业,这是松阴日后形成亚洲侵略思想的前提。

基于上述理念,在遭遇西方的冲击时,松阴一方面国防危机意识高涨,另一方面也为看到了实现其"兵道"理想的机会而兴奋不已。他思考西方之所以强大的原因,并提倡日本应该向西方学习。嘉永五年(1852),松阴写道:"仆读纪(《鲁西亚本纪》),至其载学制,偻指数之,曰军学,曰兵卫,曰刑律,曰纪文,曰天文地理度量筑城,曰某国某国方言,乃叹曰:是可以成就人才,而强大其国也。……鲁主盖有见于此矣。而独鲁主而已哉。欧罗(欧洲)各国皆然。往日得借《职方外纪》,观其论文

---

① 佐藤昌介〔ほか〕校注『日本思想大系55 渡辺崋山・高野長英・佐久間象山・横井小楠・橋本左内』、岩波書店1971年、568—569頁。

② 『未焚稿』「與土居幾之助書」、嘉永四年4月以後、山口県教育会編『吉田松陰全集(第一卷)』(定本版)、岩波書店1936年、407—408頁。

科理科,及治教道医度数诸科。窃谓,欧罗之力,能侵夺他洲者,职是之由。"①他认为欧洲列强之所以有实力侵略他国,原因在于知识发达。然后,他又对日本进行了一番古今对比:"虽然,是岂远引洋外之事论之,亦仰观吾古圣皇之明制而已。……吾古圣皇远压服海外诸国,以成人材于往来勤劳之间,其雄略大谋,后世之所宜为法也。然而今则不然,反使洋外小夷,行吾所行,可胜叹乎哉。然时也势也,以一介之武士,生于今之时,虽抱一吞五大洲之志,亦唯东蹈松前虾夷,西航对马琉球,过江户,观诸侯会同之盛,而上帝京,则拜宫阙衣冠之荘而已,亦何足追随古人之踪迹哉。而不特一介士为然,乃虽一大藩国,亦无如时势何。然则士果不可及古?而人材果不可长育欤?仆窃谓:苟无学则已,唯学在焉,则人材可以长育,而生今之士,可以无恨也。"②怀抱"一吞五大洲之志"的松阴认为,只要借鉴欧洲学制,并参考古代日本的政策,提倡学问,培养人才,日本就可以变得强大,日本武士也就可以无所遗憾了。

待1854年佩里再次率领舰队来日,签订《日美和亲条约》之后,松阴颇为理智地随即放弃了直接攘夷的设想,并以此为契机,迅速形成亚洲侵略思想。吉田松阴设定的基本战略框架是把侵略亚洲作为日本与西方对抗的前提。这一点一经提出,从未动摇。至于如何具体实施这一战略,松阴的政策主张随着时局的变化而不断有所调整,主要有三个发展阶段。当然,松阴政策重心的每一次移动,都不是对此前主张的简单否定,而是随着时局的变化,不断完善侵略亚洲的构想。

第一个阶段以作于安政元年(1854)的《幽囚录》为标志,其政策重心在于强化军备。这是松阴亚洲侵略思想初步形成的时期。其作于安政元年(1854)的《幽囚录》,初次全面阐述了通过侵略亚洲对抗西方的国防设想:"日不升则昃,月不盈则亏,国不隆则替。故善保国者,

---

① 『詩文拾遺』「與治心気斎山田先生第三書」、嘉永五年8月26日、山口県教育会編『吉田松陰全集(第四卷)』(定本版)、岩波書店1934年、535頁。
② 『詩文拾遺』「與治心気斎山田先生第三書」、嘉永五年8月26日、山口県教育会編『吉田松陰全集(第四卷)』(定本版)、岩波書店1934年、535—536頁。

不徒无失其所有，又有增其所无。今急修武备，舰略具，炮略足，则宜开垦虾夷，封建诸侯；乘间夺加摸察加（堪察加）、隩都加（鄂霍次克）。谕琉球，朝觐会同，比内诸侯；责朝鲜，纳质奉贡，如古盛时。北割满洲之地，南收台湾、吕宋（菲律宾）诸岛，渐示进取之势。然后爱民养士，慎守边圉，则可谓善保国矣。不然，坐于群夷争聚之中，无能举足摇手，而国不替者，其几欤。"①面对西方列强的军事压力，松阴并不质疑侵略行为本身，反而认为"增其所无"是"善保国者"的明智之举。他特别强调对琉球、朝鲜、中国、菲律宾等亚洲国家的侵略，是日本实现国防安全的必要前提。近代日本以自卫为名进行侵略的强盗逻辑，其源头即在于此。

第二个阶段以完成于安政二年（1855）四月六日的《狱舍问答》为标志，松阴转而强调以民政和仁政为核心的内治优先论，这是其亚洲侵略思想的成熟期。受到佩里叩关的刺激，幕末日本武士之间流行的是加强军备的主张，松阴最初也与此同调。但是，松阴完成于安政二年（1855）四月六日的《狱舍问答》，却转而强调民政，先加强民政、仁政等内治，然后（发展军备）侵略亚洲。他认为："果欲来朝鲜，收满洲，则非舰不可，是余之本志也，今未及于此，则巨舰可待也。"②

他在安政二年（1855）四月二十四日给兄长的信中又写道："鲁墨（俄国、美国）讲和一定，决然不可自我破之，失信于戎狄。但严章程，厚信义，以其间养国力，切割易取之满洲、朝鲜、支那。交易而失之于鲁国者，可又以土地而偿之于鲜满。"③松阴尚不能全面理解国际贸易的经济意义，但他认为与欧美的贸易将使日本遭受损失的判断颇为准确，并因此而主张军事占领亚洲邻国的土地，借以弥补与西方的贸易给日本所造成的损失。相对落后的日本无法在自由贸易中与西方列强争胜，于是凭借军事力量在亚洲攫取殖民地作为补偿，近代日本最终选择的封建军事帝

① 山口県教育会編『吉田松陰全集（第一巻）』（定本版）、岩波書店 1936 年、596 頁。
② 山口県教育会編『吉田松陰全集（第二巻）』（定本版）、岩波書店 1934 年、99 頁。
③ 山口県教育会編『吉田松陰全集（第八巻）』（普及版）、岩波書店 1939 年、422—423 頁。

国主义的发展道路,松阴已然预言在先。

第三个阶段以安政五年(1858)的《对策一道》等文章为标志,松阴做出了新的政策调整,开始大力提倡航海通商。松阴写作《对策一道》等文章的动机很明确,即如何应对美国人开港通商的要求。他认为如果同意开港通商,将有损日本国威,会鼓励畏战心理,而且有损天皇对幕府的权威,也不利于收揽攘夷派势力。所以,他主张应该首先拒绝美国的要求,同时大力发展海军,然后先与亚洲诸国建交(设馆)通商(互市),再与美国缔结"和亲之约"①。松阴的《对策一道》非常清晰地表明了,其"航海雄略"是以军事活动为先,以贸易活动等为辅。他强调的步骤是首先要"打造大舰,习练船军","然后往问朝鲜、满洲及清国"。事实上,最终凭借武力打开朝鲜国门的,恰是松阴门下主导的明治政府。

在作于安政五年(1858)的《未定稿附和作》中,松阴如此论述对外贸易的问题:"吾曾闻之于象山师,云:出交易可也,居交易不可也。余云:国力强势,于驾驭外夷有余,则居交易亦可也,况出交易哉。畏慑外夷之威势,出于不得已,则出交易亦不可,况居交易哉。"②不同于佐久间象山对出海交易的充分肯定,吉田松阴把军事强大看作是对外贸易的必要前提。实际上,松阴深信设使通市是强国侵略弱国的手段。松阴的逻辑很清楚,置使通市是美国灭亡日本的手段,所以不可接受其要求;但与此同时,他又强烈主张日本应该发展海军,让朝鲜中国等亚洲邻国接受日本置使通商的要求。要而言之,松阴所谓"互市",实际上直接构成了其亚洲侵略计划中的一环。这也正是为什么松阴在《对策一道》中毫不隐讳地将其政策主张的原型,求之于神功皇后侵略朝鲜的古代传说:"且神后之平韩,定贡额,置官府,时乃有航海焉,有通市焉。"③

松阴在前引安政五年(1858)一月十九日的信中还再次强调自己的

---

① 山口県教育会编『吉田松陰全集(第四巻)』(定本版)、岩波书店 1934 年、109 頁。
② 山口県教育会编『吉田松陰全集(第四巻)』(定本版)、岩波书店 1934 年、148 頁。
③ 山口県教育会编『吉田松陰全集(第四巻)』(定本版)、岩波书店 1934 年、107 頁。

观点是受到了佐久间象山的启发："此处吾师象山甚有活眼。大意谓,自吾国开人者妙,如此则通信通市亦尽由我心也,被人开国则如泪出妻吴(齐景公为了避免吴国的侵略而挥泪嫁女),终不得保其国也。仆服其说。"①反对"被人开国",却意欲"开人(之国)",松阴所谓"航海雄略"之中,已经清晰地呈现了福泽谕吉"脱亚入欧"的思路。

　　安政六年(1859)十月二十六日,在被斩首的前夜,松阴写下了作为政治遗嘱的《留魂录》,其中再次强调了他念念不忘的"墨使应接、航海雄略等等之论"②。其航海雄略的本意不过是更加明确地提倡发展海军,并在军事力量有所发展之后,以设使通商的手段对付亚洲邻国。木户孝允在明治政府成立之后,较早开始提倡征韩。伊藤博文在签订第三次日韩协约,奠定了朝鲜殖民地化的基础之后,回到下关,派人到松阴墓前报告缔结协约之事。③ 松阴门下可以说是忠实地继承了其先师的遗志。

---

① 山口县教育会编『吉田松陰全集(第九卷)』(普及版)、岩波書店 1939 年、9 頁。
② 山口县教育会编『吉田松陰全集(第七卷)』(普及版)、岩波書店 1939 年、321 頁。
③ 吉野誠『明治維新と征韓論:吉田松陰から西郷隆盛へ』、明石書店 2002 年、53 頁。

附　录

一、地图

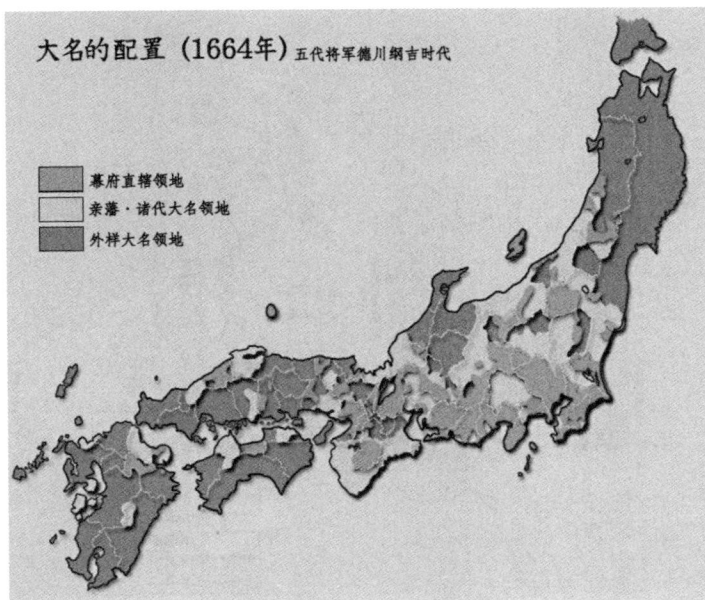

图 1　1664 年幕藩体制下的大名配置

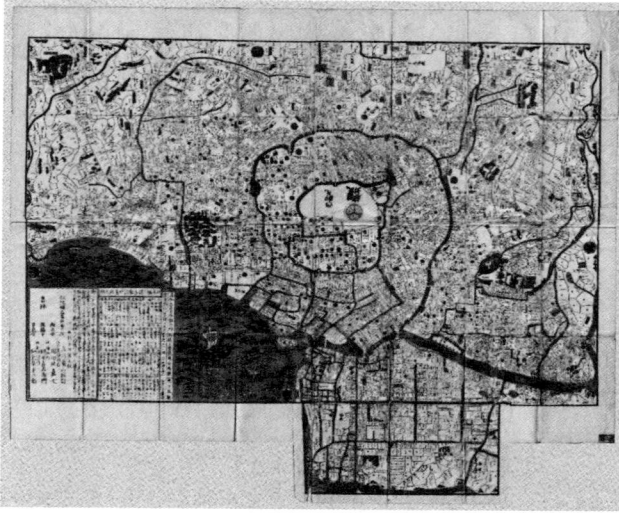

图 2 弘化年间(1844—1848)改订江户图

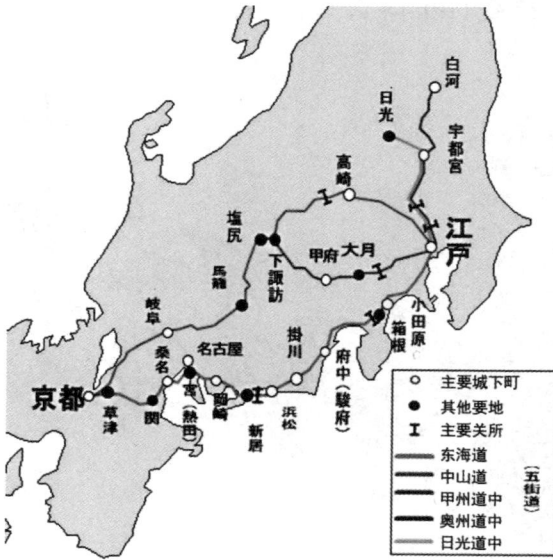

图 3 五条要道

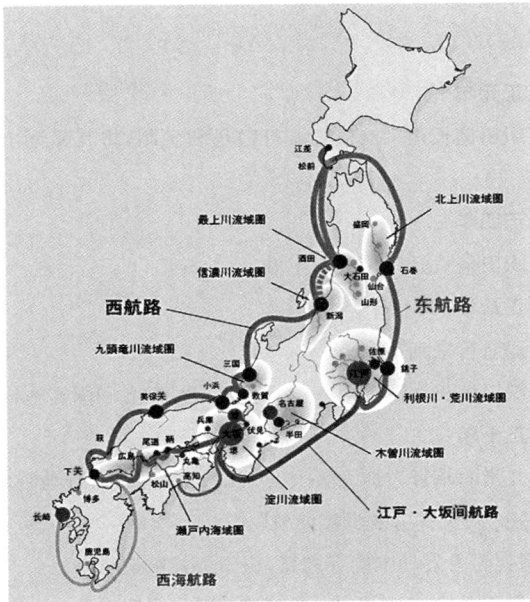

图 4　江户时代日本近海主要航线

二、大事年表

1573 年　天正元年

7 月 18 日　织田信长在宇治槙岛城打败足利义昭,将其驱逐出京都,室町幕府实质灭亡。

1576 年　天正四年

2 月 23 日　织田信长开始筑造安土城。

1580 年　天正八年

6 月,英国商船航行来到平户。

9 月 26 日　织田信长派遣泷川一益、明智光秀,在大和国实施检地。

1582 年　天正十年

1 月 28 日　九州的基督教徒大名大友宗麟、大村纯忠、有马晴信派遣四名少年出使罗马教廷,被称为"天正遣欧少年使节"。

6 月 2 日　明智光秀发动本能寺之变,织田信长被迫自杀。

6 月 13 日　山崎合战,羽柴秀吉、织田信孝讨伐明智光秀。

7 月 8 日　丰臣秀吉命令在山城国实施检地,太阁检地开始。

1583 年　天正十一年

9 月 1 日　丰臣秀吉开始动员诸大名,在石山本愿寺遗址上建造大阪城。

1584 年　天正十二年

6 月 28 日　西班牙商船航行来到平户,向松浦镇信递交菲律宾总督亲笔信。

1586 年　天正十四年

12 月 19 日　羽柴秀吉成为太政大臣,赐姓丰臣。

1590 年　天正十八年

7 月　丰臣秀吉平定奥州,统一全日本。

1592 年　文禄元年

1 月 15 日　丰臣秀吉向诸大名下令,要求 3 月 1 日起渡海出兵朝鲜。

4 月 12 日　小西行长等率领的第一军抵达釜山港,文禄之役拉开序幕。

5 月 3 日　小西行长、加藤清正等攻陷汉城。

6 月 15 日　小西行长、黑天长政等攻陷平壤。

1593 年　文禄二年

4 月上旬　小西行长等于明军将领沈惟敬会谈,达成龙山停战协定,约定由明朝派遣讲和使节。

1594 年　文禄三年

8 月 1 日　伏见桃山城完成,丰臣秀吉入驻。

1597 年　庆长二年

2 月 21 日　丰臣秀吉再次部署出兵朝鲜,发起庆长之役。

1598 年　庆长三年

8 月 18 日　丰臣秀吉去世

11 月 20 日　岛津义弘等率军从巨济岛撤回对马岛,撤兵朝鲜大致结束。

1600 年　庆长五年

9 月 15 日　关原之战,德川家康率领的东军大败石元三成等为首的西军。

1603 年　庆长八年

2 月 12 日　德川家康在京都伏见城,接受后阳成天皇宣旨,成为征夷大将军,江户幕府开幕。

3 月 3 日　江户城营造中,开始架设作为连接全日本五街道起点的日本桥。

4 月　出云的巫女阿国在京都上演歌舞伎。

1605 年　庆长十年

4 月 16 日　德川家康辞去大将军,隐退为大御所;德川秀忠接受天皇宣旨,成为江户幕府第二代将军。

7 月 21 日　儒学家林罗山在京都二条城首次拜谒德川家康,其学识受到赞赏。

1606 年　庆长十一年

3 月 1 日　江户城扩建工程开始,9 月 23 日完成。

12 月 8 日　幕府要求停止永乐钱的流通,铸造庆长通宝。

1607 年　庆长十二年

5 月 11 日　经对马藩宗家中间调停,二代将军德川秀忠与朝鲜通信(回答兼刷还)使交换国书后,日本与朝鲜恢复国交。

1609 年　庆长十四年

2 月 26 日　萨摩藩岛津家久受幕府命令,派遣家臣桦山久高出兵琉球。4 月 5 日,攻略首里城;5 月 25 日,捕捉到琉球国王后归国。

3 月　对马藩与李氏朝鲜缔结乙酉约条,双方恢复通商贸易。

7 月 14 日　江户幕府首次颁布烟草禁止令。

7 月 25 日　荷兰获得幕府的通商许可。8 月 22 日,在平户岛建立起荷兰商馆,展开日荷贸易。

1610 年 庆长十五年

5 月 4 日 德川家康派遣精度上任田中胜介作为使节,搭乘三浦按针建造的船舶出航墨西哥。

8 月 8 日 萨摩藩主岛津家久强行将琉球国王尚宁王带至骏府,拜谒德川家康。

1612 年 庆长十七年

3 月 21 日 幕府向直辖领地发布基督教禁教令。

1613 年 庆长十八年

9 月 1 日 经英国人三浦按针(本名:威廉·亚当斯)斡旋,德川家康向英国递交国书回信,许可日英通商。

9 月 15 日 伊达政宗派遣家臣支仓常长出使欧洲,从宫城县月浦出发。庆长遣欧使节

1614 年 庆长十九年

10 月 1 日 德川甲亢下令征讨大阪,消灭丰臣秀赖的残留势力,这场战斗被称为大阪冬之阵。

1615 年 元和元年

5 月 8 日 经过夏之阵,德川幕府军攻破大阪城,丰臣秀赖母子自杀。

闰 6 月 13 日 幕府发布一国一城令。

7 月 17 日 幕府颁布禁中诸法度、禁中并公家诸法度。

1616 年 元和二年

6 月 1 日 德川家康去世。

8 月 8 日 幕府下令中国船以外的其他国家的船舶只能停靠平户和长崎两个港口。

1617 年 元和三年

4 月 8 日 德川家康的灵柩从久能山移藏到日光山,即日光东照宫。

9 月 16 日 朝廷授予德川家康"东照大权现"的神号。

1619 年 元和五年

9 月 12 日 近世日本朱子学之祖的藤原惺窝去世。

1621 年 元和七年

7 月 27 日 受 1620 年 7 月发生的平山常陈事件影响,江户幕府下令禁止海盗

行为及外国船只携带日本人或武器出国。

9 月 1 日　二代将军德川秀忠在江户城接见暹罗国使节一行。

1622 年　元和八年

7 月 13 日　平山常陈及企图偷渡潜入日本传教的宣教师被江户幕府处以火刑，之后又于 8 月 5 日处死长崎等地 55 名基督教宣教师、修道士及信徒，被称为"元和的大殉教"。

1623 年　元和九年

7 月 27 日　德川家光在京都伏见城，接受后水尾天皇宣旨，成为江户幕府第三代将军，第二代将军德川秀忠隐居江户城西之丸。

11 月 12 日　英国在与荷兰的远东贸易竞争中落败，关闭平户商馆，退出日本。

1624 年　元和十年

3 月 24 日　江户幕府，拒绝接受西班牙修好使节递交的国书，日本与西班牙通商关系断绝。

1626 年　宽永三年

9 月 6 日至 10 日　后水尾天皇行幸京都二条城。

1629 年　宽永六年

7 月　发生紫衣事件，幕府发配流放玉室・泽庵。11 月 8 日，后水尾天皇因不满此事，而让位于兴子内亲王。

这一年，为甄别基督教徒，江户幕府开始实行踏绘。

1632 年　宽永九年

1 月 24 日　德川秀忠去世。

1633 年　宽永十年

2 月 28 日　幕府老中向长崎奉行下达有关禁教与贸易管制的 17 项通达（锁国令），"锁国"政策雏形初露，至 1639 年 7 月 5 日最终成形。

1634 年　宽永十一年

5 月，江户幕府命令在长崎市外筑造出岛，将外国人聚居于此。

1635 年　宽永十二年

6 月 21 日　幕府发布改订后的武家诸法度，加入了参觐交代、锁国等政策等内容。

1637 年　宽永十四年

10 月 25 日　岛原之乱（也称"岛原・天草一揆"）发生，次年 2 月 28 日被镇压结束。

1640 年 宽永十七年

6 月 12 日 江户幕府设置宗门改役,专责基督教徒的揭发工作。

1641 年 宽永十八年

4 月 2 日 江户幕府命令荷兰商馆从平户岛迁移到长崎出岛,5 月 17 日所有商馆职员迁至长崎。

1642 年 宽永十九年

2 月开始,出现饥荒,被称为"宽永大饥馑"

5 月 9 日 参觐交代制度被推广到所有大名。

1643 年 宽永二十年

3 月 11 日 江户幕府颁布田畑永代买卖禁止令。

1651 年 庆安四年

4 月 20 日 第三代将军德川家光去世。

8 月 18 日 11 岁的德川家纲在江户城迎接后光明天皇派来的敕使,接受宣旨,成为江户幕府第四代将军。

1657 年 明历三年

1 月 18 日至 20 日 江户城发生火灾并蔓延,百分之六十的市区被烧毁,被称为"明历大火"。

2 月 27 日 水户藩德川光圀开始编纂《大日本史》

1659 年 万治二年

12 月 19 日 明末儒学家朱舜水流亡至长崎,归化日本。

1662 年 宽文二年

5 月,儒学家伊藤仁斋在京都开设古义堂。

1665 年 宽文五年

7 月 11 日 幕府颁布诸宗寺院法度。

1667 年 宽文七年

闰 2 月 18 日 幕府向诸国派遣巡见使。

1671 年 宽文十一年

7 月 为将陆奥国幕府领地的贡米运送至江户,商人河村瑞贤受幕府任命,整备并开通了日本东部太平洋沿岸的东回航线。

1672 年　宽文十二年

7 月　为将日本海一侧的出羽国的幕府领地的贡米运送至江户,河村瑞贤再次受幕府任命,整备并开通了途经北陆冲、山阴冲、下关到达大阪,再绕过纪伊半岛到达江户的西回航线,成为江户时代的海运主干航线。

1873 年　延宝一年

6 月　幕府颁布分地限制令,禁止二十石以下的名主、十石以下的百姓分割继承土地。

1680 年　延宝八年

5 月 8 日　第四代将军德川家纲去世。

8 月 23 日　德川纲吉在江户城接受灵元天皇宣旨,成为江户幕府第五代将军。

1682 年　天和二年

10 月　井原西鹤著成《好色一代男》

1687 年　贞享四年

1 月 28 日　幕府发布生类怜悯令,一直到德川纲吉去世前的 1708 年,期间反复发布。

1695 年　元禄八年

8 月　幕府任命荻原重秀改铸金银货币,降低货币品位。

1701 年　元禄十四年

3 月 14 日　播州赤穗藩主浅野长矩因在江户城中刺伤高家吉良义央,被幕府命令切腹自杀。

1702 年　元禄十五年

12 月 15 日　为给藩主报仇,赤穗藩浪人大石良雄等,讨伐吉良义央,是为"忠臣藏"。

1709 年　宝永六年

1 月 10 日　德川纲吉去世。同月 20 日,幕府废止生类怜悯令。这一月,新井白石受幕府起用。

5 月 1 日　德川家宣接受天皇宣旨,成为江户幕府第六代将军。

1712 年　正德二年

10 月 14 日　第六代将军德川家宣去世。

1713 年　正德三年

4 月 2 日　德川家继接受天皇宣旨,成为江户幕府第七代将军。

1714 年 正德四年

5 月 15 日 幕府改铸金银货币,将其品位恢复到庆长金银的水平,制定金银通用法。

1715 年 正德五年

1 月 11 日 幕府发布海舶互市新令,限定每年往来长崎的中国商船在三十艘、六千贯银以内,荷兰商船在两艘、三千贯银以内,给予中国商船信牌,并确立了将贸易利银分配给长崎市中的制度。

1716 年 享保元年

4 月 30 日 第七代将军德川家继去世。

8 月 13 日 御三家之一的纪伊藩主德川吉宗接受天皇宣旨,成为第八代江户幕府将军。

享保改革。

1720 年 享保五年

幕府缓和内容涉及基督教以外的汉译洋书的传入限制。

1721 年 享保六年

闰 7 月 29 日 幕府将年贡的征收办法从检见法改为定免法。

8 月 2 日 幕府在评定所门前设置陈情所用的目安箱。

1722 年 享保七年

7 月 3 日 幕府制定上米制(1730 年废止),缓和参觐交代给大名带来的负担。

7 月 26 日 幕府鼓励开发新田。

12 月 4 日 幕府在小石川庄园内设置养生所。

1723 年 享保八年

6 月 18 日 幕府制定足高制。

1724 年 享保九年

6 月 23 日 幕府向诸大名、幕府发出俭约令。

1735 年 享保二十年

2 月 青木昆阳刊行《蕃薯考》,促进红薯在日本关东地区的普及种植,成为饥荒时的救荒作物。

1742 年 宽保二年

4 月 1 日 幕府褒奖编纂完成《公事方御定书》的相关人员。

1745 年　延享二年

9 月 25 日　第八代将军德川吉宗隐退,让位于德川家重。

11 月 2 日　德川家重接受天皇宣旨,成为江户幕府第九代将军。

1751 年　宽延四年

6 月 20 日　德川吉宗去世。

1755 年　宝历五年

5 月 22 日　受幕府任命,萨摩藩完成木曾三川的治水工程。这期间 51 名藩士自杀,33 人因感染痢疾病死,萨摩藩为筹措工程费向大阪商人借款 22 万 298 两,被称为宝历治水事件。

1760 年　宝历十年

9 月 2 日　德川家治接受天皇宣旨,成为江户幕府第十代将军,德川家重隐退。

1761 年　宝历十一年

6 月 12 日　德川家重去世。

1772 年　安永元年

1 月　田沼意次成为幕府老中。

1774 年　安永三年

8 月　浅野良泽、杉田玄白翻译并出版荷兰文医书《解体新书》,这是第一本真正由日本人翻译的西洋书籍,促进了以西方医学为代表的兰学在近世日本的传播。

1782 年　天明二年

这一年起,至 1788 年,日本国内连续发生饥荒,被称为"天明的大饥馑"。

1786 年　天明六年

8 月 27 日　田沼意次失势,被幕府罢免下台。

9 月 8 日　第十代将军德川家治去世。

1787 年　天明七年

4 月 15 日　德川家齐接受天皇宣旨,成为江户幕府第十一代将军。

6 月 19 日　幕府任命松平定信为老中,7 月开始宽政改革。

1789 年　宽政元年

9 月 16 日　为救济陷入财政困难的旗本、御家人,幕府发布弃捐令。

1790 年　宽政二年

2 月 19 日　为帮助轻度犯罪者、虞犯者,幕府在江户石川岛开设为其介绍工作的加役方人足寄场。

5 月 24 日　幕府下令禁止在汤岛圣堂讲传朱子学以外的任何异学,被称为"宽政异学之禁"。

1792 年　宽政四年

9 月 3 日　第一位沙俄使节拉克斯曼为护送伊势国漂流民大黑屋光太夫,航行到达北海道根室,要求与日本通商。

1798 年　宽政十年

7 月　近藤守重(重藏)在择捉岛上树立"大日本惠土吕府"的标杆。

1800 年　宽政十二年

闰 4 月 19 日　为测量虾夷地(今北海道),伊能忠敬从江户出发。

1804 年　文化元年

9 月 7 日　沙俄使节雷扎诺夫护送漂流民,航行到达长崎,再次要求与日本通商。

1808 年　文化五年

4 月　松田传十郎、间宫林藏前往桦太岛(今萨哈林岛)。

7 月 13 日　间宫林藏再次探险桦太岛。

8 月 15 日　英国军舰辉腾号(Phaeton)侵入长崎港,挟持两名荷兰商馆人员,被称为"辉腾号事件",英日冲突,17 日事件和平解决。

1819 年　文政二年

塙保己一刊行《群书类从》正编。

1821 年　文政四年

7 月 10 日　伊能忠敬完成《大日本沿海舆地全图》,上献幕府。

1825 年　文政八年

2 月 18 日　为应对外国船只频繁靠近日本近海,幕府向诸大名发布异国船驱逐令。

1828 年　文政十一年

10 月 10 日　幕府逮捕向"出岛三学者"之一的德国人西博尔德提供日本地图的书物奉行高桥景保;12 月 23 日,幕府禁止西博尔德外出日本,次日开始对其进行询问;次年 9 月 25 日,幕府下令驱逐西博尔德回国,禁止其再次进入日本。

这一年,水野忠邦成为西之丸老中,开始辅佐将军世子德川家庆。

1833 年　天保四年

这一年开始,至 1839 年,持续发生饥荒,被称为"天保的大饥馑"。

1837 年　天保八年

2 月 19 日　大阪町奉行元与力大盐平八郎发动起义,3 月 27 日被镇压下去,导致大阪市区大半被烧毁,被称为"大盐平八郎之乱"。

4 月 2 日　第十代将军德川家齐隐退迁居江户城西之丸。

6 月 1 日　生田万袭击越后国柏崎阵屋,被称为"生田万之乱"。

6 月 28 日　美国船莫里森号护送漂流民,航行到达浦贺,浦贺奉行在 6 月 29 日对其发起炮击,被称为"莫里森号事件"。

9 月 2 日　德川家庆接受天皇宣旨,成为江户幕府第十二代将军。

1839 年　天保十年

5 月 14 日　因批评攘夷政策,兰学者渡边华山遭幕府逮捕,18 日高野长英自首,小关三英被迫自杀,被称为"蛮社之狱"。

这一年,水野忠邦成为老中首座,推进天保改革。

1841 年　天保十二年

闰 1 月 7 日　德川家齐去世。

1842 年　天保十三年

7 月,幕府废止异国船驱逐令,许可向外国船只提供水、燃料和食物等。

1843 年　天保十四年

3 月 28 日　幕府更改诸国的人别,要求在府农民回到农村。

6 月,幕府发布上知令,要求将江户、大阪十里四方改由幕府直辖,遭到大名旗本反对,于闰 9 月撤回该命令。

这一年,阿倍正弘成为幕府老中。

1846 年　弘化三年

5 月 27 日　美国东印度舰队司令官比德尔航行来到浦贺,要求与日本通商,遭到幕府拒绝。

1853 年　嘉永六年

6 月 3 日　美国东印度舰队司令官佩里率四艘军舰,航行来到浦贺,要求日本受理美国国书,12 日离开浦贺。

6月22日 第十二代将军德川家庆去世。

7月18日 俄罗斯使节普查金率四艘军舰,航行到达长崎,要求受理国书。

10月23日 德川家祥(家定)接受天皇宣旨,成为江户幕府第十三代将军。

1854年 安政元年

2月10日 佩里再次航行来到浦贺,并上陆与日本交涉;3月3日,双方签署日美和亲条约。

8月23日 幕府与英国签署日英和亲条约。

12月21日 幕府与俄罗斯签署日俄和亲条约。

1855年 安政二年

10月9日 幕府任命佐仓藩主堀田正睦为老中首座。

12月23日 幕府与荷兰在长崎签署日荷和亲条约。

1856年 安政三年

2月11日 幕府将准备设立的洋学所改称蕃书调所。

1858年 安政五年

6月19日 幕府在没有天皇敕许的条件下,与哈里斯签署了日美修好通商条约及贸易章程。

7月6日 第十三代将军德川家定去世。

7月10日 幕府与荷兰签署日荷修好通商条约及贸易章程。

7月11日 幕府与沙俄签署日俄修好通商条约及贸易章程。

7月18日 幕府与英国签署日英修好通商条约及贸易章程。

9月3日 幕府与法国签署日法修好通商条约及贸易章程。

9月7日 小浜藩浪士梅田云浜在京都被逮捕,之后尊王攘夷派志士相继被捕受刑,安政大狱开始,一直延续至次年。

12月1日 德川家茂接受天皇宣旨,成为江户幕府第十四代将军。

1859年 安政六年

5月28日 幕府宣布自6月以后,允许在神奈川、长崎、箱馆三港,与俄、法、英、荷、美进行自由贸易。

这一年,日章旗被幕府确定为"御国总标",成为事实上的日本国旗。

1860年 万延一年

3月3日 幕府大老井伊直弼在江户城樱田门外遭水户藩浪士袭击暗杀,被称为"樱田门外之变"。

闰 3 月 19 日　幕府下令,禁止杂谷、水油、蜡、吴服、生丝的出口直接运送到神奈川,而必须经由江户问屋,被称为"五品江户回送令"。

1862 年　文久二年

1 月 15 日　幕府老中安藤信正在江户城坂下门外遭水户藩浪士袭击负伤,被称为"坂下门外之变"。

2 月 11 日　在公武合体派的推动下,将军德川家茂与天皇妹妹和宫成婚,被称为"和宫下嫁"。

8 月 21 日　在武藏国生麦村,英国商人一行四人横穿岛津久光的队伍,被鹿儿岛藩士斩杀,酿成"生麦事件"。

1863 年　文久三年

5 月,为决行攘夷,长州藩封锁马关海峡,并对航行中的美、法、荷舰船进行了无宣告的炮击;6 月,美国、荷兰军舰发起报复行动,炮击长州藩军舰。

7 月 2 日　鹿儿岛藩与闯入鹿儿岛湾的英国舰队开始交战,萨英战争开始。

8 月 18 日　会津藩、鹿儿岛藩、中川宫等公武合体派进行宫中政变,清洗了宫中的尊王攘夷派,被称为"八月十八日政变"。

1864 年　元治元年

7 月 19 日　长州藩兵攻打京都御所诸门,败于负责京都守卫的会津藩、鹿儿岛藩为主的幕府军,被称为"禁门之变"。

7 月 24 日　幕府接受天皇征讨长州藩的敕命,命令西南二十一藩出兵,被称为"第一次长州征讨"。

8 月 5 日　英、法、美、荷四国十七艘军舰,组成联合舰队,对长州藩马关及彦岛的炮台进行了毁灭性的打击,被称为"马关战争"。

1865 年　庆应元年

10 月 5 日　天皇下达敕书,认可安政五国条约,但不许可兵库开港。

1866 年　庆应二年

1 月 21 日　长州藩士木户孝允与鹿儿岛藩士西乡隆盛,在坂本龙马的斡旋下,于京都鹿儿岛藩邸结成萨长合纵的盟约,即萨长联合。

6 月 5 日　幕府与英、美、法、荷四国代表签署安政五国条约附属贸易章程的改订协约,称为"改税约书"。

6月7日 幕府军舰炮击长州藩领周防大岛,第二次长州征讨开始。

7月20日 第十四代将军德川家茂去世。

8月20日 幕府宣布家茂去世,由德川庆喜继承将军;12月5日,德川庆喜接受天皇宣旨,成为江户幕府第十五代将军。

9月2日 幕府与长州藩达成停战协议,长州征讨结束。

1867年 庆应三年

6月9日 坂本龙马向后藤象二郎提出"船中八策"。

10月14日 第十五代将军德川庆喜向朝廷提交"大政奉还上表",次日获得朝议通过。

11月15日 坂本龙马在京都被暗杀身亡。

12月9日 明治天皇发布"王政复古之大号令",废止江户幕府,组建明治新政府。

三、参考书目

日文部分

朝尾直弘ほか『岩波講座日本歴史・第 9 巻・近世 1』、岩波書店、1963 年。

大津透ほか『岩波講座日本歴史・第 10 巻・近世 1』、岩波書店、2014 年。

大津透ほか『岩波講座日本歴史・第 11 巻・近世 2』、岩波書店、2014 年。

大津透ほか『岩波講座日本歴史・第 12 巻・近世 3』、岩波書店、2014 年。

大津透ほか『岩波講座日本歴史・第 13 巻・近世 4』、岩波書店、2014 年。

大津透ほか『岩波講座日本歴史・第 14 巻・近世 5』、岩波書店、2014 年。

水林彪『日本通史 II　近世：封建制の再編と日本的社会の確立』、山川出版社、1987 年。

池享編『日本の時代史 13　天下統一と朝鮮侵略』、吉川弘文館、2002 年。

平川新『全集　日本の歴史　第 12 巻　開国への道』、小学館、2008 年。

堀新『日本中世の歴史 7　天下統一から鎖国へ』、吉川弘文館、2010 年。

『朝尾直弘著作集 3　将軍権力の創出』、岩波書店、2004 年。

『朝尾直弘著作集 8　近世とはなにか』、岩波書店、2004 年。

五野井隆史『日本キリスト教史』、吉川弘文館、1990 年。

家永三郎『日本文化史』、岩波書店、1982 年。

網野善彦『中世再考：列島の地域と社会』、日本エディタースクール出版部、1986 年。

脇田修『織田信長――中世最後の覇者』、中公新書、1987 年。

藤井讓治『戦国乱世から太平の世へ』、岩波書店、2015 年。

藤井讓治『幕藩領主の権力構造』、岩波書店、2002 年。

佐々木潤之介『幕藩制国家論（上）』、東京大学出版会、1984 年。

藤木久志編『戦国大名論集 17　織田政権の研究』、吉川弘文館、1985 年。

池上裕子『戦国時代社会構造の研究』、校倉書房、1999 年。

池上裕子『織田信長』、吉川弘文館、2012 年。

谷口克広『織田信長合戦全録――桶狭間から本能寺まで』、中公新書、2002 年。

藤本正行『信長の戦争――『信長公記』に見る戦国軍事学』、講談社学術文庫、2003 年。

戦国史研究会編『織田権力の領域支配』、岩田書院、2011 年。

平石直昭『日本政治思想史―近世を中心に』、放送大学教育振興会、1997 年。

北島正元『江戸幕府の権力構造』、岩波書店、1964 年。

中村哲『明治維新の基礎構造：日本資本主義形成の起点』、未来社、1968 年。

速水融『近世日本の経済社会』、麗澤大学出版会、2003 年。

鬼頭宏『環境先進国江戸』、PHP 研究所、2002 年。

コンラッド・タットマン『日本人はどのように森をつくってきたのか』、熊崎実訳、築地書館、1998 年。

岩橋勝『近世日本物価史の研究：近世米価の構造と変動』、大原新生社、1981 年。

柴田純『江戸武士の日常生活』講談社、2000 年。

山折哲雄・川村邦光編『民俗宗教を学ぶ人のために』、世界思想社、1999 年。

宮田登『民俗神道論：民間信仰のダイナミズム』、春秋社、1996 年。

安藤優一郎『大岡越前の構造改革：江戸のエリート経済官僚』、日本放送出版協会、2007 年。

辻善之助『田沼時代』岩波書店、1980 年。

中井信彦『転換期幕藩制の研究』塙書房、1971 年。

西山松之助ほか編『江戸学事典』、弘文堂、2000 年。

谷信一『美術史』、山川出版社、1968 年。

山崎正董編『横井小楠遺稿』、日新書院、1932 年。

吉野誠『明治維新と征韓論：吉田松陰から西郷隆盛へ』、明石書店、2002 年。

田原嗣郎『徳川思想史研究』、未来社、1967 年。

前田勉『近世日本の儒学と兵学』、ぺりかん社、1996 年。

堀勇雄『山鹿素行』吉川弘文館、1987 年。

中山広司『山鹿素行の研究』神道史学会、1988 年。

井上哲次郎・蟹江義丸編『日本倫理彙編（第四巻）』、育成会、1902 年。

広瀬豊編『山鹿素行全集：思想篇　第 1 巻』、岩波書店、1940 年。

広瀬豊編『山鹿素行全集：思想篇　第 5 巻』、岩波書店、1940 年。

広瀬豊編『山鹿素行全集：思想篇　第 11 巻』、岩波書店、1940 年。

広瀬豊編『山鹿素行全集：思想篇　第 13 巻』、岩波書店、1940 年。

広瀬豊編『山鹿素行全集：思想篇　第 15 巻』、岩波書店、1940 年。

田原嗣郎、守本順一郎校注『日本思想大系 32　山鹿素行』岩波書店、1970 年。

佐藤昌介ほか校注『日本思想大系 55　渡辺崋山・高野長英・佐久間象山・横井小楠・橋本左内』、岩波書店、1971 年。

滝本誠一編『佐藤信淵家学全集』（中巻）、岩波書店、1926 年。

山口県教育会編『吉田松陰全集（第一巻）』（定本版）、岩波書店、1936 年。

山口県教育会編『吉田松陰全集（第二巻）』（定本版）、岩波書店、1934 年。

山口県教育会編『吉田松陰全集（第四巻）』（定本版）、岩波書店、1934 年。

山口県教育会編『吉田松陰全集（第七巻）』（普及版）、岩波書店、1939 年。

山口県教育会編『吉田松陰全集（第八巻）』（普及版）、岩波書店、1939 年。

山口県教育会編『吉田松陰全集（第九巻）』（普及版）、岩波書店、1939 年。

神田千里「織田政権の支配の論理に関する一考察」『東洋大学文学部紀要史学科篇』2001 年、第 27 号、57－93 頁。

渡辺浩「「御威光」と象徴――徳川政治体制の一側面」、『思想』1986 年 2 月、第 740 号、132－154 頁。

尾藤正英「山鹿素行の思想的転回（下）」、『思想』1971 年 3 月、第 561 号、82－97 頁。

前田勉「「武国」日本のなかでの朱子学の役割」、『日本思想史学』2001 年、第 33 号、30－40 頁。

玉懸博之「山鹿素行の歴史思想――その歴史的世界と日本歴史の像」、『日本思想史研究』1995 年、第 27 号、1－19 頁。

玉懸博之「素行歴史思想の核心をなすもの――その神代観をめぐって」、『文芸研究』1994 年 9 月、第 137 号、1－12 頁。

松浦玲「幕末期の対朝鮮論――同盟論と征韓論」、『歴史公論』1980 年 8 月、第 57 号、43－49 頁。

中文部分

［日］吉田伸之：《成熟的江户》，熊远报等中译，北京：北京大学出版社，2011 年。

［日］井上清：《日本历史》，闫伯纬译，北京：人民出版社，2013 年。

［日］尾藤正英：《日本文化的历史》，彭曦译，南京：南京大学出版社，2010 年。

浜野洁等：《日本经济史：1600――2000》，彭曦等译，南京：南京大学出版社，

2010 年。

陈文寿：《近世初期日本与华夷秩序研究》，香港社会科学出版社，2002 年。

荻生徂徕：《政谈》，龚颖译，北京：中央编译出版社，2004 年。

渡边浩：《东亚的王权与思想》，区建英译，上海：上海古籍出版社，2016 年。

胡澎等：《神道与日本文化》，北京：中国社会科学出版社，2012 年。

久野健等编：《日本美术简史》，蔡敦达译，上海：上海译文出版社 2000 年

刘晓路：《日本美术史纲》，上海：上海古籍出版社 2003 年。

山本七平：《日本资本主义精神》，莽景石译，北京：生活·读书·新知三联书店，1995 年。

杉本勋编：《日本科学史》，郑彭年译，北京：商务印书馆，1999 年。

速水融、宫本又郎编：《日本经济史 1 经济社会的成立——17－18 世纪》，厉以平等译，北京：生活·读书·新知三联书店，1997 年。

新井白石：《折焚柴记》，周一良译，北京：北京大学出版社，1998 年

苅部直、片冈龙编：《日本思想史入门》，郭连友等译，北京：外语教学与研究出版社，2012 年。

韩东育："山鹿素行著作中的实用主义与民族主义关联"，《清华大学学报（哲学社会科学版）》2006 年第 2 期，第 50－54 页。

四、索引

后　记

　　本卷由北京大学唐利国负责编写;附录、大事年表以及索引等由原重庆大学教师、现北京大学博雅博士后高燎负责整理;资料收集整理和翻译的过程中,得到了曾在北京大学攻读博士学位的高燎、王超、王琪、刘莹、陈倩等诸位青年学者的大力协助。